한국 안보외교정책의 이론과 현실:
위협, 동맹, 한국의 군사력 건설 방향

한국 안보외교정책의 이론과 현실:
위협, 동맹, 한국의 군사력 건설 방향

이성훈 지음

머리말

"이론이란 무엇인가? 그리고 현실은 또 무엇인가? 이론과 철학이 없는 정책은 단편적이고 임시적인 방책밖에 나올 수 없으며, 현실을 도외시한 이론은 공허한 문자들만 나열될 뿐이다."

위의 사고들은 이 책을 펴냄에 있어 가장 중요한 전제들이었다. 지금까지의 한국 안보외교정책과 군사력 건설에 관련된 연구들 대부분이 이론을 간과하고 당면한 현실 정책에만 중점을 두다 보니 전체적인 발전전략을 구상하기에는 부족한 점이 많았다는 인식과 함께 한편으로, 당면한 현실적인 문제점들보다는 너무 먼 미래를 이론적으로만 생각하지 않았나 하는 반성을 한 적이 많았다. 따라서 이 책은 한국의 안보외교정책과 한국군의 발전 방향을 제시함에 있어 현실과 이론의 간격을 좁히는 것에 가장 크게 역점을 두었다. 즉, 기존의 관련 경험들을 학습삼아 현실을 바른 길로 안내하는 이론과 구체적으로 한국이 직면해 있는 현실을 연결하여 보다 실질적인 정책적 대안을 제시하고자 한 것이다. 이 책은 특히 한국군의 군사력 건설 부분에서 항공우주력의 발전 방향에 초점을 두었다. 필자가 소속된 군이라는 이유도 있겠지만, 항공우주력이 현대전에서 전쟁승리에 결정적으로 기여했다는 점과 미래전에서도 핵심적인 역할을 수행할 것이므로 그 발전에 조금이나마 기여를 해야겠다는 이유에서였다.

현재 지역 내 안보환경은 탈냉전 시대의 유산을 벗어나 주변국들의 실리 우선정책의 추구로 급박하게 변화하고 있다. 2012년 1월에 발표된 미「新국방전략지침」에 의해 아·태지역을 최우선적으로 중시할 것임을 분명히 하는 등 역내에서 우월한 지위를 유지하려 노력하는 미국, "중화민족부흥"의 기치를 내세우며, 유소작위(有所作爲)의 대외전략을 중심으로 역내 중심축으로 부상하기 위해 노력 중인 시진핑체제의 중국, 원전의 재앙에서 벗어나 미국과의 동맹 강화를 통해 재기를 꿈꾸는 일본, 방대한 천연자원을 바탕삼아 강대국으로 다시 부상 중인 러시아 등은 한국에게 융통성 있는 국가전략을 수립하게끔 요구하고 있다. 더욱이 천안함 폭침, 연평도 포격, 광명성 3호의 발사 시도에서 보듯이 직면하고 있는 북한 위협은 우리 안보를 심각하게 침해하고 있으며, 북한 스스로도 김정은으로의 권력승계와 경제난 등에 의해 불안한 모습을 보이고 있기도 하다. 또한 우리 내부적으로는 국방개혁과 전시작전권전환이라는 커다란 국방여건 변화의 물줄기에 직면한 상황에서 적응성 있는 국방정책이 요구되고 있다.

위와 같은 국내외 안보환경의 변화 속에서 한국의 바람직한 안보외교정책은 무엇인가? 또한 이를 근거로 한 한국의 군사력 건설은 어떤 식으로 이루어져야 하는가? 특히 "연합/합동전장을 주도하는 항공우주군"이라는 비전을 향하여 노력 중인 한국 공군의 군사력 건설 방향은 무엇인가?

이 책은 위와 같은 문제인식을 중심으로 저술되었는데, 이 책에 실린 대부분의 글들은 필자가 랜드연구소에서의 연구경험을 바탕으로 작성된 논문들을 엄선하여 보완한 것들이다.

이 책은 총 3부로 구성하였다. 제1부는 한국 안보외교정책의 분석과 전망이라는 주제하에, 제1장에서는 한국 안보외교정책의 자율성을 외교적 기동성 개념을 적용하여 살펴보고 있다. 이 글은 역대 한국 정부들의 외교적 기동성이 국제질서와 국가의 상황대응능력에 의해 결정되었다는 점을 강조하고 있다. 또한 이 변수들의 조합에 의해 각 정부별로 순응, 저항형 항의, 조절형 항의, 다변화전략이라는 한국의 대외 안보전략이 시현되었음을 설명하고 있으며, 향후 한국의 안보외교정책에 적용가능한 시사점을 도출하고 있다. 제2장에서는 한미상호방위조약 체결을 위한 이승만 정부의 협상전략을 다루고 있다. 한국전으로 대표되는 불안정한 지역질서와 국가 탄생 초기의 원시적인 국가능력하에서 이승만 정부는 '불신뢰성', '공헌', '취약성'이라는 전략들을 상황에 맞게 적용시킴으로써 상호방위조약 체결에 유리한 여건을 조성하였다는 점을 설명하고 있다. 제3장에서는 냉전기 북한의 대(對)중·소 외교정책을 살펴보고 있다. 즉, "냉전기 북한이 중국과 소련에 대해 부분적으로나마 외교적 자율성을 획득할 수 있었던 배경과 그 형태는 어떻게 시현되었는가"를 규명하여 향후 북한의 대외정책을 예측하는 것에 그 목적을 두고 있다. 제4장에서는 참여정부 시 최대 안보쟁점이었던 이라크 파병정책에 대해 퍼트남의 양면게임 이론을 적용하여 분석하고 있다. 국회와 시민단체의 발목잡기, 이슈연계 등 이 당시 사용되었던 협상전략을 중심으로 향후 한국 안보외교정책에 적용 가능한 점을 도출하고 있다. 제5장에서는 동아시아 안보질서의 시나리오와 한미동맹의 변화 전망을 중심으로 한국의 안보외교정책이 지향해야 할 바를 제시하고 있다.

　한편 제2부에서는 한국군의 바람직한 군사력 건설 방향을 제시하고 있다. 우선 제6장은 유명한 국제정치학자이자 군사전략가인 미어샤이머(Mearsheimer)의 저작인 『강대국 정치의 비극(The Tragedy of Great Power Politics)』에 대해 비평한 글을 실어 놓은 것이다. 이 글은 적의 영토를 점령하여 최후의 승리를 획득하는 육군력이 가장 중요하며, 따라서 군사력도 육군력 위주로 건설되어야 함을 강조하는 미어샤이머의 논리에 대해 '사례선택의 오류'와 '전쟁목적의 잘못된 이해'라는 관점에서 비평하고 있다. 제7장에서는 한국의 군사력 건설 변화를 한반도에서의 결정적 사건(critical juncture)과 한미동맹의 결속도라는 변수를 중심으로 살펴보고 있으며, 이 두 가지 변수를 고려 시 향후에는 병력집약형보다는 기술집약형 군사력 건설이 필요하다는 점을 강조하고 있다. 제8장은 최근 전쟁의 경향을 정규전 및 비정규전으로 구분하여 분석하고, 도출된 교훈을 중심으로 한국군의 군사력 건설 방향을 제시하고 있다. 특히 기존의 정규전과 미국사례 중심의 현대전 교훈분석에서 벗어나 이라크전이나 아프간전의 안정화작전에서 나타난 문제점과 교훈이 무엇인가를 파악하여 한국적 환경에 적응시키려 한 점은 특이할 만한 사항이다.

제3부에서는 항공우주력의 건설 방향을 제시하고 있다. 제9장에서는 강압전략 수행을 위한 항공우주력 운용방안에 대해 살펴보고 있다. 강압전략이란 적이 이미 실시한 행위의 원상회복 또는 실시하고 있는 행위를 중지토록 응징의 위협 또는 제한된 군사력으로 상대국을 설득하는 것을 말한다. 이 부분에서는 항공우주력을 사용한 강압전략의 효용성과 연계하여 항공우주력이 강압전략의 수단측면에서 다른 수단에 비해 효과적이며, 또한 억제와 전쟁 사이에서 항공우주력을 이용한 강압전략이 중요 역할을 할 수 있다는 것을 주장하고자 하였다.

제10장, 11장, 12장은 현대전에서 핵심적 역할을 수행하고 있으며, 그 중요성이 점점 커져가고 있는 우주력, 사이버전, 무인항공기의 개념 및 전쟁활용 사례, 주변국의 준비 현황을 바탕으로 한국 공군의 발전 방향을 제시하고 있다. 마지막 13장에서는 미 공군 조종사들의 조기 유출 실태와 원인, 이로 인한 전투력 감소, 이를 극복하기 위한 대책들을 교훈 삼아 한국 공군에 적용 가능한 시사점을 도출하고 있다. 한국에서 이와 관련된 기존 연구들의

경향들은 주로 한국 공군 조종사들의 유출 원인과 그 대책에 초점을 두고 있으나, 유출로 인해 파생되는 전투력 상실과 비용에 대해 구체적으로 분석한 연구는 드물었다는 점에서 이 장의 의미는 크다고 할 수 있다.

부록에서는 위협과 동맹을 고려한 한국군의 발전 방향(제4장의 영문 원본)과 신문지상에 기고한 칼럼들을 수록하였다.

이 책자가 발간되기까지 많은 분들의 도움이 있었다. 특히 저의 은사이신 김기정 교수님, 마권용 대령님, 미 랜드연구소의 브루스 베넷 박사님, 조지타운대의 토마스 맥나아워 교수님께 깊은 감사를 드린다. 김기정 교수님과 마권용 대령님은 폭넓은 지식과 미래를 보는 혜안을 가진 동시에 솔선수범하는 태도로 언제나 귀감이 되셨고, 이 책을 저술하게 한 직접적인 동기를 주신 분이다. 베넷 박사님과 맥나아워 교수님은 필자의 랜드연구소 객원연구원 시절 수십 차례의 워크숍을 통하여 한반도 안보와 한국 공군의 발전 방향에 대해 미국인의 시각에서 끊임없는 조언을 아끼지 않으셨고, 이 책의 객관성 유지에 매우 큰 도움을 주셨다. 또한 기꺼이 이 책자의 편집과 감수를 담당해 준 서석민 박사와 김기운 중령에게도 감사드린다.

서두에서 밝혔듯이 이 책자는 이론과 현실을 접목하여 한국의 안보외교정책과 군사력 건설에 보다 실질적인 보탬을 주고자 하였다. 아무쪼록 이 분야의 발전에 조금이나마 도움이 되기를 기대한다.

2012년 12월
이성훈

차례

• 머리말 _5

제1부 한국의 안보외교정책

제1장 | 한국 안보외교정책의 자율성: 외교적 기동성(機動性) 개념을 중심으로

 Ⅰ. 서론 _25
 Ⅱ. 약소국 외교정책과 외교적 기동성: 이론적 논의와 분석틀 _28
 Ⅲ. 이승만 정부의 한미상호방위조약 체결정책: 저항형 항의전략 _42
 Ⅳ. 장면·박정희 정부의 한일 국교정상화정책: 순응 _44
 Ⅴ. 박정희 정부의 핵 개발 정책: 조절형 항의전략 _49
 Ⅵ. 노태우 정부의 북방정책: 공생형 다변화 전략 _53
 Ⅶ. 결론 _58

제2장 | **한미상호방위조약 체결을 위한 이승만 정부의 협상전략**
   Ⅰ. 서론 _65
   Ⅱ. 불안정한 국제환경과 이승만 정부의 자원동원능력 _68
   Ⅲ. 상호방위조약 체결을 위한 이승만 정부의 협상전략 _78
   Ⅳ. 결론 _94

제3장 | **냉전기 북한의 대(對)중·소 외교정책:**
   적응(適應) 개념을 중심으로
   Ⅰ. 서론 _99
   Ⅱ. 약소국의 외교정책에 관한 이론적 고찰: 분석틀의 구성 _101
   Ⅲ. 냉전기 북한의 대(對)중·소 외교 _107
   Ⅳ. 결론 _128

제4장 | **양면게임 이론과 한국의 안보외교정책:**
   이라크 추가파병 정책결정 사례를 중심으로
   Ⅰ. 서론 _133
   Ⅱ. 양면게임의 이론적 고찰 _134
   Ⅲ. 이라크 추가파병 정책결정과정 _139
   Ⅳ. 결론 _149

제5장 | 동아시아 안보질서의 변화와 한국의 전략적 선택
    Ⅰ. 서론 _155
    Ⅱ. 안보질서의 변화에 대한 이론적 논의 _157
    Ⅲ. 동아시아 안보질서의 현황과 한미동맹의 전망 _167
    Ⅳ. 안보질서 변화 시나리오와 한국의 대응전략 _176
    Ⅴ. 결론 _184

제2부　한국의 군사력 건설 방향

제6장 | 강대국 정치의 비극과 군사력의 중요성:
       미어샤이머의 논의에 대한 비평을 중심으로
    Ⅰ. 서론 _191
    Ⅱ. 강대국 정치와 군사력의 중요성 _194
    Ⅲ. 비평 _202
    Ⅳ. 결론 _211

제7장 | **위협, 동맹, 한국의 군사력 건설 변화:**
　　　　한국군의 전력구조 측면을 중심으로

　Ⅰ. 서론 _215
　Ⅱ. 군사력 건설에 관한 이론적 검토 _217
　Ⅲ. 결정적 사건, 동맹 결합강도의 변화와 한국의 군사력 건설 _223
　Ⅳ. 한국군의 군사력 건설 방향 _249
　Ⅴ. 결론 _255

제8장 | **현대전의 경향과 한국군의 준비 방향:**
　　　　정규전 및 비정규전의 수행 측면을 중심으로

　Ⅰ. 서론 _261
　Ⅱ. 현대전의 경향 _263
　Ⅲ. 비정규전 수행 추세 _270
　Ⅳ. 한국군의 준비 방향 _283
　Ⅴ. 결론 _291

제3부 항공우주력 건설 방향

제9장 | 강압전략 수행을 위한 항공우주력의 역할
    Ⅰ. 서론 _297
    Ⅱ. 강압전략에 대한 이론적 고찰 _300
    Ⅲ. 강압의 메커니즘 및 수단 _307
    Ⅳ. 항공우주력을 이용한 강압의 경험적 사례 _313
    Ⅴ. 결론 _316

제10장 | 한국 공군의 우주력 건설 방향: 미 공군의 우주력 건설과정에서의 교훈을 중심으로
    Ⅰ. 서론 _321
    Ⅱ. 항공우주력의 개념 _323
    Ⅲ. 미국의 우주력 건설과정과 미 공군의 역할 _331
    Ⅳ. 현대전에서의 우주력 적용사례와 교훈 _340
    Ⅴ. 공군의 우주력 건설 방향 _351
    Ⅵ. 결론 _355

제11장 | 한국 공군의 사이버전 발전 방향

　Ⅰ. 서론 _359
　Ⅱ. 사이버전 관련 개념 _361
　Ⅲ. 주변국의 사이버전 준비 동향 _366
　Ⅳ. 공군의 사이버전 발전 방향 _373
　Ⅴ. 결론 _379

제12장 | A Study on the Direction of R.O.K. Unmanned Combat System Development: With Emphasis on Unmanned Aerial System (UAS)

　Ⅰ. Introduction _383
　Ⅱ. Terminology Relating to Unmanned Combat Systems _384
　Ⅲ. Role of UAS in Future War _386
　Ⅳ. Operation Concept and Required Capabilities of UAS _391
　Ⅴ. Preparation by Combat Development Elements _404
　Ⅵ. Conclusion _407

제13장 | 공군의 숙련 조종사 부족과 전투력 감소의 상관관계
    Ⅰ. 서론 _409
    Ⅱ. 비행부대에서의 숙련수준의 문제점: 현실적 문제 _414
    Ⅲ. 숙련수준의 통제 및 조절 _423
    Ⅳ. 결론 및 한국 공군에 주는 시사점 _428

부록

부록 1 | Threats, Alliance, and Military Power Building of Korea: With Focus on the Force Structure of the ROK Military
    Ⅰ. Introduction _435
    Ⅱ. Theoretical Review on Military Power building _437
    Ⅲ. Critical Junctures, Changes in ACI, and Military power building of Korea _442
    Ⅳ. Direction of the ROK military power building _460
    Ⅴ. Conclusion _466

부록 2 | 칼럼 모음 _471

• 색인 _487

▌표 목차

〈표 1-1〉 이승만 정부의 기동성 확보전략 유형 _44
〈표 1-2〉 장면·박정희 정부의 기동성 확보전략 유형 _48
〈표 1-3〉 박정희 정부의 기동성 확보전략 유형 _53
〈표 1-4〉 노태우 정부의 기동성 확보전략 유형 _58
〈표 1-5〉 한국의 기동성 확보전략 유형과 변수관계 _59
〈표 2-1〉 미국의 대한 무상원조(1945~1953) _74
〈표 2-2〉 한국전 당시 한국과 북한의 군사력 비교 _74
〈표 3-1〉 내·외부 환경변화에 대한 적응의 유형 _106
〈표 3-2〉 1960년대 북한의 경제 지표 _115
〈표 3-3〉 1960년대 남북한의 군사력 비교 _116
〈표 3-4〉 1970년대 북한의 경제발전 _120
〈표 3-5〉 1970년대·남북한의 군사력 비교 _120
〈표 3-6〉 1980년대 북한의 경제발전 _125
〈표 3-7〉 1980년대 남북한의 군사력 비교 _126
〈표 5-1〉 (신)현실주의와 구성주의의 결합에 의한 안보질서 변화 시나리오 _166
〈표 5-2〉 한국 대응전략의 조건적 유형 _178
〈표 5-3〉 각 시나리오별 한국의 대응전략 _184
〈표 6-1〉 지휘·통제 시스템의 발달 _203
〈표 6-2〉 현대전에서의 전쟁목적 분류 _208
〈표 6-3〉 현대전에서의 전쟁목적 _210
〈표 7-1〉 국방예산 항목 현황(1971~1979) _228

〈표 7-2〉 국방예산 변화(1980~88) _233
〈표 7-3〉 한국군의 무기체계 획득 현황(1990~1998) _239
〈표 7-4〉 국방비 변화(1990~1999) _240
〈표 7-5〉 각 군별 주요 전력 증강내역(1997~2008) _248
〈표 7-6〉 한반도의 위협구조와 한미동맹 결합강도 _250
〈표 8-1〉 최근 전쟁수행 자료 비교 _268
〈표 8-2〉 아프간/이라크전 각 행위자들의 전쟁 목표 _271
〈표 8-3〉 이스라엘-헤즈볼라전에서 각 행위자들의 전쟁 목표 _273
〈표 8-4〉 이스라엘-하마스전에서 각 행위자들의 전쟁 목표 _274
〈표 9-1〉 현대전 수행 비교 _311
〈표 9-2〉 강압전략의 역사적 수행 사례 _314
〈표 10-1〉 걸프전 시 사용된 인공위성 _341
〈표 10-2〉 걸프전 이후 미 우주사령부의 교훈 _347
〈표 13-1〉 조종사 자격과 부대 숙련 조종사 수준에 따른 훈련요구도 _417
〈Table A1-1〉 The Change of Military Budget(1980~88) _446
〈Table A1-2〉 Introduction of Korea Military Force Status(1990~1999) _451
〈Table A1-3〉 The Change in the Military Budget(1990~1999) _452
〈Table A1-4〉 Force Enhancement Status(1998~2008) _459
〈Table A1-5〉 Security Scenario of the Korea in the Future _461

그림 목차

〈그림 1-1〉 약소국의 기동성 확보 전략과 외교적 기동성 변화 _33
〈그림 1-2〉 지역질서, 상황대응능력, 기동성 확보전략 _41
〈그림 4-1〉 윈셋의 크기와 협력의 가능성 _135
〈그림 4-2〉 이라크 추가파병 정책결정과정 분석 모형 _139
〈그림 4-3〉 추가파병정책 결정 시 윈셋의 변화 _151
〈그림 4-4〉 추가파병정책 결정 시 행위자들의 구사전략 _151
〈그림 7-1〉 주한미군의 병력 변화(1969~1981) _225
〈그림 7-2〉 각 군 전력투자비 규모(1968~1977) _227
〈그림 7-3〉 주한미군 병력 변화(1978~1988) _231
〈그림 7-4〉 각 군별 전력투자비 배당 현황(1980~1988) _234
〈그림 7-5〉 주한미군 병력 규모(1999~1999) _237
〈그림 7-6〉 각군별 전력투자비 비율(1995, 1998) _241
〈그림 7-7〉 주한미군 병력 규모(1999~2007) _245
〈그림 7-8〉 각군 전력투자비 증가율(1998~2007) _247
〈그림 7-9〉 한국의 군사력 건설 변화 _249
〈그림 7-10〉 한국군별 병력수의 변화(1980~2009) _253
〈그림 7-11〉 한국의 국방비 변화(1980~2010) _254
〈그림 7-12〉 국방비 구성비 변화 _254
〈그림 8-1〉 아프간전에서 IED 사상자 수 _269
〈그림 8-2〉 이라크전에서 IED 사상자 수 _269
〈그림 8-3〉 비정규전 조직의 대표적 그룹인 헤즈볼라군 _273

〈표 7-2〉 국방예산 변화(1980~88) _233
〈표 7-3〉 한국군의 무기체계 획득 현황(1990~1998) _239
〈표 7-4〉 국방비 변화(1990~1999) _240
〈표 7-5〉 각 군별 주요 전력 증강내역(1997~2008) _248
〈표 7-6〉 한반도의 위협구조와 한미동맹 결합강도 _250
〈표 8-1〉 최근 전쟁수행 자료 비교 _268
〈표 8-2〉 아프간/이라크전 각 행위자들의 전쟁 목표 _271
〈표 8-3〉 이스라엘-헤즈볼라전에서 각 행위자들의 전쟁 목표 _273
〈표 8-4〉 이스라엘-하마스전에서 각 행위자들의 전쟁 목표 _274
〈표 9-1〉 현대전 수행 비교 _311
〈표 9-2〉 강압전략의 역사적 수행 사례 _314
〈표 10-1〉 걸프전 시 사용된 인공위성 _341
〈표 10-2〉 걸프전 이후 미 우주사령부의 교훈 _347
〈표 13-1〉 조종사 자격과 부대 숙련 조종사 수준에 따른 훈련요구도 _417
〈Table A1-1〉 The Change of Military Budget(1980~88) _446
〈Table A1-2〉 Introduction of Korea Military Force Status(1990~1999) _451
〈Table A1-3〉 The Change in the Military Budget(1990~1999) _452
〈Table A1-4〉 Force Enhancement Status(1998~2008) _459
〈Table A1-5〉 Security Scenario of the Korea in the Future _461

▎그림 목차

〈그림 1-1〉 약소국의 기동성 확보 전략과 외교적 기동성 변화 _33
〈그림 1-2〉 지역질서, 상황대응능력, 기동성 확보전략 _41
〈그림 4-1〉 윈셋의 크기와 협력의 가능성 _135
〈그림 4-2〉 이라크 추가파병 정책결정과정 분석 모형 _139
〈그림 4-3〉 추가파병정책 결정 시 윈셋의 변화 _151
〈그림 4-4〉 추가파병정책 결정 시 행위자들의 구사전략 _151
〈그림 7-1〉 주한미군의 병력 변화(1969~1981) _225
〈그림 7-2〉 각 군 전력투자비 규모(1968~1977) _227
〈그림 7-3〉 주한미군 병력 변화(1978~1988) _231
〈그림 7-4〉 각 군별 전력투자비 배당 현황(1980~1988) _234
〈그림 7-5〉 주한미군 병력 규모(1999~1999) _237
〈그림 7-6〉 각군별 전력투자비 비율(1995, 1998) _241
〈그림 7-7〉 주한미군 병력 규모(1999~2007) _245
〈그림 7-8〉 각군 전력투자비 증가율(1998~2007) _247
〈그림 7-9〉 한국의 군사력 건설 변화 _249
〈그림 7-10〉 한국군별 병력수의 변화(1980~2009) _253
〈그림 7-11〉 한국의 국방비 변화(1980~2010) _254
〈그림 7-12〉 국방비 구성비 변화 _254
〈그림 8-1〉 아프간전에서 IED 사상자 수 _269
〈그림 8-2〉 이라크전에서 IED 사상자 수 _269
〈그림 8-3〉 비정규전 조직의 대표적 그룹인 헤즈볼라군 _273

〈그림 8-4〉 헤즈볼라의 사용무기 _274
〈그림 8-5〉 가자지구 전투에서 이스라엘 공군과 지상군의 합동작전 _276
〈그림 8-6〉 헤즈볼라와 하마스 조직의 사용 무기체계 변화 양상 _277
〈그림 8-7〉 유형 2에서 항공우주력과 지상군의 단계별 작전 목표 _280
〈그림 8-8〉 1960년대 이후 각 전쟁과 분쟁에서의 행위자 유형 _281
〈그림 9-1〉 현실에서 억제와 강요의 구분 _302
〈그림 9-2〉 군사력의 사용 유형 _303
〈그림 9-3〉 강압전략의 구성요소 _308
〈그림 10-1〉 이라크전에서 우주자산 운영도 _343
〈그림 10-2〉 미 공군우주사령부 조직 _348
〈그림 11-1〉 미 공군의 사이버공간 구성 _362
〈그림 11-2〉 북한의 사이버전 관련 조직 _373
〈Figure 12-1〉 The Trend of Future UAS Mission _390
〈Figure 12-2〉 Basic Operation Concept of Future UAS _391
〈Figure 12-3〉 Hybrid Employment of Manned·Unmanned Aerial Systems _392
〈Figure 12-4〉 Operation Concept of in Battlefield Awareness _394
〈Figure 12-5〉 Operation Concept of in Command·Control _395
〈Figure 12-6〉 MQ-1A Predator A Armed with Hellfire Missiles _397
〈Figure 12-7〉 Operation concept of Base Protection _398
〈Figure 12-8〉 The Change of Size·Capacity in UAS _403
〈그림 13-1〉 미 공군에서 조종사의 급격한 유출 현황 _410

〈그림 13-2〉 민간 항공사의 은퇴 조종사 예측 _414
〈그림 13-3〉 비행대대에서 숙련도의 감소에 의한 요구 쏘티의 증가도 _418
〈그림 13-4〉 미숙련 요기는 부대 숙련도의 감소에 비례하여 비행기회를 상실함 _419
〈그림 13-5〉 숙련수준의 감소에 따른 Aging Rate의 급속한 감소 _420
〈그림 13-6〉 Aging Rate 결손이 무시될 경우 숙련도는 일정한 상태를 유지함 _421
〈그림 13-7〉 사실상 숙성률 부족이 Slippery Slope을 유발시킴 _422
〈그림 13-8〉 소수의 신참 조종사가 비행부대에 전입 시 숙련수준의 향상도 _424
〈그림 13-9〉 주 방위군과 예비군 비행단에서 신참 조종사들의 숙련도 _426
〈Figure A1-1〉 USFK Personnel Increase Status(1978~1988) _443
〈Figure A1-2〉 Force Investment Budget Allocation Status(1980~1988) _446
〈Figure A1-3〉 USFK Personnel Decrease Status(1989~1999) _449
〈Figure A1-4〉 Force Investment Budget Allocation Status(1995, 1998 _453
〈Figure A1-5〉 USFK Personnel Decrease Status(1999~2007) _456
〈Figure A1-6〉 Force Investment Budget Allocation Status in 2003 _458
〈Figure A1-7〉 The Increase Rate of Force Investment(1998~2007) _459
〈Figure A1-8〉 The change of Korea's Military Power Building _460
〈Figure A1-9〉 Change of the Each Military Service Personnel _464
〈Figure A1-10〉 Change of the Military Budget _465
〈Figure A1-11〉 Change of the Military Budget Composition _466

제1부
한국의 안보외교정책

- 제1장 한국 안보외교정책의 자율성:
  외교적 기동성(機動性)개념을 중심으로
- 제2장 한미상호방위조약 체결을 위한 이승만 정부의 협상전략
- 제3장 냉전기 북한의 대(對)중·소 외교정책:
  적응(適應) 개념을 중심으로
- 제4장 양면게임 이론과 한국의 안보외교정책:
  이라크 추가파병 정책결정 사례를 중심으로
- 제5장 동아시아 안보질서의 변화와 한국의 전략적 선택

제1장

한국 안보외교정책의 자율성:
외교적 기동성(機動性)개념을 중심으로

I. 서론

1. 연구의 목적

과거 한국을 비롯한 이집트나 이스라엘 등의 국가들은 주변 강대국들의 간섭과 압력에 저항하기도 하고, 때로는 중립과 다변화적인 모습을 취함으로써 그들의 실익을 추구하였다. 이 같은 현상은 기존의 국제정치이론 위주 시각으로서는 제대로 설명할 수 없는 약소국의 독특한 행태 및 영향력이라 할 수 있다. 이러한 약소국의 행태를 어떻게 설명할 것인가. 즉 강대국의 간섭과 압력이 지속적으로 가해지고 있음에도 불구하고 약소국은 어떻게 그 압력에서 벗어나 그들의 이익을 추구할 수 있었는가? 전략동맹의 기치를 내세우며 새로운 동맹관계를 지향하고 있지만, 비대칭 동맹의 틀이 지속되고 있는 한미동맹관계에서 우리에게 시사하는 바는 무엇인가?

위의 문제제기와 연관된 이 글의 목적은 한국 안보외교정책의 분석틀을 도출하기 위해 약소국[1]들이 외교정책의 결정 및 집행과정에서 강대국에 대해 외교적 기동성[2]을 발휘할 수 있었던 조건과 약소국이 행한 외교적 기동성의 다양한 확보전략에 대해 규명하는 것으로 구체적 문제제기는 다음과 같다.

첫째, 약소국의 기동성 확보전략은 어떻게 유형화시킬 수 있으며, 약소국이 강대국에 대해 기동성을 발휘할 수 있는 조건은 무엇인가? 둘째, 약소국이 강대국에 의해 원하지 않는 간섭과 압력을 받았을 때 어떻게 기동성을 발휘했는가, 즉 기동성 확보전략과 전술은 무엇이며, 변수들의 상대적 영향력의 크기는 어떠한가? 셋째, 약소국이 강대국과의 협상에서 발휘할 수 있는 기동성의 범위는 어느 정도인가?

2. 연구 방법 및 범위

이 글은 단일 국가에서의 사례분석을 시도하여 한국 안보외교정책을 설명하고자 한다. 즉 한국의 사례를 통해 약소국 외교정책의 일반화에 기여하는 것이다. 물론 약소국 외교정책의 일반화라는 측면에서 이스라엘이나 이집트, 북유럽 약소국들과의 비교 사례연구가 필요하다고 할 수 있으나, 이 글이 단일 국가의 사례분석을 선택한 이유는 다음과 같다. 첫째, 각 약소국들이 처해 있는 지리적 위치, 지역 질서의 특징, 국가능력, 강대국과의 역사적 관계 등의 상이성으로 인해 동일한 기준에 의해 사례를 선택하기 힘들다

---

[1] 약소국에 대한 분류는 여러 학설이 있으나, 이 글에서 약소국은 상대적인 힘의 차이 개념으로 적용하고 있음을 밝혀 둔다. 즉, 한국이 아프리카의 콩고나 르완다 등과 비교 시 상대적 강대국으로 분류될 수 있으나, 세계적 차원의 강대국들인 주변국들에 비해서는 중·약소국으로 분류될 수 있을 것이다.

[2] 외교적 기동성이란 "강대국의 강압적 간섭을 그대로 수용하지 않으면서 여러 전략을 통해 정책적 대안을 확대해 나갈 수 있으며, 대안 확대과정을 통해 초기에 설정된 정책 목적을 효율적으로 달성할 수 있는 행위 및 능력"을 의미한다.

는 것이다. 예를 들면 북유럽의 스위스나 핀란드를 한국과 비교분석한다는 것은 위 변수들의 상이성으로 동일수준에서 비교되지 않을 것임을 예측해볼 때 분석적 함의는 매우 감소될 것으로 판단된다.

둘째, 단일 사례분석이라 하더라도 일국(single-country) 중심의 전 시간대에 걸친 분석은 타 국가와의 비교분석 못지않은 분석적 함의를 가질 수 있다고 판단되기 때문이다.3) 일국중심 이론은 보편적 일반화를 거부하거나 단일국가중심으로 발생될 수 있는 특수성에 함몰될 가능성이 있음에 대해 비판받고 있으나, 연구대상 국가의 일반성과 특수성을 구별함으로써 이론화를 꾀할 수 있다면 약소국 외교정책의 이론화에 기여할 수 있으리라 판단된다.

이 연구의 시기적인 범위로는 정부수립 이후 탄생한 이승만 정부부터 탈냉전이 도래하는 노태우 정부까지로 한정하였다. 연구의 시간범위를 탈냉전 시기까지로 제한한 이유는 한국이 이 시기를 기점으로 협력적 지역질서의 지속과 상황대응능력이 급속도로 증가함으로써 강건형 국가로 가는 하나의 이정표가 되었기 때문이다. 즉 노태우 정부는 분석상 강건형 국가의 완결형이라 할 수 있으며,4) 이후 한국의 기동성 확보전략은 그 정도는 다를지언정 이 범위에서 크게 벗어나지 않았다고 볼 수 있다. 또한 이 연구는 이 시기 한국의 외교적 기동성 분석을 위해 네 개의 이슈로 구분하고 있는데, 이승만 정부의 한미상호방위조약, 장면·박정희 정부의 한일수교정책, 박정희 정부의 핵개발정책, 노태우 정부의 북방정책이 그 이슈들이다. 그러나 이런 단일의 이슈가 각 정부의 대(對)강대국 정책을 모두 포함하는 것은 아니다. 즉

---

3) James N. Rosenau, "Toward Single-Country Theories of Foreign Policy: The Case of the USSR," in Charles F. Herman and Charles W. Kegley, Jr. & James N. Rosenau, *New Directions in the Study of Foreign Policy* (Mass Winchester: Allen & Unwin Inc, 1987), p.54.
4) 이 논문에서 제시하는 강건형 국가(strong state)는 국가자율성이 어느 정도 확립된 상태에서 비대칭적인 상호의존에서 오는 비용보상능력이 크거나 대체물의 보유로 인해 강대국의 압력을 그대로 수용하지 않고, 오히려 강대국과의 관계를 새롭게 정립하려는 국가이다. 즉, 자원동원능력의 증가로 민감성이나 취약성이 크게 감소된 상태에서 기동성이 적절히 발휘될 수 있는 국가형태이다.

이 이슈들이 각 정부에서 강대국과의 관계를 나타내는 대표적인 것들이지만 기타 이슈들도 포함될 수 있음은 분명하다. 예를 들면, 이승만 정부의 한미상호방위조약 체결과정에서 나타난 반공포로 석방이나 북진통일 등의 이슈들도 한국의 외교적 기동성이 어떻게 수행되었는지를 나타내주는 것들이라 할 수 있다.

II. 약소국 외교정책과 외교적 기동성: 이론적 논의와 분석틀

1. 외교적 기동성(Diplomatic Maneuverability)의 개념

기존의 약소국 연구는 두 가지 방법론으로 접근되어 왔는데, 하나는 약소국의 생존과 취약성의 감소에 관한 것이었고, 다른 하나는 강대국들에 대해 자신의 의지를 보유하는 행동공간의 확대, 혹은 자유행동 능력(freedom of action)에 관한 것이었다. 이 글의 접근은 후자인 자유행동 능력의 확대에 관한 것으로 바로 넓은 의미의 외교적 기동성을 의미한다. 사실 약소국에 관한 연구에서 바스톤(Barston)을 제외하고 외교적 기동성에 관해 명확한 개념을 정립한 연구는 없었다.[5] 기존 연구들은 단지 약소국의 '영향력'이라는 개념으로 설명하면서 자유행동 능력이라는 용어를 이용하여 기동성을 부분적으로 설명하고 있을 뿐이다.

예를 들면 '약소국의 힘(power of weak state)',[6] '약소국의 횡포(tyranny of the weak)',[7] '약소국 동맹의 큰 영향력(the big influence of small

---

5) R. P. Barston, *The Other Powers: Studies in the Foreign Policies of Small States* (London: George Allen, 1972), p.176.
6) Arnold Wolfers, *Discord and Collaboration: Essays on International Politics* (Baltimore: Johns Hopkins Press, 1962), p.111.

allies)',[8] '몸통을 흔드는 꼬리(the tail that wags the dog)' 등은 국제체제와 강대국에 대한 약소국의 영향력을 나타내는 것들이다. 이러한 표현들은 약소국이 강대국의 요구에 저항할 수 있고, 또 경우에 따라서는 강대국의 이익을 희생시키면서까지 약소국의 요구를 관철시킬 수 있게 하는가를 설명하는 것들이다.

영향력 개념을 바탕으로 약소국의 행동공간의 확대 혹은 자유행동 능력에 대한 기존 연구들은 '자율성'이라는 개념 위주로 누적되어 왔다. 이 개념은 국제정치 연구에서 강대국과 약소국 간의 동맹에서 흔히 나타나는데, 후견-피후견 국가관계 이론,[9] 안보와 자주성 간의 교환동맹 모델,[10] 동맹딜레마로서의 포기-연루모델[11] 등으로 대표될 수 있다. 그런데 이러한 연구들에서도 자율성이 정확히 무엇인지, 어떻게 지표화할 수 있는지에 대해서는 아직까지 정립된 바 없다. 단지 '강대국의 간섭과 압력에서 벗어나 자국 스스

---

7) Astri Suhrke, "Gratuity or Tyranny: The Korean Alliances," *World Politics*, vol.25 (July 1973), p.508.
8) Robert Keohane "The big influence of small allies," *Foreign Policy*, no.2(Spring 1971), pp.161-182.
9) 후견·피후견 관계를 설명하는 연구로는 C. Shoemaker & J. Spanier, *Patron-Client State Relationships* (N.Y.: Praeger Publisher, 1984); S. Eisenstadt & Roniger, "Patron-Client Relations as a Model of Structuring Social Exchange," *Comparative Studies of Society and Hostory*, vol.22(1980); Wookhee Shin, *Dynamics of Patron-Client State Relations: The United States and Korean Political Economy in the Cold War* (Seoul: American Studies Institute, Seoul National University, 1993).
10) 안보와 자주성 간의 교환모델에 관한 연구로는 James D. Morrow, "Alliance and Asymmetry: An Alternative to the Capability Aggregation Model of Alliances," *American Journal of Political Science*, vol.35, no.4(1991), pp.904-933; M. Altfeld, "The Decision to Ally: A Theory and Test," *Western Political Quarterly*, vol. 37(1984), pp.523-544.
11) 비대칭 동맹관계에서 동맹국 간의 포기-연루모델에 관한 연구로는 Glen H. Snyder, "The Security Dilemma in Alliance Politics," *World Politics*, vol.36, no.4(July 1984); 이 모델을 사용한 실증적 연구로는 Victor D. Cha, *Alignment despite antagonism: the United States-Korea-Japan security triangle* (Stanford, Calif.: Stanford University Press, 1999); Jane M. O. Sharp, "After Reykjavik: Arms Control and The Allies," *International Affairs*, vol.63(spring, 1987), pp.239-57.

로 결정하고 행위할 수 있는 능력'이라는 다소 포괄적인 의미로 사용되고 있을 뿐이다.12)

이 글에서 규명하고자 하는 외교적 기동성은 '행동 공간의 확보'라는 차원에서 '자율성'과는 상당히 가깝다고 볼 수 있으나, 그 의미는 다음 논의에 근거하여 확장될 수 있다. 바스톤은 약소국 연구에서 외교적 기동성에 대한 개념을 비교적 자세히 설명하고 있다. 그에 의하면 외교적 기동성이란 "외교정책에서 국가가 가질 수 있는 대안적인 행위들이나 그 대안들의 조합을 융통성 있게 선택 및 조정할 수 있는 능력뿐만 아니라 강대국이 주는 간섭과 압력 속에서 대안적인 선택을 할 수 있는 넓은 범위 및 그것을 가능하게 하는 행위"13)를 말한다.

이 외에 모리첸(Hans Mouritzen)도 행동영역의 확보라는 차원에서 외교적 기동성을 설명하고 있는데, 기동성 확보에 관한 국제 체제적 조건을 제시한다는 점에서 이전의 연구에 비해 의미가 있다.14) 그는 강대국들 간의 긴장 정도에 의해 약소국들의 외교적 기동성이 달라질 수 있음을 말하며, 공세적 기동성과 수동적 기동성으로 구분하고 있다. 공세적 기동성이란 강대국의 압력과 간섭에 적극 대응하여 오히려 그 관계를 변화시킬 수 있는 기동성이며, 수동적 기동성이란 단지 압력과 간섭으로부터 벗어날 수 있는 능력을 말한다. 두 강대국 간의 긴장이 높을수록 약소국의 공세적 기동성은 높아지는 반면 방어적 기동성은 약해지며,15) 이때 약소국은 중재, 역공세, 비협

---

12) 월러스타인(Wallerstein)의 세계체제론에서 대내적·대외적 자율성으로 비교적 명확히 구분하고 있다. 대내적 자율성이란 사회구성체 내에서의 국가의 자율성을 지칭하며, 대외적 자율성이란 세계체제 내에서의 자율성을 의미한다. 즉 체계체제 속의 다른 국가들에 대한 자율성을 의미한다. I. Wallerstein, *The Modern World System* (New York: Academic Press, 1974), p.355.
13) Barston(1972), p.176.
14) Hans Mouritzen, "Tension between The Strong and The Strategies of the Weak," *Journal of Peace Research*, vol.28(1991), pp.217-230.
15) 긴장이 높을수록 강대국들은 약소국을 서로 자기편으로 끌어 당기려 할 것이므로 시장 가치는 높아지는 반면, 기존 강대국은 약소국의 이탈을 방지하기 위해 간섭하려 할 것이기 때문이다.

력의 전략을 사용하여 기동성을 확보하려고 시도한다. 그러나 긴장이 증가하면 얻을 수 있는 공세적 기동성보다 방어적 기동성이 더욱 취약해지며, 운신할 수 있는 행동공간이 적어지기 때문에 약소국의 입장에서는 바람직하지 않은 상태라 할 수 있다.

이상에서 살펴본 외교적 기동성의 개념은 행동공간의 확보라는 차원에 있어 자율성의 개념을 포함하는 보다 광범위한 개념으로 사용할 수 있다. 즉 자율성이 강대국의 간섭과 압력을 벗어날 수 있는 수동적인 능력만을 의미하는 대신, 외교적 기동성은 강대국의 간섭과 압력을 벗어나서 오히려 강대국에 자국의 이익을 강제할 수도 있는 적극적인 능력까지도 포함된다. 자율성보다는 보다 상위의 개념이라 할 수 있는 것이다. 이와 더불어 자율성이 국가 간의 구조적이고 정태적인 측면을 강조한다면, 외교적 기동성은 그러한 구조 틀 내에서 행위자들의 역동성을 지칭한다는 점에서 차이점이 있다. 즉 외교적 기동성이란 "강대국의 강압적 간섭을 그대로 수용하지 않으면서 여러 전략을 통해 정책적 대안을 확대해 나갈 수 있으며, 대안 확대과정을 통해 초기에 설정된 정책 목적을 효율적으로 달성할 수 있는 행위 및 능력"으로 정의할 수 있다.

2. 한국의 외교적 기동성 분석을 위한 분석틀

1) 약소국의 외교적 기동성 확보전략 유형

약소국은 강대국의 간섭에 대해 다양한 방식으로 반응하는데, 상부의 간섭을 대부분 수용하는 충성, 무조건적인 수용을 지양하고 적절한 요구를 통해 제한적이나마 행동 공간을 확보하는 항의, 떠날 것이라고 위협하여 양보를 얻어냄으로써 큰 기동성과 행동공간을 확보하는 이탈방식이 그것이다. 원래 이 방식들은 시장에서 소비자들이 기업들의 독과점에 대응하거나 조직 구성원이 상부조직의 강압이나 간섭에 대응하는 개념이다.[16] 비록 위의 방식들이 기업이나 조직에서 출발한 것들이지만 국가 간, 특히 강대국과 약소국 간의 관계에도 적용될 수 있는 여지는 있다고 판단된다. 단 논리체계의 이식이 모든 경우에 유용한 것이 아니고 두 영역이 구조적으로 유사한 경우에만 해당된다.

이런 점에서 놓고 본다면 국가와 기업(조직)이 국익 혹은 이윤을 극대화하려 노력한다는 점, 힘의 비대칭성에 의해 간섭자와 피간섭자가 존재한다는 점 등은 위의 방식들이 국가 간에도 적용될 수 있는 개연성을 제공한다. 다만 위의 행동방식들을 그대로 국가 간의 관계에 적용시키기보다는 보다 더 세분화시킴으로써 그 적실성을 갖추는 것이 필요하다. 즉 포괄적인 이념형 선상을 바탕으로 기존 연구들에서 추출된 전략들을 중간범위 전략들로 연계 및 변화시키는 것이 필요하다는 것이다. 이런 의미에서 이 글에서는 약소국들의 일반적인 기동성 확보전략으로서 순응(compliance), 저항형 항의(resistance voice), 조절형 항의(coordinative voice), 공생형 다변화(symbiotic diversification), 자주적 일탈을 상정하고자 한다.17)

(1) 순응
순응은 강대국의 간섭이나 압력을 대부분 수용하는 전략이다. 약소국은

---

16) Albert O. Hirschman, *Exit, Voice, and Loyalty: Response to Decline in Firms, Organization, and State* (Cambridge, M. A.: Harvard University Press, 1970), pp. 47-134. 이와 비슷한 방식으로 로즈노우는 종속(dependency), 저항(defiance), 자율(autonomy)로 분류하고 있다

17) 이 용어들이 가지는 의미는 로즈노우(Rosenau)의 적응(Adaptation)과 스웰러(Schweller)의 편승(Bandwagoning) 개념의 혼합물이다. 스웰러는 동맹의 목적이 왈트(Stephen Walt)가 주장하는 위협균형(Balance of Threat)이 아니라 이익의 균형(Balance of Profit)임을 주장하며 약소국이 강대국에 기동성을 확보하기 위해서는 편승전략이 유효함을 주장하고 있다. 여기서 편승은 강대국의 요구를 대부분 수용하는 의존적 편승과 강대국과의 관계를 파국으로 이끌지 않는 수준에서 강대국에 위협을 가하고 저항함으로써 기동성을 확보하는 갈등적 편승으로 구분된다. James Rosenau, *The Study of Political Adaptation* (N.Y.: Nicholas Publishing Co., 1981), pp.58-59; Randall L. Schweller, "Bandwagoning for Profit," *International Security*, vol.19, no.1(Summer, 1994). pp.92-97. 다만 '자주적 일탈'은 이념상에서만 존재하는 유형이기 때문에 이 글에서의 논의는 생략하기로 한다.

⟨그림 1-1⟩ 약소국의 기동성 확보 전략과 외교적 기동성 변화

```
감소                    기동성                    증가
  ←——||————||————||——————||————||——→
         :             :       :
        순응    저항형  조절형   공생형  자주적
               항의    항의    다변화   일탈
         :                    :
       Loyalty    Voice       Exit
```

갈등적인 지역질서로 안보에 심각한 위협에 직면해 있거나, 혹은 국내적으로 국가자율성과 자원동원능력이 부재한 상태에서 강대국의 경제·군사 원조가 긴박하게 요구될 때 흔히 발생되는 전략이다. 즉 비대칭적인 상호의존의 가장 극단적인 형태이며, 약소국의 민감성과 취약성이 최대로 나타나는 상황이기도 하다. 이때 약소국의 외교정책은 수동적이거나 반응적일 수밖에 없으며, 외교적 기동성을 거의 발휘할 수 없다.

(2) 저항형 항의

약소국이 강대국의 압력을 어느 정도 수용하지만 무조건적이지는 않으며, 오히려 고의로 갈등을 조장하여 기동성을 확보하려는 전략이다. 이 상황은 갈등적인 지역질서와 부실한 상황대응능력에 의해 기동성이 제한된다는 점에서는 순응과 비슷하지만, 확립된 국가자율성으로 인해 강대국의 압력이 무조건적으로 수용되지 않는다는 점에서 차이가 있다.[18] 즉 민감성과 취약성이 많이 나타나지만, 약소국은 확립된 국가 자율성을 강대국 압력에 대응하는 수단으로 삼아 역량을 집중함으로써 제한적이나마 외교적 기동성을 발휘할 수 있다. 특히 이 전략은 강대국이 중요한 가치라고 인식되는 이슈에서

---

[18] 정책결정자들은 응집된 국가선호를 바탕으로 국가의 의존을 감소시키기 위해 적극적인 전략을 선택할 가능성이 있고, 그들의 환경을 재정의하려는 데 주저하지 않으려 할 것이기 때문이다.

는 위험하지만, 가치인식이 동등하거나 약소국이 더 중요하다고 인식할 때는 효과적이다. 강대국은 관심범위가 전 세계적 내지 지역적으로 매우 넓지만, 약소국은 관심범위가 좁기 때문에 그 이슈 하나에 모든 역량을 집중할 수 있기 때문이다.19)

(3) 조절형 항의

이 전략 역시 항의의 범주에 속하지만 양쪽으로부터 갈등적 행위보다는 설득적이고 조절적인 전술을 구사한다는 점에서 저항형 항의전략과는 다르다. 협력적인 지역질서와 이전보다 증대된 상황대응능력은 약소국이 기동성 발휘를 할 수 있는 전제조건을 부여하지만, 그 조건들의 충족이 제한적이기 때문에 최대의 외교적 기동성을 발휘할 수 없다는 점에서 차이가 있다. 즉 제한된 상황대응 능력은 약소국 지도자로 하여금 비대칭적인 상호의존을 완전히 벗어날 수 없다는 상황인식을 가지게끔 함으로써 부분적인 외교적 기동성의 제약을 가져온다. 다만 협력적 질서와 응집적인 국가자율성이 제한된 자원동원능력을 보충해줌으로써 약소국 지도자의 상황인식은 제약보다는 기회 쪽에 더 무게중심을 둘 것임을 가정할 수 있다. 이 전략 구사 시의 약소국은 안보부담 감소, 확립된 국가자율성, 부분적으로 증대된 자원동원능력을 바탕으로 강대국들의 압력에 대해 조절 전략을 통해 기동성을 확보하려 시도할 가능성이 높다.20) 즉 약소국의 입장에서는 민감성과 취약성이 어느 정도 해결된 상태이지만 완전한 의존의 비대칭성의 해결이란 불가능하

---

19) 한델은 이런 면에서 "약소국은 지엽적(provincial)이고 편협적(parochial)이다. 이러한 편협한 사고방식은 상당한 장점을 가지는데, 제한된 범위의 외교문제에 대해 총력을 기울일 수 있기 때문이다"라고 설명하고 있다. Michael Handel, *Weak States in the International System* (Jerusalem: Hebrew University Press, 1981), p.42; Andrew Mack, "Why Big Nations Lose Small Wars: the Politics of Asymmetric," *World Politics*, vol.27, no.2(1975), p.26.

20) 이 전략은 비대칭 관계에서 하부단위가 갖는 구조적 한계를 인식하면서도 외부적인 변화에 따라 단순하게 따라가는 반응국가에 머무르는 것이 아니라 나름대로의 구조적 전환을 모색하는 행위유형을 의미한다.

기 때문에 나타나는 전략이기도 하다.

(4) 공생형 다변화

약소국이 매우 높은 기동성을 발휘할 수 있는 전략으로 포괄적인 의미에서 이탈에 해당된다. 약소국은 강대국과의 관계에 능동적으로 대응하는 한편, 일국가 중심의 의존 내지는 교류보다는 다각화를 통해 행동공간을 확보하려는 전략이기도 하다. 지역 국가들의 상호호혜적인 질서에서 오는 강대국의 '의도된 방관'이 약소국으로 하여금 외교적 기동성 발휘를 할 수 있는 전제조건을 제공해준다면 국가의 상황대응능력은 외교적 기동성의 성취도를 더욱 높여주는 기회를 부여한다. 즉, 민감성·취약성이 감소되는 상황에서 약소국은 강대국의 압력을 벗어나 다변화된 외교를 구사하는 기동전략을 구사할 수 있으며, 외교적 기동성을 발휘하기에 최적의 조건을 가진다. 이때 약소국의 지도자는 모든 상황여건을 기회로 인식하고 자국의 기동성 확보를 위해 최대의 노력을 기울일 것이며, 그 결과로 많은 외교적 기동성을 확보할 수 있다. 다만 공생형 다변화 전략이 기존 강대국의 구조적 제약 속에서 주변 강대국과의 다각화를 시도한다는 점에서 완전한 이탈을 지향하는 자주적 일탈 전략보다는 제한적인 외교적 기동성을 가진다 할 수 있다.

2) 분석수준과 변수

(1) 분석수준

약소국의 외교정책과 외교적 기동성을 설명하는 기존 연구의 검토를 종합하면 크게 세 가지로 구분될 수 있다. 첫째, (신)현실주의 시각이다. 이 시각은 약소국은 강대국의 압력에 대해 순응하거나 제한적으로 반응할 수밖에 없다는 것으로 약소국의 피동적인 위치를 잘 설명해주고 있다. 다만 약소국도 국제체제의 구조에 따라 제한적이기는 하지만 기동성 발휘를 할 수 있다고 주장하는 점이 특이하다. 즉 국제체제 구조가 양극체제냐, 다극체제냐에 따라 약소국의 기동성 발휘는 달라질 수 있다는 것이다.[21] 그러나 이 시각은 국제체제의 구조를 가장 중요한 변수로 삼고 있지만, 약소국이 강대국의 압력을 받는 여러 이슈 중에서 왜 어떤 부문은 압력을 수용하고, 다른 이슈에서는 압력을 받더라도 수용을 하지 않는가를 설명하지 못한다.[22] 또한 경험적 연구에서 나타나는 것처럼 한국, 이스라엘과 같은 약소국들이 강대국들의 압력을 벗어나 오히려 공세적 기동성을 취할 수 있었던 이유를 설명하기에도 미흡하다.

둘째, 환경모델로서 환경은 제약뿐만 아니라 기회도 제공한다는 점에서 약소국에 유리하게 작용할 수도 있음을 강조하는 시각이다.[23] 즉 약소국이라 하더라도 환경이 주는 기회로 인해 강대국과의 관계에서 기동성을 확보할 수 있다는 것이다. 이 시각은 약소국이 외교정책의 메뉴를 전적으로 결정할 수는 없지만 강대국이 제시한 범위 안에서 자유로이 결정할 수 있는 능력을 보유하고 있다는 것을 가정한다는 점에서 (신)현실주의보다는 전진적(前進的) 연구 프로그램이라 할 수 있다. 그러나 이 모델도 약소국의 정책결정에 있어 각종 변수들이 중요하다고 강조는 하고 있지만 변수 상호 간의 상호작용이나, 분석수준에 따라 어느 변수가 더 중요한 것인지는 밝히지 않고 있어 기계적 적용이라는 비판이 적용될 여지가 많다.

셋째, 국내정치적 혹은 국가 중심적 시각이다. 이 시각은 약소국의 외교정책을 형성하는 데 있어 국가능력이나 속성, 국가 조직 기구 간의 부단한 상호작용을 강조하는데, (신)현실주의와는 다르게 국가는 합리적이지도 않으며, 일원적인 행위자도 아니라는 것을 강조한다. 이 시각은 약소국의 외교적

---

21) Michael Handel(1981), pp.10-47.
22) 약소국 외교정책에 있어 현실주의의 설명력 미흡에 있어서는 Miriam Fendius Elman, "The Foreign Policies of Small States: Challenging Neorealism in its Own Backyard," *British Journal of Political Science*, vol.25, no.2(1995), pp.171-217을 참조.
23) Maria Papadakis and Harvey Starr, "Opportunity, Willingness and Small States: The relationship Between Environment and Foreign Policy," in Charls Herman and James N. Rosenau, eds., *New Directions in the Study of Foreign Policy* (Boston: Allen & Unwin Ltd., 1987).

기동성을 설명하는데 (신)현실주의가 설명하지 못한 부분을 보충할 수 있다는 점에서 가치가 있다. 그러나 약소국의 외교정책에 영향을 미치는 가장 큰 변수는 국제체제 변수인 반면, 국가적 변수는 상대적으로 중요 변수가 아님을 고려해볼 때, 이 시각만 가지고서는 약소국의 기동성을 적절하게 설명할 수는 없다. 따라서 비록 이 변수들이 (신)현실주의가 설명하지 못하는 나머지를 설명한다 하더라도 그 설명범위는 줄어들 수밖에 없는 것이다.

이와 같이 약소국의 기동성 확보조건이나 확보전략을 보는 인식론적 시각은 다양하다. 그러나 여기서 유념해야 할 점은 이러한 분석시각들이 배타적이라기보다는 상호보완적 성격을 띠고 있다는 사실이다. 엄격히 말해 (신)현실주의, 환경모델, 국가중심적 시각 중 어느 단일변수가 약소국 기동성 확보의 동학을 완벽하게 설명해줄 수는 없다. 각 시기별, 지역별로 변수들의 설명력이 달라질 수밖에 없기 때문이다.

(2) 분석변수

다음으로 고려할 문제는 약소국 기동성 확보전략의 유형과 조건을 설명할 수 있는 핵심변수는 무엇인가의 문제이다. 이 글에서는 일차적으로 약소국의 외교정책은 강대국과 약소국 간의 상호작용에 의해 형성된다고 본다. 따라서 이 글은 국제체제의 구조가 약소국의 행위를 결정한다는 체제 결정론적 관점을 거부하며, 국가의 속성이나 능력까지도 고려해야 함을 강조한다. 여기서 중요한 문제는 약소국의 기동성 확보조건과 확보전략의 유형이 국제체제 구조와 국가내부의 동학을 포함하는 국가적 속성에 의해 달라질 수 있다면 이 변수들의 적용가능성 여부와 구체화 방법의 문제이다. 이 점에 있어 이 글은 기존 변수들을 그대로 적용할 수는 없으며, 다음의 전환과정을 거쳐야 함을 강조한다. 즉, '국제체제의 구조'는 '지역질서'라는 개념으로 접근해야 하며, '국가적 속성'은 '국가의 상황대응 능력'의 맥락에서 보아야 한다는 것이다.

① 지역질서

국제체제의 구조 변수와 관련된 문제제기는 다음 두 가지로 다시 세분화할 수 있다. 먼저 '구조'의 보완개념으로서 '질서'가 가지는 적실성과 세계적 차원이 아닌 지역적 차원의 '질서'가 가지는 타당성의 문제이다. 즉 '세계적 차원의 국제체제 구조'라는 변수 대신 '지역적 차원의 질서'라는 변수의 대체 가능성과 이유이다. 기존연구들은 약소국 외교정책에서 기동성의 범위를 결정짓는 변수로 세계적 차원의 국제체제 구조를 상정하고 있다.[24]

국제체제 구조는 약소국의 기동성 발휘에 결정적인 변수가 될 수 있지만 너무 정태적이고 생태 결정론적이라는 데 문제점이 있다. 즉, 체제 구조론적 관점에서 보면 약소국은 자체의 의지와는 상관없이 체제구조에 의해 행동범위가 결정되기 때문에 생태결정론에서 오는 피동성의 제약을 극복하기 어렵다고 볼 수 있다. 즉, 약소국의 기동성 발휘에 영향을 주는 국제 체제적 요소는 단순히 체제구조가 양극이냐, 다극이냐에 의해서가 아니라 구조를 구성하는 단위들의 상호작용을 고려해야 함을 알 수 있다. 즉 강대국 간의 관계와 긴장 정도가 어떠한가, 강대국들이 약소국에 취하는 정책은 무엇이고, 여기에 대한 약소국들의 반응은 어떤 것들인가와 같은 종류의 상호작용을 고려해야 하는데,[25] 이 글에서는 이러한 상호작용을 질서의 개념으로 파악하고자 한다. 국제체제를 구성하는 단위들의 상호작용에 의한 약소국 기동성의 범위를 질서가 가지는 역동성을 이용하여 동태적으로 분석하고자 하는 것이다. 이 개념을 사용할 시 얻는 이점으로는 국제체제의 구조를 이용한 분석 시 나타나는 정태성을 탈피하고, 구조를 구성하는 단위들의 상호작용을 파악함으로써 '왜 약소국이 그런 상황에서 그런 정책을 수행할 수 있었는가'의 질문에 보다 대답하기 용이하다는 데 있다.

로즈노우에 의하면, 국제적 차원에서 질서는 '일정 기간의 범위 내에서

---

[24] 대표적인 예로 한델은 국제체제의 구조가 다극체제냐 양극체제냐에 따라서 약소국의 기동성 범위는 달라질 수 있음을 주장하고 있다. Michael Handel(1981), pp.169-190.
[25] Werner Bauwens, *Small States and the Security Challenge in the New Europe* (London: Oxford University, 1971), pp.13-15.

국제적 문제가 운용되고 국제관계가 유지되는 어떤 특정한 패턴'26)을 의미한다. 즉, 질서란 어떤 일정한 시간의 흐름 속에서 구성원들의 보편타당한 목표를 유지하기 위해 운영되는 지속적이고 상호적인 패턴이라고 할 수 있다. 그는 국제질서의 패턴을 구성하는 핵심적인 요소로 핵심적 행위자 간 파워의 배분관계, 핵심적 행위자 간 위계적 차별성, 이들의 상호작용을 제한하는 규칙, 군사력의 역할/외교/협력과 갈등에 관한 행위자들의 인식의 공유성이라고 주장하면서 이러한 근원적 배열관계는 관념적(ideational)·행위적(behavioral)·제도적(institutional) 차원 등 세 가지 차원에서 형성된다고 본다.27) 여기서 관념이란 구성원들의 간주관적인 인식으로서 세계관·국가관·현실을 보는 시각으로 시현될 수 있다. 행위란 구성원들이 질서를 유지하기 위해 규칙적으로 행동하는 것으로 정책으로 시현될 수 있으며, 제도란 정책과 행위를 효율적으로 수행하기 위한 정치적 수준의 규칙이나 규범을 말하며, 기구, 동맹 등으로 시현된다.

국제 체제 변수와 관련된 문제제기 중 두 번째는 세계적 차원의 국제질서보다 지역적 차원의 지역질서가 갖는 분석의 효용성 문제이다. 즉, 핵심변수로서 지역질서를 선택하는 이유는 지역질서에 대한 연구는 다양한 차원의 행위자와 현상 간의 상호작용을 분석할 수 있는 연결고리를 제공할 수 있기 때문이다. 약소국은 자신이 개입되어 있는 지역의 국지이익에 초점을 맞추나 강대국은 전 세계 이익에 중점을 두기 때문에 세계적 차원의 안보질서에서는 이들 국가 간의 상호작용이 거의 이루어질 수 없다. 따라서 지역질서에

---

26) James Rosenau, "Governance, Order, and Change in World Politics," James Rosenau and Ernst Czempiel, *Governance without government: Order and Change in World Politics* (Cambridge University Press, 1992), p.10. 질서에 관한 이외의 개념적 연구로는 불(H. Bull)과 알라가파(M. Alagappa)를 들 수 있다. Hedley Bull, *The Anachical Society: A Study of Order in World Politics* (N.Y.: Columbia University, 1977), pp.5-8; Muthiah Alagappa, "The Study of International Order: An Analytical Framework," *Asian Security Order: Instrumental and Normative Features* (Stanford University Press, 2003), p.34.

27) James Rosenau(1992), p.14.

대한 연구는 강대국과 약소국 간의 이해관계가 수렴되는 접점일 뿐만 아니라 약소국의 외교적 기동성과 관련된 다양한 행위자와 변수가 상호작용하는 맥락을 이해할 수 있는 적절하고도 유용한 변수가 될 수 있다.

② 약소국의 상황대응능력

약소국 기동성 확보전략의 유형과 조건을 설명할 수 있는 핵심변수로서 두 번째로 상정할 수 있는 것은 국가적 수준에서 국가의 내적 능력이다. 다만 강대국의 압력에 반응 혹은 협상 시 사용되는 국가능력은 고정된 국가능력이 아닌 상황의존적(context-dependent)인 성격이 짙기 때문에 "상황대응능력"이라는 용어가 보다 적절한 용어라고 할 수 있다. 즉 "상황대응능력"이란 기존의 전반적이고 포괄적인 국가능력 개념이 아니라 특정 이슈 및 상황에서 강대국이 압력을 가할 시 기동성을 발휘할 수 있는 보다 구체화된 국가능력 개념이라 할 수 있다.

국가의 "상황대응능력"은 국가적 수준의 변수로서 국가-사회관계의 사회관계적 측면을 의미하는 '국가자율성'과 정책집행수단을 의미하는 '자원동원능력'으로 구성되어 있다.[28] 즉 국가적 수준에서 약소국의 기동성은 이 두 변수의 상호작용에 의해 결정된다고 볼 수 있다. 예를 들어 국가와 사회의 관계에서 국가가 사회세력을 수용하느냐, 아니면 사회가 국가를 수용하느냐에 따라, 혹은 국가 자율성으로 결정된 정책을 수행할 자원의 존재유무에 따라 약소국의 기동성은 달라질 수 있다.

만약 국가가 외교정책 결정이나 집행 시 사회세력을 수용함으로써 그들에게서 오는 압력을 무시하고 응집적인 권력을 가지고 정책을 구사하거나, 충분히 동원할 자원이 있다면 환경이 주는 제약을 일정 부분 감소시킬 수 있다. 반면 사회가 국가를 수용하고 동원가능한 자원이 빈약한 경우 국가는,

---

28) 이 글에서 국가자율성은 엘리트 선호도 일관성·사회적 지지·정치적 제약성에 의해, 자원동원능력은 국가 기구의 조직화와 보유자원의 규모에 의해 영향을 받을 수 있음을 제시하였다.

효율적인 정책집행이 불가능하다. 이 상태에서는 환경의 제약에 국가가 응집된 역량을 발휘하기 어렵기 때문에 기동성이 발휘되기 어렵다고 볼 수 있다.29)

3) 분석모형

이 글은 어느 하나의 분석수준으로는 한국 안보외교정책의 기동성에 대해 만족스러운 설명을 가져올 수 없다는 전제하에 이들 분석수준들을 어떻게 일관된 틀 속에 연결지을 수 있을까에 초점을 두고 있다. 즉 국제체제 수준을 강조하는 분석과 국가적 수준을 강조하는 분석을 효과적으로 연계시켜야만 약소국 기동성 확보조건의 인과관계 규명이 성공적으로 규명될 수 있다. 따라서 약소국 외교정책에서의 기동성 확보전략을 설명하기 위해서는 국제체제와 국가수준 간의 상호작용을 규명하는 것이 급선무라 할 수 있다. 이 글에서는 약소국의 외교정책에서 가장 중요한 것은 힘이라는 (신)현실주의의 주장을 그대로 수용하지만, 국가 능력을 동시에 고려해야 함을 주장한다. 이러한 접근은 각 수준 간의 우선순위가 동등하다는 것이 아니라 서로 상호작용하는 가운데 분석틀을 증진시킨다는 점에서 약소국의 외교정책 분석에 유용하다 할 수 있다. 따라서 이 연구는 국제 체제적 수준과 국가적 수준 간의 전환적인 경로를 분석하기 위해 각 수준 간의 절충적 접근을 사

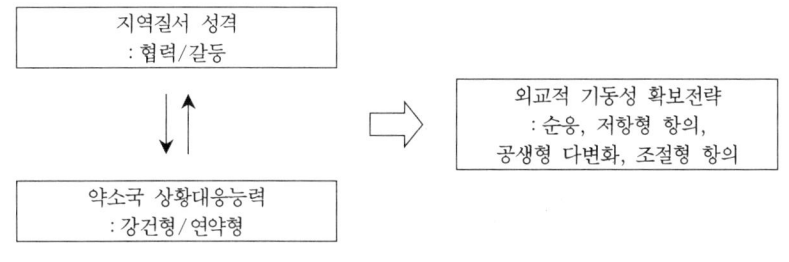

〈그림 1-2〉 지역질서, 상황대응능력, 기동성 확보전략

---

29) Andrew Mack(1975), pp.24-26.

용함으로써 약소국 기동성 확보전략의 다양성을 규명할 것이다.
이 분석모형을 바탕으로 이 글이 제시하는 가설은 다음과 같다.

〈가설 1〉 지역질서가 협력적일수록 약소국의 외교적 기동성은 증가하는 반면, 갈등적일수록 외교적 기동성은 감소할 가능성이 높아진다.
〈가설 2〉 국가의 상황대응능력이 증가할수록 약소국의 외교적 기동성은 증가하는 반면, 감소할수록 외교적 기동성은 감소할 가능성이 높아진다.
〈가설 3〉 지역질서와 상황대응능력 변수가 결합 시 약소국의 기동성 확보 전략은 선택적 친화성을 지닌다. 즉, 갈등적 지역질서 속에서 연약형 상황 대응능력을 지닌 약소국은 순응 전략으로, 반대로 협력적 지역 속에서 강건형 상황대응능력을 지닌 약소국은 다변형 내지는 일탈형 전략으로 나타날 가능성이 높다.

III. 이승만 정부의 한미상호방위조약 체결정책:
저항형 항의전략[30]

한미상호방위조약 체결을 위한 한국과 미국의 노력 과정에서 양국의 인식은 달랐다. 한국은 국가 생존을 위해 방위조약을 체결하려 노력한 반면, 미국은 그러한 한국의 요구를 그대로 수용할 수는 없었다. 즉 미국은 한국과 방위조약을 맺음으로써 군사적 가치가 없는 극동의 한 지역에 계속 연루되는 것을 꺼려하였다. 이러한 인식의 차이를 좁히기 위한 수단으로 이승만은 미국이 방위조약을 체결하지 않는 한 휴전에 협조하지 않을 뿐만 아니라

---

[30] 이 부분에 대한 사항은 이 책의 제2장에서 자세히 다룰 것이다.

단독으로 북진을 계속하겠다는 언명을 계속하였다. 또한 방위조약 체결을 위해 한국전쟁 과정에서 가장 극적인 수단을 사용하게 되는데, 바로 1953년 6월 18일 발생한 반공포로 석방이었다. 이승만은 반공포로석방을 통해 장차 중요한 결과를 초래할 어떠한 일을 단독으로 실행할 수 있다는 사실을 명백히 입증하였다. 이것은 또한 한국군이 개전 이래 유엔군 지휘하에 있어 왔다 할지라도 한국이 휴전에 적대적인 행동을 취하기로 결심하면 유엔 측과 공산 측이 어떠한 협정을 체결한다 할지라도 그것을 파괴시킬 수 있는 가능성이 있다는 것을 말해 주었다. 따라서 미국은 휴전을 성립시키려면 이승만의 동의를 얻을 필요가 있다는 것을 절실히 느끼게 되었다. 이런 점에서 놓고 보면 한미상호방위조약은 한·미 간의 갈등과 대치국면을 타개할 수 있는 유일한 타협점이자 처방책이었고, 반공포로 석방은 이러한 갈등국면을 한국에게 유리하게 이끈 전환점이 되는 중요한 전략이었다.

이 시기 지역질서는 한국전으로 대표되는 갈등적 지역질서였으며, 이러한 환경에서 한국의 외교적 기동성은 근본적으로 제약되어 있는 상태였다. 또한 이승만 정부의 자원동원능력은 국가기구의 조직화 측면이나 자원의 규모 면에 있어 모두 미약하였다. 즉, 국가 탄생 초기 군사, 경제 면에서 높은 대미의존도를 지닌 상태에서 미국을 주축으로 한 반공주의체제에 편입됨으로써 이승만 정부의 외교적 기동성은 많은 제약을 받을 수밖에 없었다. 그러나 생존이라는 가치영역이 다른 어떤 가치영역보다 우선시되었기 때문에 이승만 정부는 순응에 머물지 않고 절박한 생존전략을 구사해야 하였으며, 그것이 북진통일과 반공포로석방으로 대표되는 저항형 항의 전략으로 시현되었던 것이다.

결론적으로 상호방위조약 체결과정에서 나타난 이승만 정부의 기동성 확보전략은 고의로 갈등을 조장하여 기동성을 극대화하기 위한 벼랑끝 전술이나 허세 등의 항의전략을 위주로 사용하였으며, 미국에게 수용 불가능한 정책을 제시하여 최대한의 양보를 얻어내려 하였다. 이러한 대안 확대과정을 통해 초기 설정되었던 정책목표였던 상호방위조약은 체결될 수 있었다. 그러나 비록 방위조약이 체결되었다 하더라도 한국 정부는 자청해서 우리 생

〈표 1-1〉 이승만 정부의 기동성 확보전략 유형

지역 질서	관념	대립적 세력균형	갈등적 대립질서
	행위	봉쇄, 대량보복, 뉴룩(New Look)전략	
	제도	중·소 우호조약, 미·일 안보조약	
상황 대응 능력	국가 자율성	중 ⇒ 대	
	자원동원 능력	소	
기동성 확보 전략 및 전술		저항형 항의(벼랑끝 전술, 허세, 논쟁)	

존을 미국에 의존해야 했고, 한미합의의사록을 통해 군사적 작전권까지 미국에 양도한 것은 미국에 대한 기동성 확보가 완전하고 효율적인 것만은 아니었음을 의미하고 있다.

IV. 장면·박정희 정부의 한일 국교정상화정책: 순응

미국은 1950년대 말에 직면한 달러화의 위기와 국제경제체제에 있어서의 불황으로 말미암아 대외원조를 줄이고 동아시아에서 미국이 떠맡고 있던 역할을 일본과 분담하기 위한 방안을 찾고 있었다. 이를 위해서는 한국과 일본의 관계정상화가 필요하였기 때문에 미국은 한국에 직간접적으로 압력을 행사하기 시작하였다. 이것은 '60년 3월 허터(Hurter) 미 국무장관이 양유찬 주미대사를 만나 한일관계에 우려를 표명하는 등 노골적으로 관계개선을 하도록 압력을 넣은 사실에서 확인할 수 있다.[31] 또한 박정희 정부가 군사혁

---

31) 이용원, 『제2공화국과 장면』(서울: 범우사, 1999), p.242.

명 후 불안정한 국내 사회질서를 안정화시키기에 시간이 촉박하였음에도 서둘러 한일회담을 추진했다는 점과 어업문제와 평화선(이승만 라인) 문제가 여전히 한일 양국의 발목을 잡고 있었음에도 불구하고 추진을 강행한 점은 이 이슈가 미국의 압력에 의한 것이었음을 잘 보여주고 있다.32)

미국이 한일 국교정상화 조기타결에 대해 박정희 정부에 대해 이토록 압력을 넣은 것은 일본을 동맹 기지화하여 공산주의 세력의 위협에 효과적으로 대응하고, 한국의 전후재건에 유리하다는 이유에서였다.33) 즉, 미 정부는 냉전체제하의 안전 보장 비용을 어떤 형태로든 일본에게 분담시킬 수밖에 없다고 생각했던 것이다. 이처럼 미국은 한일 국교정상화가 한일 양국의 공동이익에 도움이 되기 때문에, 양국에 이를 적극적으로 이해시키고 만일 한국이 지속적으로 소극적인 자세를 보일 때는 정책수위를 더 높여 가야 한다고 생각했다.34)

즉 미국은 한일 국교정상화에 대한 한국의 자세가 소극적이라고 판단될 경우 대한원조를 삭감하겠다는 위협이 교섭의 촉진에 효과적이라는 생각을 가지고 있었다. 미국은 회담교섭 과정에서 적극적인 중재자의 역할을 넘어서 강압자의 역할까지도 자임함으로써 한일 국교정상화를 추진하려 했음을 알 수 있다. 이 점은 한일 국교정상화 조기타결을 위한 미국의 압력이 점점 갈수록 강도가 높아져 갔음을 의미하고 있는데, 수교에 대한 미국의 염려가 관례적인 실무급 외교채널을 통해서뿐 아니라 국무장관이나 대통령까지 나

---

32) 5·16 혁명 직후 미 NSC 회의에서 참모들은 한일관계의 회복에 대한 지금까지의 한국 태도를 비난하고, 박정희 정부의 입장 표명을 주시하면서 한국이 가시적인 행동을 할 수 있게끔 압력을 가하도록 강조하기도 하였다. Memorandum by Robert H. Johnson of the National Security Council Staff, "The Task Force Report was Prepared" (National Security File: Korea, 61/6, JFK Library).

33) 기미야 다다시, "1960년대 한국 냉전외교의 세가지 유형," 문정인, 『시장·국가·국가체제』(서울: 아연출판부, 2002), p.101.

34) Telegram from Department of State(Rusk) to American Embassy Korea(Berger) and American Embassy Tokyo(Reischauer) 7/13/62(Country File: Korea, Box 128, JFK Library).

서는 고위급 채널을 통해 전달되고 있다는 사실에서 알 수 있다. 이러한 미국의 압력은 결과적으로 회담 진행이 지속적으로 연기되는 것을 막을 수 있었을 뿐 아니라 1964년 12월에 회담이 재개되는 데에 결정적인 역할을 하였다.

이 시기 미국은 한국 내에서 학생, 언론, 야당 의원들에 의해 제기되고 있는 반대 주장들을 한일협정의 체결과 이후 국회비준을 얻어내는 데 가장 커다란 장애요소로 간주하고 있었다.[35] 따라서 미국은 대사관과 국무성, 국가안보위원회의 합의하에 수교를 위한 마지막 압력을 가하기 시작했다. 그 결정적인 계기는 5월 중순 방미한 박정희 대통령과 존슨 대통령과의 회담에서였다. 이 회담에서 존슨 대통령은 한일수교가 양국에게뿐만 아니라 아시아에서 반공산주의 세력을 위해서도 중요한 의미를 지닌다고 재강조했다. 미국의 이러한 움직임은 수교문제를 이용해 박정희 정부를 불안정하게 만들려는 야당 측의 시도가 미국의 지지를 획득하지 못할 것이란 점을 명확히 시사하는 것이었다. 더욱이 수교 이후에도 변함없는 지원을 약속한 것은 미국이 수교 이후 한국에 대한 모든 책임을 일본에 떠넘기려 한다는 반대세력의 비난을 잠식시킬 수 있는 것이었다. 이러한 미국의 설득과 압력에 대해 군사혁명으로 인한 정통성의 우려를 불식하고 미국으로부터 경제적 원조가 절대적으로 필요했던 박정희 정부로서는 미국의 압력에 적극적으로 대응할 수 없었다.[36]

이처럼 한일 국교정상화 과정에서 나타난 한국의 기동성 확보전략은 미국의 직간접적인 압력에 대해 무조건적 수용 내지는 정책철회의 경향을 나

---

35) "Park Visit Briefing Book," Memorandum George Ball to the President, 13/5/1965 (KCF, NSF., BOX 256, LBJ Library).
36) 이 점에 대해 이 당시 청와대는 한일 국교정상화가 미국이 한국을 일본에 전적으로 떠넘기는 것이 아니냐는 강한 의혹을 제시했고, 만약 그렇게 된다면 취약한 한국경제는 더욱 힘들 것이라는 전망을 내놓기도 하였다. 따라서 한국민들의 의혹을 불식시키기 위해서는 한미일 3국공동성명이 필요함을 주장하기도 하였다. "한일회담에 대한 미국의 입장: 김용직 외무부장관 방미 시 러스크 미 국무장관과의 회담 시에 사용할 자료 1963.7.1," 한국 외무부 외교문서 필름번호/화일번호 Re-0012/02.

타내고 있으며, 이것은 순응 영역으로 규정지을 수 있다. 즉 장면·박정희 정부는 미국의 요구나 압력에 대해 이렇다 할 저항이나 설득전략을 구사하고 있는 상황은 보이고 있지 않다. 특히 장면 정부는 미국에 스스로 내정간섭을 요구할 정도로 대미 종속적 외교를 수행했다는 점에서 외교적 기동성 발휘는 거의 불가능하였다. 이러한 순응의 형성과정에는 갈등적 지역질서가 핵심적인 변수로 작용하고 있다. 이 시기 지역질서는 이념적으로 대립적인 세력균형 관념과 민주·공산진영 간의 적대적 행위 외에 공산진영 내에서도 중·소 간의 갈등으로 인해 다층적인 갈등구조가 형성되고 있었다. 이러한 다층적 갈등구조 내에서 한국이 행위할 수 있는 행동범위는 축소될 수밖에 없었다. 특히 한일 국교정상화는 중국의 핵개발, 북한의 조·소, 조·중 동맹, 인도차이나 반도의 공산화에 대응하기 위한 미국 현실주의 정책의 결과물이었다는 점에서 미국의 압력은 절대적이었다.37) 따라서 안보와 경제를 미국 원조에 절대 의존할 수밖에 없었던 장면과 박정희 정부의 행동범위는 최소로 축소될 수밖에 없었으며, 한국의 외교적 기동성 확보전략은 '순응'으로 나타날 수밖에 없었다.

갈등적 지역질서가 한국의 기동성 발휘에 근본적 제약을 가했다면 미약한 국가자율성과 자원동원능력은 이러한 제약을 더욱 심화시켰다. 즉, 이 시기 한국의 국가자율성과 자원동원능력은 미그달(Migdal)의 소위 '약한 국가, 약한 사회(weak state-weak society)'38)의 전형을 보여주고 있었다. 4·19 혁명을 통해 등장한 장면 정부는 국가조직을 이끄는 지도층이 우유부단하여 결단력이 결여되었고, 반대세력을 제압할 수 있는 강제적 통제력을 상실한 나머지 국가는 무정부 상태로 진입하였으며, 이것이 군사쿠데타의 발단이 되었다. 5·16 쿠데타를 통해 등장한 박정희 정부도 집권엘리트 간의 파편성이 심하였고, 아직 국가 기반이 확립하지 않은 상태에서 억압적인 통제로

---

37) 전재성, "1965년 한일정상화와 베트남 파병을 둘러싼 미국의 대한 외교정책," 한국정치외교사학회, 『한국정치외교사논총』 제26집 1호(2005), p.73.
38) Joel S. Migdal, *Strong Societies and Weak States: State-Society Relation and State Capabilities in the Third World* (New Jersey: Princeton Univ. Press, 1988).

일관함으로써 국가 자율성이 확보되지 않았다.

  미약한 국가 자율성은 곧 한일 수교협상에 그대로 투영되었다. 한일 수교 반대를 외치는 사회의 저항은 자율성이 미약하였던 국가로 하여금 회담일정 자체를 유보시키게 만들었다. 더욱이 이 당시 국가는 미국의 신속한 체결 압박, 청구권 교섭에서 한 치도 양보하지 않으려는 일본에 중첩되어 직면해 있었다. 이러한 상황에서 미약한 국가자율성은 미국, 일본, 한국 사회라는 세 행위자와 대결하게 만들었다. 즉 강대국과 협상 시 약소국의 최대 무기였던 집중력이 분산됨으로써 기동성이 제약된 사례라 할 수 있다. 따라서 비록 한일협정이 체결되었다 하더라도 그 과정에서 장면·박정희 정부의 행동의 폭은 축소될 수밖에 없었으며, 국가의 억압적이고 비정상적인 방법을 통한 협정체결은 그 의미가 축소될 수밖에 없는 것이다.

  한편 장면·박정희 정부의 자원동원능력의 미약함 또한 기동성 확보전략을 순응에 머무르게 하였다. 관료제의 미확립과 함께 자본과 재정이 축적되지 않았던 장면 정부는 미국의 원조 감소를 막기 위해서라도 미국 압력에 순응해야 하는 처지에 있었다. 자본축적이 되지 않은 상태에서 미국 원조의 변화는 사회세력들에 배분해 줄 수 있는 자원 감소를 의미하는 것이었다. 장면 정부와는 다르게 박정희 정부는 중앙정보부, 보안사 등 억압적 장치와 경제기획원 등의 관료제를 통해 표면적으로는 자원동원 및 국가 관리를 달

〈표 1-2〉 장면·박정희 정부의 기동성 확보전략 유형

지역 질서	관념	이념적 세력균형	갈등적 대립질서
	행위	베트남전, 중국 핵실험, 중·소분쟁	
	제도	조·중 방위조약, 조·소 방위조약	
상황 대응 능력	국가 자율성	소 ⇒ 중	
	자원동원 능력	소	
기동성 확보전략		순응(무조건적 양보, 정책철회)	

성할 수 있었지만 상황적이고 임시적인 관리였음이 '6·3 사태'에서 드러나고 있다. 또한 박정희 정부의 수출주도형 성장전략은 1960년대를 통하여 놀라운 성과를 가져왔지만, 한일협상 당시에는 뚜렷하게 그 성과가 나타나지 않았다. 즉 수교협상 당시 박정희 정부의 자원추출이나 동원능력은 높다고 평가할 수 없으며, 이것은 경제·군사원조를 수단으로 한일협상을 강요하려는 미국의 압력에 순응해야만 하는 중요요인으로 작용하였다. 즉, 이 당시 한국이 다른 전략적 선택을 할 수 있는 여지는 거의 없었다고 볼 수 있다.

V. 박정희 정부의 핵 개발 정책: 조절형 항의전략

1974년 인도가 최초로 핵실험에 성공하자 미국 정부는 핵무기 확산의 위험에 최대 관심을 두기 시작하였다. 미국의 정보당국은 핵무기 관련자체에 대한 각국의 수입데이터를 면밀히 조사하였으며, 이 과정에서 한국의 핵개발이 포착되었다. 이 문제에 대한 미국의 인식은 헨리 키신저 국무장관이 주한 미국 대사관에 타전한 비밀전문에서 잘 나타나 있다.[39] 즉, 미국은 한국이 핵무기 개발을 시도할 경우 소련이 북한의 핵무기 개발을 지원하거나 일본이 비핵화정책을 재고할 명분을 갖게 된다고 인식하였고, 그것을 미연에 방지하고 한국의 핵무기 개발추진을 포기하도록 하기 위해 필요한 모든 조치를 강구하기로 결정했다. 즉, 미국은 원자로 건설과 관련한 지원을 철회

---

39) "남한의 전략적 위치를 볼 때 남한 정부의 핵무기 개발 노력이 북한과 일본에 영향을 미칠 것이므로 미국은 심각하게 우려하지 않을 수 없다. 남한의 핵무기 보유는 일본뿐만 아니라 소련과 중국을 포함해 동북아 지역의 안정을 저해하는 중대한 요인이 될 것이다 …… 대한민국의 핵무기 개발추진은 남한 정부가 미국의 안보 공약을 불신하게 되었고, 미국에 대한 군사적 자주성을 확보하려는 박 대통령의 염원을 반영하고 있다는 복잡성을 띠고 있다. Don Oberdorfer, *The Two Koreas: A Contemporary History* (Addison-Wesley, 1997), p.70.

하겠다는 경제적 압력수단은 물론 주한미군의 즉각적 철수나 한미상호방위 조약의 중단 위협 등 한국의 안보에 직결되는 압력수단을 보유하고 있었다.40)

이러한 미국의 압력에 대해 박 대통령은 핵개발을 주한미군 철수와 연계시켜 협상력을 제고하려 하였다. 1975년 4월 30일 박 대통령은 스나이더 대사와의 면담에서 "미국이 주한미군의 철수계획을 한국 정부에 정식으로 통보할 때까지 핵과 미사일개발을 늦춘다면 그것은 시기적으로 너무 늦기 때문에 한국으로서는 유비무환의 자세를 갖출 수밖에 없다"41)고 말하고 있다. 즉 미국이 한국안보에 확실한 보장없이 주한미군을 철수 시 한국도 나름대로의 안보수단을 확보할 수밖에 없음을 완곡하게 표현한 것이다. 이에 대해 1975년 8월 방한한 슐레진저(J. Schlesinger) 국방장관은 남한이 핵무기 개발을 추진할 경우 한미관계가 와해될 수도 있다고 직접 경고하기도 하였다. 특히 슐레진저의 후임으로 국방장관에 임명된 럼스펠드(D. Rumsfeld)는 서종철 국방장관과의 회담에서 남한 정부가 핵무기 개발을 강행하는 경우 미국은 안보 및 경제협력 관계를 포함해 "남한과의 모든 관계를 재검토할 것"이라고 단도직입적으로 경고했다.42) 또한 스나이더 대사는 한국과 협의 없는 주한미군 철수는 절대 없을 것이며, 만약 주한미군이 철수하더라도 한국은 미국의 안보우산에 있음은 물론, 자주국방에 소요되는 재원을 대폭 증가시킬 것임을 미 정부로부터 응답받았다는 대답을 하였다.43)

이러한 미국의 압력과 보상책에 대해 박 대통령은 수긍하는 태도를 보였으며, 마침내 1976년 1월 말 핵무기 개발을 중단시키기 위해 내한한 미국 대표단에게 프랑스와의 계약을 취소하기로 결정하였음을 통보하였다. 즉 더

---

40) 홍성걸, "박정희의 핵개발과 한미관계," 정성화 편, 『박정희 시대 연구의 쟁점과 과제』 (서울: 선인, 2005), p.275.
41) Richard Sneider, Department of Sate Telegram from America Ambassy Seoul to Washington (May 1, 1975).
42) Don Oberdorfer(1997), p.74.
43) 홍성걸(2005), p.282.

이상의 군사적 목적의 핵무기 개발은 없음을 표명한 것으로 한국의 핵무기 개발계획을 취소하겠다는 공식적인 의사표명을 하였던 것이다.

위에서 보듯이 박정희 정부의 핵 개발 정책은 같은 중앙집중형 국가였던 이승만 정부의 한미상호방위조약체결과 비교 시 갈등보다는 설득과 조절적인 양상이 많이 나타나고 있음을 볼 수 있다. 1975년 후반부터 한국의 핵무기 개발시도가 완연하게 누그러들었고, 미국의 대한(對韓) 안보 공약의 명시와 평화적 핵개발에 대한 지속적인 원조 등 한·미 간에 상당한 주고받기식 협의가 성공적으로 이루어지고 있었던 것이 이 점을 말해주고 있다. 즉 박정희 정부는 미국의 감시와 압력하에서는 핵무기 개발이 불가능함을 인식함에 따라 핵개발을 포기하는 데 따르는 대가를 요구하였으며, 미국 역시 한국이 만족할 만한 수준에서 이를 수용함으로써 1976년 초에는 사태가 수면 아래로 가라앉게 되었던 것이다. 부언하면 박정희는 실현 불가능한 핵무기를 개발하는 대신, 핵개발 계획을 은연중에 미국에 인지시켜 그 사실을 기정사실화 하였지만 최후에는 미국의 요구에 타협하는 대신 군사·경제적 측면에서 보상을 얻어 이익을 극대화시키려는 조건적 양보 전술을 구사했음을 알 수 있다.[44]

위와 같이 박정희 정부는 미국과의 핵협상에 있어 외교적 기동성의 한계에 직면했을 때는 실현가능한 차선의 대안을 통하여 실질적인 이득을 취하려는 경향을 보이고 있으며, 이러한 설득과 조절전략은 뒤이어 나오는 카터의 주한미군 철수에 대한 대응책에서도 동일하게 나타나고 있다. 즉, 1970년대 말 카터 행정부의 주한미군 철수결정에서 불거진 제2차 핵개발 정책에서 보여준 박정희 정부의 설득과 조절전략은 주한미군의 철수철회 결정뿐만 아니라 한국안보의 절대적 안전판이 된 한미연합사 창설의 기제가 되었다는 점, 절대 의존적인 한미관계에서 반(semi)의존적 관계로의 지위향상을 가져

---

[44] 물론 주한미군의 철수에 대비해 북한의 위협에 맞설 수 있는 가장 확실한 방법으로 핵무기를 보유하려는 의도가 없었던 것은 아니지만, 이것은 핵개발 초기에 나타나는 부분적인 동기에 불과하였다고 판단된다.

왔다는 점에서 높은 외교적 기동성을 보여주고 있다.

　이러한 조절형 항의전략의 형성과정에는 이전의 사례들과는 다르게 상황대응능력이 상대적으로 중요한 변수로 작용하였음을 확인할 수 있다. 즉 국제체제 변수인 제한적 협력질서가 한국의 기동성 발휘에 부분적인 전제조건을 부여하였다면, 국내변수들이 그 효율성을 직접적으로 결정하였던 것이다.

　이 시기의 동아시아 지역질서는 표면적으로는 각 행위자들의 '데탕트' 정책에 의해 협력적인 모습을 보임에 따라 한국의 기동성 발휘에는 긍정적인 요소로 작용하였다. 즉, 한국으로서는 '생존'이라는 가치에 대해 어느 정도 위기감이 해소될 수 있었다. 더욱이 이 당시 미국은 세계적인 데탕트 분위기를 동아시아 지역에 확산시켜 안정적인 지역질서를 통해 패권지위를 유지하려는 입장이었기 때문에 지역질서의 급격한 변화를 야기시킬 수 있는 박정희 정부의 핵개발에 대한 대응에서는 수세적일 수밖에 없었다. 즉 한국은 미국이 동아시아 지역질서에 대해 가지는 이해와 한계를 이용하였으며, 이것은 곧 핵 개발 추진과정에서 나타나는 미국의 압력에 대해 외교적 기동성을 발휘할 수 있는 조건이 부분적으로나마 충족되었음을 의미한다.

　협력적 지역질서가 기동성 발휘의 전제조건을 충족시키는 역할을 하였다면 상황대응능력의 향상은 조절형 항의전략을 형성하는 데 핵심적인 역할을 하였다. 한국 정부의 핵개발 정책은 안보에 위기감을 느낀 박정희 대통령이 직접 그 추진과정을 지시 및 감독함으로써 지배엘리트들의 이해관계나 갈등이 발생될 여지는 전혀 없었다는 점, 국민 스스로도 한국 안보를 위해서는 필수불가결하다는 점을 인식하고 있었다는 점 때문에 매우 높은 자율성을 가지고 추진될 수 있었다. 즉 핵개발 정책에 대한 국가자율성은 높은 상태임을 알 수 있다. 이러한 국가자율성의 확립은 대미협상에서 기동성을 발휘하는 데 중요한 역할을 하였다. 예를 들면, 핵개발 정책에 있어 국가선호도가 극도로 응집된 상태에서 전 사회 세력에 걸친 지지반응은 지역질서를 안정적으로 관리하려는 미국으로 하여금 수세적인 대응책을 수립하게 만들었던 반면, 한국이 공세적 기동성을 가질 수 있게 하였다.

　이 당시 자원동원능력은 이전 시기보다 크게 확장됨으로써 한국의 기동

〈표 1-3〉 박정희 정부의 기동성 확보전략 유형

지역 질서	관념	전략적 세력균형, 데탕트	제한적 협력질서
	행위	미·중 화해, 닉슨 독트린, 중·소 분쟁	
	제도	상해코뮤니케, 소·베 우호조약	
상황 대응 능력	국가 자율성	대	
	자원동원 능력	중	
기동성 확보 전략 및 전술		조절형 항의(조건적 양보, 이면보상)	

성 발휘에 중요한 역할을 하였다. 그러나 자주국방정책의 모체가 되는 중화학공업이 해외의 많은 자본을 필요로 하는 상황에서 해외자본(외채)의 대부분이 미국과 일본에 집중되어 있어 이 국가들에게로 자본 의존성이 심화되었다는 점은 미국의 경제적 압박에 대해 자유로울 수 없는 상황이었음을 말해주고 있다. 이것은 곧 아직까지 군사·경제적 자립이 확립될 수 없었으며, 자원동원능력 또한 미국의 압력으로부터 벗어날 수 없었음을 의미한다.

VI. 노태우 정부의 북방정책: 공생형 다변화 전략

북방정책은 강대국이 냉전의 승리에 동반한 약소국에게 전리품을 분배하는 과정에서 행위영역 확장을 추구하는 약소국의 행위를 묵인하였고, 약소국은 이 기회를 잘 이용하여 보기 드문 외교적 기동성을 확보한 대표적인 사례이다. 즉 한국은 스웰러(R. Schweller)의 '이익의 편승(bandwagoning for profit)' 유형 중 '자칼(Jackal)'에 해당하는 자세를 취함으로써 외교적 기동성을 확보할 수 있었다.[45]

냉전 후 협력적인 지역질서 속에서 자기 확장을 시도하는 한국이 중·소와 외교의 정상화를 추구하는 것은 당연하였으며, 그러한 접근은 신데탕트 체제의 형성을 기본배경으로 모색되었다는 점에서 새로운 국제체제의 능동적인 적응이었다. 또한 기존의 동맹국이었던 미·일 중심의 편향된 외교패턴에서 탈피하여 과거 적대 강대국과의 관계를 새로이 정립함으로써 외교의 독자성 제고를 목표로 하는 국가이익 추구행위로 표현될 수도 있다. 이러한 면에서 북방정책은 한국외교의 커다란 구조변경을 기한 셈이며, 이것은 그만큼 한국이 강대국들과의 관계에서 외교적 기동성을 발휘할 만한 공간과 수단이 많았음을 의미한다.

한국의 북방정책 수행과정에서 미국은 지원을 아끼지 않았다. 그러나 미국은 아직 소련의 위협이 가시적으로 사라졌다고 볼 수는 없으므로 이 점에 대해서는 가능한 미국과의 협의를 거쳤으면 좋겠다는 의견을 피력하기도 하였다.[46] 이러한 미국의 협의요청에도 불구하고 행해진 한국의 독자적인 결정은 미국에게 피후견국이었던 약소국의 이탈로까지 인식될 수 있는 것이었다. 예를 들면 북방정책을 처음으로 선포했던 노태우 대통령의 '7·7선언'이 미국과의 사전협의 없이 한국 정부에 의해 독자적으로 입안되었고, 주한 미대사에게 이틀 전에야 통보했다는 점, 7·7 선언의 연장선상에서 3개월 뒤 노태우 대통령이 UN 총회 연설에서 동북아 평화를 위한 6자 협의를 제의했는데, 이 역시 미국과의 사전협의 없이 이루어졌다는 점 등이 이를 말해주고 있다. 미국으로서는 자신에게 협의하지 않은 채 동아시아의 지역질서를 변경시킬 수 있는 중요사안을 독단적으로 처리한 한국의 태도에 배신감과 소외감을 느꼈을 것임은 미루어 짐작할 수 있다.

---

45) R. Schweller(1994), pp.100-104. 스웰러는 국가의 편승 유형을 자기보존적(self-preservation)인 사자, 자기 순종적(self-abnegation)인 양(lamb), 제한된 목적을 가진 자기확장(self-extension)인 쟈칼, 무제한된 목적을 가진 늑대형으로 분류하고 있다. 여기서 쟈칼은 현상유지 지도자인 사자에 편승하면서도 꾸준히 자신의 활동영역을 확장시키려는 유형이다. 한국은 한미공조체제를 유지하면서도 한중·한소 수교를 통해 활동영역 확장을 기하려 했다는 점에서 쟈칼형에 해당한다 할 수 있다.

46) 공보처, 『제6공화국 실록: 노태우대통령 정부 5년 2』(1992), p.42.

미국의 반응은 1989년 2월 개최될 예정이었던 한미통신협정의 결렬, 1989년 4월 한국 정부 대표단이 방미하는 과정에서 발생한 회담 참석자 레벨의 하향조정, 소련의 접근의도에 대한 CIA 국장의 견제발언 등으로 나타났는데, 이것은 한국에 대한 간접적인 압력의 표시였다. 그러나 급변하는 세계질서와 지역질서 속에서 일관된 국가전략을 수립하지 않았던 미국으로서는 더 이상의 직접적인 간섭은 불가능하였을 것으로 판단된다.47) 즉 미국의 입장에서 한국의 북방정책은 탈냉전을 맞아 협력적인 지역질서를 구축하려 했다는 점에서는 '의도된 방관'이었음을, 명확한 국가전략이 수립되지 않은 상태에서 기동성을 발휘하려는 한국의 노력을 통제할 수 없었다는 점에서는 '강제된 방관'이었음을 알 수 있다.

한편 한중·한소 수교 사례와는 달리 대북관계에서 나타난 한국의 외교적 기동성은 확대 혹은 감소가 혼재되어 있음을 알 수 있다. 북방정책이 남북한에 대한 교차승인을 위한 기본적 틀을 마련했다는 점, 남북한 UN 동시 가입을 촉진했다는 점, 남북기본합의서의 체결로 한반도 평화체제의 기반구축을 하였다는 점은 확대영역으로 볼 수 있다. 그러나 북핵문제 악화로 인해 북방정책의 최종목표였던 한반도 통일기반 조성과 평화체제 구축이 실현 불가능하였으며, 대응과정에서 한국이 능동적으로 행위할 수 있는 공간이 없었다는 점은 감소영역으로 볼 수 있다. 즉, 미국의 '의도된 방관'이 북핵으로 인해 '의도된 개입'으로 바뀌면서 한국의 기동성 공간이 감소됨에 따라 한국의 북방정책, 특히 한반도평화체제 구축을 위한 대북관계에 부정적인 요소로 작용하게 되었다. 실제로 1989년 영변사태부터 4년간 미국의 대한반도 정책은 북핵문제에 집중되었고, 핵문제가 아닌 다른 사안은 아예 논의의 대상에서 제외되었던 점이 이를 말해주고 있다.48)

---

47) 이 당시 미국은 동유럽과 소련에서 벌어지고 있는 변화들에 대해 상황적으로 관리하면서 대응해 가고 있었을 뿐 새로운 전략에 대한 구상은 이루어지지 않고 있었다. 탈냉전 초기 미국의 국가전략 부재에 관한 자료로는 다음을 참조. Glen Hestedt, *American Foreign Policy: Past, Present, Future* (Prentice Hall Press, 1997).

48) Don Oberdorfer(1997), p.256.

한편 노태우 정부의 기동성 확보 노력에는 탈냉전으로 대표되는 협력적 지역질서가 전제적인 변수로 작용하고 있다. 이 시기 지역질서는 냉전시기의 이념적 적대감에서 벗어나 상호의존적 실용주의, 포괄적 안보 관념을 바탕으로 역내 국가들의 상호화해 분위기가 지속되었다. 이러한 지역질서의 협력적 구조 내에서 한국이 행위할 수 있는 행동범위는 그만큼 확대될 수 있었다. 특히 북방정책이 지역의 협력질서에 바탕을 둔 미국의 탈냉전기 동아시아 전략 전환에 따른 암묵적인 합의에 의해 가능했다는 점을 주목할 때 노태우 정부의 행동범위는 확장될 수 있었으며, 이것이 '공생형 다변화 전략'으로 시현되었다.

협력적 지역질서가 노태우 정부의 기동성 발휘에 전제조건을 충족시켰다면 국내적 변수인 자원동원능력은 이러한 조건을 극대화시킴으로써 공생형 다변화 전략을 형성하는 데 핵심적인 역할을 하였다. 북방정책 결정과정에서 국가선호도는 비교적 일관성을 가질 수 있었다고 볼 수 있는데, 북방정책 자체가 고위정치 영역이었다는 점에서 사회의 간섭이 거의 침투될 수 없었다는 점, 그럼에도 불구하고 사회의 저항이 부분적으로 나타날 때에는 국가가 사회의 선호를 국가에 합치하도록 변형시켜 합치된 선호도에 따라 북방정책을 추진시켜 나간 데에 기인하고 있다.

북방정책 추진과정에서 국내적 변수인 자원동원능력은 이전 시기보다 크게 확장됨으로써 노태우 정부의 기동성 발휘에 핵심적인 역할을 하였다. 국가관리 기구의 조직화 측면에서 노태우 정부는 국가관료 조직의 시스템 개혁을 통한 효율성 증대, 3당 합당을 통한 사회세력의 제도권 내로의 편입, 공권력을 이용한 사회통제를 통해 자원동원능력을 제고하려 하였으며, 3당 합당을 전후로 사회세력들의 저항이 현저하게 줄어든 것을 볼 때 어느 정도 그 목적이 달성되었다. 더욱이 급속하게 확장된 자원동원 능력은 사회세력에 그 자원을 배분해줌으로써 사회의 저항과 요구를 감소시켰고, 강대국과의 관계에서 이러한 능력을 바탕으로 최대의 기동성을 발휘할 수 있었음을 확인할 수 있다. 즉 중국과 소련과의 수교협상에 있어 확장된 능력을 바탕으로 우세한 입장에서 협상을 진행시켜 나감으로써 공세적 기동성을 발휘할 수 있었으며,49) 대미관계에 있어서도 일방적으로 의존적이었던 이전과는 다르게 어느 정도 자립할 수 있는 상태였기 때문에 기동성 발휘는 가능하였던 것으로 판단된다.

북방정책이 시사하고 있는 또 한 가지 중요한 것은 강대국과의 관계에서 오는 약소국 외교적 기동성의 제한 범위를 말해주고 있다는 점이다. 강대국이 바라보는 약소국의 지정학적 가치가 중요할수록, 또는 현상유지를 원하는 강대국의 의도와는 반대로 현상타파적인 갈등을 유발하는 약소국의 행위는 강대국의 개입을 불러올 수 있다는 것이다. 이런 상황은 해당 약소국뿐만 아니라 그와 관련된 약소국의 기동성에까지 부정적인 파급효과를 가져올 수 있다는 점을 북방정책이 보여주고 있다. 즉 미국은 한중·한소 수교에 있어 그들의 이해관계로 의도적 방관을 하였지만 북핵문제가 악화되자 한반도의 중요성을 인식하고 재개입함으로써 한국의 기동성이 저하된 것이 이를 증명해주고 있다.

결론적으로 북방정책의 최종 목표가 대공산권 수교라는 우회 정책을 통해 남북 평화체제 정착을 구현하려 하였다는 측면에서 볼 때, 노태우 정부의 외교적 기동성이 최대로 발휘되었다고만 볼 수는 없다. 즉 한소·한중 수교 등 대공산권 수교 자체도 미국의 우호적 방관에 의한 것이었다는 점에서 최대의 기동성 확보전략이라 할 수 있는 '자주적 일탈'로 보기는 어려우며, 미국의 구조적 틀 내에서 외교적 기동성을 발휘하려는 '공생형 다변화전략'의 유형에 속한다고 볼 수 있다. 즉 북방정책은 행위자(agency) 차원에서 여러 국가들과 다변화된 외교를 수행했다는 점에서 매우 높은 외교적 기동성을 발휘하였지만, 구조(structure)적 차원에서 보면 여전히 대미관계의 특수성을 벗어나지 못했으며, 이것은 북핵문제 해결과정에서 여실히 나타나고 있다.

---

49) 중국에 대해서는 APEC 의장국으로서 중국을 가입시켰고, 천안문 사태로 국제사회가 중국을 비난하고 '90년 북경 아시안게임에 타국가들이 불참을 선언하자 중국 입장을 대변하는 등 세심한 배려를 하였는데, 중국 지도부는 여기에 깊은 감명을 받았다. 錢其琛, 『外交十記』(北京: 世界地區出版社, 2003), p.156.

〈표 1-4〉 노태우 정부의 기동성 확보전략 유형

지역 질서	관념	데탕트, 경제적 실용주의, 포괄적 안보	협력질서
	행위	미소, 중소, 일소관계개선, 남북 UN가입	
	제도	APEC	
상황 대응 능력	국가 자율성	중	
	자원동원 능력	대	
기동성 확보 전략 및 전술		공생형 다변화(다각화, 등거리)	

VII. 결론

1. 이론적 함의

사례분석에서 나타난 한국 안보외교정책에 있어서의 기동성은 <표 1-5>로 종합할 수 있으며, 다음 가설로 요약 가능하다.

〈가설 1〉 국제체제 차원의 변수인 지역질서가 협력적일수록 약소국의 외교적 기동성은 증가하는 반면, 갈등적일수록 외교적 기동성은 감소할 가능성이 높아진다. 이 가설은 한국의 모든 사례에서 일관적으로 확인된다. 지역질서의 성격은 이승만 정부부터 노태우 정부에 이르기까지 한국의 기동성 발휘에 있어 핵심적 독립변수로 작용하였다. 특히 지역질서가 갈등적일 경우 국가적 수준의 변수인 상황대응능력이 어느 정도 확립되었다 할지라도 강대국의 간섭과 압력에 대한 약소국의 외교적 기동성은 매우 제

〈표 1-5〉 한국의 기동성 확보전략 유형과 변수관계

구분		이승만 정부 한미상호방조약	장면·박정희 정부 한일수교정책	박정희 정부 핵개발정책	노태우 정부 북방정책
지역질서 성격		갈등적	갈등적	협력적(중)	협력적(대)
상황 대응 능력	국가 자율성	중⇒대	소⇒중	대	중
		대	중	대	대
		대	소	대	중
		중	소	중	중
	자원동원 능력	소	소	중	대
		중	소	대	대
		소	소	중	대
기동성 확보전략		저항형 항의	순응	조절형 항의	공생형 다변화

한적일 수밖에 없다는 것을 알 수 있다. 이승만 정부와 장면·박정희 정부가 여기에 해당된다고 할 수 있다.

〈가설 2〉 국가차원의 변수인 상황대응능력이 증가할수록 약소국의 외교적 기동성은 증가하는 반면, 감소할수록 외교적 기동성은 감소할 가능성이 높아진다. 노태우 정부는 비대칭적인 상호의존에서 오는 비용보상능력이 크거나 대체물의 보유로 인해 강대국의 압력을 그대로 수용하지 않고, 오히려 강대국과의 관계를 새롭게 정립하려는 국가형으로 볼 수 있다. 반면 이승만, 장면·박정희 정부는 상황대응능력의 미약함으로 인하여 강대국에로의 상호 비대칭적 의존이 심한 상황이라 할 수 있다. 따라서 이 당시 한국의 외교적 기동성은 국제체제적 변수나, 국가적 변수에 의해 근원적으로 제한될 수밖에 없었음을 알 수 있다.

〈가설 3〉 지역질서와 상황대응능력 변수가 결합 시 약소국의 기동성 확보전략은 선택적 친화성을 지닌다. 즉, 갈등적 지역질서 속에서 연약형 상황대응능력을 지닌 약소국은 순응으로 나타날 수 있음을 장면 정부가 보여주고 있으며, 반대로 협력적 지역 속에서 강건형 상황대응능력을 지닌 약소국은 공생형 다변형 전략으로 나타날 수 있음을 노태우 정부의 북방정책이 보여주고 있다.

약소국의 외교적 기동성을 설명하기 위해 이 글이 제시한 가정과 가설, 그리고 이를 검증하기 위한 사례연구 결과를 바탕으로 이 글이 가지는 이론적 함의는 크게 세 가지로 요약될 수 있다.

첫째, 약소국의 외교적 기동성은 국제체제 차원과 국가차원의 변수 간 상호작용에 의해 영향을 받는다는 점이다. 또한 이들 변수들이 가지는 이론적 설명력의 정도는 상황적 조건에 따라 달라진다는 점을 확인할 수 있다. 둘째, 각 변수들 간의 상호작용과 약소국의 기동성 확보전략은 선택적 친화성을 가진다. 즉, 약소국의 기동성 확보전략은 지역질서의 속성과 약소국의 상황대응능력에 의해 규정되는 연약/강건국가 유형과의 결합을 통해 순응, 저항형 항의, 조절형 항의, 다변화전략의 어느 한 영역에 속할 수 있음을 알 수 있다. 셋째, 약소국이 강대국에 대해 발휘할 수 있는 외교적 기동성은 약소국의 지정학적 가치가 덜 중요할수록, 또는 국익을 유지하거나 확장하기 위해 지역질서의 현상유지를 원하는 강대국의 의도에 크게 벗어나지 않는 범위로 한정지을 수 있다. 이와는 반대로 약소국의 지정학적 가치가 중요하다고 인식되는 상태에서 현상타파적인 갈등을 유발하는 약소국의 행위는 강대국의 개입을 야기시킴으로써 외교적 기동성은 급격히 감소될 것이다. 이런 상황은 해당 약소국뿐만 아니라 그와 관련된 약소국의 외교적 기동성에까지 부정적인 파급효과를 가져올 수 있다는 점을 북방정책이 보여주고 있다.

2. 정책적 함의

이 글의 정책적 함의로는 '전략동맹 2015'를 계기로 지금까지의 비대칭적인 관계에서 탈피하여 동등한 파트너로서의 동맹관계를 정립하고, 동아시아 지역의 안보협력에 있어 주도적 역할을 수행하기 위해 노력을 집중하고 있는 한국의 안보외교정책 수립 시 정책적 기동성 확보를 위한 예시를 제공하는데 있다. 비록 세계 11위의 경제대국이라는 자원동원능력의 향상으로 인해 국내적으로 한미동맹의 성격변화가 요구되고 있지만, 비대칭적 성격의 한미동맹의 존재가 지속될 것임은 분명하다. 더욱이 주변 강대국들의 군비경쟁과 북핵문제 등으로 인해 미래 지역질서 또한 불확실한 상황임을 감안할 때, 한국안보의 한 축인 한미동맹은 오히려 더욱 강화될 수 있으며, '가치동맹' 혹은 '다원적 전략동맹'이라는 성격변화가 있더라도 비대칭적인 본질은 그대로 지속될 수 있음을 예측해볼 수 있다. 이러한 상태에서 한국의 정책결정자들은 위기를 기회로 만들기 위해 노력해야 한다.

즉 향후 지역질서가 협력과 갈등의 중간지대에 위치하며, 한국의 상황대응능력은 현재보다 더욱 증대될 수 있음은 예측가능하다. 이러한 상황은 박정희 정부의 핵개발정책과 노태우 정부의 북방정책 사례와 유사하며, 차이점이 있다면 한국의 상황대응능력이 매우 증대되었다는 점이다. 따라서 상황대응능력이 현재보다 미약했음에도 불구하고 비교적 높은 외교적 기동성을 발휘하였던 박정희·노태우 정부의 안보외교정책은 우리에게 시사하는 바가 크다고 할 수 있다.

따라서 북핵, FTA, 전작권전환 문제 등의 안보문제에 직면해 있는 정책결정자들은 지역질서, 상황대응능력을 고려하여 기회적인 인식을 가질 수 있는 환경을 미리 조성할 필요가 있다. 특히 이전 한국 정부의 안보정책들이 권위적인 체제하에서 국가주도의 국가자율성을 보였다면, 현재의 안보정책들은 국가와 사회가 공감하는 가운데 더욱 높은 자율성을 확보함으로써 상황대응능력을 증가시켜야만 한다. 그럼으로써 한국의 외교적 기동성은 더욱 확보될 것이다.

【참고문헌】

〈국문 단행본〉

공보처.『제6공화국 실록: 노태우대통령 정부 5년 2』. 1992.
김 덕.『약소국 외교론』. 서울: 탐구당, 1992.
마이클 한델, 김진호 역.『약소국 생존론』. 서울: 대왕사, 1995.
이호재.『약소국외교정책론』. 서울: 법문사, 1973.
＿＿＿＿.『한국외교정책의 이상과 현실』. 서울: 법문사, 2000.
錢其琛.『外交十記』. 北京: 世界地區出版社, 2003.

〈국문 논문〉

김일영. "이승만 통치기 정치체제에 관한 연구." 성균관대 박사학위 논문. 1991.
신욱희. "동아시에서의 후견-피후견 국가관계의 동학: 국가변화의 외부적/지정학적 근원."『국제정치 논총』제32집 2호. 1992.
＿＿＿＿. "국가 자율성과 상호성에 대한 소고." 서울대 국제문제연구소.『세계 정치』. 1996.
양성철·문정인. "한미 안보관계의 재조명: 푸에블로호 사건시 동맹관리 사례를 중심으로." 안병준 편.『한국과 미국: 정치, 안보관계』. 서울: 경남대 극동문제연구소, 1988.
전재성. "1965년 한일정상화와 베트남 파병을 둘러싼 미국의 대한 외교정책." 한국 정치외교사학회.『한국정치외교사논총』제26집 1호. 2005.
조철호. "박정희 핵외교와 한미관계 변화." 고려대학교 정치학과 박사논문. 2000.

〈영문 단행본 및 논문〉

Baker, F. Annette. *The Power of Small States*. Chicago University Press, 1959.

Barston, R. P. *The Other Powers: Stuides in the Foeign Policies of Small States.* London: George Allen, 1972.

Handel, Michael. *Weak States in the International System.* Jerusalem: Hebrew University Press, 1981.

Hirschman, Albert. *Exit, Voice, and Loyalty: Response to Decline in Firms, Oganization, and State.* Massachusetts: Harvard University Press, 1970.

Rosenau, James N. *The Study of Political Adaptation.* N.Y.: Nichols Publishing Company, 1981.

Rothstein, Robert L. *Alliances and Small Powers.* N.Y.: Columbia University, 1968.

Keohane, Robert. "Lilliputian's Dilemmas: Small States in international Politics." *International Organization*, Vol 23. 1969.

_____. "The big influence of small allies." *Foreign Affairs*, 1968.

Hey, A.K. Jeanne. *Small States in World Politics, Explaining Foreign Policy Behavior.* London: Lynne Reinner Pub., 2003.

Mack, Andrew. "Why Big Nations Lose Small Wars: the Politics of Asymmetric." *World Politics*, vol.27, no.2. 1975.

Morrow, D. James. "Alliance and Asymmetry: An Alternative the Capability Aggregation Model of Alliances." *American Journal of Political Science*, vol.35, no.4. 1991.

Mouritzen, Hans. "Tension between The Strong and The Strategies of the Weak." *Journal of Peace Research*, Vol.28. 1999.

Schweller, Randall. "Bandwagoning for Profit." *International Security*, vol.19, no. 1, Summer. 1994.

Suhrke, Astri. "Gratuity or Tyranny: The Korean Alliance." *World Politics*, Vol. 25. 1973.

제2장

한미상호방위조약 체결을 위한 이승만 정부의 협상전략

I. 서론

올해는 한국전쟁이 발발한 지 62주년이 되는 해로서, 한미동맹의 역사를 재음미 할 필요성을 느끼게 하는 해이다. 그 당시 국가 존망의 기로에 서 있던 우리에게 한미동맹은 새삼 강조할 필요가 없을 정도로 중요한 존재였으며, 이후 한미동맹은 한미상호방위조약을 중심으로 주한미군, 한미연합사 등의 제도적인 장치를 통해 한국 안보의 안전판 역할을 굳건히 수행해 왔다. 그러나 2010년 4월에 발생한 천안함 폭침, 연평도 포격사태, 2015년으로 예정된 전시작전권전환 등의 중요한 안보 이슈와 '다원적 전략동맹'과 같은 신(新) 비전류의 출현은 우리에게 환경변화에 따른 한미동맹의 역할과 위상 재정립을 요구하고 있다. 이를 위해서는 한미동맹의 기원과 그 변화과정에 대한 고찰이 필요하며, 특히 한미동맹의 출발점이라 할 수 있는 상호방위조약 체결과정에 대한 분석은 필수적이라 할 수 있다.

이 연구는 위의 사항에 착안하여 "상호방위조약 체결 과정에서 소극적인 미국의 태도와 압력에 대해 이승만 정부는 어떻게 대응하였으며, 그 형태는 어떤 유형으로 나타났는가?"를 규명해보고자 한다. 즉, 한국의 지정학적 가치를 낮게 평가하여 극동 약소국들의 분쟁에 더 이상 연루하기를 꺼려함으로써 조약 체결에 소극적이었던 미국에 대한 이승만 정부의 대응전략은 무엇이었는가를 살펴보고자 하는 것이다.

이 주제와 관련된 기존 연구들은 크게 세 가지 부류로 구분할 수 있다. 첫째, 한미상호방위조약 체결에 관한 내용을 다루고는 있지만 주로 전반적인 한미동맹의 범위 내에서 부분적으로만 다루고 있어 상호방위조약 체결과정에 대한 구체적인 내용을 파악하기 어렵다. 즉, 이 연구들은 상호방위조약 그 자체에 초점을 맞춘 것이 아니라 한미동맹 발전 중의 일부분으로만 설명함으로써 개괄적인 분석에 그치고 있다.[1]

둘째, 상호방위조약에 관한 내용을 주요 이슈로 다루고 있는 연구들도 '미국의 소극적인 태도와 간섭에 어떻게 대응 했는가'보다는 주로 이승만 정부의 정권안보 및 국내정치와 연계하여 설명하고 있다. 즉, 이 연구들은 상호방위조약을 이승만 정권의 정통성 확보와 정권안보의 강화수단 차원과 국내 정치·경제 발전차원에서 설명함으로써 국내정치와의 연계를 시도하고 있다. 따라서 조약 체결과정에 대한 설명도 이승만 정부와 미국과의 협상이 아닌 국내정치 세력이 주가 됨으로써 조약 체결에 그토록 소극적이었던 미국이 조약을 체결할 수밖에 없었던 미국의 입장과 이에 대응하는 이승만 정부의 대응전략을 이해하는 데 어려움이 있다.[2]

---

[1] 차상철, "외교가로서의 이승만 대통령," 유영익 외, 『이승만 대통령 재평가』(서울: 연세대학교 출판부, 2006); 차상철, "이승만과 1950년대의 한미동맹," 문정인 외, 『1950년대 한국사의 재조명』(서울: 선인, 2004); 이호재, 『한국 외교정책의 이상과 현실』(서울: 법문사, 2000); 이상철, 『안보와 자주성의 딜레마』(서울: 연경문화사, 2004); 한표욱, 『이승만과 한미외교』(중앙일보사, 1996); 양대현, "한국전쟁과 한미동맹관계," 『한국정치학회보』 제26집 1호(1992).

[2] 김일영. "이승만 정부에서의 외교정책과 국내정치: 북진, 반일 정책과 국내 정치경제와의 연계성," 『국제정치 논총』 제39집 3호(1999); 홍용표, "국가안보와 정권안보: 이승

셋째, 상호방위조약 체결과정을 역사가의 입장에서 비교적 상세히 분석한 독보적인 연구로는 이혜정의 연구를 들 수 있다.3) 그는 1953년에 결정된 상호방위조약이 왜 1954년에서야 체결되었는지에 대한 의문을 제기하며, 상호방위조약의 발효가 늦어진 것은 단순히 미 의회의 비준이나 비준서 교환과 같은 절차상의 문제가 아니라 한미 양국의 심각한 갈등의 결과였다는 점을 강조하고 있다. 즉, 방위조약은 미국정책에 대한 한국의 협력을 얻기 위한 미국의 압박용이었으며, 이에 대한 한국의 저항이 체결 유예의 원인이었다는 것이다. 이 연구는 미국과 한국의 정부문서를 중심으로 비교적 상세히 그 체결과정을 분석하고 있음에도 불구하고, 분석 대상 기간이 1953~54년 동안으로 체결과정의 전 기간을 포함하지 않고 있다는 점에서 제한점이 있다. 또한 연구자 스스로도 인정하듯이 이 당시 이승만의 상황인식에 대한 언급이 없음에 따라 미국의 간섭과 압력에 대한 이승만 정부의 대응전략을 설명함에 있어 애로가 있다.

상호방위조약과 관련된 기존 연구들의 제한점을 요약해 보면 체결과정의 전(全) 기간에 걸쳐 미국과의 상호작용을 구체적으로 분석한 연구가 의외로 적다는 것이며, 또한 체결과정에 영향을 미친 변수들에 의한 체계적인 분석보다는 주로 나타난 사실들을 분석하는 차원에 그치는 등 여러 가지 면에서 제한점을 내포하고 있다. 따라서 본 연구에서는 상호방위조약 체결 당시의 국제환경과, 이승만 정부의 자원동원 능력을 주요 변수로 선택하여 이 요인들이 어떻게 상호방위조약 체결에 영향을 미쳤으며,4) 미국의 소극적인 태도

만 대통령의 안보정책을 중심으로," 『국제정치논총』 36권 3호(1997), pp.237-262; 홍석률, "이승만 정권의 북진통일론과 냉전외교정책," 『한국사 연구』 제85호(1994), pp. 137-180.
3) 이혜정, "한미동맹 기원의 재조명: 한미상호방위조약의 발효는 왜 연기되었는가?" 『한국 정치외교사논총』 제26집 1호(2002), pp.5-29.
4) 비대칭동맹관계에서 약소국의 외교정책을 결정짓는 요소로 로즈노는 이 두 가지 수준의 변수를 포함시킬 것을 추천하고 있다. James Rosenau, "Pre-Theories and Theories of Foreign Policy," *The Scientific Study of Foreign Policy* (N.Y.: Nicholas Publishing, 1980), pp.133-200.

와 압력에 대응하기 위한 이승만 정부의 구체적인 협상전략은 무엇이었는가를 규명해 보고자 한다.

이 글은 상호방위조약 체결과정에서의 한국과 미국의 상호작용을 구체적으로 분석하기 위해 한국과 미국의 정부문서, 회고록, 신문 등의 1차 자료를 중심으로 작성하였으며, 논문의 구성은 1950년 6월 25일부터 1953년 6월 18일 반공포로 석방, 이후 1954년 6월 15일 제네바 회담 종료, 한미상호방위조약 비준 및 한미합의의사록 체결까지의 세 시기로 구분하여 이승만 정부의 협상 전략을 분석해 보고자 한다.5)

II. 불안정한 국제환경과 이승만 정부의 자원동원능력

1. 냉전체제의 확립과 불안정한 지역질서

제2차 세계대전 이후 미국과 소련을 중심으로 하는 국제체제가 성립됨에 따라 동아시아에서도 미국, 일본, 한국으로 구성된 남방 삼각관계와 소련, 중국, 북한으로 구성된 북방삼각관계를 핵심 대립 축으로 하는 대결구도가 형성되었다. 즉, 세력균형 관념이 역내 행위국가들의 인식을 지배한 것이다. 이러한 지역체제 속에서 미국 동아시아정책의 중점은 중국이 아니라 일본에 두어져야 한다는 판단이 국무성관료들의 인식을 지배하였다.6) 이 와중에도

---

5) 상호방위조약에 대한 한미의 구체적 상호작용은 제네바 회담 직전까지 많이 나타나고 있으며, 이후에는 잘 나타나지 않음에 따라 이후 시기들을 포함해야 하는지에 대한 논의가 있을 수 있다. 그러나 한미 합의의사록이 상호방위조약을 모태로 탄생되었으며, 의사록과 동일한 시기에 종료된 상호방위조약 비준서 교환까지 한·미 간의 갈등이 되풀이되고 있었다는 점을 고려하여 합의의사록의 종료시점까지로 연구범위를 확대하였다.

6) Wilson Miscamble, *George F. Kennan and the Making of American Foreign Policy, 1947-1950* (Princeton University Press, 1992), pp.220-221.

미국은 한반도를 군사전략적으로 가치가 없는 것으로 인식하였고, 이것은 주한미군의 철수, 한국경제원조안(Korean Aid Bill)의 폐기, 극동에서 한국의 미 방어선 제외라는 애치슨 선언으로 정책화되기에 이르게 되었다. 즉 한국은 일본을 방어하기 위한 소규모의 교두보 역할로서 충분하였고, 경제적인 측면에서 일본의 전시 물자를 소비하는 시장으로서의 역할로서만 인식될 수밖에 없었다.

이 시기 동아시아 지역질서를 미국과 양분했던 소련의 인식 역시 세력균형 관념을 우선시하고 있음을 보여준다. 즉 동아시아 지역에 있어 소련의 최우선적 이익은 이 지역의 세력균형을 유지하는 것이었으며, 이것은 미국의 막강한 힘에 대항하여 1950년 2월 체결된 '중·소 우호동맹 상호원조조약'으로 구체화되기에 이르렀다. 소련은 중국과 북한을 자신의 영향권 내에 두기 위해서라도 일본을 후원하는 미국과 최소한의 힘의 균형을 맞추기 위해 노력할 수밖에 없었고, 그 균형정책의 최고절정이 바로 한국전쟁으로 귀결되었던 것이다. 따라서 한국전쟁은 동아시아 지역 강대국들이 상대방에 대해 지니고 있던 이데올로기적 적대감과 불신, 그리고 세력균형에 대한 관념이 그대로 표출된 것이라 할 수 있다.

이러한 세력균형 관념은 지역질서 행위자들의 정책에 그대로 투영되었다. 동아시아 지역에서 소련의 정치적·이데올로기적 팽창에 대한 위협이 현실화되자, 이에 대한 미국의 정책적 대응은 1947년 트루먼 독트린으로 나타났다. 트루먼 독트린은 사실상 미·소 간, 그리고 양 강대국을 중심으로 하는 자유주의와 공산주의 진영 간 냉전의 시작을 의미하였고, 소련의 팽창위협에 대처하기 위한 미국의 전략은 '봉쇄전략'으로 구체화되었다. 또한 미국은 애치슨 국무장관과 니체(P. Nitze) 정책기획국장이 중심이 되어 작성한 NSC-68을 승인하는 등 적극적인 대비책을 강구하기에 이르렀다.

한편 소련은 강대국들의 다자간 신탁통치로 인해서 한반도에서 자국의 영향력이 약화되거나 혹은 다른 강대국의 영향력이 강화되는 것을 원치 않았다. 소련은 초기 한반도에 대한 전략적 가치의 평가는 낮았으나, 자신들의 직접적인 영향권 내에 있는 만주에 위치해 있음으로 인해 이 지역은 물러설 수 없는 공간이었다. 또한 중국은 한국전쟁이 발발하자 공산주의 이념을 수호하기 위해서는 적절한 행동을 취해야 한다는 인식이 지배적이었다.7) 즉 중국은 한반도가 자신의 앞마당이라고 할 수 있는 순치(脣齒)의 관계에 놓여 있었고, 공산진영의 단결이라는 이념적 목적에 의해 한국전에 참전함으로써 다른 동아시아 지역의 행위자들과 마찬가지로 불안한 지역질서를 형성하는 데 커다란 영향을 미쳤다.

세력균형 관념에 정책적 기반을 둔 행위자들은 상호 간 조약을 체결함으로써 안보의 제도화를 구축하게 된다. 북·중·소로 이루어지는 북방삼각관계의 공식적 출발은 1950년 2월 소련과 중국 간 '중·소 우호동맹 상호원조조약'이 체결되면서 시작되었다. 이 조약은 소련과 중국은 이 지역 내에서 서로 동반자적인 관계이며, 양자를 위협하는 세력에 대해서는 공동으로 대응한다는 의미를 내포하고 있었다. 이렇게 해서 탄생된 동 조약은 종전 이후 동아시아 지역 질서에 영향을 미치는 최초의 제도적 동맹이었다고 할 수 있다. 이후 한국전쟁과정에서 조·중 연합군이 구성되었으며,8) 소련이 사실상 북한의 정치적 후원국 역할을 함으로써 사실상의 사회주의 진영 북방삼각관계가 완성되었다.

한편 남방 삼각관계는 1951년 9월 샌프란시스코 강화회의를 계기로 시작되었다. 1950년 7월 미국이 한국전쟁에 신속하게 개입하기는 하였지만, 미국의 목표는 소련의 도발에 대한 전략적 대응차원에 있었으며, 아직 한국을 미국이 주도한 동북아지역 안보 틀 속에 편입시키려는 의도는 가지고 있지 않았다.9) 결국 '중·소 우호동맹 상호원조조약'으로 대표되는 공산진영과

---

7) 황병무, 『신중국 군사론』(서울: 법문사, 1995), pp.39-40.
8) 1950년 12월 7일 중국인민지원군 사령관 팽덕회와 김일성 간 회담에서 조중연합사령부를 구성하기로 합의하여, 김일성은 조선인민군의 작전지휘권을 사실상 이양하였다. 이종석, 『현대북한의 이해: 사상, 체제, 지도자』(서울: 역사비평사, 1995), p.199.
9) 한국전이 발생한 이튿날에도 미 정책결정자들은 "유엔을 통해서나 혹은 독자적으로 한국에 지상군을 보내는 것은 바람직하지 않다. 우리는 당장 결정을 내려야 할 필요성을 느끼지 않는다"고 언급함으로써 한반도를 미국의 안보 틀 속에 포함시켜야 할 필요성을 느끼지 않고 있음을 알 수 있다. "Statement by U.S. President Truman Regarding

미일동맹으로 대표되는 민주진영의 대결은 한국전쟁을 통해 냉전에서 벗어나 열전으로 치닫게 했다. 이러한 와중에서 1953년 체결된 한미상호방위조약은 동아시아 지역의 갈등적 지역질서를 사실상 제도적으로 완성하는 의미를 가진다.

2. 이승만 정부의 자원동원능력

자원동원능력이란 '국가가 가진 자원규모와 정책을 효율적으로 집행할 수 있는 능력'으로 정의할 수 있다. 즉 포괄적인 의미의 '행위를 위한 능력(capacity to act)'으로 볼 수 있으며,[10] 국가 관료제로 대표되는 조직적 능력, 그리고 동원할 수 있는 자원의 규모로 구체화될 수 있다.

1) 국가 기구의 조직화

한국전쟁을 전후로 이승만 정부의 관료 구성을 보면 고위직인 경우 전문성보다는 정치적인 요직안배 방식이나 정실에 의하여 임용되는 것이 대부분이었다. 또한 관료들의 학력 면을 살펴보면 중앙정부의 고급공무원 가운데 대학졸업자가 약 37%, 전문학교 졸업자가 약 25%에 불과하였고,[11] 충원 이후 공무원을 적재적소에 배치하고 필요한 전문지식을 교육 및 훈련시키는 노력도 취약하게 이루어졌다. 게다가 관료들의 이동은 주로 정치적 통제의 수단으로 이용되었고, 공무원들의 능력발전을 위한 수단이나 전문성에 따른 적재적소 배치의 기회로 이용되지 않았다. 이러한 상황에서 공무원에 지급

U.S. Military Support of the Republic of Korea Forces, June 27, 1950," *Documents on Korea-United States Relations 1943-1965* (Seoul: Ministry of Foreign Affairs R.O.K., 1965), pp.52-53.

10) Maurice A. East & Charles F. Hermann, *Why Nations Act: Theoretical Perspectives for Comparative Foreign Policy Studies* (London: Sage Publications, 1978), p.123.

11) 안용식, 『한국 관료연구』(대영문화사, 2001), p.232.

되는 정기적 급료는 제대로 지급되지 않음으로써 공무원들의 부패는 심각한 수준이었다. 게다가 주사급 이상 전체 공무원 수에 해당하는 많은 수의 임시직원들을 '촉탁(囑託)'이라는 이름하에 활용하였다. 기관에 따라서는 촉탁이 정식 공무원의 5배가 넘는 경우도 있었다.[12] 이는 공무원 처우개선이라는 명분하에 감원을 하고, 상당수의 하위급 공무원을 촉탁으로 바꾸어 놓았기 때문이었다. 이는 이승만 정부가 관료들의 급료를 지불하지 못할 정도로 재정적 취약성을 지니고 있었음을 의미한다.

한편 한국전을 전후로 한 이승만 정부의 관리 기구들은 집합적 의사결정보다는 정책결정지도자 개인의 독선과 권위에 의해 결정이 이루어지는 경우가 대부분이었다. 국무회의처럼 형식상 집합적 의사결정이 이루어지는 경우에도 구성원들 간의 충성경쟁에 의해 비합리적인 의사결정이 이루어지는 경우가 많았다. 이승만은 국무회의를 통해 다양한 정책정보와 조언을 듣기보다는, 각 기관장과의 개별적인 면담을 거친 후 단독으로 결정하는 방식을 더 많이 취함으로써 관료적 효율성은 기대할 수 없었다.[13] 결론적으로 이 시기 국가조직체들은 사회와의 정책망 연계나 제도화를 거치지 않은 임시적이고 상황적인 구성체들로서 효과적으로 자원동원을 하기에는 그 역량이 부족한 상태였다고 볼 수 있다.

2) 가용자원의 규모

해방 후부터 한국전이 종료될 때까지 이승만 정부가 국내적으로 사용할 수 있는 경제적 자원은 거의 없었으며, 대부분 미국의 일방적인 무상원조로 보충되어졌다. 이 시기 미국의 대한(對韓) 원조는 한국전쟁을 중심으로 전후기로 구분할 수 있는데, 전기에서는 전후의 긴급구호 및 전쟁물자가 대부분이나 후기에는 전재(戰災)복구, 민수물자, 그리고 군사방어 시설들이 대부분

---

[12] 정승건, 『한국의 행정개혁』(부산대학교 출판부, 2003), p.148.
[13] 조석준, "미군정과 제1공화국의 수반관리기구에 관한 연구," 『행정논총』 제4집 2호 (1966), p.131.

이었다.14) 한국전쟁이 발발하자 유엔은 남한에 대한 모든 군사, 경제 원조를 미국이 관리하는 유엔군 사령부를 통해 제공하기로 결의하고 구호 필요액과 현지배급 등에 관한 책임과 권한을 유엔군 총사령관에게 일임하였다. 사실 한국전쟁을 전후로 이승만 정부가 사용할 수 있는 경제적 자원은 극도로 제한되어 있었다. 이러한 상황하에서 한국은 미국의 경제원조에 의존할 수밖에 없었다. 1949년부터 본격적으로 시작된 원조에 의한 자원축적은 점점 그 비중이 늘어나 이승만 정부 집권 말기인 1958년에는 원조에 의한 자원축적이 전체 일반 재원의 절반을 넘기도 하였다.15)

미국의 경제원조에 의한 자원축적은 이승만 정부 시기 재정규모의 증가에서 나타난 원조수입에의 의존도에서도 알 수 있다. 1948년 회계연도의 일반재정 세출예산은 3천만 원이었는데, 1954년 회계연도에는 150억 원으로 증가하였다. 여기에서 원조액의 비율은 갈수록 상향되어 갔는데, 1954년에는 거의 절반에 가까운 65억 원 정도가 원조에 의한 것이었다. 이러한 미국의 원조에 의한 자원으로 이승만 정부는 전후 복구, 기아해결, 교육투자 등을 통해 사회에 재분배를 함으로써 자원동원능력을 확대해 나갔으나, 미국과의 관계에 있어서는 오히려 자율성의 감소를 가져오는 결과를 낳게 되었다.

한편 이승만 정부의 군사적 자원 또한 거의 미국의 원조에 의존하다시피 하였다. 군사적 측면에서 자원의 빈곤은 한국전 당시 한국과 북한의 군사력 비교를 보면 잘 알 수 있다.

또한 이 시기의 국방자원을 보면, 전쟁을 수행하는 데 거의 모든 국가재원이 다 들어갔다고 해도 과언이 아니었다. 1950년도에 정부가 최종 집행한 정부 일반 예산은 2,915억 원(최초 1,065억)이었고, 이 중 국방예산은 1,490억 원(최초 250억)에 달했다.16) 1950년도의 최초 국방예산은 일반예산의

---

14) 한국은행, 『제4기 연차보고서: 1950-1954』(한국은행 조사부, 1954), pp.12-15.
15) 예산 증가폭이 가장 컸던 1952회계연도는 전년 대비할 때 무려 248%나 증가하였다. 이는 미국에 의한 원조의 뒷받침이 있었기 때문에 가능한 것이었다.
16) 한용섭, "한국 국방정책의 변천과정," 차영구·황병무 편, 『국방정책의 이론과 실제』(서울: 오름, 2004), p.73.

〈표 2-1〉 미국의 대한 무상원조(1945~1953)[17]

(단위: 천 달러)

구분	GARIOA	ECA	UNKRA	합계
1945	4,934			4,934
1946	49,496			49,496
1947	175,371			175,371
1948				175,593
1949		116,509		116,509
1950		49,330		58,706
1951		31,972	122	106,542
1952		3,824	1,969	161,327
1953		232	29,580	194,170
합계	409,394	201,867	31,671	642,932

출처: 기획예산처, 『예산 개요 참고자료』(기획예산처, 2000), p.8

〈표 2-2〉 한국전 당시 한국과 북한의 군사력 비교

구분	부대/병력		주요 장비	
	남한	북한	남한	북한
지상군	• 보병: 8개 사단 • 해병: 1개 부대 • 기타지원부대 등 9만 6천여 명	• 보병:10개 사단 • 전차: 1개 여단 • 기계화부대, 특수부대 등 19만여 명	• 곡사포: 91문 • 대전차포: 140문 • 박격포: 960문 • 장갑차: 27대	• 곡사포: 552문 • 대전차포: 550문 • 박격포: 1,770문 • 장갑차: 54대 • 전차: 242대
해군	7,715명	4,700명	• 경비함: 28척 • 보조함: 43척	• 경비함: 30척 • 보조함: 80척
공군	1,897명	2,000명	연습/연락: 22대	전투기/전폭기 기타: 211대
계	10만 5,700명	19만 8,300명		

출처: 국방부, 『국방백서』(2000), p.281

---

17) GARIOA(Government Aid Relif in Occupied Area: 행정구호원조), ECA(Econmic Cooperation Administration: 경제협조처), UNKRA(United Nations Korean Reconstruction Agency: 국제연합 한국재건단).

23.5%에 달하는 250억 원이었으나, 제4차에 이르는 전쟁 수습용 비상경비 예산은 정부재정의 75% 수준으로, 제6차 추가경정예산에서는 정부예산의 94%가 국방비로 책정되었다. 또한 1950~53년 사이에는 전쟁수행 예산으로 연평균 정부예산의 50%에 해당하는 예산을 국방비로 편성하였다.[18] 즉 이 당시 이승만 정부의 군사·경제적 자원은 전쟁수행을 위해 대부분 사용되었으며, 미국의 원조에 의한 것들이 대부분이었다.

1953년 6월에 2개 사단의 증편안을 미국 정부에 건의하고 11월 1일 한국군의 20개 사단 확장계획을 건의하였다. 이에 따라 한국은 1952년에 2개 사단을 창설하였으며, 이때 지상군의 정원도 46만여 명으로 증가시켰다. 육군 20개 사단의 확장안은 아이젠하워 정부의 한국전쟁 조기 종결과 한국군의 증강, 그리고 주한미군의 감축에 따라 적극적으로 추진된 것으로 2개 사단의 창설에 이어 추가로 6개 사단과 1개의 군단을 다시 창설하였다.[19] 이러한 군사적 자원의 발전은 미국의 적극적인 군사 지원정책의 전환에 따라 혜택을 받은 결과였다. 즉, 미국은 한국군을 작전통제하에 두고 군사력을 전개하면서 한국군이 전쟁수행에 필요한 물자, 병기, 탄약 등을 직접 군사원조의 형식으로 지원하였던 것이다.

3. 불안정한 지역질서, 취약한 자원동력 그리고 이승만 정부의 협상전략

한미상호방위조약 체결과정에서의 동아시아 지역질서는 세력균형을 위한 양극적 대립구조의 형성, '중·소 우호동맹 상호원조조약'과 미일동맹의 제도화로 인한 냉전구조의 심화 등으로 규정지을 수 있다. 즉, 이 시기 지역질서는 (신)현실주의가 상정하는 무정부적인 국제체제였으며, 이러한 환경에

---

18) 국방군사연구소, 『국방정책 변천사』(1995), p.72.
19) 따라서 육군은 당시 3개군단, 18개 사단으로 확장되었으며, 병력은 약 55만 명이었다.

서 이승만 정부의 안보 자율성은 근본적으로 제약되어 있는 상태였다. 냉전체제로 대표되는 불안정한 지역질서는 이승만 정부의 상호방위조약 체결과정에 영향을 미쳤을 뿐 아니라 사실상 협상전략을 결정했던 요인이었다. 불안정한 지역질서 속에서 한국은 상호방위조약을 통해 안보를 보장받으려 하였지만 미국은 더 이상 극동의 약소국에 연루되지 않기 위해 신속한 휴전협정체결이 중요하였을 뿐이었다.

이승만 정부의 자원동원능력에서 국가조직체들은 사회와의 정책망 연계나 제도화를 거치지 않은 임시적인 구성체들로서 자원을 동원하기에는 그 역량이 부족한 상태였다. 더욱이 관료들의 부패와 이것을 내적으로 통제하기 위한 제도적 장치의 부재는 자원동원의 비효율성을 심화시켰다고 볼 수 있다. 동원할 수 있는 자원규모 면에 있어 미국의 경제, 군사원조가 이승만 정부의 물적 기반이 됨으로써 대내적으로는 원조물자의 배분을 통해 국가의 물적 기반을 마련하고 자원동원능력을 확보했다는 점에서 긍정적인 측면이 있기도 하다. 그러나 이러한 미국의 경제·군사적 자원의 원조는 대미(對美) 자율성을 감소시키게 하는 주요 원인이 되었다. 즉 이 당시 미국에 대한 한국의 비대칭적인 상호의존은 정점에 달해 있었다고 해도 과언이 아니며, 상호방위조약 체결과정에서 자원동원능력이 절대 빈곤하였던 이승만 정부로서는 원조를 무기로 압력을 행사하는 미국에 대해 자율성을 발휘할 만한 수단이 제한되어 있었다. 다만 상호방위조약이 가지는 가치영역이 한국에게는 절대적이었기 때문에 자원동원능력의 부재는 상호방위조약 체결과정에 결정적인 영향을 미칠 수는 없었다.

이러한 불안정한 지역질서와 자원동원능력이 제한된 상황에서 이승만 정부가 사용할 수 있는 전략은 불신뢰성(incredibility), 공헌(commitment), 취약성(weakness) 강조[20] 등의 전략을 포함하는 저항(voice)영역[21]에 귀결될

---

20) Astri Suhrke, "Gratuity or Tyranny: The Korean Alliances," *World Politics*, vol.25 (July 1973), p.508. 예를 들면 이승만은 미국의 상호방위조약 체결 지연에 대응하여 반공포로 석방이라는 불신뢰성과 한반도에서 공산주의의 적극배제라는 미국의 정책에 적극 공헌, 미국이 한반도에서 철수하면 한국은 공산화가 될 것이라는 취약성을

수밖에 없었다. 순응(compliance)은 미국의 방기를 그대로 두고 볼 수밖에 없음을 의미하는 것이었고, 이탈(exit)은 한국이 선택할 수 있는 능력 범위를 벗어나 있었기 때문이었다. 즉 서로의 이익이 맞물려 있는 상황에서 이승만 정부는 상황에 따라 이 전략들을 적용시킴으로써 상호방위조약 체결에 유리한 여건을 조성할 수 있었다.

요약하면 이승만 정부는 공산진영과 민주진영의 세력균형 경쟁의 최고 절정이었던 한국전쟁 과정에서 순응과 불신뢰성, 취약성의 강조 등의 저항 전략을 적절히 사용함으로써 상호방위조약을 체결할 수 있었다. 그러나 국가수립 초기 국가역량이 미약한 상태에서 발생한 한국전쟁은 이승만 정부로 하여금 미국의 간섭과 압력에서 완전히 벗어나지 못하게 하였으며, 상호방위조약 자체도 불완전성[22]을 내포하고 있다는 점은 협상력이 그리 크지만은 않았음을 나타내고 있다.

강조함으로써 미국으로부터 많은 양보를 얻어낼 수 있었다.
21) 허쉬만(Herschman)은 비대칭적인 상호의존 관계에서 강대국의 간섭에 대한 약소국의 대응 방식을 이탈(Exit), 항의(Voice), 충성(Loyalty)으로 설명하고 있다. Albert O. Herschman, *Exit, Voice, and Loyalty: Response to Decline in Firms, Organization, and State* (Massachusetts: Harvard University Press), pp.47-134.
22) 한미상호방위조약 제3조에 "각 당사국은 … 공통한 위험에 대처하기 위하여 각자의 헌법상의 수속에 따라 행동할 것을 선언한다"고 명시함으로써 미국의 자동개입에 관한 부분이 모호하게 처리되고 있다. 이 당시 북한의 재침위협을 가장 걱정하였던 이승만으로서는 이러한 문구를 담은 방위조약 자체를 수용했다는 것만으로도 안보적 자율성이 그리 크지 않았으리라 판단된다.

III. 상호방위조약 체결을 위한 이승만 정부의 협상전략

1. 반공포로 석방을 통한 대미(對美) 압박

미국이 이승만 정부의 희망과는 다르게 휴전협상에 임하려 하자 이승만은 아주 격렬하게 반대의견을 표명하였는데, 휴전은 애초에 내세운 정치목적과는 상충되는 것이기 때문이었다. 이승만 정부의 정치목적은 두 가지로 구분될 수 있다. 하나는 어떤 난관을 무릅쓰고서라도 조국을 통일시키는 것과, 그것이 불가능하다면 한미상호방위조약을 체결하여 안보를 확실히 보장받는 것이었다. 이러한 입장은 휴전회담에 임하는 한국 정부의 태도에서도 잘 나타나 있다. 당시 한국 정부의 이름으로 발표된 공식선언에서 대한민국의 가장 중요한 전쟁목적은 조국통일이란 점을 분명히 밝히고 있다.23) 그렇지만 부득이하게 한반도에서 휴전이 성립되어야 한다면, 적어도 대한민국의 안보에 확실한 보장만이라도 획득해야겠다는 것이 한국의 기본입장이었다. 즉 이승만은 1952년 4월 초에 휴전의 최소한의 조건으로 상호방위조약 체결을 원하고 있었다.24) 그는 미국의 도움 없이 공산 측을 물리칠 수 없으며, 더군다나 한반도 통일은 요원하다는 것을 인지하고 있었다. 따라서 현실적으로 불가능한 통일보다는 휴전 후 한국의 안보를 확보할 수 있는 상호방위조약을 체결하는 것이 차선이라는 점을 인식하였다.

그 목적을 달성하기 위해 첫 번째 전략으로 나온 것이 지속적인 '북진통일'을 강조함으로써 미국에게 '불신뢰성'을 심어주는 것이었는데, 그것은 휴전을 앞당기려는 미국을 협박함으로써 상호방위조약 체결을 위한 협상에서

---

23) Richard C. Allen, *Korea's Syngman Rhee: An Unauthorized Portrait* (Tokyo: Charles Tuttle Co., 1960), p.157.
24) 이승만은 이미 1949년부터 공산주의자들의 침략을 저지하기 위해 한국과 미국이 상호안보조약을 맺을 것을 미국에 요청하였었다. "The Far East and Australasia," *FRUS 1949*, vol.VII, pp.1023-1024.

유리한 위치를 점하려는 것이었다.25) 그러나 한국 정부의 끈질긴 요구에도 불구하고 국무장관이었던 덜레스(Dulles)는 미국이 한국을 고의로 버리는 행위는 절대로 없을 것임을 전제로 하여 '미국이 한국과 상호방위조약을 체결한다면 미국은 한반도 내의 모든 적을 격퇴해야 하는 의무가 생긴다는 점을 주장하며 상호방위조약 체결에 반대 입장을 분명히 피력하였다.26) 그러나 맥아더의 후임이었던 클라크 장군은 비록 상호방위조약은 반대하였지만, 이승만이 한국군을 독자적으로 사용할지도 모른다고 우려하면서 휴전 후에도 유엔사령부가 한국군을 지휘할 수 있게 하는 협정을 한국 정부와 맺어야 한다고 주장하였다.27)

클라크의 우려대로 이승만 정부는 더욱 강경한 전략을 구사하기 시작하였다. 그는 약소국 입장에서 미국에 순응하여 휴전협정에 협조하면 결국은 자살을 재촉하는 행위임을 강조하였다. 따라서 만약 유엔이 한국 정부의 의도와 다른 휴전 협정을 맺을 경우, 이 대통령은 한국군 단독으로 북진을 계속하겠다고 강조하는 동시에 한국군은 혼자서 싸울 만큼 강력해졌으므로 외국군대가 더 이상 한국을 위해 싸워달라고 요구하지도 않을 것이라고 선언하였다. 또한 클라크에게 서한을 보내 휴전협정이 불가피하다면 이행되어야

---

25) 이승만의 북진통일론에 관한 기존 연구는 크게 두 가지로 구분할 수 있다. 첫째, 이승만의 북진통일론을 대중을 통제 및 억압하는 수단 내지는 정치적 상징조작의 차원에서 파악하는 논의가 있는데, 이에 관한 대표적인 연구로는 이호재, 앞의 책, pp.447-484; 홍석률, 앞의 글, pp.137-180; 홍용표, 앞의 글, pp.237-262. 둘째, 이러한 평가와는 반대로 오히려 미국에 대해 한미상호방위조약과 원조를 얻어내기 위한 수단이라는 측면에서 보는 시각이 있다. 대표적인 연구로는 한표욱, 앞의 책; 비교적 중립적인 시각으로는 김일영, "전시정치의 재조명: 한국전쟁 중 북진통일론과 두 갈래 개헌론의 과제," 『한국정치 외교사학 논총』(2002)을 들 수 있다.

26) 국사편찬위원회, *FRUS 1953* (1953.4.8), 『자료 대한민국사 29』(과천: 이문기업, 2007), pp.897-900.

27) "The Commander in Chief, Far East(Clark) to the Joint Chiefs of Staff," *FRUS XV: 1952-1954* (1984), pp.917-919. 이 전문은 주한미군 병참사령관인 허렌(T. Herren)이 이승만에 대한 유화정책을 권고하는 것이 주요 내용이다. 그는 이승만의 불예측적인 행동을 막기 위해 미국은 이승만이 요구하는 상호방위조약을 수용해야 한다는 의견을 개진하였다.

할 다음 조건들을 제시하였다.28) 첫째 한미상호방위조약의 체결, 둘째 한국 국경 외부에 완충지대 설치, 셋째 소련의 공격이 있을 시 미국의 즉각적인 개입보장, 넷째 한국군의 증강이 그것이다. 이러한 이승만의 요구는 미국으로서는 수용할 수 없는 것들이었다. 만약 그 요구를 수용할 경우 미국은 이승만의 협박에 굴복하는 것이 되고, 한국이 무슨 행동이라도 취할 수 있는 자유를 얻게 될 것이라고 생각한 것이다.

이승만의 극단적인 저항 전략에 직면하여 클라크 장군과 브릭스(Briggs) 대사는 본국 정부에 빠른 시일 내에 상호방위협정을 고려해주기를 권고하였다. 이 대통령이 한국 국민을 선동하여 되돌이킬 수 없는 선까지 가기 전에 미국이 그를 설득해야 한다는 것이 그들의 기본 신조였다.29) 그러나 미국 정부는 상호방위조약에 관한 언급은 일체 언급을 회피하였고, 휴전협정 문제에 있어 공산 측 주장에 대폭 양보하는 제안을 휴전회담에 내놓으면서도 한국 정부에는 1시간 전에 통보해 이승만은 심한 배신감을 느낄 수밖에 없었다.

이승만은 이러한 미국의 태도에 한국의 생존에 관한 우려를 '미국이 이토록 가볍게 다룰 수 있는가'라며 격분하는 모습을 보였다. 그는 5월 30일 아이젠하워 대통령에게 보낸 친서에서,30) 미국 정부가 공산 측과 휴전협상을 함에 있어 한국의 입장을 전혀 고려하지 않음은 물론 자기와도 협의하지 않고 단지 미 대사를 통해 휴전안을 수락하라고만 요구하고 있다고 비난하였다. 그러나 만약 미국이 위험한 상태에 처해 있는 한국에게 상호방위조약을 체결하여 구체적으로 한국의 안보를 보장해 준다면 미국이 적당하다고

---

28) "The President of the R.O.K(Rhee)to the Commander in Chief, United Nations Command(Clark)," *FRUS XV: 1952-1954* (1984), pp.955-956.
29) 국사편찬위원회, 미 국무부 관련문서(The US Department of State relating to the internal Affairs of Korea XXXIII), 『자료 대한민국사 29』(과천: 이문기업, 2007), pp.627-632.
30) "Letter from President Rhee to the President Eisenhower, 5. 30, 1953," *Documents on Korea-United States Relations 1943-1965* (Seoul: Ministry of Foreign Affairs R.O.K., 1965), pp.73-75.

생각하는 어떠한 휴전도 수락할 것을 확약한다고 동(同)서한에서 밝히는 등 미국 정책에 '공헌'할 수도 있다는 전략을 구사하였다.

이러한 그의 대미(對美) 입장을 강조하기 위해 이승만은 6월 6일 성명을 발표해 방위조약을 즉시 체결할 것을 거듭 주장하며 그 내용에[31] 첫째, 미국은 한국이 침략을 받을 때 즉각 군사원조와 개입을 실행할 것, 둘째 미국은 한국군의 증강을 도울 것, 셋째 한국이 자체방위할 수 있도록 미국은 무기와 탄약을 지원해야 한다는 것 등이 포함되어야 한다고 공개적으로 요구하고 나왔다. 이러한 이승만의 요구에 대해 아이젠하워 대통령은 6월 8일 회답형식을 통해 첫째 휴전회담 내용에 대해 한국 정부와 협의, 둘째 휴전 후 미국과 필리핀, 호주, 뉴질랜드의 조약(ANZUS)에 준하여 상호방위조약 체결용의, 셋째 경제원조의 지속을 내용으로 하는 미 정부의 입장을 서한형식으로 보내왔다.[32]

위에서 보듯이 양국 정부는 방위조약의 체결에 대해 서로의 인식이 다름을 알 수 있다. 한국은 비록 표면적으로는 휴전반대를 하고 있었지만 그것이 대세임을 인식하고 휴전 전에 방위조약을 체결하려 노력한 반면, 미국은 그러한 한국의 요구를 그대로 수용할 수는 없었다. 즉 미국은 덜레스(Dulles) 국무장관이 애초에 인정하였듯이 한국과 방위조약을 맺음으로써 군사적 가치가 없는 극동의 한 지역에 계속 연루되는 것을 꺼려하였다. 이러한 인식의 차이를 좁히기 위한 수단으로 이승만은 미국이 상호방위조약을 체결하지 않는 한 휴전에 협조하지 않을 뿐만 아니라 단독으로 북진을 계속하겠다는 언명을 계속하는 등 '불신뢰성' 전략을 지속적으로 구사하였다.

이승만이 상호방위조약을 무기로 신속히 한국전쟁을 마무리지으려는 미국의 정책에 계속하여 비협조적인 태도를 보이자 미국 정부는 이승만을 제거하고 유엔 사령부하의 군사정부를 세우는 계획을 구상하였는데, 바로 1차

---

31) 한표욱, 『이승만과 한미외교』(중앙일보사, 1996), p.157.
32) Council on Foreign Relations, *Documents on American Foreign Relation* (1953) (N.Y.: Harper Brothers, 1954), pp.303-305.

에버레디(Everready)계획33)이었다. 사실 이 계획은 1953년 5월에 그 개념이 작성되었는데, 구체적으로 실행시키려는 계기가 된 것이 바로 부산 정치파동34)이었다. 이 계획은 실제 실행되지는 않은 상태에서 개념상으로만 존재하였으나, 미국은 반공포로 석방 이후 이 계획의 실행을 추진하게 된다.

이승만의 비협조적인 태도에 대해 미국 정부는 설득과 위협을 동시에 구사하는 양면전략을 구사하기에 이르렀다. 즉 이승만 대통령을 미국에 초대하는 동시에 경제지원을 더 증액시켜 주겠다는 것이 유화책이었던 반면, 만약 한국 정부가 휴전협정을 받아들이지 않는다면 순응적인 정부를 새로 구성할 수도 있음을 들어 위협하기 시작하였다. 미국은 또한 이승만의 극단적 전략에 대비한 정책도 준비하였다.35)

이러한 미국의 전향적이지 못한 태도는 이승만으로 하여금 한국전쟁과정에서 가장 극적인 '불신뢰성' 전략을 사용하게 하는데, 바로 1953년 6월 18일 발생한 반공포로 석방이었다. 휴전협정의 체결을 무산시킬 수도 있는 이러한 결단은 미국에게 상호방위조약의 체결을 재촉하는 이승만의 승부수로서 벼랑끝 전술이기도 하였다. 반공포로석방 후에 개최된 회견에서 이승만

---

33) 에버레디 작전의 주요 내용으로는 ①반항적인 지도자들을 제거하고 미군에 충성하는 지휘관들로 대체할 것, ②불응하는 한국군에 대한 연료와 탄약공급을 중지할 것, ③포와 공군지원을 철수할 것, ④유엔 사령부 이름으로 계엄령을 선포할 것, ⑤유엔사령부에 의한 군사정부수립을 선포할 것 등이다. "Paper Submitted by the Commanding General of the United States Army(Taylor)," *FRUS XV: 1952-1954* (1984), pp.965-967.

34) 이 사건은 40여 일 사이에 발생한 것으로서 이승만의 재집권 욕구로 인해 발생한 것이었다. 이승만 대통령이 재선을 확실히 하기 위해 한국전쟁 중에 임시 수도인 부산에서 공권력을 동원하여 직선제를 반대하는 야당의 국회의원들을 연행하고 구속한 사건을 말한다. 이 사건을 기점으로 이승만 정권의 집권 기반이 굳어졌다.

35) "The Commander in Chief, United Nations Commander(Clark) to the Joint Chiefs of Staff (6.8, 1953)," *FRUS XV: 1952-1954* (1984), pp.1152-1153. 첫째, 한국이 유엔사령부의 정책에 대해 소극적 반항을 해온다면 미국은 한국군에 대한 모든 지원을 감소할 것, 둘째 한국군이 휴전협정을 위반할 시 한국군에 대한 모든 병참지원과 해·공군의 지원을 중단할 것, 셋째 만약 한국군이 유엔의 정책에 대해 적대적인 행동을 취할 시 유엔사령부는 즉시 한국으로부터 철수할 것 등이었다.

은 한걸음 더 나아가 그 자신은 클라크 장군에게 한국군을 그의 지휘하에서 철수시키겠다고 말하는 것을 '독약' 먹는 것 이상으로 싫어하지만 한국 정부에는 다른 선택안이 없는 것 같다고 위협까지 하였다. 그러나 포로석방에 대한 미국의 반응은 격렬하였다. 6월 18일의 국가안보회의에서 아이젠하워 대통령은 '미국은 우방 하나를 잃는 대신 적을 하나 더 얻었다'고 말하면서 만약 필요하다면 미군을 한국에서 철수할 상황이 올지도 모른다고 경고하였다. 또한 클라크 장군도 '이승만은 휴전회담을 결렬시키기 위한 최후의 노력을 하고 있으므로 미국이 취할 수 있는 가장 강력한 정책을 취해야 한다'고 강력히 주장하였다.36)

당시 미국의 입장으로는 이승만의 저항적인 행동을 용인하고 그냥 지나가기는 힘들었을 것이라 판단된다. 이승만에게 서신을 보낸 아이젠하워는 반공포로석방은 유엔사령부의 권위에 도전하는 한국의 공개된 무력행사라고 비판하였다. 만약 이승만이 이러한 행동을 계속한다면 이제까지 피를 흘리며 용감하게 싸워 획득한 모든 것을 희생시키는 결과가 될 것이라고 경고도 하였다.37) 그러나 아이젠하워의 강력한 항의편지에도 불구하고 이승만의 강경한 전략은 불변하였다. 이러한 이승만의 강경 일변도의 전략은 휴전협정을 하루라도 빨리 체결하기를 원하는 미국에게 상호방위조약의 수용을 현실적으로 강요했다. 즉, 미국은 휴전협정의 조속한 체결을 위해서는 한국 정부의 협조를 구해야만 하는 상황에 있었던 것이었다.

이러한 미국의 약점을 파악한 이승만은 포로석방을 통해 한국은 장차 중요한 결과를 초래할 어떠한 일을 단독으로 실행할 수 있다는 사실을 명백히 입증하였다. 이것은 또한 이 대통령이 휴전에 적대적인 행동을 취하기로 결

---

36) "The President of the R.O.K(Rhee) to the Commander in Chief, United Nations Command(Clark)(1953.6.18)," *FRUS XV: 1952-1954* (1984), pp.1197-1198.
37) "만약 귀하가 유엔사령부의 권위를 즉시 그리고 명확하게 받아들이지 않는다면 미국으로서는 모종의 조치를 취할 것이다"라는 것이 서신에서 나타난 핵심적인 강조사항이다. "Letter from U.S. President Eisenhower to Korean President Rhee 6. 9, 1953," *Documents on Korea-United States Relations 1943-1965* (Seoul: Ministry of Foreign Affairs R.O.K., 1965), pp.76-78.

심하면 유엔 측과 공산 측이 어떠한 협정을 체결한다 할지라도 그것을 파괴시킬 수 있는 가능성이 있다는 것을 암시하는 것이었다. 이런 의미에서 한국과 미국은 서로 갈등했지만 동시에 서로를 몹시 필요로 하고 있었음을 알 수 있다. 미국은 한국전쟁의 정치적 해결을 위해서는 한국의 협조가 절실했고, 반면에 한국은 안보를 보장받기 위해서는 제도적 구속력이 있는 미국의 공식적 약속을 확보하는 것이 필수적이었다. 따라서 상호방위조약은 한·미 간의 갈등과 대치국면을 타개할 수 있는 유일한 타협점이자 처방책이었고, 이승만은 반공포로 석방이라는 극단적 '불신뢰성' 전략을 구사함으로써 협상에서 유리한 위치를 점하게 되었다.

2. 휴전협정의 체결과 제네바 회담을 이용한 군사력 증강

이승만이 기대하였던 대로 반공포로 석방문제로 인하여 휴전회담은 중단되었으며, 공산 측은 한국이 휴전을 준수할 것이라는 보장이 있어야만 회담을 재개할 것이라고 유엔 측에 통보하였다. 따라서 미국 정부는 한국의 협조가 더욱 절실히 필요하였으며, 그만큼 이승만 정부의 협상력은 높아졌다. 따라서 미국은 이승만 정부가 휴전협정을 준수한다는 전제하에 상호방위조약을 체결하며, 이에 대한 구체적인 논의를 위해 로버트슨(Robertson) 국무부 극동 담당 차관보를 아이젠하워 대통령의 특사로 서울에 파견하였다.

이승만은 방한한 로버트슨을 상대로 방위조약이 체결되지 않은 상태에서 휴전협정이 한반도 평화에 얼마나 불완전하고 중공군이 주둔하고 있는 한 한국의 안보가 얼마나 위험한지를 역설하는 등 안보의 '취약성'을 강조하는 전략을 구사하였다. 뿐만 아니라 이승만은 과거 약사를 들춰가면서 1905년 미국이 한국을 배반했다는 것을 주장하면서 한국에 대한 미국의 도의적인 책임까지도 강조하였다.[38] 이 자리에서 이승만은 상호방위조약의 즉각적인

---

38) "미국과 일본이 비밀협정을 맺은 후 일본은 한국을 합병하지 않았는가. 그리고 38선

체결과 경제원조, 그리고 한국군의 증강을 요구했고, 또한 군사적 승리만이 한국이 제2의 중국이 되는 것을 사전에 예방할 수 있다고 거듭 주장했다.

이에 대해 로버트슨은 미국은 군사적인 방법으로 한국의 통일을 실현하겠다고 약속한 적은 한 번도 없었다고 말하면서, 상호방위조약도 한국이 북한을 공격할 경우에는 적용되지 않는다는 점을 강조했다.39) 나아가 로버트슨은 한국이 휴전에 동의하지 않으면 미국은 군사·경제 원조를 중단하겠다고 경고하기도 했다. 그 당시 미국의 원조에 군사·경제를 전적으로 의존해야 했던 이승만 정부로서는 이러한 미국의 압박을 무시할 수는 없었다. 따라서 이승만은 만약 한국 안보가 보장되는 확실한 조건을 제시한다면 미국의 정책을 전적으로 수용하겠다고 언명함으로써 한발 물러서는 전략을 구사하기에 이르렀다. 그러나 동시에 상호방위조약의 체결약속도 구두약속에 불과하다고 지적하면서 만약 상원이 조약의 비준을 거부한다면 어떻게 하겠냐고 반문했다.40) 즉 이승만은 미국의 확실한 보장을 요구했던 것이다.

이승만은 최소한 미일안보조약과 같은 조약을 강하게 요구하였다. 반면에 미국은 무엇보다도 한국이 성급한 모험을 결코 시도하지 않는 신뢰할 수 있는 국가라는 사실을 이승만이 보장해야 한다고 NSC 154를 통해 거듭 주장했다.41) 이렇게 한·미 간에 줄다리기가 계속되는 가운데 미국 정부의 입장이 강경함을 인식하게 된 이승만은 기존의 극단적이고 강경한 방침에서 한발 물러나 완화된 전략을 구사하게 된다. 즉 기존에 지속적으로 강조되어 왔던 휴전 전 중공군의 철수에 대한 항목을 유보키로 한 것과 아울러 휴전협정 후 개최될 정치회담에서 해결안을 채택할 때까지 한국의 요구를 모두

자체도 미국이 결정한 것이 아닌가. 지금 미국이 취하고 있는 행위는 그때의 행동과 무엇이 다른가," 한표욱, 앞의 책, p.163.

39) "The Assistant Secretary of State for Far Easton Affairs(Robertson) to the Department of State(July 1, 1953)," *FRUS XV: 1952-1954* (1984), pp.1291-1230.
40) "The Acting Secretary of State to the Embassy in Korea(July 4, 1953)," *FRUS XV: 1952-1954* (1984), pp.1329-1330.
41) "NSC154/1: Unted States Tactics Immediately Following an Armistice in Korea (July 7, 1953)," *FRUS XV: 1952-1954* (1984), pp.1341-1342.

유보한다는 것이었다.[42] 이승만은 2주일 이상 로버트슨과 회담을 벌이는 동안 미국의 휴전회담 내용에 더 이상 한국의 입장이 고려될 여지는 없으며, 계속 한국 측 입장만 강조하다가는 방위조약에 대한 미국 정부의 대한(對韓) 인식만 악화시킬 것이라는 점을 인식한 것이었다.

마침내 한국과 미국 정부는 공산 측이 휴전회담 속개에 동의한 직후인 7월 11일 공동성명서를 발표하게 되는데, 그 내용은 다음과 같다.[43] 첫째, 공산치하로 돌아가기를 희망하지 않는 포로는 남한에서 석방될 것이다. 둘째, 양국 정부는 현재 협상이 진행 중인 상호방위조약을 체결할 것을 합의했다. 셋째, 우리는 최단 시일 내에 공동목표인 한국의 자유와 독립, 그리고 통일을 실현하기 위해 함께 일하려는 우리의 결심을 강조하고자 한다.

이 공동성명서에서 핵심적인 내용은 둘째 항으로 진행되고 있는 상호방위조약 체결과정을 완료형으로 기술한 것이 특징적이었다. 이것은 한국의 입장이 상당히 반영된 것으로 비록 이승만이 '휴전을 방해하지 않겠다'고 미국에 양보를 하였지만, 그 대신 미국도 안보에 대한 한국의 불안감을 훨씬 깊이 이해하게 되었음을 의미한다. 이외에도 미국 정부는 한국과 휴전협정 이전에라도 상호방위조약 체결을 위한 협의를 시작하기로 결정하였으며, 따라서 협상 기간 중 조약의 초안을 교환하였으며, 미 상원이 그 조약을 인준할 것이라는 확약까지 받아주었다. 또한 휴전 이후 한반도의 통일 문제를 평화적으로 해결하기 위해 개최하기로 되어 있던 정치회담이 90일 이내에 결실을 맺지 못할 경우 북진을 개시해야 한다는 이승만의 요구를 일부 수용하여, 정치회담이 90일 이내에 결실을 맺지 못할 경우 그 회의에서 철수하며, 차후 대책을 위해 한국과 협의할 것을 약속하기도 하였다.[44]

---

42) "The Assistant Secereatry of State for Far Eastern Affairs(Robertson) to the Department of State(June 27, 1953)," *FRUS XV: 1952-1954* (1984), pp.1279-1280.

43) "Joint Statement issued at Seoul by President Rhee and Assistant Secretary of State Robertson (July 11, 1953)," *Documents on Korea-United States Relations 1943-1965* (Seoul: Ministry of Foreign Affairs R.O.K., 1965), pp.85-86.

44) "The Assistant Secereatry of State for Far Eastern Affairs(Robertson) to the Depart-

이승만의 휴전협정에 대한 전향적인 태도로 유엔 측과 공산 측 간의 휴전협상은 급진전되어 마침내 1953년 7월 27일 휴전협정이 조인되었다.45) 곧이어 8월 8일에 서울에서 변영태 외무장관과 덜레스 국무장관이 상호방위조약에 가조인하였으며, 10월 1일 양국대표는 워싱턴에서 이 조약에 공식적으로 조인하였다. 상호방위조약의 체결로 미국은 한국에 대한 공산주의 세력의 침략위협을 봉쇄함과 아울러 동시에 이승만의 북진무력 통일의지도 단념시키는 이중 봉쇄의 효과를 기대했다. 반면에 이승만은 공산주의 세력의 위협과 공격을 사전에 봉쇄하는 동시에 그가 우려해온 일본의 팽창주의적 야욕도 저지시키는 이중 봉쇄의 효과를 지닌 제도적 장치를 확보함으로써 한국의 안보가 보장되기를 기대했다. 그러나 휴전의 성립과 상호방위조약 체결에 대한 양국 간의 인식은 달랐다. 미국은 휴전 성립으로 한국전쟁이 종식되었다고 인식했다. 그러나 한국에게 있어 휴전은 다만 전쟁행위의 일시적 중단을 의미했다. 따라서 이승만은 북진 무력통일론을 계속 주창해나갈 수밖에 없었고, 휴전 이후의 한미관계는 긴장과 갈등의 연속이었다.

이렇게 휴전협정과 상호방위조약조약이 체결되었음에도 불구하고 한·미 간에 갈등이 지속되자 미국은 갈등해소와 상호방위조약의 구체적 쟁점을 마무리하기 위해 덜레스 국무장관을 서울에 파견하였다. 휴전협정이 이미 체결되었기 때문에 이승만은 미국의 정책에 영향을 줄 수 있는 수단이 제한되었다. 다시 말하자면 이미 휴전이 성립된 후였으므로 이승만의 협상력은 매우 약화되어 미국의 정책에 순응할 도리밖에 없었다. 따라서 덜레스는 미국이 한국의 요구조건에 대하여 그 전에 약속했던 언약을 지킬 것을 다짐하면서 미국의 계획을 예정대로 관철시켜 나갔다. 한국전에 참전한 최강대국으로서 한국문제에 대한 미국의 태도는 덜레스가 이승만을 만나기 이전부터 이미 확고하게 결정되어 있었으므로 약소국인 한국 정부가 이에 대하여 협

---

ment of State(July 3, 1953)," *FRUS XV: 1952-1954* (1984), pp.1312-1314.
45) 휴전협정은 한국 정부가 불참한 가운데 클라크 유엔군 총사령관, 북괴군 총사령관 김일성, 중국 인민지원군 사령관 팽덕회에 의해 정식 서명되었다.

상할 전략이 없었던 것이다.

이러한 상황에서 이승만이 구사할 수 있었던 전략은 미국에 순응하면서 상호방위조약 발효를 서두르는 동시에 많은 원조를 얻어내는 일이었다. 이승만과 덜레스와의 회담을 통해 양 측은 1953년 8월 7일에 "공동위협에 대처하여 한미상호방위조약을 체결한다"는 공동 성명서를 발표하였다.46) 또한 다음날에는 상호방위조약의 원안을 확정하였으며, 10월 1일 정식서명이 이루어졌다. 미국은 동시에 한국에게 200만 달러 상당의 경제 원조를 제공하기로 결정하였으며, 한국군 20개 사단 병력을 위한 군사력 증강계획을 승인하였다.47) 이러한 이승만-덜레스의 공동성명과 상호방위조약의 조인으로 갈등이 일시적으로 봉합되는 듯하였으나, 1954년 2월 18일 제네바 정치회담의 개최 발표48)는 한미관계의 심각한 긴장을 구체적으로 드러나게 하는 도화선이 되었다.

이승만은 3·1절 기념사를 통해 강대국들이 한국의 통일을 지원하지 않고 소모적인 정치회담만을 지속하려 한다고 비판하였으며, 미국의 대(對)한국 원조정책 등을 포괄적으로 비난하기까지 하였다.49) 사실 미국이 주도한 제네바회담의 결정은 이승만으로서는 약소국으로서 자기의 주권을 결정하는 데 소외되었다는 데서 오는 배신감을 낳게 하였을 뿐만 아니라 상호방위조약 체결에 대한 미국의 진위를 의심할 수밖에 없었다. 따라서 이승만은 제네바 정치회담을 둘러싸고 전쟁을 재개하든지, 아니면 한국군의 능력을 대폭

---

46) "Joint Statement by U.S. Secretary of State John Foster Dulles and Korean President Rhee, August 7, 1953," *Documents on Korea-United States Relations 1943-1965* (Seoul: Ministry of Foreign Affairs R.O.K., 1965), pp.117-118.

47) "Memorandum of Conversation by the Director of the Office of Northeast Asian Affairs, August 6, 1953," *FRUS XV: 1952-1954* (1984), pp.1475-1480.

48) 이 회담은 미, 소, 영, 프의 외무장관들이 인도차이나에서의 전쟁을 종식시키고 한반도의 평화통일을 이룩할 목적으로 1954년 4월 26일부터 6월 15일까지 스위스 제네바에서 개최되었다.

49) McClurkin to Drumright, Korean Trade Discrimination with FOA Funds, 4/12/1954, KBB, FE Files, lot 55 D 480, RG 59, USNA.

적으로 강화해달라는50) 양자택일적인 제안을 하는 등 강경한 전략을 구사하기 시작하였다. 이에 대한 대응으로 미국은 1954년 3월 18일로 예정되었던 상호방위조약 비준서 교환을 무기한 연기하였으나, 이승만의 북침 가능성을 간과할 수 없었기 때문에 아이젠하워는 이승만에게 부분적으로 한국군 증강을 수용하는 서한을 보냈다.51) 이 당시 아이젠하워의 일기를 보면 "우리는 절대 동양적인 사고(Oriental mind)를 이해할 수 없다… 이승만 정부의 행동에 대한 예측이 불가하기 때문에 우리도 곤란한 입장일 수밖에 없다…"라고 기술되어 있음으로써 미국은 이승만의 행위에 대해 간과할 수 없었음을 알 수 있다.52)

결국 미국은 이승만의 요구를 일정 부분 수용하면서 단기적으로는 제네바회담에서 이승만의 협조를 얻어내고, 장기적으로는 한반도에서 남한 자체의 군사력 증강을 통해 미국의 입지를 더욱 공고히 하고자 했던 것이다. 이러한 미국의 결정은 미국의 원안보다는 훨씬 강화된 것이었으며, 상호방위조약의 비준에 대한 미국의 확약을 받은 것 또한 이승만으로서는 큰 수확이었다. 이에 이승만은 그가 원하였던 수준은 아니지만 그것이 최선의 결과임을 인식하고53) 제네바회담에 남한 대표를 파견할 것을 공식적으로 발표했다. 이승만은 남한의 병력증강을 위한 미국 원조를 더욱 많이 받아냄과 아울러 상호방위조약 비준에 대한 미국의 확약을 받기 위해 때마침 불거진 제네바 회의 참석여부 문제를 이용하는 전략을 구사하였던 것이다.

---

50) "Memorandum of Discussion at the 192rd Meeting of the National Security Council, April 6, 1953," *FRUS XV: 1952-1954* (1984), pp.1775-1777.
51) "Memorandum by the Joint Chiefs of the Secretary of the Defense, March 31, 1954," *FRUS XV: 1952-1954* (1984), pp.1779-1785.
52) Adams, *Firsthand*, 101 Eisenhower diary entry for July 24, 1953, in Robert H. Ferrell, ed., *The Eisenhower Diaries* (New York, 1981), p.248.
53) Henry W. Brands. Jr., "The D. Eisenhower Administration, Syngman Rhee, and the 'Other' Geneva Confernce of 1954," *Pacific Historical Review*, vol.56, no.1(Feb. 1987), p.82.

3. 이승만의 방미와 한미합의의사록의 체결

1954년 6월 제네바 회의가 실패로 끝나자, 이승만은 휴전협정의 무효화와 전쟁의 재개를 통한 북진무력 통일론을 주장하는 전략을 또다시 들고 나왔다. 따라서 미국 정부는 이승만의 북진통일론을 단념시키기 위한 현실적인 방안을 마련해야 했고, 반면에 이승만은 한국의 안보를 자체적으로 보장할 수 있을 정도의 군사력을 확보하기 위해 노력했다. 미국은 이러한 한·미 간의 현안인 한국군 증강문제, 전후 한국의 재건을 위한 경제문제, 한일관계 개선 등 산적한 현안을 해결하기 위해 이승만에게 방미 초청을 하였다. 이승만은 방미문제를 검토해 오던 끝에 제네바 정치회의가 결렬되고 양유찬 대사가 미국에 부임한 것을 계기로 방미의사를 미국 측에 통보했다.54) 이승만이 방미를 결심한 것은 첫째, 한국전쟁 중 한국을 위해 싸워준 미국 정부와 미국에게 직접 고마움을 표시하고, 둘째 제네바 회담 결렬에 따른 통일방안을 조정하며, 셋째 미국이 펴온 유럽 중심전략의 부당성을 지적하고, 넷째 경제, 군사원조의 증액을 추진하겠다는 목적이었다.55)

이승만의 방미와 맞추어서 개최된 한미 정상회담에서 또다시 이승만과 아이젠하워의 팽팽한 줄다리기가 시작되었다. 이승만은 전쟁의 재개를 통한 한반도의 통일을 주장한 반면 아이젠하워는 한국을 포함한 분단국가들의 통일을 위해 미국이 전쟁에 개입하는 일은 절대로 없을 것이라고 단호하게 말하면서 고의적인 전쟁재개는 미·소 간의 핵전쟁으로 이어지며, 그 결과는 인류문명 전체를 파괴시킬 것이라고 강조했다.56) 이러한 아이젠하워의 주장에 대해 이승만은 지금 한국에서 미국이 보다 적극적인 조치를 취하지 않는

---

54) "The Ambassador in Korea(Briggs) to the Department of State, July 10, 1954," *FRUS XV: 1952-1954* (1984), pp.1830-1831.
55) 한표욱, 앞의 책, p.212.
56) "Stament by U.S. Secretary of State Dulles: Meeting with President Syngman Rhee, July 28, 1954," *Documents on Korea-United States Relations 1943-1965* (Seoul: Ministry of Foreign Affairs R.O.K., 1965), pp.115-116; "Hagerty Diary: The American-Korean talks, July 27, 1954," *FRUS XV: 1952-1954* (1984), pp.1839-1843.

다면 전 아시아 지역이 공산화될 위험에 처할 것이라고 '취약성'을 강조하는 전략을 구사하기 시작하였다. 그리고 자신의 북진 주장이 '한국에서의 불꽃을 지켜 반공국가들이 공산주의에 반대하기 위한 용기를 창조함으로써 전체 자유진영에 공헌하기 위한 것'임을 언급하며, 유익한 것임을 설득하였다.57) 이에 대해 아이젠하워는 만약 미국이 한국을 통일하기 위해 전쟁을 재개한다면 세계 여론이 악화되어 자유세계 전체가 불리해질 것이기 때문에 아무도 미국을 통일을 위해 전쟁에 끌어들일 수 없을 것이라고 명확하게 미국 정부의 입장을 피력하였다. 이러한 미국 정부의 강력한 반대의견 표출 때문에 이승만은 방미기간 동안 자신의 통일계획에 대해 더 이상 거론하지 못하였다.

이러한 상황 속에서 7월 30일 한미 양국은 공식회담으로서는 가장 중요한 회담이었던 4차 회담을 개최하였다. 그런데 바로 그날 '한국은 지금 상태에서는 휴전협정을 인정할 수 없다'는 이승만의 언급을 뒷받침이라도 하듯이 한국 헌병들이 휴전협정 이행을 감시하는 중립국 감시단 체코, 폴란드 요원들이 스파이 행동을 했다는 이유로 체포하는 사건이 발생하였다.58) 미국은 이러한 한국의 행동이 반공포로 석방과 같이 휴전체제를 와해시키기 위한 한국 정부의 돌발적 행동으로 이어지는 것을 경계할 수밖에 없었다. 또한 미국은 한국의 북진통일과 같은 단독행동을 제어할 수 있는 제도적 장치가 필요함을 인식하였다.

이러한 배경으로 나온 것이 바로 한미합의의사록이었다. 이날 회담 직전 미국은 합의의사록의 초안을 들고 나와 심의를 요청하였다. 합의의사록은 통일, 군사, 경제에 관한 한·미 간의 쟁점들을 망라하여 휴전 이후 한미관계의 기본구도를 결정짓는 문서였다. 미국 측이 한국 측에 넘겨준 초안에는 한국 측이 전쟁을 제외한 모든 적절한 방법에 의하여 한국을 통일하기 위한 노력에 협조하고, 유엔군 사령관에게 한국군의 작전지휘권을 넘겨 줄 것 등

---

57) 갈홍기, 『이대통령 각하 방미 수행기』(공보실, 1955), pp.25-31.
58) 『동아일보』, 1954년 7월 31일.

한국의 무력 북진론을 불가능하게 하는 조항이 포함되어 있었다.59) 이에 이승만은 초안에 대한 서명을 보류하였을 뿐만 아니라 심의과정에서 회담장을 나와 버렸다.

4차에 걸친 한미정상회담에서 합의의사록의 세부사항에 대한 합의는 양측 실무진에게 맡겨놓은 채 별다른 결론 없이 종결되었다. 이승만은 회담 종료 후에도 강력한 반공정책의 수립을 위해 미국 여론에 호소하는 일을 멈추지 않았다. 미국 의회에서 행한 연설에서 이승만은 제네바회담이 실패했기 때문에 휴전종결을 선언해야 한다고 역설했다.60) 또한 그는 한미 연합군으로 중공군을 격퇴시킬 수 있으며, 한반도의 통일도 가능하다고 주장했다. 그러나 이승만의 자극적인 연설은 오히려 미국의 여론을 악화시켰기 때문에, 외신기자클럽의 회견에서는 자신의 연설내용을 해명하는 데 중점을 두었다.

위에서 보듯이 이승만의 미국 방문으로 한·미 간의 현안이 해결되지는 못했다. 따라서 이승만은 한국으로 돌아와서도 북진통일 노력의 고삐를 늦추지 않았다. 그는 1954년 8·15 기념사를 통해 이른바 예방전쟁론을 피력하며, 유엔군이 단독행동을 허락해줄 것과 "모든 민중이 합동해서 큰 십자군 전쟁을 열어서 승전으로 나아가자"는 주장을 하였고, 국회도 이에 호응하여 '중립국 감시단 즉시 해체에 관한 결의안'을 만장일치로 채택하였다.61) 그러나 이즈음 한미관계는 극도로 냉각되어 있는 상태였다. 이승만은 9월 20일 담화를 통해 '일부 친일적인 미국인들이 한국을 위한 원조자금을 조금이라도 일본을 위해 더 쓰기 위해 노력하고 있다'고 미국의 정책을 공개적으로 비난하기 시작했다.62) 또한 10월 22일에는 일방적으로 기존의 합의의사록을 파기하고 한국 측이 새로 합의의사록의 초안을 작성하여 미국

---

59) United States Summary Minute of the Fourth Meeting of United States and Korea Talks, July 30, 1953," *FRUS XV: 1952-1954* (1984), pp.1857-1860. 참조.
60) 갈홍기, 앞의 책. pp.21-24.
61) 『동아일보』, 1954년 8월 20일.
62) 『동아일보』, 1954년 9월 29일.

측에 전달하였다.63) 이 초안은 10~15개 사단의 한국군을 추가로 증강해 달라는 제네바회담 참가 당시의 이승만의 주장을 조건으로 작전지휘권을 유엔군 사령관 휘하에 두는 것에 동의할 것이고, 전쟁기간 체결하였던 한·미 간의 모든 협정과 합의각서를 취소할 것을 요청하는 등 매우 파격적인 내용을 담고 있었다.

이승만의 강경한 저항전략에 직면하여 미국 정부는 만약 이승만이 합의의사록 조인을 거부하거나 중립국 감시단에게 폭력을 가하는 경우 미국은 원조를 중지하고, 미군을 철수할 것임을 알리는 동시에 한국의 다른 지도자들과 접촉하여 미국이 이승만 정권을 재평가하고 있다고 알리겠음을 통보하였다.64) 이러한 측면에서 합의의사록의 서명은 사실상 이승만에게 최후통첩과 같은 것이었다. 더욱이 이승만은 10월 28일 주한 미 대사 브릭스(Briggs)로부터 한국 정부가 합의의사록에 서명하지 않으면 미국은 경제·군사원조를 중단하겠다는 압력을 받고 있는 상태였다.65)

이러한 미국의 압력에 대해 이승만은 입장을 변화하여 합의의사록의 미국측 약속사항 중 제4항에 "휴전협정을 위반하여"라는 구절과 제5항 전체를 삭제한다면 의사록을 조인하겠다고 통보하였다.66) 이러한 이승만의 요청은 한국이 공개적으로 북진론을 주장할 수 있는 여지를 만들어 놓기 위한 전략이었다. 미국은 이러한 요청을 수락했고, 마침내 11월 17일 한국은 한국군을 유엔군사령부의 작전지휘권하에 두는 것에 동의하는 대신 미국은 한국에게 7억 달러에 달하는 군사·경제 원조를 제공하고 10개 예비사단의 신

---

63) "The Ambassador in Korea(Briggs) to the Department of State, October 22, 1954," *FRUS XV: 1952-1954* (1984), pp.1902-1904.
64) "The Commander in Chief, United Nations Command(Hull) to the Chief of Staff, United States Army(Ridgway), November 8, 1954," *FRUS XV: 1952-1954* (1984), pp.1911-1912.
65) "The Ambassador in Korea(Briggs) to the Department of State, September 29, 1954," *FRUS XV: 1952-1954* (1984), pp.1890-1891.
66) "The Ambassador in Korea(Briggs) to the Department of State, November 14, 1954," *FRUS XV: 1952-1954* (1984), pp.1917-1918.

설을 포함한 해군과 공군력의 증강을 약속하는 조건으로 한미합의의사록에 양국은 정식 조인하였다. 같은 날 상호방위조약도 비준서의 상호교환으로 법적 효력이 발생하게 되었다.

한미합의의사록의 체결은 이승만이 주장했던 북진통일론의 현실적 포기를 의미하는 것이었다. 그러나 현실적으로 북진통일이 불가했던 점을 인식하고 있었던 이승만으로서는 합의의사록의 서명으로 상호방위조약 발효에 관한 염려를 완전히 종결지었을 뿐만 아니라 한국군의 군사력 증강을 꾀할 수 있었다는 점을 고려해 볼 때 구사할 수 있는 가장 최선의 전략이었음을 알 수 있다. 그러나 다른 한편으로 합의의사록의 가장 중요한 부분은 역시 한국군의 작전지휘권 문제였다. 한국전쟁 발발 직후 7월 15일 맥아더에게 보내는 편지 한 장으로 넘겨준 한국군의 작전지휘권은 합의의사록의 서명으로 거의 영구적으로 미국에 양도되었다. 이승만은 휴전회담 직후부터 휴전을 거부하고 단독 북진론을 피력하며 전쟁의 대가로 한반도의 통일을 요구하였으나, 한국군의 작전지휘권을 양도함으로써 자신의 발목을 스스로 잡는 결과를 낳게 되었다.

IV. 결론

이 연구는 상호방위조약 체결에 영향을 미친 요인과 동(同) 사안에 소극적인 미국의 태도와 압력에 대응하기 위한 이승만 정부의 구체적인 협상전략에 관한 것으로 연구방법 측면에서 상호방위조약 체결과정의 전(全) 기간에 걸쳐 미국과의 상호작용을 구체적으로 분석하고 있다는 점과 체결과정에 영향을 미친 변수들에 의해 체계적으로 접근하고자 한 점이 기존 연구와는 차별된다 할 수 있다.

이 시기 냉전체제로 대표되는 불안정한 지역질서는 이승만 정부의 자율성에 영향을 미쳤을 뿐 아니라 사실상 협상전략을 결정했던 요인이었다. 불안정한 지역질서 속에서 한국은 상호방위조약을 통해 미국에 안보를 보장받으려 하였지만 미국의 입장에서는 더 이상 극동의 약소국에 연루되지 않기 위해 신속한 휴전협정 체결이 중요하였을 뿐이었다.

이승만 정부의 자원동원능력에서 국가조직체들은 사회와의 정책망 연계나 제도화를 거치지 않은 임시적인 구성체들로서 그 역량이 부족한 상태였다. 또한 동원가능한 자원규모 면에 있어 이 당시 미국에 대한 한국의 비대칭적인 상호의존은 정점에 달해 있었다고 해도 과언이 아니며, 상호방위조약 체결과정에서 자원동원능력이 절대 빈곤하였던 이승만 정부로서는 원조를 무기로 압력을 행사하는 미국에 대해 자율성을 발휘할 만한 수단이 제한되어 있었다. 다만 상호방위조약이 가지는 가치영역이 한국에게는 절대적이었기 때문에 자원동원능력의 부재는 상호방위조약 체결과정에 결정적인 영향을 미칠 수는 없었다.

이러한 불안정한 지역질서와 자원동원능력이 제한된 상황에서 이승만 정부가 사용할 수 있는 전략은 '불신뢰성', '공헌', '취약성'을 강조하는 '저항' 전략에 귀결될 수밖에 없었다. '순응'은 미국의 방기를 그대로 두고 볼 수밖에 없음을 의미하는 것이었고, '이탈'은 한국이 선택할 수 있는 능력범위를 벗어나 있었기 때문이었다. 즉 서로의 이익이 맞물려 있는 상황에서 이승만 정부는 상황에 따라 이 전략들을 적용시킴으로써 상호방위조약 체결에 유리한 여건을 조성할 수 있었다.

이상에서 분석한 바를 종합해보면, 한국전쟁으로 대표되는 불안정한 국제질서와 이승만 정부의 취약한 자원동원 능력은 상호방위조약을 체결하는 과정에서 이승만 정부의 협상력을 감소시키는 요인들이었다. 그러나 이러한 요인들의 부정적인 영향에도 불구하고 이승만 정부는 미국의 간접적인 압력에 대해서는 '불신뢰성'이나 '취약성'을 강조하는 저항전략을 위주로 사용하였으며, 미국에게 수용 불가능한 정책을 제시하여 최대한의 양보를 얻어내려 하였다. 반대로 미군의 철군위협과 같은 직접적인 압력하에서는 '순응' 과 저항전략을 교차시켜 유연하게 정책적 전환을 함으로써 상호방위조약을 체결할 수 있었다.

　이 연구가 가지는 이론적 함의로 한미상호방위조약의 체결은 비대칭 동맹관계에 있는 약소국과 강대국 간의 긴장과 갈등에서 약소국이 협상우위를 점할 수도 있음을 예시해주고 있다는 것이다. 그 이유는 강대국은 국제관계의 전반적인 맥락에서 각 국가 간의 의견 조율에 집중해야 하므로 단일 이슈에는 신경 쓸 여유가 없다. 그러나 약소국은 이러한 전반적인 관계에 신경 쓸 필요 없이 그들에 직접적인 영향을 줄 수 있는 사안에 관심을 집중할 수 있기 때문이다. 즉, 상호방위조약 체결과정에서 미국은 중국이나 소련 등을 의식하여 휴전협정을 포함한 여러 이슈들을 동시에 고려해야 하였지만, 이승만 정부는 상호방위조약 그 자체에만 집중함으로써 협상력을 높일 수 있었다는 의미이다. 또한 상호방위조약 체결과정은 상황의 맥락에 따라 어떠한 협상전략을 사용해야 하는가를 결정하는 정책결정자의 자질과 능력이 그 무엇보다 중요하다는 점을 보여 주고 있다.

　서언에서 밝혔듯이 향후 한국은 핵과 비대칭무기를 활용한 북한의 직접적인 위협과 잠재적인 위협에 동시에 직면할 것으로 판단된다. 또한 국방개혁과 전시작전권전환 등으로 인해 국방정책 여건도 상당히 변화될 것이다. 이러한 상황에서 안보 자율성의 확대를 위해서는 미리부터 그에 맞는 상황을 설정한 후 적합한 대응전략을 수립할 필요가 있다. 현재 한국은 세계 11위권의 경제대국이면서 주변의 국제환경 역시 그 당시와 비교 시 매우 유리한 점을 감안해 볼 때 여건상 최악이었지만 의도대로 상호방위조약 체결을 달성한 이승만 정부의 협상전략을 다시 한번 재음미할 필요가 있다.

【참고문헌】

〈국문 단행본〉

갈홍기. 『이대통령 각하 방미 수행기』. 공보실, 1955.
국사편찬위원회. 미 국무부 관련문서 The US Department of State relating to the internal Affairs of Korea XXXIII. 『자료 대한민국사 29』. 과천: 이문기업, 2007.
_____. FRUS 1953 (1953.4.8). 『자료 대한민국사 29』. 과천: 이문기업, 2007.
국방군사연구소. 『국방정책 변천사』. 1995.
이상철. 『안보와 자주성의 딜레마』. 서울: 연경문화사, 2004.
이호재. 『한국 외교정책의 이상과 현실』. 서울: 법문사, 2000.
차상철. "외교가로서의 이승만대통령." 유영익 외. 『이승만 대통령 재평가』. 연세대 출판부, 2006.
_____. "이승만과 1950년대의 한미동맹." 문정인 외. 『1950년대 한국사의 재조명』. 서울: 선인, 2004.
한용섭. "한국 국방정책의 변천과정." 차영구·황병무 편. 『국방정책의 이론과 실제』. 서울: 오름, 2004.
한표욱. 『이승만과 한미외교』. 중앙일보사, 1996.

〈국문 논문〉

김일영. "이승만 정부에서의 외교정책과 국내정치: 북진, 반일 정책과 국내 정치경제와의 연계성." 『국제정치 논총』 제39집 3호. 1999.
양대현, "한국전쟁과 한미동맹관계." 『한국정치학회보』 제26집 1호. 1992.
이혜정. "한미동맹 기원의 재조명: 한미상호방위조약의 발효는 왜 연기되었는가?" 『한국 정치외교사논총』 제26집 1호. 2002.
홍석률. "이승만 정권의 북진통일론과 냉전외교정책." 『한국사 연구』 제85호. 1994.
홍용표. "국가안보와 정권안보: 이승만 대통령의 안보정책을 중심으로." 『국제정치논총』 36권 3호. 1997.

〈영문 자료〉

Allen, C. Richard. *Korea's Syngman Rhee: An Unauthorized Portrait*. Tokyo: Charles Tuttle Co., 1960.
East, A. Maurice, & Charles F. Hermann. *Why Nations Act: Theoretical Perspectives for Comparative Foreign Policy Studies*. London: Sage Publications, 1978.
Herschman, O. Albert. *Exit, Voice, and Loyalty: Response to Decline in Firms, Organization, and State*. Massachusetts: Harvard University Press, 1972.
Miscamble, Wilson. *George F. Kennan and the Making of American Foreign Policy, 1947-1950*. Princeton University Press, 1992.
Rosenau, James. "Pre-Theories and Theories of Foreign Policy." *The Scientific Study of Foreign Policy*. N.Y.: Nicholas Publishing, 1980.
Suhrke, Astri. "Gratuity or Tyranny: The Korean Alliances." *World Politics*, vol. 25. July 1973.

제3장

냉전기 북한의 대(對)중·소 외교정책:
적응(適應) 개념을 중심으로

I. 서론

현재 권력체계 안정과 핵문제, 극도의 경제난 등 국내외적으로 해결해야 할 문제들이 산적해 있는 상황에서 2011년 1월 개최된 미중 정상회담과 5월에 개최된 미중 전략경제대화, 2012년 시진핑 부주석의 방미 등은 북한에게 또 다른 고민거리를 안겨주고 있다. 강력한 후견자였던 중국과 가장 적대적인 미국이 속사정은 어찌 되었든 간에 표면적으로는 협력적인 행태를 보임으로써 향후 외교에 불확실성을 제기하였다는 점에서 북한의 딜레마는 클 수밖에 없다.

더욱이 김정일 국방위원장의 사망 이후 진행되고 있는 김정은으로의 불안정한 권력승계는 이러한 불확실성을 더욱 증폭 시키고 있다. 이러한 상황은 냉전기 북한의 외교 상황과 매우 유사한 점이 많다. 이당시 북한은 김정일로의 권력승계, 대남 군사력 열세, 극심한 경제난의 상황에서 동맹관계에 있어서 다양한 행태를 보임으로써 딜레마를 해결하려 노력하였다. 현재와 냉전기가 다른 점이 있다면 협상 대상자가 동맹국이었던 중국과 소련에서 중국과 미국으로 변경되었다는 점이다. 이러한 상황에서 북한은 향후 어떤 외교 행태를 보일 것인가? 이 연구에서는 북한의 냉전기 외교 행태를 비교 분석함으로써 이 물음에 답하고자 한다.

냉전기 북한의 외교정책 중 가장 중요한 분야는 중국과 소련의 관계였으며, 이 양국이야말로 북한정권의 유지를 위해서는 필수불가결한 물질적 후견자이자 정신적 지주였다. 따라서 이들 국가와의 관계를 중심으로 하여 본 연구는 "냉전기 북한은 중국과 소련에 대해 어떻게 그들이 원하는 방향으로의 외교정책을 추구할 수 있었으며, 그 형태는 어떤 유형으로 나타났는가?" 라는 문제를 규명해보고자 한다. 전형적인 후견-피후견 관계로 묘사되는 중국-북한, 소련-북한의 관계는 힘의 분배를 바탕으로 국제관계를 설명하는 현실주의 이론으로는 설명되지 않는 부분이 많다. 즉, 강한 힘을 바탕으로 피후견국에 안보를 제공하는 대신 그 후견국에 피후견국은 자율성을 아낌없이 제공해야 한다는 것이 현실주의로 대표되는 주류의 국제정치 이론이었다. 그러나 북한과 중·소 간의 관계에서 이러한 명제는 많이 어긋나는 점을 볼 수 있다. 흔히 약소국의 횡포(tyranny)[1]로 기술되어지는 이 현상은 강대국의 간섭에 대해 약소국도 특정 상황에서 나름대로의 자율성을 추구할 수 있다는 것인데, 냉전기 중·소에 대한 북한의 외교정책을 설명하는 데 적절한 분석틀이 될 수 있다고 판단된다.

이 연구는 단순히 수없이 논의되어 온 냉전기 북한의 외교정책 결정요인을 다시 따져보거나 외교정책과정을 살펴보는 데 주요 목적을 두고 있지는 않다. 오히려 지엽적이고 부분적인 그간의 논의들을 설명해주는 논리체계를 제시하는 동시에 냉전기 북한과 중소관계의 본질을 보다 효과적으로 이해할

---

[1] Suhrke는 강대국 사이 특히 힘이 비슷한 강대국 사이에서 약소국의 영향력을 '약소국의 횡포'로 호칭하고 있다. Astri Suhrke, "Gratuity or Tyranny: The Korean Alliance," *World Politics,* Vol.25(1973), pp.508-532.

수 있게 해주는 분석 틀의 발견에 그 목적을 두고 있다.

본 연구의 분석 범위는 1950년대부터 냉전구조가 해체되는 1980년대 말까지이다. 연구에서 시기 구분은 10년 단위로 분석하고 있는데, 이는 각 시기마다 특정 이슈를 중심으로 북한의 대 중·소 관계가 반복되는 패턴을 보이고 있기 때문이다. 즉 1950년대는 소련의 제20차 전당대회와 1956년의 종파사건, 1960년대는 쿠바 미사일 사태와 브레즈네프의 등장 및 중국의 문화혁명, 1970년대는 데탕트 및 미중 화해정책, 1980년대는 KAL기 폭파사건 및 아웅산 테러 등으로 인해 북한은 중국과 소련에 편향 내지는 등거리 정책의 행태가 반복되어 나타나고 있다.

이 연구의 연구방법으로는 역사적 접근 방법을 위주로 하면서 관련 요인들을 중심으로 분석적으로 논문을 구성하였다.[2]

Ⅱ. 약소국의 외교정책에 관한 이론적 고찰: 분석틀의 구성

1. 약소국의 외교정책에 관한 기존 이론 검토

약소국[3] 외교정책의 자율성 연구에 관련된 대표적인 학자는 한델(M.

---

[2] 참고자료로는 기존 문헌 및 국내외의 1차 자료를 참조 및 활용하였으며, 특히 우드로우 윌슨 국제센터(Woodrow Wilson International Center)에서 발간한 냉전 국제 역사 프로젝트(CWIHP: Cold War International History Project) 중 북한 국제문서 프로젝트(NKIDP: North Korea International Documentation Project) 관련 문서는 행위자들의 인식에 대한 중요한 근거를 제공하였다.

[3] 약소국과 강대국에 대한 개념은 국가의 크기, 경제력, 군사력 등을 기준으로 학자마다 다르게 구분하고 있으나, 이 글에서는 코헤인의 체제역할(systemic role)을 중심으로 한 분류방법을 적용하였다. 즉, 체제형성에 있어 결정적 역할을 수행하는 '체제결정국가,' 체제의 본질에 중요한 영향력을 행사할 수 있는 '체제영향국가,' 동맹을 통한 활동을 통해 체제에 중요한 영향을 줄 수 있는 '제한적 영향국가,' 체제 자체에 대해

Handel)이다. 그는 현실주의 시각에서 약소국의 행동공간이 확대될 수 있는 요인으로 국제체제의 구조를 제시하며, 양극체제하에서는 강대국 간의 경쟁과 긴장의 수준이 높을수록 강대국들의 약소국 확보경쟁이 커지므로 약소국의 협상력은 증대한다고 주장한다.[4] 그러나 강대국 간의 협조가 커질수록 약소국의 협조에 대한 보상은 작아지고 최악의 경우 강대국이 서로의 영향권을 인정하고 그들 사이에 약소국의 영토를 분할할 수도 있음을 경고하고 있다. 한편 크뉴션(O. Knudsen)은 지리적 위치가 전략적 위치에 있을수록, 강대국 간의 긴장이 심할수록, 강대국 간의 권력전이가 발생할수록 약소국은 외교정책에 있어 자율성을 발휘할 수 있음을 강조하고 있으며,[5] 모리첸(H. Mouritzen) 또한 약소국의 자율성에 가장 중요한 요소로 강대국 간의 긴장과 권력변화를 꼽고 있다.[6]

이와 같이 국제체제의 구조나 외부환경을 중시하는 (신)현실주의적 관점에서 보면 약소국의 외교정책은 대외환경에서 발생하는 사건과 타국의 간섭에 의해 많은 영향을 받는다. 또한 강대국과 약소국 간의 협조관계는 불평등한 상호의존적 관계를 갖게 되며, 약소국의 정책은 강대국에 의해 영향을 받게 되어 약소국의 자율성은 제한받을 수밖에 없다는 것이 기존연구들의 주장이다. 이러한 연구들은 약소국 외교정책을 일반화시키고 강대국과의 관계속에서 약소국의 방어적 자율성을 규명했다는 점에서는 의의를 갖지만 강대국을 상대로 약소국이 공세적 자율성을 발휘하고 있다는 점은 잘 설명하지 못한다. 즉, 강대국의 간섭에 대응한 부분적인 자율성의 확보는 설명될

영향을 거의 미치지 못하는 '체제 미영향 국가'로 구분하고 있다. Robert O. Keohane, "Lilliputians Dilemmas: Small States in international Politics," *International Organizational*, Vol.XXIII, No.2(Spring 1969), pp.295-296.

4) Michael Handel, *Weak States in the International System* (Jerusalem: Hebrew University Press, 1981), pp.148-151.

5) Werner Bauwens, *Small States and the Security Challenge in the new Europe* (London: Oxford University, 1971), pp.13-15.

6) Hans Mouritzen, "Tension between The Strong and The Strategies of the Weak," *Journal of Peace Research*, Vol.28(1991), pp.217-230.

수 있으나, 약소국이 강대국과의 관계정립을 적극적으로 수행한 원인에 대해서는 제대로 설명할 수 없다는 것이다.

이와 같은 경향은 북한의 냉전기 대(對)중·소 관계 연구에서도 많이 나타나고 있다. 즉 이 시기 북한 외교에 관한 연구는 주로 '후견-피후견 관계(patron-client relations)'나 '비대칭 동맹(asymmetric alliance)' 모델을 적용하여 이들 관계를 이해하려는 경향을 나타내고 있다.[7] 이 연구들은 냉전기 중·소 동맹과의 관계를 당시의 안보상황에서 이들 국가로부터 안보를 보장받는 대신 북한의 대외적 자율성이 상당 부분 제한되고 있었다는 데 초점이 맞추어져 있다. 그러나 냉전기 북한의 동맹관계는 기존 모델들의 기본 논리만 가지고는 설명할 수 없는 내부적 변화를 수반하였음이 최근 연구들을 통해 확인되고 있다. 예를 들면, 이종석은 냉전기 중·소의 내정간섭 사례연구로서 1956년 8월 종파사건을 분석하고 있다. 그는 이 사건을 계기로 북한은 전형적인 비대칭 동맹관계에 있던 중소와 외교적 자율성을 둘러싸고 치열한 갈등을 겪기 시작하였으며, 결과적으로 자율성이 확대된 형태인 '내정불간섭형 비대칭 동맹'으로 발전되었음을 주장하고 있다.[8] 또한 우드로우 윌슨(Woodrow Wilson) 국제센터에서 발간한 냉전 국제 역사 프로젝트 중 북한 국제문서 프로젝트 관련 문서를 분석해 보면 북한은 중·소의 간섭에 대응하여 순응하기도 하고, 때로는 강력하게 자기들의 주장을 내세움으로써 영향력 행사를 시도하고 있음을 발견할 수 있다. 즉, 냉전기 북한의 대(對)중·소 관계를 올바로 이해하기 위해서는 국제환경을 중시하는 (신)현실주의와는 다른 분석틀이 요구됨을 알 수 있다.

---

[7] 고수석, "북중 동맹의 변천과 위기의 동학: 동맹이론의 적용과 평가," 고려대 박사학위 논문(2008); 김승채, "북한의 대외정책 변화와 중러관계,"『외교』제54호(2000) 이외 북한과 중소관계에 대한 대다수의 연구들이 이러한 관점을 취하고 있다.
[8] 이종석, "중·소의 북한 내정간섭 사례연구: 8월 종파사건," 세종연구소,『세종정책연구』제6권 2호(2010).

2. 냉전기 북한의 외교정책 분석을 위한 대안적 검토

1) 분석수준과 변수

비대칭 동맹관계에서 약소국은 강대국의 의지에 따라 수동적으로 움직일 수밖에 없다는 (신)현실주의 입장이 지배적이지만 오히려 약소국이 강대국의 정책에 영향을 미칠 수 있는 상황도 존재하고 있다. 즉, 약소국이라 하더라도 환경이 주는 기회로 인해 강대국과의 관계에서 자율성을 확보할 수 있다는 것이다. 이것은 미국이나 소련과 같이 세계전략을 구사해야 하는 강대국에 비해 약소국은 자국과 관련된 협의의 이슈에만 집중할 수 있으므로 자국의 이득을 취할 여지가 있다는 기본 논리를 바탕으로 한다.[9] 환경 분석을 약소국의 외교정책에 접목하려는 시도의 전제는 환경요소가 외교정책결정자들에 의해 인지되어 일련의 국가행동을 유도한다는 것이다. 즉 환경이 부여하는 강대국과 약소국의 상호작용과 정책을 추구하는 국가의 능력, 대외정책 결정 구조 등이 변수군을 이루고, 이러한 변수들의 논리적 인과성이 환경모델의 기반을 마련한다. 이 모델은 약소국이 외교정책의 메뉴를 결정할 수는 없지만 강대국이 제시한 범위 내에서 자유로이 결정할 수 있는 능력을 보유하고 있다는 것과 환경은 제약뿐만 아니라 기회도 제공한다는 점에서 약소국에 유리하게 작용할 수도 있음을 가정한다.[10] 따라서 환경모델은 힘과 국제체제 구조를 중시한 현실주의의 관점에서 지배되어 온 약소국의 외교정책을 국가적 수준의 변수, 즉 약소국 내의 변수로 설명하려 했다는 점에서 보완적인 접근법이라 할 수 있다.

이 글에서는 국가적 수준에서 국가 능력과 국제체제적 수준에서 강대국

---

9) Robert O. Keohane, "The Big Influence of Small Allies," *Foreign Policy*, No.2 (Spring 1971), pp.161-182.
10) Maria Papadakis and Harvey Starr, "Opportunity, Willingness and Small States: The Relationship Between Environment and Foreign Policy," in Charles F. Herman & James N. Rosenau, *New Directions in the Study of Foreign Policy* (Mass.,: Allen & Unwin co., 1987), pp.427-431.

간의 긴장 정도를 주요 변수로 도출하여 두 수준을 포함하여 분석함으로써 북한 외교에 대한 설명력을 높이고자 하였다. 여기서 국가 능력은 정치, 경제, 군사적 능력을 의미하는 것으로 만약 국가가 외교정책 결정이나 집행 시 충분히 동원할 능력이 있다면 환경이 주는 제약을 일정 부분 감소시킬 수 있으나, 동원 가능한 능력이 빈약한 경우 원조를 빌미로 순응을 요구하는 강대국의 간섭에 효과적인 대응이 불가능하다.[11]

2) 약소국 외교정책에서 적응의 유형

로즈노우(Rosenau)는 외교정책을 "국가가 외적 환경에 대해 취하는 여하한 행태로서 외적 요구를 그 국가의 근본적 구조 내의 허용 가능한 한계 내에 제한시키는 데 기여하는 것"이라고 정의하면서 변동을 허용 가능한 한계 내에 제한시키는 경우는 적응적 외교정책, 허용 가능한 한계 내에 제한시키지 못하는 경우에는 비적응적 외교정책이라고 지칭하고 있다.[12] 또한 약소국은 외부환경에서 오는 요구에 국내 요구를 적응시키는 경향이 있는 반면, 강대국은 국내 요구에다 외부환경 요구를 적응시키고 있음을 강조하고 있다. 그러나 냉전기 북한의 경우 이러한 전제는 해당되지 않음을 알 수 있는데, 내·외부 환경에 대한 중요도의 인식에 따라 여러 적응 유형으로 나타나고 있기 때문이다.

약소국의 외교정책에서 적응 유형은 해당 국가가 내·외적 요구와 변화에 대해 갖는 기본적 태도에 따라 다음 네 가지로 구분할 수 있다.[13]

첫째, '순응적 적응'인데, 국가의 기본적 구조를 외적 환경의 변화요구에 일치시키는 유형이다. 강대국과의 공약이나 요구의 이행여부와 같은 단기적 변동사항에 대해 관심을 집중하게 되며, 이에 대한 보상으로 강대국으로부

---

11) Andrew Mack, "Why Big Nations Lose Small Wars: the Politics of Asymmetric," *World Politics*, Vol.27, No.2(1975), pp.24-26.
12) James N. Rosenau, *The Study of Political Adaption* (N. Y.: Nichols Publishing, 1981), pp.56-57.
13) *Ibid.*, pp.63-79.

터 많은 자원들을 지원받게 됨으로써 편향적 의존경향을 나타낸다.

둘째, '보존적 적응'으로 외부간섭과 국내 요구를 균형되게 유지, 보존함으로써 양자 간의 균형을 유지하는 유형이다. 국가 지도층은 내·외적 요구 간의 조화를 꾀함으로써 균형을 유지하고, 자국 내 근본구조의 변동을 최소화하기 위해 현상유지정책을 구사한다.

셋째, '증진적 적응'으로 국가의 내적 체제와 외적 환경을 서로에게 적합하게 조장함으로써 양자 간에 발전적으로 균형을 수립하는 유형이다. 이 유형은 정책결정자가 자국의 기본적 가치 및 장기적 목표와 외적 요구 간에 균형을 이루기 위해 비교적 자유스럽게 국내외의 변화를 조장한다.

넷째, '비타협적 적응'으로 외적 간섭을 자국의 기본적인 요구에 일치시켜 적응하는 유형이다. 국내정치에 있어 외적 문제를 국내적 문제로 전환하여 강력한 통치제제 구축을 시도하고, 외교정책의 목적과 수단을 국민에게 강요함으로써 내분을 방지한다. 외교정책에 있어서는 군부엘리트가 정책결정과정에 깊이 개입함으로써 외교정책의 수행을 위해 군사적 행동이나 시위에 의존하는 경우가 증대된다.

〈표 3-1〉 내·외부 환경변화에 대한 적응의 유형

		외부환경 변화	
		거부	수용
내부 환경 변화	거부	보존적(preservative)	순응적(acquiescent)
	수용	비타협적(intransigent)	증진적(promotive)

출처: James N. Rosenau, *The Study of Political Adaptation* (New York: Nichols Publishing Company, 1981), pp.58-59.

III. 냉전기 북한의 대(對)중·소 외교

1. 중국과 소련의 관점에서 본 북한의 전략적 가치

한반도는 지정학적으로 대륙세력과 해양세력이 교차하는 특수성을 가지고 있다. 즉 한반도는 동아시아 지역에서 강대국들의 병참, 완충기능이 복합적으로 수행되는 중요지대로서 중국의 내선지대, 소련의 동방 진출 전초기지이다.14) 그러면 그 당시 중국과 소련이 인식한 한반도의 전략적 가치는 무엇이었는가? 즉 중소가 추구하는 동맹의 목적은 무엇이었는가? 먼저 중국이 인식한 북한의 전략적 가치는 다음과 같다.

중국의 한반도에 대한 이해관계는 전통적으로 순망치한(脣亡齒寒)의 관계였고, 북한의 전략적 가치를 그들의 국가안전에 직결될 정도로 중요하게 보고 있었다. 따라서 북한의 위기는 중국의 핵심적 이익에 침해를 가할 중요한 것이었다. 냉전기 중국의 이러한 대북한 가치관에 입각한 정책은 몇 가지로 나누어 볼 수 있다.15) 첫째로 중국은 북한이 반소화(反蘇化)하기를 바란다는 것이었다. 공산주의 형제국들의 종주국으로서 공산권 내에서 주도권 획득을 위한 중국과 소련의 경쟁에 있어 인접한 북한의 존재는 중요한 존재였다. 둘째로 중국은 북한이 경제근대화에 궁극적으로 도움이 되기를 원했다. 즉 중국의 경제발전을 위해서는 인접한 피지원 국가의 불안정은 마이너스적인 요인이 되기 때문이다. 냉전기 중국의 동아시아 지역에서 정책목표는 소련의 패권저지와 4개 현대화 계획의 달성에 달려 있었다.16) 따라서 중국은 동아시아 지역에서 소련이 팽창되고 4개 현대화 계획의 추진에 제약 혹은 촉진 요인으로 작용할 수 있는 북한의 존재를 무시할 수 없었다.17)

---

14) 배명오, 『북한 그리고 중공과 소련』(서울: 학문사, 1983), p.239.
15) 김학준, 스칼라피노, 『북한의 오늘과 내일』(서울: 법문사, 1985), p.367.
16) B. C. Koh, "North Korea and The Sino-Soviet Schism," *The Western Political Quarterly*, Vol.22, No.(Dec., 1969), pp.940-942.

한편 이 당시 소련의 북한에 대한 이해관계는 공산 영도 국가로서의 입장과 중소대립을 감안시 중국과 북한의 밀착은 소련에 불리하며, 소련의 북한 장악은 중국에 대한 압력가중을 가능하게 할 수 있다는 점에서 중요하였다. 또한 한반도는 소련 극동군의 중요시설에 대한 공격과 태평양 진출을 봉쇄할 수 있는 서방의 군사기지로 사용될 수 있고, 시베리아에 이르는 군사접근로를 차단해줄 방파제로서 역할을 할 수 있었다. 더불어 만약 소련이 남진정책을 실행하게 된다면 한반도는 극동에서 태평양으로 용이하게 진입하게 할 부동항으로서의 전략적 가치가 있다는 점에서 중요한 가치가 있다는 인식이었다.18) 즉 소련의 동아시아 지역에서 최종목표는 이 지역의 헤게모니를 장악하여 명실상부한 공산주의 형제국의 선도국가가 되려는 것이었고, 북한은 전초기지 및 전위대 역할을 할 수 있는 중요 국가였던 것이다.

이상과 같은 사실로 미루어 볼 때 북한의 전략적 가치는 중·소 양국의 핵심적 이익에 영향을 줄 수 있다는 점에서 이들의 대외정책에 중요한 지렛대 역할을 할 수 있었다. 중·소 양국은 이러한 가치를 지닌 북한이 어느 한쪽에 치우치는 것을 바라지 않았고, 이것은 북한을 서로 자국의 영향권에 편입시키기 위해 공식·비공식적인 개입이 뒤따랐음을 의미한다.

2. 1950년대: 순응·비타협적 외교

1) 對 중·소 관계

이 시기는 크게 순응적 외교기와 비타협적 외교기로 구분할 수 있다. 前 기간에서는 한국전과 전후복구에 양국 원조가 다같이 제공되었기 때문에 북한은 순응적인 외교행태를 취할 수밖에 없었다. 즉, 북한이 대내외적으로 취약한 상태에 있었으므로 보다 소극적인 입장에서 의존하는 극히 조심스러

---

17) 박재규, 『북한의 대외정책』(경남대학교 출판부, 1986), p.280.
18) 김학준, 스칼라피노, 앞의 책, pp.368-369.

운 태도를 보인 시기이다. 그러나 후(後) 기간은 제20차 소련 공산당 대회와 1956년 북한의 종파사건시 나타난 중·소의 내정간섭의 와중에서 김일성 독재체제 구축 및 외교적 자율성 확보를 위해 보다 비타협적인 외교를 펼치게 된다.[19]

제20차 소련공산당 대회에서 나타난 스탈린 격하운동이나 서방과의 평화공존이 가능하다는 전쟁 가피론의 등장은 김일성에게 우상화 비판과 공산주의 이념의 수정으로 인식되었기 때문에 대(對)소 관계가 소원해지는 계기가 되었다. 이러한 와중에서 이른바 '8월 종파사건'이 발생하자 소련과 중국은 북한이 자기들과는 상의도 없이 자국과 관련된 북한 인사들을 숙청하자 적극적으로 북한 내정에 개입하기 시작하였다.[20] 양국이 소련의 제일부수상인 '미코얀'과 중국 국방상인 '팽덕회'를 급파하여 이 사태에 개입하게 되자, 김일성은 동유럽 공산국가를 방문하러 가는 도중에 개최된 소련 지도자들과의 회담에서 사과 및 사태확산 방지를 약속함으로써 양국은 사태를 관망하게 된다. 그러나 김일성의 약속은 이후 거짓으로 드러나게 되며,[21] 오히려 이 기회를 이용하여 반대파의 숙청을 통하여 자신의 권력체계를 공고히 하는 계기로 삼았다. 즉, 이 사건으로 인해 김일성은 북한내부에서 확실한 그의 위치를 점하였을 뿐만 아니라 중·소 양국에 대해서도 내정불간섭을 적극 요구하게 되었다.

---

[19] 북한의 1956년 종파사건에 대한 공식문서와 이 사건이 북한의 대외정책에 미친 영향에 대한 의미 있는 연구로는 다음을 참조할 것. James F. Person, intro., "New Evidence on North Korea in 1956," Woodrow Wilson International Center, Cold War International History Project (이하 CWIHP), Issue 16, Document 30; 이종석, "중·소의 북한 내정간섭 연구: 8월 종파사건," 세종연구소, 『세종정책연구』 제6권 2호(2010).

[20] Memorandum of Conversation with Chinese Ambassador to the DPRK, Qiao Xiaoguang, 09/04/1956, in James F. Person, intro., "New Evidence on North Korea in 1956," pp.485-486.

[21] Memorandum of Conversation with the charge d'affaires of the Chinese Embassy in the DPRK, Chao Ke Xian, 10/26/1956, RGANI, Fond 5, Opis 28, Delo 411, Listy 344-346.

1961년 체결된 북·중 상호원조조약은 이러한 상황이 누적된 상태에서 북한의 영향력이 어느 정도 반영되어 체결된 것임을 보여주는 대표적인 사례로서22) 김일성의 비타협적인 대외정책의 대표적인 산물이라 할 수 있다. 그러나 이 시기 북한은 중소로부터의 지원 없이는 경제적 어려움을 견디어 낼 수 없는 어려운 처지에 있었다. 따라서 김일성 체제에 강한 불만을 가지고 있는 소련에 대해 저자세로 나아갈 수밖에 없었으며,23) 중국에 대해서도 김일성과 주은래의 회담에서 면화, 설탕 등의 농업이나 경공업 우선 정책을 수행할 계획임을 설명하며, 전격적인 지원을 부탁하는 등 완전히 의존하는 모습을 보였다.24) 따라서 이 시기 북한이 취한 외교는 정치적으로는 주체사상의 개념을 도입하여 일인 권력체제 확보 및 자기들만의 방식으로 북한을 통치하려는 노선을 견지함과 아울러 경제적으로는 중소로부터 경쟁적 지원을 받을 수 있는 균형 외교로 표현될 수 있다.

이 시기 북한의 외교정책을 적응 개념으로 해석한다면, 북한은 초기 양국으로부터 다량의 경제, 군사원조가 필요하였기 때문에 그들의 요구에 순응할 수밖에 없는 시기였다. 그러나 소련의 제20차 전당대회와 8월 종파사건을 분기점으로 북한은 중·소의 내정간섭을 차단하는 등 비타협적 정책을 통해 강력한 일인 독재체제를 구축하게 되었다. 즉, 내적 변화추구를 위해 외적 간섭구조를 차단한 것이다. 그러나 경제적으로는 기본적 방향이 중소 균형외교로 기정사실화되어 있었기 때문에 혁신적 정책은 고려하지 않았으며, 양국으로부터 많은 자원들을 지원받게 됨으로써 상황에 따른 편향적 의

---

22) Chen Jian, "Limits of the 'Lips and Teeth' Alliance: An Historical Review of Chinese-North Korean Relations," *Woodrow Wilson International Center for Scholars, Asia Program Special Report* (Sep. 2003), p.7.

23) Memorandum of Conversation conducted with the counselor of the Embassy of the USSR, Comr. Makarov. 08/29/1957, in James F. Person, intro., "New Evidence on North Korea in 1956," pp.25-27.

24) Minutes of Conversation between Chinese Prime Minister Zhou Enlai and North Korean Prime Minister Kim Il Sung, 11/27/1958, P.R.C. Freign Ministry Archives. Document 204-00064-02. in CWIHP Virtual Archive, Woodrow Wilson Center.

존 경향을 나타내게 되었다.

2) 북한의 국가능력

전후 북한은 모든 측면에서 국가능력이 미숙한 단계였는데, 첫째로 정치적 측면에서 보면 북한은 소련의 위성국이라는 인식을 얻을 정도로 종속되어 있었고, 50년대 후반으로 갈수록 중국의 영향력도 고려할 수밖에 없었던 상황이었다. 그러나 정치적으로 안정된 입지를 구축하지 못한 김일성은 '8월 종파사건'을 계기로 정적숙청과 정권유지를 위해 중·소의 간섭에 표면적으로는 순응하는 모습을 보였지만 오히려 그러한 간섭을 이용하여 권력체제를 확고히 하는 전략을 구사하였다.

둘째로 경제적 측면에서 북한은 자립능력이 없었기 때문에 소련으로부터 경제 원조를 받을 수밖에 없었다. 소련은 북한이 3개년 경제계획을 수행하는데 필요한 10억 루블의 무상원조를 제공하는 한편 채무를 삭감시켜주었고, 기술원조도 제공하였다. 이후에도 소련은 1956년 7,500만 달러의 경제원조를 제공해주었고, 동구권 공산국가들로부터 11억 루블 상당의 차관을 추가로 제공받게끔 주선하기도 하였다.25) 이것은 북한의 경제정책을 소련이 대신 행해준 것이었음을 의미하는 것이다.

셋째로 군사적 측면에서 남한의 전력에 비해 다소 우위에 있었다는 것은 사실이나 모두 중·소의 지원에 의한 전력들이었다. 즉 이 시기 북한의 군사적 능력은 자립이 어려웠던 상황으로 거의 중국과 소련에 의존하였던 상황이라 할 수 있다.

3) 중·소 간의 긴장 정도

1956년 20차 소련 공산당 대회를 계기로 중·소 분쟁은 표면화되었는데, 이 대회를 통해 소련이 전쟁 가피론에 기초한 평화공존을 주장하고 스탈린의 개인숭배를 비판하자 중국은 내심 불쾌하게 생각하였으나, 공식적인 비

---

25) 정진위, 『북방삼각관계』(서울: 법문사, 1985), p.28.

난을 자제한 상태에서 관계를 유지하고 있었다. 중·소 간의 갈등이 가시화된 것은 1957년 11월 모스크바에서 개최된 세계 공산당 대회 때부터였다. 볼셰비키 혁명 40주년을 기념한 이 대회에서 채택될 모스크바 선언의 초안을 둘러싸고 중국은 의회를 통한 자본주의에서 사회주의로의 평화적 이행을 주장하며 '제국주의'와의 전쟁을 피할 수 있다는 소련의 입장에 이견을 표시하였다.26) 결국 양 측은 이 모스크바 선언에서 평화적 이행과 비평화적 길 모두를 언급하는 선에서 절충했지만 중국으로서는 일방적으로 평화적 이행론을 주장하는 소련이 수정주의로 비춰졌으며, 소련에게는 자본주의 진영과의 전쟁 불가피론을 주장하는 중국이 교조주의로 인식되어졌다. 이러한 중·소 간의 의견 차이는 1959년 흐루시초프의 미국 방문과 중-인 국경분쟁을 둘러싸고 심화되었다. 특히 1959년에 발생한 중-인 국경무력 충돌 사태에 대해서 소련 정부가 엄격 중립을 표방하면서도 속으로는 인도 측을 두둔하자 갈등은 노골화되었다. 이러한 중·소분쟁의 와중에서 북한은 정치적으로는 독자노선을 걷는 모습을 보였지만, 경제적으로는 중·소 양국과 원만한 균형관계를 유지하고자 노력하였다. 북한은 경제발전을 위해 중국과 소련의 원조에 크게 의존하고 있었기 때문에 중·소분쟁의 초기단계에서 중립적인 태도를 견지할 수밖에 없었던 것이다.

3. 1960년대: 증진적 독자외교

1) 對 중·소 관계

이 시기 북한의 대외정책 흐름을 보면 중립기, 대중 편향기, 대소 접근기로 구분할 수 있으며,27) 국내적으로는 김일성의 일인 권력체계가 어느 정도 확립되어 있었으며, 경제적인 측면을 제외하고 정치·군사적으로 안정되어

---

26) 이종석, 앞의 글, p.410.
27) B. C. Koh, "North Korea and The Sino-Soviet Schism," *The Western Political Quarterly*, Vol.22(Dec. 1969), pp.942-953.

있던 상태였기 때문에 비타협적으로 나갈 만한 동기가 적었던 시기였다.

먼저 북한은 중립기 동안 주로 중·소 양국으로부터 경제, 군사원조를 얻기 위해 중소 어느 측에도 명확한 태도 표명을 유보한 채 중립을 견지하였다. 이러한 중립노선을 표방하던 북한은 쿠바 미사일 위기에서의 소련의 태도를 기점으로 중국에 편향되는 정책을 수행하게 되는데, 정책 변화의 구체적 요인은 다음과 같다. 첫째, 1961년 한국에서 강력한 반공정권이 수립됨에 따라 군사적 위협에 직면할 것이라는 인식이 팽배한 상태에서 남한의 위협에 대비한 군사원조를 소련에 요청하였으나, 만족할 만한 성과를 얻지 못함으로써 소련에 대한 회의감이 들기 시작하였다.28) 둘째, 중·인 국경분쟁과 쿠바 미사일 위기시에 보여준 소련의 행동은 북한에 위기 발생 시 소련이 믿을 만한 동맹국인가에 대해 의심을 갖기에 충분한 것이었다. 이러한 요인들은 북한으로 하여금 1964년 흐루시초프가 실각할 때까지 중국에 편향하게 만들었다.29) 이 시기 북한은 소련이 전후부터 경제협력에 소극적이었고, 김일성의 우상화작업에 불만을 나타내는 등 내정간섭을 계속해 왔다는 것을 인식하여 중국과의 유착을 통해 소련의 간섭을 불식시키고, 중국에는 경제 원조를 더 요구할 수 있는 명분이 있었던 것이다. 또한 1960년대부터 활발하게 진행된 제3세계의 비동맹운동에 대해 상당한 기반세력을 가지고 있는 중국을 이용하려는 의도도 포함되어 있었다. 이러한 북한의 태도는 단순히 중소 갈등에서 기인된 것뿐만 아니라 국가능력 특히 군사능력에서의 자신감도 원인이었다. 즉, 1962년 노동당 4기 전원회의에서 결정된 4대 군사혁명노선은 향상된 군사력을 바탕으로 후원국의 한 축이었던 소련을 제외

---

28) Memorandum of Conversation between Soviet Ambassador to North Korea Vasily Moskovsky and Prime Minister Kim Il Sung, 11/01/1962, AVPRF, fond 01102, opis 8, papka 93, delo 5, listy 135-138. in CWIHP Virtual Archive, Woodrow Wilson Center(이하 생략).
29) Report Embassy of Hungary in North Korea to the Hungarian Foreign Ministry, 07/02/1960, MOL, XIX-J-1 Korea, 8, doboz, 5/f. 사실 흐루시초프는 이 시기 북한에 대한 중국의 영향력이 강화되고 있지만 어느 상황에서도 소련의 영향력에서 벗어나지 못할 것이라는 확신이 서 있는 상황이었다.

하더라도 충분히 남한의 위협을 방어할 수 있다는 자신감의 발로였다.

북한의 중국에의 편향정책은 1964년 흐루시초프가 실각되고 브레즈네프를 중심으로 하는 지도체제가 성립되자 대소 편향으로 변화되었다. 소련과의 관계개선은 중국의 경제지원만으로는 경제발전에 제한이 있었고, 월남전에의 소련 개입으로 공산 종주국으로서 소련의 위신 확립, 군 현대화에 있어서 소련 지원의 절대적 필요성, 유엔 안보리 이사국으로서 소련의 가치 등이 직접적 원인이었다. 반면 대중 관계에 있어서는 문화혁명이 발생한 후 중국이 북한을 수정주의자로 비난한데 대해 북한은 중국을 교조주의, 종파주의자로 비난하면서 양국 간 갈등이 심화되었다. 특히 1967년 북한과 소련의 군사·경제 협력위원회의의 논의 자리에서 양국 대표인 김춘봉과 포고니(Nikolai Pogorny)는 문화혁명 때문에 중국이 사회주의 국가들에 관심을 쏟지 못하는 것은 오히려 미 제국주의를 도와줄 따름이라는 의견을 피력함으로써 중국을 강하게 비판하였다.30) 따라서 이 시기 북한은 중국으로부터의 경제지원은 단절한 대신 소련으로부터 군사·경제원조 등을 받는 성과를 이룩할 수 있었다.31)

1960년대의 북한외교를 요약하면 북한은 향상된 정치·군사능력, 중소 갈등의 심화 등으로 중·소 동맹체제에 대해 제한적이나마 영향력 있는 외교를 수행할 수 있었다. 다만 기존의 중·소 동맹체제에 지렛대 역할을 할 수 있었다는 점에서 체제의 작동형태를 변화시킬 수 있는 제한적 통제국으로서의 역할을 수행했으나, 본질적 조정국으로서의 역할을 할 수 있는 위치에 있지는 못하였다. 북한은 이 시기 국가의 내적 체제와 외적 환경을 서로에게 적합하게 조장함으로써 양자 간에 균형을 수립하고자 하였다. 즉, 안정된

---

30) Memorandum of Conversation between Soviet Politburo member Nikolai Podgorny and North Korea Kim Chunbong, 01/20/1967, fond 0102, opis 23, papka 110, delo 3, listy 10-12.

31) '64~'69년까지 북한과 소련이 체결한 협정의 수로는 경제/과학기술이 24건, 군사협정이 2건, 교통/통신이 5건, 문화협정이 8건이었다. 정진위, 『북방삼각관계』(서울: 법문사, 1985), p.242.

정치력을 바탕으로 경제력과 군사력을 건설하려는 것이 내적 체제의 목적이었다면 서로 북한을 자국의 영향권에 두려는 중·소 간의 경쟁 속에서 실익을 최대로 추구하는 것이 외적 환경 속에서의 목적이었다.

2) 북한의 국가능력

이 시기 북한의 능력은 50년대와 비교하여 괄목할 정도로 발전되었는데, 정치적 측면에서 이 시기는 김일성 정권이 안정기에 접어든 시기였다. 비록 1967년과 69년 사이 반대파 고위급 인사들을 숙청하는 사건들이 있었음을 고려할 때 완전한 권력 확립은 어려웠다고 볼 수 있지만, 이 시기를 기점으로 김일성의 유일지도체제는 안정화단계로 넘어갔다고 볼 수 있다.

경제적 측면에서 60년대는 50년대의 높은 경제성장률(19.6%)에 비해 극히 저조한 성장률(3.7%)을 기록하였는데 이것은 외부원조의 급격한 감소와 전근대적 산업생산 등이 주요인이었다. 더욱이 노동자들의 사회주의적 경쟁을 강조하는 중국의 대약진 운동을 모방하여 천리마 운동이 1959년에 전개되었지만 그 효과는 미미하였다. 이처럼 정치·군사적 안정에 비해 경제적 능력의 발전이 지연되었기 때문에, 이 시기 북한의 대외정책은 주로 경제문제에 관한 것이었다.

군사적 측면에서 이 시기 북한은 1961년 7월 6일 북·소 우호협력조약을,

〈표 3-2〉 1960년대 북한의 경제 지표[32]

구분	단위	1차 7개년 계획(1961~70)	
		계획	실적
국민소득		2.7배	2.1배
공업총생산액		3.2배	3.3배
전력	10억 kwh	17.0	16.5
석탄	100만 톤	25.0	27.5

---

32) 박재규, 앞의 책, p.131.

〈표 3-3〉 1960년대 남북한의 군사력 비교[33]

구분	남한	북한
총병력	645,000명	413,000명
육군	인원: 57만 명, 탱크 M-24 챠프 경탱크 화기: 155mm 80개 대대 지대공 미사일 1개 보병대대	인원: 37만 명, 탱크 750/T-59 화기: 152mm 600문 대공포: 2만 천문
해군	인원: 19,000명 함선: 구축함 3, 순양함 4, 상륙선 20척	인원: 13,000명 소련제 잠수함 4, 어뢰정 50, 초계정 20
공군	인원: 23,000명 전투기 200대	인원: 30,000명 전투기 580대

1961년 7월 11일 북·중 우호 협력조약을 맺음으로써 양국에게 다량의 지원을 받는 등 북한의 군사력 건설에 있어 일대 전환점이 된 시기였다. 1960년대 남북한 간의 자체 군사력의 균형에 관한 한 그 어느 쪽도 외부세력의 지원 없이 전면적으로 적을 공격할 수 있을 만큼의 우월한 군사력을 보유하지는 못했다. 그러나 북한은 서울이 짧은 거리에 위치해 있다는 점과 한국의 군사전략이 방어적임에 비해 기습공격을 할 수 있는 전략적 이점이 있었기 때문에 전력의 균등함은 오히려 북한에게 더 자신감을 실어 줄 수 있는 요인이었다.

3) 중·소 간의 긴장 정도

이 시기 중·소 간의 긴장은 이전 시기에 비해 본격화되었다. 1960년 개최된 부카레스트 회의는 중·소의 분열상을 처음 드러낸 계기가 되었는데, 흐루시초프와 중국의 대표 단장이었던 팽진과의 평화공존론에 대한 의견차이가 주요 이슈였다. 이 회의 이후 소련은 중국에서의 기술자 철수와 경제적 보복조치 등을 취함으로써 갈등은 심화되어 갔다. 또한 1961년 개최된 22차

---

33) IISS, *The Military Balance 1969-1970* (London: Oxford university press, 1970), pp.64-65.

소련 공산당 대회에서 흐루시초프는 중국의 이념노선을 추구하는 알바니아를 공산주의 진영에서의 축출을 기도하였는데, 이것은 암묵적으로 중국을 겨냥한 것이었다. 이로 인해 주은래는 회의 도중 모스크바를 떠남으로써 중소 갈등의 절정을 보여 주는 행태를 취하였다. 더욱이 1962년 중·인 국경분쟁에서 소련이 인도를 지원함으로써 갈등은 더욱 심화되었고, 여기에 기름을 끼얹은 것은 쿠바의 미사일 사태였다. 즉, 공산주의 진영에 속한 국가들은 소련의 미사일 철수결정을 비겁한 행위로 규정지었으며, 특히 중국은 미국의 대응에 굴복하여 미사일을 철수시킨 소련의 패배주의를 비난함으로써 중·소 간의 화해는 돌아올 수 없는 다리가 되어 버린 상황이었다.

이 당시 소련은 강력한 군사 국가였으며, 핵무기를 지니고 있었지만 중국은 군사적으로 아직 약한 국가였다. 하지만 1964년 중국이 처음으로 원자탄 실험에 성공하고 1967년에는 수소폭탄 실험에도 성공함으로써 중·소 분쟁 초기의 이념적 분쟁에서 출발하여 국가분쟁으로서의 성격을 띠기 시작하였다. 실제 1962년 국경문제가 제기된 이후 중소는 군사적인 긴장관계에 있었고, 1965년 이후 소련이 중소 국경지대에 병력을 증강하자 양국 간에 군사적인 대결 가능성이 높아진 상태에서 1969년에 마침내 진보도에서의 무력충돌로 발전하였다. 중국과 소련은 이러한 긴장이 심화되는 동안 이 지역에서 서로의 영향력을 확대하려 하였고, 이를 위해서는 북한의 지지가 필수적이었다. 이러한 상황은 양국에게 북한의 전략적 가치를 높여줌으로써 적극적인 군사 및 경제 지원 요구 및 국내적으로는 김일성 일인 독재체제를 공고화하게 한 중요한 여건으로 작용하였다.

4. 1970년대: 비타협적 균형외교

1) 대(對)중·소 관계

이 시기 북한 외교는 다원화되어가는 새로운 국제정세에 적응하는 등 현실주의적인 성향을 드러내고 있다. 즉, 북한은 중·소의 경쟁관계를 이용하여 양국으로부터의 지원을 확보하려는 '등거리 외교'를 계속하였다. 이 시기 북한의 내부문제는 안정된 권력체제를 바탕으로 주체사상을 확립해 나갔고, 김정일로의 후계자 승계를 암묵적으로 추진하고 있었던 시기였다. 따라서 이 시기 북한 외교는 중소 어느 일방에 대한 대응보다는 등거리외교를 실시하면서 체제보존 및 확장에 더 많은 가치를 둔 시기라 할 수 있다.

1973년부터 78년까지의 기간 동안 북한은 중국과 우호관계를 유지하면서 한편으로는 소련과도 인적·경제적 교류를 계속하였다. 우선 북한과 중국과의 관계를 살펴보면 경제 및 군사대표단의 교류가 상당히 빈번했음을 알 수 있다. 즉, 1973년 외교부장 허담의 방문과 1974년 북한군 부참모장 조명선의 방문으로 양국의 정치·경제·군사관계를 증진하였으며, 중국도 중공군 부참모장을 단장으로 군사대표단을 북한에 파견하여 우호관계 유지에 노력하였다. 이 시기 북한과 중국관계에 있어 가장 중요한 사건은 1975년 김일성이 중국을 방문한 것이었다. 방문 중 김일성은 북한의 군사력 우선주의에 대한 중국의 지지를 요청하였으나, 중국은 당시 한반도 사태의 위험한 군사력 대치는 미중 간의 화해 분위기를 깨뜨리고 일본의 재무장을 자극한다는 이유로 자제를 촉구하였다.34) 이후 북·중 관계는 화국봉이 주석으로서는 처음으로 1978년 북한을 공식방문하고 등소평이 북한정권수립 30주년 기념식에 참석하는 등 연이은 중국지도자들의 방문으로 더욱 견고화되었다.

1970년대 중반과 후반부 기간 동안 북한과 소련 사이에는 인적·경제적 교류는 계속되었으나, 김일성의 중국방문과 같은 적극적인 접촉은 없었다. 1976년 이후 북한은 중국과 15차례의 회담을 가졌으나, 소련과는 1976년에 부총리 공진태가 모스크바에서 코시킨 수상과 회담한 사실을 제외하고는 양국 고위관료들 간의 접촉은 없었다. 이처럼 북한의 대 중소 외교는 1960년대와는 달리 이념적인 문제를 떠나서 중·소 분쟁과 다원화되어가는 국제정

---

34) Report Embassy of Hungary in North Korea to the Hungarian Foreign Ministry, 06/30/1975, XIX-J-1-Korea, 1975, 83. doboz, 81-10. in *CWIHP, Virtual Archive*, Woodrow Wilson Center.

세에 능동적으로 적응해가면서 실리위주와 현실주의적 입장에서 중립노선을 걷고 있었다. 특히 이 시기 북한은 사회주의 형제국가들뿐만 아니라 오스트리아, 핀란드, 노르웨이, 포르투갈, 스웨덴 등 서유럽 국가들과의 정치적 협력을 위해 다각도로 노력하였다.35) 즉, 중·소에 편향된 외교적 영역을 다변화함으로써 정치적으로 양국에 제 목소리를 냄과 동시에 국제무대에서의 고립을 탈피하려 한 것으로 판단된다.

결론적으로 1970년대 북한은 데탕트와 중·소 간의 국경분쟁으로 인한 갈등심화를 이용하여 어느 한편에 서지 않는 등거리 외교를 수행하였다. 그리고 대외적인 환경변화에서 오는 압력에 대응하는 정책을 수행하였지만 보다 더 중점을 둔 것은 내적 가치, 즉 후계자 구도확립과 경제발전, 남한과의 체제경쟁에 중점을 둔 정책이었다고 할 수 있다. 즉, 북한은 김정일 후계문제, 남한과의 체제 경쟁에서의 승리 등 내적 변화에 보다 관심을 가졌고, 외부 환경에서 오는 요구를 오히려 내부 환경에 적응시키는 비타협적인 적응 행태를 보였다.

2) 북한의 국가능력

북한은 이 시기 김일성 정권확립의 안정기에 접어든 시기였으나, 김정일로의 권력승계에 대한 정당성 문제, 북한사회에 대한 주체사상의 확고한 정립 등에 있어 제한점이 있던 시기였다. 북한은 위의 문제점들을 우선적으로 해결해야 할 것으로 인식하였으므로 정책수행에 있어 우선순위를 가질 수밖에 없었다.36) 특히 김정일로의 권력세습 문제는 소련에서 스탈린 비판을 목격한 김일성으로서는 정권유지에 있어 하나의 아킬레스건이자 자신의 권력을 영구히 보존할 수 있는 절호의 찬스이기도 하였다. 따라서 이미 김정일

---

35) Charles K. Amsrong, "Juche and North Korea's Global Aspirations," in Christian F. Ostermann, ed., *The Cold War International History Project Working Paper #1*, Woodrow Wilson International Center(Sep. 2009), p.7.
36) 서대숙, 『북한문헌 연구: 문헌과 해제 제 4권 조선노동당』(경남대 극동문제연구소, 2004), pp.353-411.

승계체제는 내외 준비가 끝나서 본격적인 권력이양이 진행되고 있었던 것으로 보인다.

경제적 측면에서 북한은 1961년의 1차 7개년 계획, 1971~76년 사이의 6개년 계획을 거치면서 어느 정도 자립적인 경제능력을 보유할 수 있었다. 그러나 김일성 우상화와 김정일 후계체제 공고화, 남북 간 체제 경쟁 등을 의식한 주체사상탑 건립과 같은 비생산적이고 전시적인 건설, 국가 경제에

〈표 3-4〉 1970년대 북한의 경제발전[37]

구분	단위	6개년 계획(1971~76)	
		계획	실적
국민소득		1.8배	
공업총생산액		2.2배	2.5배
전력	10억 kwh	28.0	29.7
석탄	100만 톤	50.0	55.0

〈표 3-5〉 1970년대 남북한의 군사력 비교[38]

구분	남한	북한
총병력	600,000명	670,000명
육군	인원: 52만 명, 전투사단 17 기계화 사단 0 중거리 탱크 860, 박격포 5,300	인원: 60만 명, 전투사단 35 기계화 사단 3 중거리 탱크 2,150, 박격포 9,000
해군	인원: 47,000명 구축함 3, 잠수함 0, 미사일함 8	인원: 27,000명 미사일함 8, 잠수함 15, 해안경비정 330
공군	인원: 32,000명 전투기 254대	인원: 45,000명 전투기 480대

---

37) 박재규, 앞의 책, p.131.
38) *The Military Balance 1979-1980* (London: Oxford university press, 1980), pp.67-69.

우선하는 '당 경제' 출현, 저개발 국가들에 대한 무분별한 무상지원과 선전용 외화 낭비는 북한 경제를 피폐하게 만듦으로써 결국 1976년에는 대 서방 채무불이행 사태에 처해지기도 하였다. 따라서 이 시기 북한은 경제지원 획득을 위해 중소에 의존외교를 펼치는 동시에 미국을 비롯한 서구제국과의 경제 협력을 적극적으로 모색하여 돌파구를 찾으려 하였다. 즉, 북한은 서로의 경제적 이익만 부합되면 어느 국가와도 교역을 하겠다는 의지를 피력하였으나, 낙후한 경제시스템을 가진 북한과의 경제교류에 관심을 가진 서방 국가는 드물었다.[39]

군사적 측면에서 보면 1970~77년까지의 북한의 연평균 군사지출액은 14억 4,000만 달러이며 남한은 9억 달러에 달했다. 1977년 북한의 1인당 군사비 지출액은 114달러였던 반면, 남한의 경우는 43달러에 불과했다. 또 인구 1,000명당 병력수는 북한이 30명, 남한이 16명이었으며, GNP에 대한 군사비 비율은 19.6 : 9.5였다. 즉, 1970년대를 통해 남북한 모두 군사비 지출률을 계속해서 증가시켰으나, 군사력 건설에 소비한 비용과 인력에 있어서는 북한이 남한을 능가하고 있다. 즉 1970년대 말의 북한은 모든 군사적 측면에 있어 남한보다 훨씬 강력했다고 볼 수 있다.

1970년대 북한의 능력을 종합적으로 판단해 보면 정치적 측면에서 주체사상을 중심으로 확고한 김일성 체제가 수립되었으나, 권력승계문제, 全인민에게로 주체사상의 침투와 같은 내부변화를 유발시킬 수 있는 문제점들이 노정(露呈)되고 있었고, 경제능력에 있어서도 대 서방 채무불이행을 선언하는 등 침체일로를 겪고 있었다. 반면 남한 대비 군사능력의 향상은 북한으로 하여금 외적 변화 요구에 나름대로 자율성을 가지고 대처할 수 있었던 원동력이었다.

---

39) Charles K. Amsrong, op. cit., p.2. 1972년 김일성은 뉴욕타임즈와 워싱턴포스트지와 공동 인터뷰에서 북한을 적대시하지 않는 미국을 비롯한 전 세계 국가들과 교역할 용의가 있음을 밝히고 있다.

3) 중·소 간의 긴장 정도

이 시기 중·소 간의 긴장은 1969년의 닉슨 독트린, 일본의 정치적 역할의 증대를 의미하는 닉슨-사토 공동성명, 중국과 미국의 데탕트 등으로 새로운 국면을 맞게 되었다. 즉, 중·소 분쟁은 단순히 양국 간의 대결에 그치지 않고 국제무대에서 헤게모니 쟁탈의 양상으로 전개되었다. 중국은 미·소 양국을 모두 '국제적 착취자, 억압자이고 세계전쟁의 근원지'라고 밝히면서 소련에 대해서는 사회주의 형제국들을 착취하는 주범이라고 단정 지으며 주된 적이 소련임을 분명히 하였다.40) 한편 소련은 중국이 제3세계에서 패권을 획득하기 위한 구실이라고 비판하였으며, 심지어는 중국의 핵시설에 대한 선제공격을 감행하는 계획까지 구상하게 되었다.41)

이러한 중·소 분쟁은 1976년 모택동이 사망하자 소련 측의 화해 시도로 약간의 해빙기를 맞이하였으나, 중국의 화국봉과 등소평 체제는 여전히 소련의 패권주의에 대한 반대논조를 지속시켰다. 중국이 1978년 8월 이른바 반패권 조항을 삽입한 일본과의 평화우호조약의 체결, 1979년 미국과 국교정상화를 이룩한 것은 반소통일 전선전략이 구체적으로 실천단계에 들어갔음을 말해주고 있다. 특히 중·소 우호동맹 상호조약의 폐기통보와 중·월 전쟁은 중국 측의 반소전략을 강화시키는 결정적인 계기가 되었다고 볼 수 있다. 이처럼 1970년대 들어 중·소 국경분쟁으로 심화된 양국 간의 관계는 중국의 소련에 대한 반소정책으로 일관됨으로써 이전 시기와 동일한 양상 내지는 보다 심화된 양상이 시현되었다. 즉, 중·소 간 갈등의 심화는 양국이 북한의 내정에 간섭할 기회를 부여하지 않았을 뿐 아니라 북한의 전략적 가치를 오히려 강화시키는 계기가 되었다.

---

40) 국방대학교, 『제 28차 유엔 총회 연설 자료집』(안보문제연구소, 1973), pp.291-293.
41) Chen Jian, "Limits of the 'Lips and Teeth' Alliance: An Historical Review of Chinese-North Korean Relations," Woodrow Wilson International Center for Scholars, *Asia Program Special Report* (Sep. 2003), p.7.

5. 1980년대: 보존적 실리외교

1) 대(對)중·소 관계

1980년대는 신냉전기를 맞아 북한이 내적 변화와 외적 변화에 대해 현상유지정책을 수행하면서 비교적 소극적인 태도를 보이는 시기이다. 그러나 KAL기 폭발사건이나 아웅산 테러 사건, 88올림픽, 후계자 구도확립 등 내적 변화의 대응에 보다 치중하는 모습을 보이기도 하였으며, 외교도 중소 중심에서 벗어나 다변화되어가는 모습을 보이는 시기이기도 하였다.

북한은 1980년 노동당 6차 대회에서 자주, 친선, 평화를 대외정책의 기본 이념으로 표방하였는데,[42] 이는 우호적으로 대하는 자본주의 국가와도 친선관계를 맺겠다는 의도였다. 따라서 이 기간 북한은 체제발전을 위해 제한적 대외 개방외교를 모색했던 것으로 분석된다. 이러한 실리 위주의 정책 전환에 따라 북한은 1980년대 초에는 헝가리, 체코와 긴밀한 협력 관계를 가지게 되는데, 특히 이 국가들에 대해서는 핵이나 레이저 등에 대한 과학기술 습득을 목적으로 한 교육협력이 주를 이루었다.[43] 이후 중반부터는 동독이나 유고 등으로 그 협력관계를 확대시켜 나갔는데, 특히 동독과는 같은 분단국가로서의 입장으로 수시로 한국과 서독에 대한 대응방법을 논의하는 등 타 사회주의 국가들보다는 긴밀한 관계를 유지하였다.[44]

한편 대 중·소 관계에 있어 1980년대 초기에는 중국에는 소원(疎遠), 소련에는 밀착하였고, 중기에는 중국에는 밀착, 소련에는 소원(疎遠)하였으며, 말기에는 중국에는 평행, 소련에는 밀착하였던 것으로 분석된다. 이 기간 초기에 북한이 친(親)소련으로 기울게 된 이유는 체제 및 노선상 중국과의

---

42) 조선 중앙통신사, "당중앙 위원회 사업총화 보고,"『조선 중앙년감 1981』(평양, 조선 중앙통신사, 1981), p.65.
43) Report Embassy of Hungary in North Korea to the Hungarian Foreign Ministry, 04/30/1981, XIX-J-1-Korea, 1981, 86. doboz, 72, in Woodrow Wilson Center, *CWIHP, Virtual Archive*.
44) Excerpt from the Report on the Visit by Erich Honecker to the DPRK, 10/18/1986, in Woodrow Wilson Center, *CWIHP, Virtual Archive*.

대립, 중국의 대(對)한국 간접통상 확대, 소련의 북한 후계자 승계에 대한 묵시적 승인 등을 들 수 있다. 특히 이 시기 동안 소련은 그동안 소원해 온 대북관계를 정상화하고, 북한의 대 중 편향을 방지하기 위해 전력발전소 건설을 포함한 다수의 경제협력 이슈에 대해 지속적으로 지원 의사를 밝히는 한편, 북한과 중국의 관계를 공개적으로 비판하기도 하였다.45)

1981년 이후 북한은 대내외 당면문제들의 해결을 위해 중국과 유대강화를 시도하고, 중국도 전략적 필요성에서 대북관계의 강화에 주력함으로써 북·중 관계는 다시 긴밀화되기 시작하였다. 북한이 다시 친중국으로 기울게 된 이유는 김정일 권력승계, 경제침체, 군사원조 등 내부문제 해결에 중국의 지원이 필요함을 인식하였고, 중국은 인접국가인 캄보디아, 베트남, 아프간의 친소화 경향으로부터 북한을 격리시킬 필요성이 있었다. 그러나 1983년 소련의 KAL기 격추사건과 북한의 버마 테러사건으로 인해 국제적 비난에 봉착하게 되자, 소련과 북한은 서로의 난처한 입장을 옹호함으로써 북한은 다시 소련과 밀착하였다. 이를 계기로 소련은 북한의 김정일 권력승계를 묵인하는 동시에 군사, 경제지원을 강화하였고, 이에 1984년과 86년에 김일성은 소련을 연이어 방문함으로써 양국관계는 다시 긴밀하게 되었다.46) 이러한 양국의 밀월관계는 고르바초프의 1988년 크라노스 야르스크 선언이 발표될 때까지 지속되었으며, 이 기간 북한과 중국의 관계 또한 빈번한 수뇌회담을 통하여 밀접한 관계를 유지하였다.47)

위에서 보듯이 1980년대 북한은 국제환경 변화와 중·소 간의 갈등을 이용하면서도 그 변화요구에 대해 적극적인 수용을 하지 않았고, 후계자 승계

---

45) Report Embassy of Hungary in North Korea to the Hungarian Foreign Ministry, 03/12/1981, in Woodrow Wilson Center, *CWIHP, Virtual Archive*.
46) 이때 북한은 50여 대에 가까운 미그 23기들과 지대공 미사일을 공급받고, 원자력 발전소의 건설 등 상당한 경제원조를 확보하였고, 소련은 공군기들의 북한 영공 통과권과 함정들의 북한 항구 이용권을 확보하였다.
47) 1983년 김일성의 비공식 방중, 1984년 호요방의 비공식 방북, 이선념 국가주석의 방북 등을 들 수 있다.

를 제외한 나머지 내적 변화에 대해서도 제한적인 수용을 함으로써 기존 정책을 유지하려는 현상유지적인 측면이 강하였다. 이러한 외교행태는 정치, 군사력의 향상으로 인한 자신감이 주요인이었으나, 후계자 승계 문제, 군사력의 질적 향상 문제, 7개년 계획의 실패에서 기인된 경제력의 침체는 중소에 의존하게 만들었다. 또한 중소를 제외한 기타 사회주의 국가들과는 협력관계를 확대함으로써 서서히 중소 위주의 외교에서 그 외연을 확장시켜 나갔다는 점이 특이할 만한 사항이다.

2) 북한의 국가능력

이 시기 북한은 정치적 측면에서 보면 김정일의 후계구도에 대해 중국과 소련으로부터 명확한 인정을 받지 못한 상태였으며, 각종 테러 사건으로 인한 정치적 불안정성은 북한이 고심할 수밖에 없는 상황이었다. 경제적 측면에서 보면 북한은 1978년에 2차 7개년 계획을 추진하였는데, 이 계획의 주요목표는 첫째로 주체화·현대화·과학화를 촉진시켜 인민의 생활수준을 향상시키며, 둘째로 전력산업의 우선적 발전을 도모하여 공업자원의 기초 확립, 셋째로 기존의 공업생산능력을 최대로 이용한다는 것이었다. 그러나 이러한 목표로 추진된 2차 7개년 계획 동안의 경제적 발전은 다음 표에서 보듯이 기대에 미치지 못하였다.

〈표 3-6〉 1980년대 북한의 경제발전[48]

구분	단위	제2차 7개년 계획(1978~84)	
		계획	실적
국민소득		1.9배	1.7배
공업총생산액		2.2배	2.0배
전력	10억 kwh	56.0	생산액에 미달
석탄	100만 톤	70.0	미달

---

48) 박재규, 앞의 책, p.131.

〈표 3-7〉 1980년대 남북한의 군사력 비교[49]

	남한	북한
총병력	650,000명	780,000명
육군	인원: 54만 명, 전투사단 20, 기계화 사단 0 중거리 탱크 1,200, 박격포 5,300	인원: 60만 명, 전투사단 34, 기계화 사단 3 중거리 탱크 2,675, 박격포 11,000
해군	인원: 49,000명 구축함 3, 잠수함 0, 미사일함 23	인원: 49,000명 미사일함 24, 잠수함 21, 해안경비정 330
공군	인원: 32,000명 전투기 440대	인원: 51,000명 전투기 670대

군사적 측면에서 보면 1980년대 북한은 이전에 시작한 대규모의 군사력 확보를 계속 추진함으로써 남한에 주둔하고 있는 미군병력을 제외하면 남한에 군사력 우위를 이루게 되었다. 특히 북한의 육군은 기동부대, 탱크, 포의 수에 있어 남한의 거의 두 배에 이르고 있었다. 여기에다 북한은 세계에서 가장 규모가 큰 특전대 및 비재래식 전투부대를 보유하고 있었으며, 공군에 있어서는 북한이 거의 2배에 가까운 제트전투기를 보유하였다. 즉 이런 수치를 비교해본다면 이 시기 북한의 군사력에 대한 자신감은 중소에 대한 군사원조의 의존도를 줄일 수 있는 상황이었다.

3) 중·소 간의 긴장 정도

이 시기 중소관계는 여전히 심한 갈등관계였으며, 중국과 미국의 유착관계로 인한 소련의 불안감이 중요 요인으로 작용하였다. 미국과 중국의 국교 정상화에 대해 소련은 노골적으로 불만을 표시하였다. 당시 정치국원이었던 안드로포프는 미국이 소련에 대항하기 위해 중국카드를 활용하고 있다고 비난하였다. 또한 중국과 일본과의 '반패권 조항'이 명시된 중일 우호조약으로

---

49) IISS, *The Military Balance 1983-1984* (London: Oxford university press, 1984), pp.65-67.

인해 소련은 동아시아 지역에 있어 고립될 수 있다는 불안감이 더욱 심화될 수밖에 없었다. 이러한 중·소 관계는 1980년대 초반까지 그 윤곽을 유지하고 있었으며, 상호 간의 선전과 비난이 난무한 가운데 중국과 소련은 지속적으로 상호 간에 대한 비난 강도를 낮추지 않았다.

이러한 상황에서 레이건 행정부의 등장은 미중 관계에 대해 변화를 초래하였고, 소련은 중국과 미국의 결합에 대해 강도 높은 불안감을 가질 수밖에 없었다. 더욱이 모택동 이후 등장한 등소평 체제가 한반도에 대한 정책을 현상유지정책으로 표방하면서 한국과의 관계개선에 대한 타당성을 검토하는 한편, 소련을 제치고 사회주의 종주국 행세를 하는 것으로 인식함에 따라 소련의 불만감은 증대되었다.[50]

결론적으로 1980년대 중·소 관계를 집약하여 표현한다면 양국이 관계개선에 대한 필요성 인식은 물론 협상까지 진행했음에도 불구하고 냉각상태가 지속되었다는 것이며, 미국이라는 또 하나의 행위자가 출현함으로써 더욱 복잡한 양상을 띨 수밖에 없었다. 이러한 상황에서 중·소 양국은 자신의 입장을 지지하고 대변해줄 수 있는 행위자가 필요하였고, 북한이 최적의 대안으로 선택되었던 것이다. 그러나 역설적이게도 이당시 북한은 거듭되는 테러와 마약밀수, 위조지폐 사건 등으로 인해 국제사회에서 발언권을 얻지 못하고 있었던 점을 감안한다면 그 효용성이 반감될 수밖에 없었던 것은 당연하다 할 수 있다.[51]

---

50) Chen Jian, "Limits of the 'Lips and Teeth' Alliance: An Historical Review of Chinese-North Korean Relations," Woodrow Wilson International Center for Scholars, *Asia Program Special Report* (Sep. 2003), p.8.
51) *Ibid.,* p.9.

IV. 결론

이 글은 "냉전기 북한이 중국과 소련에 대해 부분적으로나마 외교적 자율성을 획득할 수 있었던 배경과 그 형태는 어떻게 시현되었는가"를 규명함에 있다. 비대칭 동맹관계에서 약소국이 후견국인 강대국들에 대해 자율성을 가질 수 있는 영향 요인으로 약소국의 국가 능력과 강대국 간의 긴장관계를 변수로 선정하여 냉전기 북한외교에 적용해 본 결과 다음의 분석이 가능하였다.

1950년대 북한은 초반에는 전후복구와 국가능력의 미숙성으로 인해 순응적인 적응 행태를 보였다면, 후반에는 중·소의 내정간섭을 차단하여 강력한 일인 독재체제를 구축하는 등 비타협적인 적응 형태를 보였다. 즉, 내적 변화추구를 위해 외적 간섭구조를 최대로 차단한 것이다.

1960년대는 어느 정도 향상된 군사능력과 중·소 갈등의 심화 등을 이용하여 자율성을 확보하려는 증진적 적응 형태를 보였으며, 기존 중·소 동맹체제에 지렛대 역할을 할 수 있었다는 점에서 체제의 작동형태를 변화시킬 수 있는 제한적 통제국으로서의 역할을 수행하였다.

1970년대는 김정일 후계문제, 지속적인 경제발전 등 내적 변화에 보다 관심을 두었고, 외부환경에서 오는 요구를 오히려 내부 환경에 적응시키는 비타협적인 적응 유형을 보였다.

1980년대는 국제환경 변화와 중·소 간의 갈등을 이용하면서도 그 변화에 대해 적극적인 수용을 하지 않았고, 후계자 승계를 제외한 나머지 내적 변화에 대해서도 제한적인 수용을 함으로써 기존 정책을 유지하려는 현상유지적인 측면이 강하였다.

위에서 논의된 바와 같이 북한의 냉전기 대(對)중·소 관계는 하나의 지속성을 가지고 있음을 볼 수 있는데, 즉 국가능력이 향상될수록, 중·소 간의 긴장이 심화될수록 외교에서의 자율성이 향상되었다는 것이다. 그러나 이러한 자율성의 증대에도 불구하고 전반적인 동맹의 틀을 벗어나지 못하였다는 것은 북한 외교의 생태적인 제약점으로 나타나고 있다. 즉, 상황적 차원에서 비타협적이고 균형적인 외교를 수행했다는 점에서 비교적 높은 자율성을 발휘하였지만, 구조적(structure) 차원에서 보면 여전히 대(對)중, 대(對)소 관계의 특수성을 벗어나지 못하고 있음을 확인할 수 있다.

1960년대 들어 본격화된 중·소 분쟁은 공산주의 세계를 크게 양분시켰을 뿐만 아니라 북한에도 심각한 영향을 미쳤다. 중·소 분쟁으로 북한은 정치체제와 경제구조 및 외교노선에 지대한 영향을 받았다. 중·소 분쟁의 와중에서 북한은 중립을 고수하려고 노력하는 동시에 자신들의 독자적인 외교노선을 견지하려 노력하였지만 중국과 소련은 서로 자신들을 지지해줄 것을 직간접적으로 요구하였다. 즉 북한이 중립을 지키자 두 강대국은 북한에 압력을 행사하려 하였으며, 이로 인해 북한은 양국과의 갈등을 피할 수 없었던 것이다.

이러한 사실은 강대국과 비대칭동맹을 맺고 있는 약소국에 있어 강대국들 간의 긴장관계와 자율성이 항상 긍정적인 관계만은 아니라는 사실을 또한 시사하고 있다. 긴장이 높을수록 강대국들은 약소국을 서로 자기편으로 끌어당기려 할 것이므로 약소국의 시장 가치는 높아지는 반면, 기존 강대국은 약소국의 이탈을 방지하기 위해 간섭하려 할 것이기 때문이다. 즉 강대국들 간의 긴장이 증가하면 약소국이 얻을 수 있는 자율성보다 이탈을 방지하기 위한 강대국의 간섭과 압력이 거세짐에 따라 운신할 수 있는 행동공간이 적어질 수도 있음을 냉전기 북한의 사례에서 또한 확인할 수 있다.

이 글의 정책적 함의는 이러한 분석을 바탕으로 향후 북한의 외교 행태를 유추해 볼 수 있다는 것이다. 현재 북한은 핵 문제 해결, 국제사회에 의한 WMD 확산금지 강요, 주민의 인권 개선 등과 같은 외적 변화 요구와 동시에 김정은 체제 확립, 식량을 포함한 경제문제 해결과 같은 내적 변화 요구에도 직면해 있다.

이러한 상황에서 향후 북한 외교의 유형은 어떻게 나타날 것인가? 외적 변화요구에 우선점을 두어 순응할 것인가? 내적 변화요구를 중시하여 비타협적으로 나갈 것인가? 아니면 현상유지정책을 구사 할 것인가? 이 글의 분석을 바탕으로 향후 북한의 외교정책을 유추해 보면 단기적으로는 김정일 국방위원장이 사망한 상태에서 김정은 정권의 확립은 무엇보다 중요한 가치이기 때문에 내적 요구를 우선시 하여 비타협적인 행태를 보일 것으로 판단된다.52) 2012년 4월에 실행된 광명성 3호와 12월 은하 3호의 발사 시도뿐만 아니라 지속적인 핵실험 시도가 이것을 말해주고 있다. 그러나 장기적으로는 6자 회담에 참여하는 등 국제사회의 변화 요구에 부분적 순응 내지는 현상유지정책을 구사할 것으로 판단되며, 이 글에서 제시된 두 가지 요인들의 상호작용에 의해 그 구체적인 양상은 보다 복잡하게 전개될 것으로 전망된다.

여기에서 중요한 점은 북한의 국가 능력이 시간이 흐를수록 약화되어간다는 점을 고려한다면 미국과 중국의 대북 인식과 정책, 그리고 두 강대국 간의 관계가 핵심적인 변수가 될 수 있다는 점이다. 즉, 미·중 양국이 동아시아 정책이나 북한문제에 있어 긴밀한 협조관계를 구축해 나갈 것인가, 아니면 갈등관계를 구축해 나갈 것인가에 따라서 북한의 외교행태도 영향을 받을 수밖에 없다는 것이다. 따라서 우리의 대북 정책은 북한뿐만 아니라 한반도를 둘러싼 당사자들, 특히 미국과 중국의 긴장과 이해관계를 주도면밀하게 분석한 후 이에 합리적으로 대응하는 전략이 요구된다.

---

52) "북, 내치 올인·외교 실종, 6자회담 재개 지연될 듯," 『서울신문』, 2012년 1월 17자 5면.

【참고문헌】

〈국문 단행본 및 논문〉

국방대학교. 『제 28차 유엔 총회 연설 자료집』. 서울: 안보문제연구소, 1973.
박재규. 『북한의 대외정책』. 경남대학교 출판부, 1986.
서대숙. 『북한문헌 연구: 문헌과 해제 제 4권』. 경남대 극동문제연구소, 2004.
이종석. "중·소의 북한 내정간섭 사례연구: 8월 종파사건." 『세종정책연구』 제6권 2호. 2010.
정진위. 『북방삼각관계』. 서울: 법문사, 1985.
조선 중앙통신사. "당중앙 위원회 사업총화 보고." 『조선 중앙년감 1981』. 1981.

〈영문 단행본 및 논문〉

Amsrong, Charles K. "Juche and North Korea's Global Aspirations." In Christian F. Ostermann. *The Cold War International History Project Working Paper #1*. Woodrow Wilson International Center, 2008.
B. C, Koh. "North Korea and The Sino-Soviet Schism." *The Western Political Quarterly*, vol.22. 1969.
Bauwens, Werner. *Small States and the Security Challenge in the New Europe*. London: Oxford University, 1971.
Handel, Michael. *Weak States in the International System*. Jerusalem: Hebrew University Press, 1981.
Jian, Chen. "Limits of the 'Lips and Teeth' Alliance: An Historical Review of Chinese-North Korean Relations." Woodrow Wilson International Center for Scholars, *Asia Program Special Report*. 2003.
Keohane, Robert. "Lilliputians Dilemmas: Small States in international Politics." *International Organizational*, vol.XXIII, no.2. 1969.
Mack, Andrew. "Why Big Nations Lose Small Wars: the Politics of Asymmetric."

World Politics, vol.27, no.2. 1975.

Mouritzen, Hans. "Tension between The Strong and The Strategies of the Weak." *Journal of Peace Research,* vol.28. 1991.

Papadakis, Maria, and Harvey Starr. "Opportunity, Willingness and Small States: The Relationship Between Environment and Foreign Policy." In Charles F. Herman & James N. Rosenau. *New Directions in the Study of Foreign Policy.* Mass.,: Allen & Unwin co., 1987.

Person, James. "New Evidence on North Korea in 1956." Woodrow Wilson International Center, *Cold War International History Project,* Issue 16, Document 30. 2008.

Rosenau, James. *The Study of Political Adaption.* N. Y.: Nichols Publishing, 1981.

Suhrke, Astri. "Gratuity or Tyranny: The Korean Alliance." *World Politics,* vol. 25. 1973.

제4장

양면게임 이론과 한국의 안보외교정책:
이라크 추가파병 정책결정 사례를 중심으로

I. 서론

이 글의 목적은 지난 참여정부 시기 가장 큰 안보적 이슈로 부각되었던 이라크 추가파병 정책결정과정의 블랙박스를 해부해 봄으로써 그 당시 안보외교정책에 핵심적으로 영향을 미친 요인들을 규명하고, 그 요인들을 중심으로 향후 한국 안보외교정책에 있어 협상전략의 발전 방향을 제시해 보려는 것이다.

이 연구의 방법론은 퍼트남(R. Putnam)의 양면게임 이론[1]을 적용하여 수

---

1) 양면게임 이론은 비교적 폐쇄적 정책결정을 내리는 안보외교와 같은 고위정치(high politics) 분야보다 다수의 사회적 요구에 노출되어 있는 개방적 정책결정의 속성을 가지는 저위정치(low politics) 영역에 더 적합하다. 이 연구에서 새로 제시하는 '관료주의적-양면게임' 모델은 이러한 제한점을 극복하여 방위비분담이나 FTA 등의 안보외교 영역에서 우리가 취해야 하는 협상전략을 제시했다는 데 의의가 있다.

준 1(한·미의 협상가들에 의해 발생하는 협상과정)과 수준 2(한국의 내부에서 벌어지는 비준과정)에 있어 윈셋(Win-Set)이 변화하는 과정을 분석하여 결정과정의 요인을 찾아내고자 하였다. 선험적으로 파병정책 결정과정을 유추해보면 미국을 중심으로 한 국제적 힘의 구조와 함께 국내 비준세력이 미친 영향이 커다는 점을 감안하여 국제정치와 국내정치의 연계를 이용하여 국제협상을 분석하는 퍼트남의 양면게임 이론이 결정과정을 분석하는 데 적실성을 가졌다고 판단하였다. 연구의 시간적 범위는 서희, 제마 부대의 1차 파병부대가 파병된 2003년 5월 이후부터 국회에 의해 추가파병 동의안이 통과되는 2004년 2월 13일까지로 제한하였다.

II. 양면게임의 이론적 고찰

오늘날 국제정치와 국내정치 간의 경계는 서로 연계되면서 무의미해졌는데, 로즈노(J. Rosenau)는 국가의 외적 행위가 유일하고 지배적인 요인에 의해 결정된다는 관점을 거부하고, 외교정책은 일련의 복합적 요인들과 그 요인들 간의 상호작용에 의해 결정된다는 관점을 체계적인 분석틀로 제시하였다.[2] 로즈노의 뒤를 이어 국제정치에 있어 국내정치의 영향력에 대한 체계적인 연구는 양면게임의 논리를 이용하여 국내정치의 영향력을 규명한 퍼트남(R. Putnam)에 의해 지속되었다. 퍼트남에 의하면 각국의 국내 정치 지도자들은 양쪽의 게임 판을 가진 것으로 보고 있다. 즉 협상가는 한쪽에서 외국의 협상가와 게임(수준 1)을 하면서 다른 한쪽에서는 이러한 협상의 이슈에 민감한 국내의 사회세력과 동시에 게임(수준 2)을 하고 있다고 보는데,

---

[2] James Rosenau, "Pre-Theories and Theories of Foreign Policy," in his *The Scientific Study of Foreign Policy* (N.Y.: Nicholas Publishing, 1980), p.133.

정당과 의회, 이익집단의 대표자, 정치조언자의 리더들이 그들이다.3) 그런데 여기서 중요한 점은 두 가지 수준의 게임이 순차적으로 발생하는 것이 아니라 동시에 진행되고 있다는 점이다. 즉, 국내 협상가는 두 수준의 행위자들과 동시에 협상을 해야 하므로 상황판단이나 집중력이 더욱 요구된다 할 수 있다.

1. 윈셋(Win-Set)의 개념

퍼트남은 이러한 두 과정을 연결하기 위해 윈셋(win-set)이라는 개념을 만들어 "주어진 상황하에서 국내적 비준을 얻을 수 있는 모든 합의의 집합"4)이라고 정의하고 있다. 이 윈셋이 중요한 이유는 두 가지로 압축될 수 있는데, 첫째 합의가 가능하려면 양 당사자의 윈셋이 교차하는 부분이 있어야 하므로 윈셋이 클수록 수준 1에서 합의 가능성이 높아진다는 것이다.

<그림 4-1>에서 선분 KA는 행위자의 합의에 따르는 공동이익의 전체 크기를 나타낸다. 공동이익의 분배에 관한 합의가 합의가능 영역에서 이루어진다면 K가 얻는 이익의 크기는 Kmax에서 Kmin까지 포함되고, A는 Amax에서 Amin까지의 이익을 포함한다. 즉, 합의가능 영역에서는 K와 A의 어떠한 합의도 양자에 의해 비준을 받을 수 있으며, 다른 조건이 같은 한 윈셋이 클수록 합의 가능영역이 넓어져 합의의 가능성도 높아진다는 것

〈그림 4-1〉 윈셋의 크기와 합의의 가능성

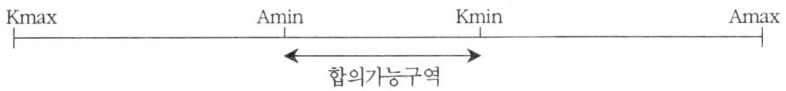

---

3) Robert D. Putnam, "Diplomacy and Domestic Politics: The Logic of Two Level Games," *International Organization*, Vol.42, No.3(Summer 1988), p.434.
4) *Ibid.*, p.437.

을 알 수 있다.

둘째는 수준 2에 있어 윈셋의 상대적 크기는 국제적 협상 시 공동이익의 배분에 영향을 미치기 때문이다. 즉, 협상가의 인지된 윈셋이 클수록 다른 수준 1의 협상가들에 의해 보다 더 압박당하게 된다는 것이다. 역으로 작은 국내적 윈셋은 협상에 있어 이익을 가져올 수 있다. 예를 들면 "나는 당신의 제안을 받아들이고 싶지만, 국내에서 결코 수용되지 못한다는 점을 감안해 달라"고 국내제약을 하소연하는 것은 협상에 있어서 가장 기초적인 것이라고 할 수 있다.[5]

2. 윈셋의 결정요인과 협상전략

퍼트남은 이러한 윈셋의 크기를 결정하는 요소들로 국내 여러 집단의 이해 및 제휴관계, 국내제도, 국제협상에 임하는 협상담당자의 전략[6] 등 세 가지를 들고 있으며, 특히 세 번째의 요소가 중요함을 강조하고 있다. 즉 제1수준에 참여하는 협상담당자의 협상전략이 윈셋의 크기를 변경시키는 데 가장 중요하다는 것이다.[7] 이 경우 윈셋은 두 가지 방법으로 변경가능하다. 첫째로 자국의 윈셋 축소방법으로 국내 강경파에 대한 공개적 약속을 통해 자국의 윈셋을 축소시킴으로써 협상력 제고를 노리거나, 사안을 쟁점화하여 여론의 흐름을 강경한 쪽으로 유도하여 윈셋을 축소시키는 방법으로 이러한 전략을 발목잡히기 전략(tying hands)이라 부른다. 반대의 경우로 국가 협상자들은 국내집단들의 집단 이기주의에서 벗어나 거시적 입장에서 전체 이익을 추구할 필요가 있기 때문에 윈셋 축소가 최선의 방법이 아닌 경

---

[5] *Ibid.*, p.437.
[6] *Ibid.*, p.442.
[7] 앞의 두 요인이 정태적, 혹은 비의도적 요인들이라면 이 요인은 의도적·인식적 요인이라 할 수 있는데, 협상자가 유리하게 협상을 이끌 수 있도록 하기 위해 의도적으로 윈셋을 축소 내지 확대할 수 있다는 의미다.

우가 있다. 오히려 아측 윈셋을 확대하여 협상 대표자의 재량권을 확대하는 것이 전체 이익을 위해 바람직한 경우도 있다는 것이다. 이러한 필요를 위해 쓰일 수 있는 것은 협상결과에 따른 이득을 재분배하는 소위 이면보상(side payment)이나 문제의 성격을 '국가안보에 중요한 것', '동맹의 유지에 필수적인 것'이라는 식으로 새로이 정의하는 것 등이 있다. 이처럼 뒷거래를 통하거나 사안의 성격을 새로이 정의하여 윈셋을 확대함으로써 정책 자율성을 제고하는 방법을 고삐 늦추기 전략(cutting slack)이라고 한다.

다음으로 상대국가의 윈셋을 확대하는 전략이 있는데, 주요 전략은 이슈연계를 통해 이슈구조 자체를 바꾸는 것이다. 이슈를 연계시킬 때, 협상대표자는 새로운 협상카드를 얻게 되고, 또한 단일 이슈의 협상에서는 불가능하였던 양보를 얻어낼 수 있다. 이 점과 관련하여 퍼트남도 국내적인 반대로 비준을 얻을 수 없는 두 가지 이슈가 연계될 때 두 가지 모두 비준이 가능해지는 이른바 상승적 연계(synergistic linkage)의 개념을 소개하고 있다.[8] 둘 이상의 이슈가 연계될 경우 국내 집단간의 이해관계가 변하고 그들 간 영향력의 균형이 바뀜으로써 원래 가능하지 않았던 협상의 결과가 국내적으로 수락되고 비준될 수도 있다는 것이다.

3. 양면게임 이론의 재구성

이상의 논의를 요약하면 다음과 같다. 양면게임은 외국의 협상가와 게임을 하면서 다른 한쪽에서는 이러한 협상의 이슈에 민감한 국내의 사회세력과 동시에 게임을 하는 것으로 국내적 비준을 얻을 수 있는 합의의 접합점인 윈셋이 핵심 개념이며, 윈셋을 결정짓는 요소로 국내 각 행위자들의 이해관계, 정치제도, 협상가의 협상전략이 있다. 또한 외국 정부와의 잠정합의안은 국내 참여자의 비준[9]을 받아야 하는데, 이 국내 참여자는 국내 이해집단,

---

[8] Putnam, *op.cit.*, p.447.

국회, 정당, 여론 등이 있다.

이상에서 퍼트남의 양면게임에 대해 살펴보았는데, 이라크 추가파병 정책결정과정 분석에서 이 양면게임 이론을 그대로 적용시키기에는 다음의 제한점이 있다. 양면게임 이론은 외부 및 내부 행위자들과 동시에 협상을 해야 하는 정부행위자를 통합된 행위자로 인식하고 있다. 즉 현실주의자들이 국제정치에서 국가라는 행위자를 분절적인 행위자가 아닌 통합적이고 합리적인 행위자로 인식하듯이, 양면게임 이론 역시 정부 행위자들을 통합된 행위자로 인식하여 이들의 상호역동성을 무시한 채 내부에서의 합의과정을 수렴한 이후의 상태에서 대내외적 게임을 설명하고 있다.

만약 정부 내부에서의 역동적인 결정과정의 설명이 무시된다면 정부대표들의 대내외적인 인식과 협상행위에 대한 설명의 부족으로 협상과정에서 이들의 행위를 제대로 설명할 수 없다는 점을 고려해야 한다. 따라서 이 연구는 양면게임 이론의 이러한 제한점을 보완하기 위해 정부 내부의 정책결정과정에서 관료들의 행위를 잘 설명해줄 수 있는 관료주의 정책결정 모델과 양면게임 이론을 절충한 '관료주의적-양면게임' 모델(bureaucratic-two level game)[10]을 제시하고 여기에 맞추어 논지를 전개하고자 한다. 이상의 논의를 근거로 하여 구성한 분석의 틀은 다음과 같다.

---

9) 퍼트남은 비준은 의회의 기능으로 생각하지만 그것이 전부는 아니라고 주장하고 있다. 수준 2에서 행위자는 이익집단, 사회계층, 심지어는 국민여론을 포함할 수 있음을 밝히고 있다. Ibid., p.438.

10) 정부대표가 2수준의 협상에 들어가기 전 정부 내부에서 결정하는 비준절차는 1, 2수준 협상에 지렛대로 사용한다기보다는 순수하게 1, 2수준의 협상에 제시할 정책을 결정한다는 점에서 양면게임의 논리가 적용되지 않는다고 판단된다. 따라서 순수하게 정책결정과정이 전개되는 정책결정 기구 내에서의 상호작용을 잘 설명해줄 수 있는 관료주의적 정책결정 논리를 근거로 하여 정부 내부의 정책결정을 분석하고, 여기에서 도출된 정책결정에 대해 1, 2수준의 협상과 비준과정에 대해 분석을 시도하는 것이다. 관료주의 정책결정 모델에 대해서는 다음 책자를 참조할 것. Graham T. Allison, *Essence of Decision: Explaining the Cuban Missile Crisis* (Boston: Little Brown & Company, 1971).

〈그림 4-2〉 이라크 추가파병 정책결정과정 분석 모형

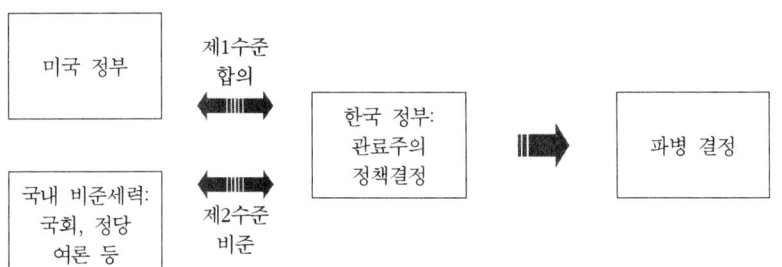

III. 이라크 추가파병 정책결정과정

1. 수준 1에서의 협상: 한국 정부 대(對)미국 정부

　미국 정부의 이라크 추가파병에 대한 공식요청은 2003년 9월 4일 개최된 미래 한미동맹정책 구상회의에 참석한 미 국방부의 롤리스 부차관보와 주한 미국대사인 허버드 대사에 의해 이루어졌다. 며칠 후인 2003년 9월 7일 부시 대통령은 한국 등 29개국에게 정식으로 추가파병을 요청하였는데, 미국이 실무차원에서 요청한 추가파병의 성격과 규모는 폴란드형 사단이었다. 미국이 한국 정부에 요청한 병력은 구체적으로 명시하지는 않았지만 1개 사단 규모인 1만여 명 수준으로, 사단 편제에 대한 양국의 차이점을 고려한다면 최대 1만 6천 명 수준으로까지 확대될 수도 있었다. 이외의 요청사항으로 파병 지역은 상황이 불안정한 이라크 북부지역 또는 키르쿠크와 술레이마니아로, 파병 시기는 미군부대의 교체계획과 연계하여 2004년 2~3월까지로 희망한다고 요청하였으며, 가장 민감한 부분인 파병임무에 대해서는 미군 점령지역의 치안을 담당해달라는 것이었다.11)

　미국의 요청을 바탕으로 하여 한국 정부는 다양한 방안을 검토하기 시작

했다. 즉, 한국이 미국의 요청을 받아들여 폴란드형 사단을 구성한다면, 그 성격은 치안 유지형이어야 하고, 병력의 규모는 적어도 3,000명 정도는 되어야 하며, 한국군이 사단 사령부를 구성하여 한국형 사단에 배속되는 다국적군을 작전 통제해야 한다는 것이었다. 따라서 한국 정부는 이라크 추가파병을 결정하기 위해 현지 조사를 할 필요가 있었으며, 국방부 정책기획차장을 단장으로 하는 제1차 정부합동조사단이 2003년 9월 24일~10월 3일까지 이라크 현지를 조사했다. 그러나 이라크 조사단의 귀국 후 기자회견은 국민들에게 긍정적인 이미지를 심어주기보다는 오히려 국론을 분열시키는 결과를 초래하고 말았다. 조사단의 일원이었던 한 민간학자의 보고 내용[12]이 조사단 발표 내용의 신빙성에 의문을 제기했기 때문이다.

이러한 한국내의 사정과 맞물려 이라크 현지 사정은 점점 악화되기 시작했고, 이에 따라 미국은 더욱 다급해질 수밖에 없었다. 이라크 파병을 위해 의회의 동의까지 받아두었던 터키가 급기야 이라크 파병 결정을 철회한다는 발표까지 하자 믿을 곳은 한국 밖에 없었고, 따라서 미국은 한국의 결정에 더 관심을 가질 수밖에 없었다. 그러나 한국에서 추가파병에 관한 논란이 거세어지자 미국은 롤리스 부차관보를 통해 파병 규모를 5,000명 선으로 하향하는 조정안을 내세우며 동시에 용산 기지의 80% 수준인 70만 평을 반환할 수 있음을 시사하기도 하였다. 이것은 이전까지 미국이 고수하였던 60%에서 20% 증가된 수준이며, 이외에도 이전 비용도 그동안 알려진 30~50억 달러에서 최소수준인 30억 달러로 낮추는 한편, 용산 기지가 오산과 평택으로 이전하더라도 한·미 연합사와 유엔사를 서울에 잔류시킴으로써 한국민들의 안보 불안감을 최소화하기 위해 노력하고 있다는 것을 시사하는 것이었다.[13] 또한

---

11) 국회, "국군 부대의 이라크 추가파견 동의안," 「제245회 국회 본회의회의록 제 5호」 (국회사무처, 2004), p.3.
12) 파견 보고서를 토대로 국방부가 밝힌 이라크 현지상황은 나쁘지 않다(not bad)였으나, 박건영 교수는 20분 동안의 현지시찰, 단 1명의 주민 면담 등을 이유로 조사가 부실하였음을 인정하고 추가조사가 필요함을 강조하였다. 『조선일보』, 2003.10.7.
13) 『조선일보』, 2003.9.26.

부시 대통령은 APEC 회의에 참석한 노 대통령에 대해 '대화하기 편한 상대'로 호칭하며 친밀감을 표시하기도 하였으며, 일각에서 제시되고 있는 주한미군의 감축결정을 전면 부인하기도 하였다. 즉, 미국은 파병 요청인원의 축소, 용산 기지 이전문제와 주한미군 감축 부정이라는 이슈를 연계하여 한국 정부의 윈셋을 확대시키는 긍정적 상승 연계(Positive synergistic linkage)를 구사함으로써 한국 정부의 파병결정에 관여하고자 하였다.

정부는 이러한 미국의 파병내용과 국내 여론을 종합적으로 판단하여 파병내용에 대해 최종 결정을 내리기 위해 추가 정부 합동조사단을 파견했다. 조사단은 제1차 때와는 달리 주로 재건에 관련된 부서의 관료들로 편성되었고 민간 학자들은 배제되었다. 보고서 내용은 원문 그대로 공개되었으며 이라크 치안이 점차 악화일로를 겪고 있다는 것이 보고서의 핵심 내용이었다.[14] 부정적인 보고서의 내용과 때맞추어 사법연수원생 561명이 11월 12일 이라크 파병을 반대하는 내용의 의견서에 연대 서명해 노 대통령에게 제출하는 사건이 발생하였다. 연수생들은 "미국의 이라크 침공은 헌법 제5조 1항에 규정된 침략전쟁이며, 따라서 파병결정은 침략전쟁을 부인하고 있는 헌법위반"[15]이라는 점을 강조하면서, 정부의 추가파병안에 대해 철회를 요청하였다. 정부로서는 사법연수생들로 대표되는 거센 파병반대의 국론에 부딪히게 된 셈이었다.

이러한 반대여론이 거센 가운데 11월 14일 대통령은 안보관계 장관회의에서 추가파병 규모는 3,000명 이내의 범위에서 기능 중심의 성격과 독자적으로 지역을 담당하는 파병안을 검토하되, 지역 담당의 경우에도 현지경찰에 치안을 담당케 하고, 한국군은 양성하는 임무를 담당하는 쪽으로 협상하는 방안을 제시하였다. 이것은 미국이 지금까지 요청한 내용과는 거리가 먼

---

14) 『연합뉴스』, 2003.11.11. 제1차 합동조사단이 치안유지형 파병을 위해 군사위주의 조사 활동을 했다고 한다면 제추가조사단은 재건지원형 파견을 위한 조사 활동이었다. 제1차 조사단은 국방부의 정책 차장인 준장이 단장이 되어 국방부 주도였다면 재추가 조사단은 NSC의 차관보급인 정보관리실장이 단장이 된 사무처가 주도하였다.

15) 『조선일보』, 2003.11.13.

것이었는데, 이에 대해 허버드 미대사는 보병부대의 필요성을 강조하였고, 럼즈펠드 국방장관 또한 "과거 50년 전 미국이 한국을 도운 것처럼 한국도 미국이 어려울 때 도와야 한다"는 불만 섞인 반응을 보였다. 특히 롤리스 부차관보는 공병과 같은 재건 위주의 파병은 미국에 부담만 될 것이라는 점을 들어 한국 정부에 강한 불만을 표시하기도 하였다. 이렇게 한·미 간에 이견(異見)이 조정되지 못한 가운데, 당초 제35차 SCM에서 결정짓기로 하였던 추가파병에 대한 내용은 원칙론만 확인한 가운데 종료될 수밖에 없었다.16)

이러한 한국의 정책에 대한 미국의 반응은 한·미 간 현안 협상에 그대로 투영되었는데, 용산기지 이전 시 연합사와 유엔사 등을 포함한 모든 주요시설을 오산, 평택으로 한꺼번에 이전하는 방안을 강구할 것이라고 통보하였으며, 이전 80%의 용산기지 반환 시사에서 70%로 낮추어 28만 평의 토지를 요구하였다. 또한 주한 미군의 역할 및 규모에 있어서도 변화가 있을 것임을 시사하는 등 이전에 구사하였던 '긍정적 상승 연계(Positive synergistic linkage)'에서 힘의 비대칭성을 앞세운 '부정적 상승연계(Negative synergistic linkage)'로 전환하는 협상전략을 구사하였다. 이러한 미국의 밀고 당기기식의 협상전략과 전투병과 비전투병을 포함한 혼성부대를 파병하는 것이 좋겠다는 국회 이라크 조사단의 귀국보고서, 후세인의 전격 체포 등에 영향을 받은 정부는 12월 23일 특전사 1,400명을 포함한 3,200명의 파병인원17)을 결정하였고, 이라크 재건 지원 및 이를 위한 자체 경계임무만 맡고 현지치안은 이라크군과 경찰에 맡기는 내용으로 파병을 결정지었다. 즉, 파병인원에 대해 미국이 한국 정부에 양보한 대신, 파병부대 구성과 성격면에 있어 특전사로 대표되는 전투능력을 고려한다면 한국 정부가 미국에 양보한 것으로 볼 수 있다.

---

16) SCM 2항에 "이라크에 추가병력을 파견하고, 2003년부터 2007년까지 2억 6천만 달러의 재건비용을 제공키로…"라고 명시함으로써 파병유무와 재건비용만 명시됨. 국방부, 「제35차 SCM 공동 성명서」(국방부, 2003), p.1.
17) 이미 파병되어 있었던 서희, 제마 부대까지 합치면 3,700여 명의 파병인원이 된다.

2. 한국 정부 내에서의 파병 정책결정과정

1차 파병 결정 시 대통령과 외무부, 그리고 국방부가 주도적 행위자였던 반면 추가파병의 주도적 행위자는 NSC였는데, 정책결정기구들의 추가파병에 대한 인식과 결정과정에서의 역할은 다음과 같다.

첫째, 대통령은 미국의 추가파병 요청이 있기 전, 2003년 58주년 광복절 경축사를 통해 참여정부의 자주국방에 대한 정책적 의지를 분명히 표명하면서도, 홀로서는 자주국방이 아니라 굳건한 한·미동맹의 기반위에서 자주국방의 토대를 다져나갈 것임을 천명하였다. 그러나 또한 현존 군사력에 대한 자신감 피력과 심각한 대미의존에서 탈피하는 것도 자주국방을 위해 필수불가결한 조건[18]임을 내세우기도 하였다. 즉, 대통령은 북핵문제와 연계된 미국의 중요성이라는 현실적인 문제와 자주국방의 당위성·파병에 반대하는 국내여론 사이에서 매우 많은 고심을 했음을 알 수 있다. 결국 대통령은 후자에 더욱 역점을 두는 방향으로 변해갔으며, 11월 1일 안보관계 장관회의 시 반기문 외교보좌관과 김희상 국방보좌관을 제외하고 파병정책을 구상하는 단계로까지 발전하게 되었다. 이것은 대통령이 NSC를 중심으로 하는 정책결정자들의 손을 들어준 셈이었다. 그러나 대통령은 비록 파병규모나 성격에 있어 NSC의 손을 들어 주었지만, 파병이라는 원칙에 대해서는 확고하였는데, 이것은 "파병에 경제적 실익이 없어도 북핵문제 해결을 위해서라도 한·미관계는 중요하고 이것이 파병의 가장 중요한 근거"[19]라고 표명한데서 잘 알 수 있다. 이처럼 추가파병 역시 대통령은 파병이라는 원칙이 이미 결심이 선 사항이었다. 그러나 주목해야 할 것은 1차 파병과는 달리 추가파병

---

[18] "우리의 안보를 언제까지나 주한미군에 의존하려는 생각은 옳지 않습니다.… 우리군은 6·25 전쟁을 거친 이후 꾸준히 성장하여 능히 나라를 지킬만한 규모를 갖추고 있습니다.… 미국의 전략이 바뀔때마다 국방정책이 흔들리고 국론이 소용돌이 치는 혼란을 반복할 일이 아닙니다.… 자주국방과 한·미동맹은 결코 서로 모순되는 것은 아닙니다. 상호보완의 관계입니다." 청와대 홈페이지(http://www.president.go.kr/warp/app/cwd_speech/view?group).

[19] 국회 이라크 조사단 6명과의 만찬자리에서 언급한 내용임.『조선일보』, 2003.12.4.

에서 대통령은 파병정책을 구체화하기 위해 국방부와 외교부보다는 NSC에 구체적인 협상방안을 만들도록 지시하였다는 것이다.

둘째, 추가파병을 결정함에 있어서 국방부와 외교부가 전통적이고 기능주의적인 방법으로 접근했다고 한다면, 강화된 NSC는 새로운 각도에서 파병에 반대하는 국내 비준 세력들의 목소리를 충분히 담아내려 하였다. NSC는 2003년 3월 22일 조직 개편이 됨으로써 국가안보나 위기사태에 대한 전반적인 조정이나 기획임무를 수행하는 명실상부한 국가기관으로 자리매김하게 되었으며, 추가파병정책도 NSC가 주도하는 양상을 띠게 되었다. 나종일 NSC 사무처장이 밝힌 파병에 대한 고려요건은 첫째는 한반도의 안정 상황에 미칠 영향, 두 번째로는 국제여론의 동향, 셋째로는 한국군의 안전보장 상황이었다.20) 또한 NSC가 인식한 파병규모와 성격에 있어서는 2~3,000명 규모로 재건 위주의 부대로 파병해야 한다는 인식이 지배적이었는데, 이것은 국방부와 외교부가 구상한 수준과는 많은 차이가 나는 것이어서 갈등이 내포될 수밖에 없는 사항들이었다. 또한 NSC는 파병에 대한 신속한 결정보다는 국내외적인 상황을 주시해가며 결정하는 것이 적절한 것이라 판단하였을 것으로 짐작되는데,21) 실제로 한국의 추가파병은 2003년 10월 18일 국무회의에서 통과한 이래 4개월 후인 2004년 2월 13일에야 비로소 국회에서 동의안이 통과되었다.

셋째, 1차 파병 시 주도적 역할을 담당하였던 국방부와 외교부는 파병정책 전반에 걸친 사항보다는 대미 협상과 대미 군사협의 등의 주로 실무적인 부분에 치중하는 모습을 보였다. 국방부는 12월 17일 미국의 합참에서 실시하였던 대미 군사실무협의에서 파병지역으로 미국이 요청한 이라크 북부 지역 또는 키르쿠크와 술레이마니아를 합한 지역에서 한국의 요구를 관철해서 키르쿠크 지역으로 한정하였으며, 파병 시기는 미국이 요청한 2~3월경에서

---

20) 국회, 「2003년 국가안전보장회의 사무처 국정감사 회의록」(국회사무처, 2003), p.12.
21) 한나라당의 박세환 의원은 NSC의 이런 태도를 두고 '전략적 모호성'이라 지칭하였다. 앞의 글, p.25.

4월 말로 합의를 보았다. 또한 한국군은 타국군의 지휘를 받는 예하부대가 아니고 독자적인 임무를 수행하는 것 등의 합의 외에도 군수지원 등 실무적인 차원에서 많은 합의를 이루어 내었다.22)

외교통상부 또한 추가파병과 용산기지 이전문제, 주한미군 2사단 재배치 문제 등을 미국과 협의하는 실무적 역할을 담당하였다. 그런데 외교부 북미 3과장의 대통령과 청와대 모독, 비판성 발언에 책임을 지고 윤영관 외교부 장관이 사퇴를 하게 되는 사건이 발생하였다. 물론 이것은 표면상으로 기강해이에 대한 책임론이지만, 내부적으로 외교부와 NSC 간의 갈등이 표출된 것으로 볼 수 있다. 즉, NSC 위주의 파병정책이나 안보정책으로 인해 주무부서였던 외교부 내에서 불만을 외부로 표출시켰고, 이것이 결국 외교부 장관의 해임을 가져오게 되었던 것이다. 추가파병에 대한 국방부와 외교부의 인식은 한국이 이라크에 추가파병을 함으로써 얻을 수 있는 국익문제는 사실상 부차적인 것이며, 한반도 안보와 관련하여 한·미동맹을 지속시키는 것이 본질적 이익이라고 생각하였다. 따라서 추가파병에 대한 NSC의 상황 논리적 인식은 한·미 간 협조체제의 약화를 우려하게 되었고, 따라서 적극적 파병정책을 수행할 것을 촉구하였다.

이상의 논의들을 요약하면 추가파병 정책결정과정에서 대통령은 파병에 대한 원칙에 찬성하면서도 NSC에 파병정책을 일임하여 특유의 전략적 모호성을 유지하였고, 정치 쟁점화, 발목 잡히기, 고삐 늦추기 전략을 통해 대미 협상력을 제고하였다. NSC는 확대된 조직 개편을 바탕으로 한국은 자율성을 가지고 이라크 추가파병을 결정해야 함을 강조하며, 신속한 파병결정보다는 국내외적인 상황을 주시해가며 결정하는 것이 적절한 것이라 판단하면서 협상에 임함으로써 미국과 한국 보수진영의 반감을 사기도 하였다. 국방부와 외교부는 주로 실무적인 부분에 착수하면서도 파병의 규모나 성격, 시기 등에 있어 NSC와 갈등이 있었으며, 이러한 갈등의 표출이 장관의 사

---

22) 244회 국방위원회에서 차영구 정책실장의 파병정책 경과보고 내용임. 국회, 「제 244회 국방위원회 추가회의록」(국회사무처, 2004), p.10.

퇴로까지 몰고 가는 상황이 되었다. 즉, 추가파병 정책결정과정에서 두드러진 특징은 NSC와 국방부, 외교부 간의 관료주의적 성향이 잘 나타났다는 것이고, 파병정책 초기 여론 수렴 등을 내세운 전략적 모호성은 어느 정도 효과를 거둘 수 있었으나, 시간이 흐를수록 미국과 국내 보수진영의 반감을 자아냈기 때문에 부정적 효과가 많이 나타나게 되었다.

3. 수준 2에서의 비준: 국내에서의 비준

1차 파병과 비교 시 추가파병 정책결정 시 2수준에서의 비준은 아주 격렬하게 진행되었는데, 험난한 비준 절차는 대미협상력을 제공했다는 긍정적 의미도 있으나, 정부 정책의 발목을 잡음으로써 한·미관계를 경색되게 만들었다는 부정적 의미도 같이 포함되어 있다.

1) 국회 / 정당의 비준

추가파병 동의안이 국회에 접수된 당시(2003.12.24) 정국은 이 안건 외에 한-칠레 FTA 비준 동의안으로 인해 여야가 첨예한 대립상태에 있었다. 따라서 추가파병동의안은 국회접수부터 난항을 거듭하게 되었는데, 야당인 한나라당은 파병동의안과 한-칠레 FTA안을 동시에 접수하여 정식안으로 성립시키려 하였으나, 여당이 이를 적극 저지함으로써 결국 해를 넘겨 2004년 2월 9일 국방위원회에 회부되었다. 이와 같이 회부된 추가파병 동의안에 대하여 2월 9일 제245회 1차 국방위원회는 국방부장관으로부터 제안 설명을 듣고 추가파병에 따른 문제를 진지하게 토의하였다. 주요 논제는 첫째로 파병부대의 안전문제, 둘째로 전후복구와의 연결문제, 셋째로 비전투 중심의 구조가 가능한 것인가에 대한 것이었다. 이에 대해 조영길 국방장관은 키르쿠크 지역은 타 지역보다 안전하고, 파병부대에 포함된 특전사 병력은 자체 경계를 위한 병력이므로 전투병으로 볼 수 없다는 논리로 의원들을 설득하였다.[23]

4월 말로 합의를 보았다. 또한 한국군은 타국군의 지휘를 받는 예하부대가 아니고 독자적인 임무를 수행하는 것 등의 합의 외에도 군수지원 등 실무적인 차원에서 많은 합의를 이루어 내었다.22)

외교통상부 또한 추가파병과 용산기지 이전문제, 주한미군 2사단 재배치 문제 등을 미국과 협의하는 실무적 역할을 담당하였다. 그런데 외교부 북미 3과장의 대통령과 청와대 모독, 비판성 발언에 책임을 지고 윤영관 외교부 장관이 사퇴를 하게 되는 사건이 발생하였다. 물론 이것은 표면상으로 기강 해이에 대한 책임론이지만, 내부적으로 외교부와 NSC 간의 갈등이 표출된 것으로 볼 수 있다. 즉, NSC 위주의 파병정책이나 안보정책으로 인해 주무부서였던 외교부 내에서 불만을 외부로 표출시켰고, 이것이 결국 외교부 장관의 해임을 가져오게 되었던 것이다. 추가파병에 대한 국방부와 외교부의 인식은 한국이 이라크에 추가파병을 함으로써 얻을 수 있는 국익문제는 사실상 부차적인 것이며, 한반도 안보와 관련하여 한·미동맹을 지속시키는 것이 본질적 이익이라고 생각하였다. 따라서 추가파병에 대한 NSC의 상황 논리적 인식은 한·미 간 협조체제의 약화를 우려하게 되었고, 따라서 적극적 파병정책을 수행할 것을 촉구하였다.

이상의 논의들을 요약하면 추가파병 정책결정과정에서 대통령은 파병에 대한 원칙에 찬성하면서도 NSC에 파병정책을 일임하여 특유의 전략적 모호성을 유지하였고, 정치 쟁점화, 발목 잡히기, 고삐 늦추기 전략을 통해 대미 협상력을 제고하였다. NSC는 확대된 조직 개편을 바탕으로 한국은 자율성을 가지고 이라크 추가파병을 결정해야 함을 강조하며, 신속한 파병결정 보다는 국내외적인 상황을 주시해가며 결정하는 것이 적절한 것이라 판단하면서 협상에 임함으로써 미국과 한국 보수진영의 반감을 사기도 하였다. 국방부와 외교부는 주로 실무적인 부분에 착수하면서도 파병의 규모나 성격, 시기 등에 있어 NSC와 갈등이 있었으며, 이러한 갈등의 표출이 장관의 사

---

22) 244회 국방위원회에서 차영구 정책실장의 파병정책 경과보고 내용임. 국회, 「제 244회 국방위원회 추가회의록」(국회사무처, 2004), p.10.

퇴로까지 몰고 가는 상황이 되었다. 즉, 추가파병 정책결정과정에서 두드러진 특징은 NSC와 국방부, 외교부 간의 관료주의적 성향이 잘 나타났다는 것이고, 파병정책 초기 여론 수렴 등을 내세운 전략적 모호성은 어느 정도 효과를 거둘 수 있었으나, 시간이 흐를수록 미국과 국내 보수진영의 반감을 자아냈기 때문에 부정적 효과가 많이 나타나게 되었다.

3. 수준 2에서의 비준: 국내에서의 비준

1차 파병과 비교 시 추가파병 정책결정 시 2수준에서의 비준은 아주 격렬하게 진행되었는데, 험난한 비준 절차는 대미협상력을 제공했다는 긍정적 의미도 있으나, 정부 정책의 발목을 잡음으로써 한·미관계를 경색되게 만들었다는 부정적 의미도 같이 포함되어 있다.

1) 국회 / 정당의 비준

추가파병 동의안이 국회에 접수된 당시(2003.12.24) 정국은 이 안건 외에 한-칠레 FTA 비준 동의안으로 인해 여야가 첨예한 대립상태에 있었다. 따라서 추가파병동의안은 국회접수부터 난항을 거듭하게 되었는데, 야당인 한나라당은 파병동의안과 한-칠레 FTA안을 동시에 접수하여 정식안으로 성립시키려 하였으나, 여당이 이를 적극 저지함으로써 결국 해를 넘겨 2004년 2월 9일 국방위원회에 회부되었다. 이와 같이 회부된 추가파병 동의안에 대하여 2월 9일 제245회 1차 국방위원회는 국방부장관으로부터 제안 설명을 듣고 추가파병에 따른 문제를 진지하게 토의하였다. 주요 논제는 첫째로 파병부대의 안전문제, 둘째로 전후복구와의 연결문제, 셋째로 비전투 중심의 구조가 가능한 것인가에 대한 것이었다. 이에 대해 조영길 국방장관은 키르쿠크 지역은 타 지역보다 안전하고, 파병부대에 포함된 특전사 병력은 자체 경계를 위한 병력이므로 전투병으로 볼 수 없다는 논리로 의원들을 설득하였다.[23]

그러나 추가파병에 관한 논의는 제245회 국방위원회에 상정되기 이전인 2004년 1월 16일 개최된 제244회 국방위원회에서부터 심각하게 논의되었다. 조영길 국방장관은 제안 설명에서, 첫째로 이라크 추가파병의 규모는 3,000명 규모이고, 둘째로 파병부대의 임무는 이라크 일정 지역에 대한 평화정착과 재건지원 등의 임무를 수행하며, 셋째로 파견기간은 2004년 4월 1일부터 12월 31일까지로 한다. 넷째로 파견부대의 위치는 미국과 협의하여 부대안전 및 임무수행의 용이성을 고려하고, 다섯째로 파견 경비는 한국이 부담하게 된다는 내용을 설명하였다.[24] 이러한 제안 설명에 대해 국방위원회의 수석전문위원 대표인 김대훈 의원은 파병인원과 임무에 대해서는 찬성을 하면서 다만 파견지역을 구체적으로 명시해줄 것과, 파병시기의 적시성을 고려할 것, 파병부담에 대해 미국과의 당당한 협상을 요구하는 검토의견을 내놓으면서 전반적으로 정부의 파병안에 대해 동조하는 양상을 보였다.

추가파병에 대해 여당인 열린 우리당의 인식은 미국의 명분없는 전쟁에 끼어들 이유가 없다는 논리로 적극 반대하는 입장이었으며, 추가파병 동의안도 국민들의 여론수렴과 이라크 상황을 고려해가면서 결정할 문제이지 급하게 결정할 이유가 없다는 입장이었다. 이러한 여당의 인식은 유인태 정무수석의 "굳이 파병할 이유가 있느냐, 파병을 하지 않는 것이 국익에 도움이 된다"라는 파병 거부 파문[25]으로 구체화되기에 이르렀다. 반면 야당인 한나라당은 최병렬 대표가 방미하여 현안문제에 대해 충분한 의견을 나누는 등 적극적인 자세를 보였고, 따라서 미국도 여당인 열린 우리당보다 한나라당과 접촉하여 국회에서의 동의안 통과를 기대하는 모습이었다.

이와 같은 국회 내에서의 여당과 야당간의 상이한 태도는 2003년 12월 24일 국회로 이관된 정부의 동의안 처리 요구를 2004년 2월 13일에서야 처리하게끔 만드는 등 정부의 파병정책을 발목잡는 형태로 시현되었다. 추

---

23) 국회, 「제245회 국방위원회 회의록 제 1호」(국회사무처, 2004), pp.9-13.
24) 국회, 「제244회 국방위원회 회의록 제 4호」(국회사무처, 2004), p.1.
25) 『조선일보』, 2003.9.18.

가파병에 있어 이러한 국회와 정당들의 태도와 발목잡기에 대한 미국의 반응은 초기에는 파병인원 규모 축소와 재건위주의 성격, 파병 한국군에 대한 군수지원 등을 어느 정도 수용하는 모습을 보였으나, 시간이 흐를수록 '고삐 늦추기 전략'을 구사하는 한국 정부와 비준세력에 대해 불신하는 모습을 보였다. 이것은 용산기지 이전에 대한 미국의 성격변화, 미 2사단 재배치 언급 등으로 구체화되기에 이르렀다. 이러한 미국의 강력한 태도변화에 영향을 받은 정부의 강력한 요청으로 국회는 2월 10일 한차례 연기 끝에 결국 2월 13일 추가파병 동의안을 통과시키게 되었다.

2) 시민단체 / 여론의 비준

1차 파병 시에 비해 추가파병 정책 결정 시 시민단체와 국민의 파병 반대 여론은 더욱 격렬하게 전개되었는데, 특히 2003년 12월 2일에 발생한 이라크 현지에서 4명의 한국인 피살 사건은 국민들의 파병반대 여론을 부추기는 도화선이 되었다. 이 사건이 발생한 후 '이라크 파병 반대 비상국민 행동'은 기자회견을 갖고 "정부는 국민의 안전을 위협하는 무책임한 파병결정을 철회할 뿐만 아니라 현재 이라크에 주둔하고 있는 서희, 제마부대도 철수시켜야 한다"고 주장했으며, 경실련도 "이번 피살사건은 일본 외교관의 사망에 이은 연쇄테러라는 점에서 2차 파병을 결정한 한국에 대한 이라크 저항세력의 공격"이라며 정부의 파병 계획에 대한 전면 재검토를 촉구하기도 하였다. 그러나 반대의견만 있는 것이 아니었는데, 바른 사회를 위한 시민사회의 "테러가 점차 확대되고 치안이 불안한 상황인 만큼 정부는 파병부대의 안전을 강화하고 희생을 최소화할 수 있는 방안을 강구해야 할 것"이라는 신중론과 재향군인회의 "자체 방어에 허점이 없는 부대를 구성해야 할 필요성이 더욱 커졌다"[26]라고 주장하는 강경론이 함께 존재하면서 여론의 비준에 대한 전망은 더욱 수렴할 수 없는 쪽으로 발전되어 갔다. 특히 추가파병을 주도하고 있는 NSC는 이러한 국민들의 의견을 최대한 수렴하여 정책에 반영

---

26) 이상은 『조선일보』, 2003.12.2일자에서 인용.

하려고 노력하고 있기 때문에 이들에 의한 의견표출, 특히 반대론자들의 의견은 정부의 대미(對美) 협상 시 윈셋을 축소시키는 역할을 하게 됨으로써 어느 정도 긍정적인 역할을 하였다고 볼 수 있으나, 거시적인 입장에서 보면 정부가 의도하지 않은 발목을 잡음으로써 오히려 협상력을 감소시킬 가능성도 내포되어 있었다.27)

IV. 결론

이 글의 목적은 이라크 파병정책 결정과정의 블랙박스를 해부해 봄으로써 파병정책에 핵심적으로 영향을 미친 요인들과 그 시현행태를 규명하는 것이다. 즉, 이 연구의 종속변수는 한국의 파병정책 결정과정이고, 독립변수는 한·미 협상 전략, 정책결정기구 행위자들의 인식과 행태, 국내비준 세력들의 인식과 행태이다. 다음은 이러한 변수들을 이용하여 분석한 내용들이다.

추가파병 결정에 있어 한·미 간의 1 수준 협상은 미국이 힘의 비대칭성을 앞세워 긍정적·부정적 상승연계의 전략을 구사하여 한국의 윈셋을 확대시킴으로써 협상에서 주도권을 잡으려고 노력하였으며, 이에 대응해 한국은 여론수렴이라는 발목잡히기 전략을 구사하여 윈셋을 축소시킴으로써 원하는 소기의 목적을 달성할 수 있었다.

정부차원의 파병결정에서는 관료주의 행태가 나타난 점이 특징적이다. 대통령은 파병에 대한 원칙에 찬성하면서도 특유의 전략적 모호성을 유지하였고, 정치 쟁점화, 발목 잡히기, 고삐 늦추기 전략을 통해 대미 협상력을 제고

---

27) 자국의 윈셋을 축소시킴으로써 대외협상력을 제고하는 하나의 전략인 '발목 잡히기'는 정부의 국내적 입지가 매우 강한 경우나, 여론을 통제할 수 있을 경우 효율적인 전략이나, 그렇지 않을 경우 여론에 끌려가는 경우가 발생할 수 있으므로 신중하게 구사해야 함을 퍼트남은 강조하고 있다.

하려 하였다. NSC는 신속한 파병결정보다는 국내외적인 상황을 주시해가며 결정하는 것이 적절한 것이라 판단하면서 협상에 임함으로써 미국과 한국 보수진영의 반감을 사기도 하였다. 국방부와 외교부는 주로 실무적인 부분에 착수하면서도 파병 규모나 성격, 시기 등에 있어 NSC와 갈등이 있었다. 따라서 추가파병 정책결정과정에서 나타난 두드러진 특징은 NSC와 국방부, 외교부 간의 관료주의적 성향이 짙게 나타났다는 것이고, 파병정책 초기 여론 수렴 등을 내세운 전략적 모호성은 어느 정도 효과를 거둘 수 있었으나, 시간이 흐를수록 미국과 국내 보수진영의 반감을 자아냈기 때문에 부정적 효과가 많이 나타났다.

 2 수준 협상에 있어 국회와 정당의 '발목 잡기 전략'으로 초기에 미국은 파병인원 규모 축소와 재건위주의 성격, 파병 한국군에 대한 군수지원 등을 어느 정도 수용하는 모습을 보였으나, 시간이 흐를수록 '고삐 늦추기 전략'을 구사하는 한국 정부와 비준세력에 대해 불신하는 모습을 보였다. 따라서 미국은 용산기지 이전에 대한 미국의 성격변화, 미 2사단 재배치 언급 등으로 한국의 반응에 대응하였으며, 이러한 미국의 반응을 감지한 한국은 더 이상 파병결정을 미룰 수 없는 상황이었다. 국회의 비준에 있어 특징적인 점은 한-칠레 FTA라는 이슈에 연계되어 신속히 통과시킬 수밖에 없었던 '비자발적 이슈연계'가 시현되었다는 것과, 파병위원들에 대한 낙선운동이 전개되고 있는 상황에서 전자투표 제도가 파병동의안 처리에 영향을 줌으로써 정부의 윈셋을 축소시킨 현상이 발생하였다는 것이다.

 위의 수준 1과 정부 내의 정책결정, 그리고 수준 2의 영향으로 나타난 윈셋 변화와 각 행위자들의 구사전략을 정리해 보면 <그림 4-3>, <그림 4-4>와 같다.

 위의 분석을 바탕으로 향후 북핵과 관련된 6자회담, 방위비 분담, FTA 등 한국이 직면해 있는 여러 안보외교정책에 있어 효과적인 협상력 제고방안을 제시하면 다음과 같다.

 첫째, 상대방과 협상에 있어 정책결정자들 내부적으로 확고한 수준의 정책 목표 확립이 매우 중요하다. 물론 그 수준은 협상과정에서 여러 변수들에

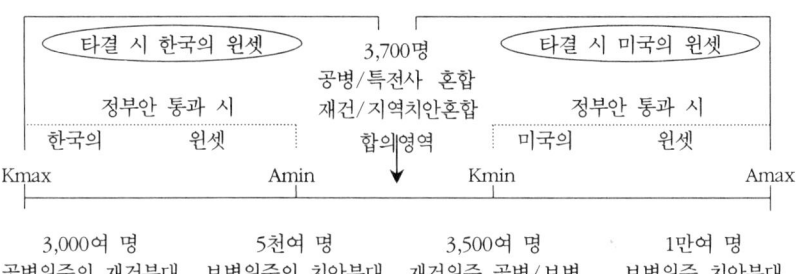

〈그림 4-3〉 추가파병정책 결정 시 윈셋의 변화

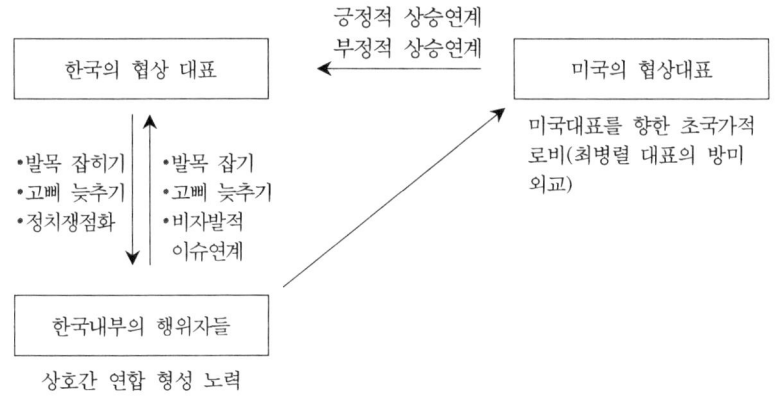

〈그림 4-4〉 추가파병정책 결정 시 행위자들의 구사전략

의해 변할 수 있으나, 기본적 수준은 확고해야 한다. 만약 확고한 목표 수준 없이 상황적 변수들에 의해 목표 수준이 크게 변한다면 상대방 협상가들은 정부 협상력에 대해 신뢰를 하지 않게 될 것이고, 따라서 상대방의 요구는 더욱 강경해질 것이다. 예를 들면 추가파병정책에 있어 비록 3,700여 명의 혼합부대로 파병이 결정되었지만, 결정과정에서 정부의 파병규모, 성격, 시기 등에 대한 오차범위 이상의 목표변화는 '부정적 상승연계'를 발생시켜 미국의 협상력을 높여준 측면도 존재한다고 볼 수 있다.

둘째, 내부협상의 정책결정에 있어 공통적으로 인식된 국익에 의거하여

정책결정을 추구함으로써 관료주의적 성향을 제거해야 한다는 것이다. 정책결정그룹 내부에서 국익에 대한 개념이나, 국익달성을 위한 방법론에서 이견(異見)이 있다면 이를 신속히 해소하여 상대방과 협상에 있어 한목소리를 내는 것이 협상력 제고를 위해 중요하다 할 수 있다. 이를 위해서는 정책결정자 상호 간 의사소통할 수 있는 실무 협의체를 구성하여 실무자들이 구체적인 정책을 협의한 다음 그 내용을 바탕으로 최고정책결정 회의에서 최종적으로 결론을 내릴 수도 있을 것이다.

셋째, 국내에서의 비준, 특히 협상에 비판적인 여론의 힘을 적극 활용하는 것이 중요하다 할 수 있다. 이것은 진행되고 있는 안보외교정책에 대해 여론이 비판적일 경우 그 비판적인 여론을 협상력 제고방안으로 적극 이용해야 한다는 것이다. 정책을 무산시킬 정도의 강한 반대여론은 어느 정도 통제해야 하겠지만 적당한 정도의 부정적 여론은 정부의 협상력을 강화한다는 것을 명심할 필요가 있다. 예를 들면 한국이 파병정책에 있어 원하는 소기의 목적을 달성한 것도 따지고 보면 국내비준 그룹들의 반대여론을 적절히 이용한 정부의 협상력으로 볼 수도 있을 것이다. 다만 비준 그룹에 대한 '발목잡히기' 전략도 시간이 너무 경과되면 전략노출이 됨과 동시에 역으로 상대방에 의한 반대전략이 시현될 수 있음을 명심해야 한다.

넷째, 한국 정부 역시 상대국의 내부협상에 영향을 미칠 수 있는 방안을 확보해야 한다.[28] 예를 들면, 미국에서 활동하고 있는 한국 기업, 교포를 이용하여 미국의 언론이나 미디어를 통해 한국의 입장을 홍보하고, 정부 관리와 학자들을 중심으로 연계된 네트워크를 이용하여 미국의 내부 윈셋을 확대하여 협상력을 제고하는 것이 필요하다.[29]

---

[28] 이 전략은 상대국 내 집단에 직접 호소하여 협상사안에 대한 기대나 그 사안의 이미지를 바꿈으로써 상대의 윈셋을 확대하는 전략으로 '메아리(Reverberation) 전략'이라 부른다. Putnam, op.cit., p.454.

[29] 초국가적 로비형태와 그 효과에 대한 평가는 Chung-in Moon, "Complex Interdependence and Transnational lobbyng: South Korea in the United States," *International Studies Quarterly*, Vol.32, No.1(March 1988), pp.67-89.

【참고문헌】

〈국문 단행본〉

세종연구소.『정세와 정책』. 서울: 세종연구소, 2003.
합참.『이라크전 종합분석』. 합참, 2003.

〈영문 논문〉

Hass, Ernst B. "Why Collaborate? Issue-Linkage and International Regime," *World Politics*, Vol.32. April 1980.
Putnam, Robert D. "Diplomacy and Domestic Politics: The Logic of Two Level Games," *International Organization*, Vol.42, No.3. Summer 1988.
Rosenau, James N. "Pre-Theories and Theories of Foreign Policy." *The Scientific Study of Foreign Policy*. N.Y.: Nichols, 1980.

〈보고서 및 회의록〉

국방부.「제 35차 SCM 공동 성명서」. 국방부, 2003.
국회.「제 236회 임시국회 통일외교 통상위원회 회의록 제3호」. 국회사무처, 2003.
_____.「제237회 임시국회 국군부대의 이라크 전쟁 파견동의안에 관한 전원위원회 회의록, 제2호」. 국회 사무처, 2003.
_____. "국군부대의 이라크 전쟁 파견동의안."「제238회 국회본회의 회의록 제1호」. 2003.
_____. "이라크 추가파병관련 현안보고."「제243회 통일외교통상위 제4차 회의」. 2003.
_____. "국군 부대의 이라크 추가파견 동의안."「제245회 국회 본회의회의록 제 5호」. 2004.

_____. 「2003년 국가안전보장회의 사무처 국정감사 회의록」. 국회사무처, 2003.
_____. 「제244회 국방위원회 추가회의록」. 국회사무처, 2004.
_____. 「제245회 국방위원회 회의록 제 1호」. 국회사무처, 2004.
_____. 「제244회 국방위원회 회의록 제 4호」. 국회사무처, 2004.
_____. 「제 245회 국회본회의 회의록 제 5호: 이라크 추가파병 동의안」. 국회사무처, 2004.

〈신문〉

『연합뉴스』, 2003.11.11.
『조선일보』, 2003.9.26; 2003.10.7; 2003.12.2; 2003.12.4 외 다수.
Stars and Stripes. "The Korea peninsula War Scenario." Sunday, Feb 9, 2003.
Wall Street Journal. Thursday, Nov. 20, 2004.

제5장

동아시아 안보질서의 변화와 한국의 전략적 선택

I. 서론

　현재의 동아시아 질서는 협력적 측면의 낙관론과 갈등적 측면의 비관론이 병존하고 있다. 전자(前者)는 역내 국가들이 갈등과 대립의 역사적 유산을 청산하고 평화와 협력을 추구할 것이라는 점을 강조하는 반면, 후자(後者)는 다양한 갈등요인으로 인한 안보역학관계의 불확실성을 부각시키고 있다.
　특히 최근까지 역내 중추적인 행위자라 할 수 있는 미국과 중국은 협력과 갈등을 반복하고 있다. 미·중 정상회담과 전략경제대화 등 주로 협력관계의 기조 속에서 관계를 맺어 왔으나, 갈등 국면도 수면 위로 부상하고 있는 상황이다. 이라크·아프간전 이후 전략적 전환점에 도달한 미국은 대폭적인 국방비 삭감과 더불어 국가안보전략의 중심을 아시아·태평양 지역으로 옮기는 신(新)전략지침을 통해 이 지역을 가장 최우선시하여 관리하겠다는 의지를 드러낸 바 있다. 이에 대해 중국은 세계 제2위의 경제력을 바탕으로 글로

벌 영향력을 강화함과 동시에 반접근(A2: Anti Access) / 지역거부(AD: Area Denial) 전략을 구상함으로써 미국과의 마찰 가능성이 내포되어 있는 상황이기도 하다.

한편 대지진의 피해를 입은 일본은 미일동맹을 보다 강화하면서 부상하는 중국의 영향력에 대응하려는 움직임을 보이고 있다. 러시아 또한 대대적인 군편제 개편을 단행하면서 "보다 강한 러시아의 부활"을 추진하고 있다. 한반도 측면에서 보면 김정일 국방위원장이 사망한 북한은 핵개발을 포기하지 않은 채 2012년을 '강성대국 원년'으로의 건설을 목표로 지속적으로 추진하면서 김정은으로의 후계자 체제를 공고히 하는 작업을 지속하고 있다. 이외에도 해상도서의 영유권문제, 양안문제, 북핵문제, 역사적 적대감 등은 동아시아 지역을 협력보다는 갈등지향적인 질서로 유인하게끔 하는 잠재적인 불안요인들이다.

이러한 협력과 갈등이 공존하는 현재의 지역안보 질서는 19세기 말의 그것과 유사한 측면을 보여주고 있다. 즉 국제정치 구조(structure)와 행위자(actor)가 변한 것이 없으며, 한반도에 대한 강대국들의 이해관계는 오히려 더욱 첨예한 상황으로 치닫고 있다. 물론 한국도 세계 10위의 경제대국, 8위의 국방비를 지출하는 군사강국, 올림픽과 월드컵을 성공리에 개최한 문화강국으로 불릴 만큼 국력이 성장하였으나, 세계적 강대국과 일치되는 동아시아 지역 강대국들에 비한다면 상대적 중·약소국으로 볼 수밖에 없는 상황이다.

이 연구는 과거의 역사적 경험을 거울삼아 이렇게 불확실한 동아시아의 안보질서에서 한국이 어떠한 생존전략을 가져야 하는지에 대한 지적 담론 및 현실적 처방을 이끌어내고자 하는 것이다. 국가의 생존전략은 주어진 국제정치적 상황에 대한 대응이어야 하므로 먼저 동아시아 지역의 안보질서가 어떠한 방향으로 전개될 것인지에 대한 명확한 예측이 필요하지만 그것은 매우 어려운 작업일 수 있다. 따라서 지역안보 환경의 가변성과 그것을 야기하는 변수들의 광범위성을 염두에 둔다면 한국의 대응전략은 수없이 많은 시나리오를 고려해야만 한다. 더욱이 한국 생존전략의 선택은 단순히 동아시아 안보질서의 역학관계만으로는 설명할 수 없다. 특히 한국안보를 구성하는 중요한 축인 한미동맹에 대한 구체적 설정없이 막연히 지역 안보질서라는 단일론적 시각에서 논의한다면 현실 정책적 측면에서 혼란과 오류에 빠질 수 있음을 경계해야만 한다. 이런 점들과 연계하여 이 연구는 지금까지 다양하게 논의되어 왔던 한국의 생존전략론을 염두에 두면서 동아시아 지역안보질서와 한미관계의 변화에 따른 한국의 대응전략을 논의하고자 한다.

이 글의 구성은 다음과 같다. 2절에서 안보질서의 변화에 대한 이론적 논의를 다루는데, 안보질서의 개념, 그것을 구성하고 변동시키는 요인, 이에 대한 기존 논의들의 주장은 무엇인지를 파악하는 부분이다. 3절에서는 동아시아 안보질서의 현황과 한미동맹의 미래 시나리오를 제시한다. 4절에서는 동아시아 안보질서와 한미동맹의 변화 시나리오에서 한국이 선택할 수 있는 대응전략의 유형과, 각 시나리오별로 적합한 대응전략의 선택이유를 설명할 것이다.

II. 안보질서의 변화에 대한 이론적 논의

1. 안보질서의 개념과 구성요소

국제정치학에 질서의 개념을 최초로 도입한 불(Hedley Bull)은 국제질서는 '국가 간 사회 또는 국제사회의 기본적이고 중요한 목표들을 유지하는 상호 행위패턴'으로 정의하고 있다.[1] 그는 국제질서는 공동의 이익과 규칙, 가치, 제도들에 의해서 유지된다고 보며, 국제정치에서 상호 간의 인식에

---

1) Hedley Bull, *The Anarchical Society: A Study of Order in World Politics* (N.Y.: Columbia Univ., 1977), pp.5-8.

의해 홉스형 현실주의, 칸트형 보편주의, 그로티우스형 국제주의로 구분하고 있다.

한편 로즈노우(James Rosenau)에 의하면, 국제적 차원에서 질서는 '일정 기간의 범위 내에서 국제적 문제가 운용되고 국제관계가 유지되는 어떤 특정한 상호 패턴'2)을 의미한다. 즉, 질서란 어떤 일정한 시간의 흐름 속에서 구성원들의 보편타당한 목표를 유지하기 위해 운영되는 지속적이고 상호적인 패턴이라고 할 수 있다. 그는 국제질서의 패턴을 구성하는 핵심적인 요소로 행위자 간 파워의 배분관계, 행위자 간 위계적 차별성, 이들의 상호작용을 제한하는 규칙, 군사력의 역할, 협력과 갈등에 관한 행위자들의 인식의 공유성이라고 주장하면서 이러한 근원적 배열관계는 관념적(ideational), 행위적(behavioral), 제도적(institutional) 차원 등 세 가지 요소로 이루어진다고 본다.3) 여기에서 관념은 정체성, 문화, 상호 간의 분위기로, 행위는 정책수행이나 군사력 사용으로, 제도는 규범이나 각종 기구의 역할 등으로 시현된다.

위의 논의를 정리해보면 국제질서는 '국제체제에서 국가들이 일정한 시간의 흐름과 일정한 규칙에 의해 나타나는 안정되고 지속적으로 시현되는 상호작용의 패턴'으로 재정의할 수 있다. 이 국제질서는 협력과 대립이라는 양 극단의 어느 부분에 위치하게 되고, 관념과 행위, 제도 등으로 구성될 수 있음을 알 수 있다. 이러한 질서의 구성요소가 동아시아의 안보질서에 미치는 함의로는 이 요소들로 미래를 어느 정도 예측해 볼 수 있다는 것이다.

먼저 간주관적(intersubjective)인 영역에서의 인식과 관념의 변화가 안보질서를 변화시킬 수 있다. 예를 들면 역내 국가들의 상호인식이 홉스적인 성향이 강하다면 안보질서는 불안정해질 것이고, 반대로 칸트적인 성향이 강하다면 협력의 추구 가능성으로 안정적일 수 있다. 즉 냉전체제와 같이 서로의 간주관성이 형성되지 않는 현실주의적 세계에서는 불안정이, 경제적

---

2) James Rosenau, "Governance, Order, and Change in World Politics," James Rosenau and Ernst Czempiel, *Governance without Government: Order and Change in World Politics* (Cambridge Univ. Press, 1992), p.10.
3) *Ibid.*, p.14.

상호의존이나 상호교류로 인해 생겨난 평화의 필요라는 인식과 관념의 토대 위에서는 안정적 질서가 유지될 수 있는 것이다.

두 번째로는 국가의 행위 측면이다. 지역을 구성하는 국가들 간의 행위가 갈등지향적일 때 안보질서는 불안정해질 것이다. 반면 국가들의 행위가 협력 지향적일 때 상대적으로 안보질서는 안정성을 유지하게 된다. 예컨대, 일본의 독도영유권 주장과 역사교과서 왜곡, 중국의 동북공정, 양안문제, 북한의 핵문제 및 미사일 실험 등은 동아시아 안보질서를 갈등지향적으로 이끌게 할 행위들이다.

세 번째 제도적 측면에서 볼 때 국가 간 문제 해결을 위한 제도적 장치의 효율성이 안보질서의 안정성과 불안정성을 결정한다. 예를 들면, 유럽과 같은 경우는 나토(NATO)나 유럽안보 협력회의(CSCE)와 같은 다자적 제도 때문에 안보적 측면에서 국가 간의 이해관계를 조절함으로써 협력을 증진시키고 있다. 반면 동아시아 지역에서는 아직 제도화된 다자적 기구가 활성화되지 않음으로써 국가 간 갈등을 중재할 만한 제도가 미비하다는 점에서 안보질서의 불안정 요인이 상존한다. 물론 아시아·태평양 경제협력체제(APEC)나 아세안 지역 안보포럼(ARF)과 같은 다자적 제도가 존재하지만 전자(前者)가 안보보다는 경제적 측면을 중시하고, 후자(後者)가 공식적인 정부 간 협의(Track I)보다는 정부 하위조직들 간의 협의(Track II, III)에 치중되어 있다는 점에서 유럽의 제도와 같은 기능을 요망할 수는 없다고 볼 수 있다.

2. 안보질서 변화에 관한 기존 논의

기존 국제정치학의 이론적 패러다임들은 다양한 설명변수를 통해 안보질서를 설명해왔다. 이 부분은 앞에서 정의한 안보질서의 개념을 중심으로 기존 국제정치학의 주요 이론적 패러다임들이 이러한 안보질서의 변화를 어떠한 핵심변수를 통해 설명해왔는가를 검토해보는 것이다. 여기서는 (신)현실주의, (신)자유주의, 구성주의로 구분하여 분석할 것이다.

1) (신)현실주의

(신)현실주의는 국가가 무정부적인 국제체제의 중요한 행위자이고 그 속성은 합리적이고 일원적인 행위자라는 점을 강조한다. 그러나 (신)현실주의는 국가가 추구하는 목적은 권력(power) 그 자체가 아니라 '안보'의 극대화이며, 국가는 자국의 안보를 위협하지 않는 범위 내에서 권력을 추구한다고 가정한다. 안보극대화라는 국가속성과 무정부성이라는 체제속성을 주어진 상수로 간주하는 (신)현실주의가 안보질서의 변환을 설명하기 위해 상정하는 핵심 설명변수는 체제 내 '국가 간 능력의 배분(distribution of capability)'관계로 정의되는 체제의 '구조'이다.[4] 즉, 체제구조는 체제 내 행위자인 국가들로 하여금 특정한 방식으로 행동하도록 강요하는 제약요인으로 작용하며, 따라서 체제의 안정성과 같은 체제적 현상에 영향을 미치는 핵심변수가 된다. 여기서 주목해야 하는 것은 체제의 구조란 체제 내의 모든 행위자에 의해 규정되는 것이 아니라 체제 내의 주요한 행위자 즉, 몇몇 강력한 행위자들에 의해 규정된다는 점이다.

(신)현실주의는 국제 체제에서 자국의 생존을 확보하는 수단으로 두 가지 형태의 수단이 존재한다고 본다. 첫째 수단으로 '내부적인 노력'을 들고 있으며, 구체적으로 군사, 경제적 능력의 향상과 더 나은 전략의 구축을 말한다. 둘째, 수단은 '외부적인 노력'으로 자신의 동맹을 강화하고 상대방 동맹을 약화시키는 것이다. 국가들은 서로 경쟁을 하면서 일국 혹은 복수의 국가가 성공적으로 이러한 수단을 통해 생존의 목표를 달성할 때 상대방을 모방하게 되며, 이로써 국제체제에 질서변화가 일어나고, 이 결과 세력균형이 형성되며, 따라서 국제안보 질서는 세력균형에 의해 지배된다는 것이다.

대표적 (신)현실주의자인 케네츠 왈츠(Kenneth N. Waltz)는 세력균형을 참여국의 수에 따라 양극적 세력균형과 다극적 세력균형으로 구별하고 이러

---

4) Kenneth N. Waltz, *Theory of International Politics* (California Univ., 1979), pp.79-101.

한 상이한 구조에 따라 참여국들의 행위양식도 상이해진다고 본다. 그는 세력균형이 전쟁방지 못지않게 전쟁발발 초래 가능성이 있음을 지적하고, 이러한 불확실성은 체제에 있어 강대국의 수가 적어질수록 줄어든다고 보는데, 여기서 능력의 배분 즉 강대국의 수라는 변수의 역할을 볼 수 있다. 그는 이와 같은 이유로 강대국 수가 적은 양극체제가 다극체제에 비해 국제질서에 보다 많은 긍정적인 영향을 미친다는 것을 강조한다. 이상에서 논의된 안보질서에 관한 (신)현실주의의 주장을 요약하면 다음과 같다.

국제체제는 중앙권위가 부재한 무정부 상태하에 있음에 따라 자력구제 이외에는 국가의 최고가치인 생존을 확보할 수 없다. 이러한 상황은 보다 강한 국가의 출현으로 자국의 안보가 위태로워질 수 있다는 공포를 유발함으로써 국가들로 하여금 동맹을 형성하여 세력균형을 추구하게 만든다. 무정부성을 구조적 특징으로 하는 국제체제는 강대국 간의 '능력의 배분'의 양태에 따라 양극구조, 다극구조와 같은 구조를 띠게 되는데, 양극구조가 다극구조에 비해 불확실성이 적어 보다 안정적이다.

2) (신)자유주의

코헤인(R. Keohane)과 나이(J. Nye)는 2차 대전 이후 국제질서를 설명해 온 현실주의의 제한점을 주장하며, 복합적 상호의존 문제가 국제정치 및 질서를 특징지을 것이라는 주장을 제시하고 있다. 이들은 국제적 질서 및 행위를 결정짓는 중요한 요인으로, 첫째 국가가 어떤 이슈에 대해 취하는 태도의 일관성과 중요성, 둘째 특정 이슈 영역에 내재하는 특정의 능력, 셋째, 행위자들의 상충적인 이해관계를 조정 및 통제할 수 있는 제도나 기구의 존재 유무 등을 제시하고 있다.[5] 이러한 요인들에 의해 코헤인과 나이는 국제질서에 있어 강대국에 의한 '능력의 배분'을 강조하는 (신)현실주의와는 다르

---

5) Robert O. Keohane, "Theory of World Politics: Structural Realism and Beyond," in Robert O. Keohane, ed., *Neorealism and Its Critics* (N.Y.: Columbia University Press, 1986), p.183.

게 국가 간 힘의 배분에 의한 계서(hierarchy)의 침식과 약소국에 의한 영향력이 점차 증가할 것임을 주장한다. 즉, 약소국들은 강대국과 비교하여 제한된 이해를 갖고 있어 훨씬 확고하고 일관된 정책을 펼 수 있으며, 문제의 중요도가 더욱 크다는 것이다. 더욱이 복잡한 상호의존으로부터 연유되는 문제들은 국제제도에 의해 다루어지며 이러한 제도화 과정은 약소국들의 힘을 증가시켜 강대국들에 대해 상호의존으로부터 유래된 민감성과 취약성을 쉽게 극복할 수 있다는 것이다.

위에서 보듯이 상호의존론을 포함한 (신)자유주의적 제도주의는 국제 레짐 및 국제제도가 가지는 유인과 기능을 핵심변수로 상정한다.6) 이들의 주장에 의하면 제도는 국제체제의 파워배분구조와 국가행위 사이에서 작용하는 매개변수의 역할을 한다. 즉 국제제도가 국가행위를 설명하는 독립변수가 될 수 있다고 보며,7) 특히 제도에 내재한 제도적 관성에 보다 주목한다. 또한 이들은 체제의 무정부성이 국가의 행위 및 선호도에 영향을 미치는 중요한 요인이라는 점을 인정하면서도 국제제도 역시 국가 간 협력을 촉진시키는 자생적 힘을 가진다고 주장한다. 현실주의자들이 국제제도를 단지 체제 내 파워 배분관계 또는 강대국 선호도의 반영물로 보는 데 반해, 이들은 제도가 오히려 국가의 선호도나 파워에 영향을 미치는 변수이며, 따라서 국제질서나 국제정치현상을 설명할 수 있는 독립변수가 될 수 있음을 주장한다.

3) 구성주의

구성주의의 핵심가정은 크게 두 가지로 요약된다.8) 첫째, 인간사회의 구

---

6) 여기에서 국제 레짐은 국제관계의 주어진 문제영역에서 행위자들의 기대가 수렴되는 원칙, 규범, 규칙, 의사결정절차 등을 의미한다. Stephen D. Krasner, "Structural Causes and Regime Consequence: Regimes as Intervening Variables," Stephen D. Krasner (ed.), *International Regimes* (Ithaca: Cornell University Press, 1983), p.2.

7) Joseph M. Greieco, "Anarchy and the Limits of Cooperation: A Realist Critique of the Newest Liberal Institiutionalism," *International Organization*, Vol.42, No.3(Summer 1988), p.494.

8) Alexander Wendt, *Social Theory of International Politics* (Cambridge Univ. Press,

조는 물질적 힘이 아니라 공유된 관념(shared ideas)에 의해 결정되며, 둘째, 행위자의 정체성과 이익은 외생적으로 주어지는 것이 아니라 공유된 관념들에 의해 사회적으로 구성된다. 따라서 구성주의에서는 물질적인 힘보다 상호 간에 인식되는 간주관성이 더욱 중요하다고 볼 수 있다. 안보질서를 설명하기 위해 구성주의가 상정하는 핵심변수들도 정체성(identity), 규범(norm), 문화(culture)와 같은 관념적 변수들이다. 정체성은 어떤 행위자나 체제가 다른 체제와 구별되는 일체적 속성을 의미하며, 규범은 주어진 정체성 내에서 행위자들의 적절한 행위에 대한 집단적 기대감을 의미한다. 반면 문화는 사회적으로 공유된 관념을 의미하며, 사회적 구조를 형성한다.9)

대표적 구성주의학자인 웬트(A. Wendt)는 국제체제에서 형성된 공유된 관념의 종류에 따라 다양한 문화를 가질 수 있다고 주장한다.10) 즉 현실주의자들이 가정하는 무정부 상태는 홉스형(Hobbesian) 문화이며, 국가 간 갈등과 경쟁, 협력의 역사적 경험과 학습을 통해 국제사회의 사회성이 발전하면 점차 록크형(Lockean) 문화 및 칸트형(Kantian) 문화로 변화될 수 있다는 것이다. 홉스형 문화에서는 자신을 제외한 다른 모든 행위자는 적으로 간주된다. 따라서 끊임없이 전쟁과 세력균형이 발생하고, 비동맹이나 중립을 어렵게 만들어 모든 국가들을 그 소용돌이에 말려들게 한다. 반면 로크형 문화는 자신도 살고 상대방도 사는 경쟁문화지만 국가들은 서로의 주권을 인정하고 상대방의 자유를 빼앗아 가려고 하지 않는다. 마지막인 칸트적인 문화에서는 상대방을 친구로 간주하는 상황이다. 이 문화에서는 국가들이 상대 국가를 자신의 이득을 위한 도구로 보지 않고 상대의 이득과 안전이 자신의 이득과 안전이 되는 존재로 보며, 국가 간의 진정한 협동이 가능하다.

1999), p.1.
9) 비록 구성주의에서 정체성, 문화, 규범을 일정 부분 분리하고 있지만 여기서는 모두 동일한 개념으로 사용한다.
10) *Ibid.*, pp.246-312.

3. 동아시아 안보질서에 있어서의 현실주의와 구성주의의 결합: 분석틀의 구성

(신)현실주의는 동아시아의 안보질서를 국제체제의 구조적인 특성인 관점에서 다음과 같이 설명하고 예측한다. 동아시아 국제체제는 냉전기에 양극적인 성격이 강했으나, 냉전의 종식과 더불어 소련이 붕괴되고 일본과 중국이 부상하면서 다극적인 양상을 보이고 있음에 따라 다극체제가 갖는 불확실성과 불안정성을 보이고 있다. 그러나 과거 유럽에 존재했던 전형적인 다극체제와는 달리 이 지역에 있어서의 다극체제는 전 세계적 차원에서 패권적인 지위를 누리고 있는 미국이라는 행위자가 안정자로서의 역할을 하고 있는 다극체제이다.

과거 유럽에서 영국이 동맹이나 유대관계를 통해 세력이 약한 국가의 편에 서서 세력균형을 가져오는 균형자 노릇을 한 것과는 달리 미국은 냉전시대에 형성된 기존의 동맹관계를 지속적으로 유지하는 한편, 과거의 적대적인 관계에 있던 국가들과도 교류와 접촉을 통해 지역의 안정과 평화를 도모하는 안정자로서의 역할을 수행하고 있다. 이러한 역할이 역내 국가들에 의해 큰 거부감 없이 수용되고 있으며, 그 결과 전형적인 다극체제가 갖는 불확실성과 불안정성이 일정한 정도 관리되고 있다. 이러한 관점에서 향후 동아시아에 있어 지역질서의 안정 여부는 미국이 이러한 역할을 지속적으로 할 것인가에 달려 있다고 본다.

이러한 (신)현실주의의 예측과는 달리 (신)자유주의는 다음과 같은 설명과 예측을 내놓고 있다.[11] 역내 국가들의 상호의존 행위들은 개방과 경제자유화를 위한 조치들을 취하고 있고, 자유무역을 통해 지구상의 다른 지역에 비해 높은 경제성장을 이룩하고 있으며, 역내 국가들 사이에 상호의존의 정도를 더해가고 있다고 본다. 상호의존의 심화와 더불어 아시아·태평양 경

---

11) 백진현, "동아시아 안보: 이론적 논의와 정책적 모색," *IRI Review* 제1권 제4호(2005), pp.67-107.

제협력체제(APEC), 아세안 자유무역지대(AFTA), ASEAN+3(한, 중, 일) 등에서 보듯이 상호의존으로 인한 협력의 제도화가 진전되고 있다. 이러한 진단하에 (신)자유주의는 위에서 살펴본 이론적인 근거를 가지고 동아시아에서의 지역질서의 전망에 대해 (신)현실주의와는 달리 낙관론을 제시하고 있다. 즉 이 지역에서의 제도화의 증대는 장기적으로 이 지역의 평화질서 구축에 기여할 것으로 예측한다.

그렇다면 위에서 언급된 국제질서를 설명하는 세 가지 패러다임, 즉 현실주의, 자유주의, 구성주의 중 동아시아 지역질서 변환을 설명하기에 적절한 패러다임은 무엇인가? 결론적으로 말하자면 과거 냉전구조가 해체되었지만, 여전히 부분적으로 그 잔재가 남아 있는 이 지역에서는 힘이 일차적 설명요인이 된다. 즉 세계적 강대국들이 모여 있는 이 지역의 지역질서를 설명하기 위해서는 체제구조 내에서 '능력의 배분'을 강조하는 (신)현실주의적 시각이 필요하다는 것이다. 비록 상호의존에 의해 국가 간 협력과 제도화가 진행되고 있지만 유럽의 CSCE나 NATO와 같은 제도화된 안보기구가 부재하고, 국가들 사이에 대화를 촉진시킬 제도가 아직 강력하게 작동하고 있지 않다는 점에서 자유주의 패러다임은 그 설명력이 떨어진다고 볼 수 있다.

앞에서 언급하였듯이 (신)현실주의는 지역 체제 내 행위자 중 안보질서에 결정적으로 영향력을 행사할 수 있는 강대국 간 능력의 배분에 의해 지역질서가 영향을 받을 수 있음을 밝히고 있다.12) 즉, 지역질서를 변환할 수 있는 중심부 국가들의 힘의 배분에 의해 지역질서의 구조가 결정된다는 것이다. 그러나 이러한 구조 결정론으로서는 단순히 동아시아에 힘을 투사하는 국가들의 능력만을 반영하기 때문에 여기에 상호작용하는 역내 국가들의 관념과 인식을 반영하지 않는 오류가 발생하기 쉽다. 또한 이 시각은 핵개발에 나선 북한과 분리주의의 깃발을 든 대만이 각각 미국과 중국에 대해 객관적 힘 이상의 능력을 발휘하는 현실을 제대로 설명하지 못한다. 즉, 경직된 현실주의의 틀에서 본다면 21세기 동아시아 지역에서 북한 핵위기나 양안갈등이

---

12) Kenneth N. Waltz, *op. cit.* (1979), pp.79-81.

빚어내는 파장을 설명하기 힘들다.

이런 점을 놓고 본다면 안보질서란 행위에 의한 권력적 요소와 관념에 의한 인식적 요소가 공존하고 있기 때문에 어느 하나의 설명변수에 의존하기보다는 두 개의 설명변수를 상호작용시킴으로써 얻는 설명력이 더 크다고 판단된다. 따라서 지역질서의 변화 시나리오에 대해 보다 적실성을 가지기 위해서는 역내 국가들의 힘의 구조와 역내 국가들의 상호 간에 대한 관념 내지는 정체성을 결합하여 분석하는 것이 타당하다. 즉, (신)현실주의가 주장하는 힘의 구조와 구성주의가 주장하는 국가 상호 간의 관념 및 정체성을 결합하여 동아시아 안보질서 변화 시나리오를 도출해보고자 하는 것이다. <표 5-1>은 두 패러다임에 의해 결합되어 도출된 안보질서 변화 시나리오를 유형화한 것이다.

위계(Hierarchy)형 안보질서는 힘의 분포가 일 국가에 집중되어 있으면서도 국가 상호 간에 정체성이 수렴됨으로써 갈등보다는 평화적 질서가 시현될 가능성이 높은 유형이다. 예를 들면 과거 로마제국이나 중국 등에서 나타나는 제후국들의 집합이 여기에 해당된다. 패권(Hegemony)형은 힘의 분포는 일 국가에 집중되어 있으나, 상호 간의 정체성이 비수렴됨으로써 갈등이나 분쟁적인 질서가 실현되기 쉬운 유형이다. 그러나 이 유형에서는 중심

〈표 5-1〉 (신)현실주의와 구성주의의 결합에 의한 안보질서 변화 시나리오[13]

		역내세력 상호 간의 관념 및 정체성	
		칸트형(정체성의 수렴)	홉스형(정체성의 비수렴)
역내 힘의 구조	힘의 집중	위계(Hierarchy)	패권(Hegemony)
	힘의 분산	다자(Multilateral)	무정부(Anarchy)

---

[13] 이와 유사하게 나우(Henry R. Nau)는 위계적, 제국적, 안보공동체적, 세력균형적으로 구분하고 있다. Henry R. Nau, "Identity and The Balance of Power in Asia," in John Ikenberry and Michael Mastanduno (eds.), *International Relations Theory and The Asia Pacific* (N.Y.: Coumbia Univ. Press, 2003), p.221.

국가가 갈등수위나 분쟁 확산을 조정함으로써 대규모 전쟁으로까지는 확산되지 않는다. 다자(Multilateral)형 안보질서는 힘의 분포가 상호 간에 고루 분포되어 있으며, 정체성도 칸트형의 문화를 가짐으로써 평화적인 질서가 나타난다. 특히 이 유형에서는 안보질서를 위한 제도화가 구축되기 쉬워 안보질서에 있어서는 이상적인 유형이라 할 수 있다. 무정부(Anarchy)형 안보질서는 힘이 분산되고 정체성은 비수렴 됨으로써 상호 간에 갈등이 나타나기 쉽고, 그것을 조정할 만한 중심 국가가 없기 때문에 대규모 분쟁으로 확산될 여지가 많은 유형이다. 과거 19세기 한반도 상황이나, 중국의 춘추전국시대가 이 유형에 해당된다.

III. 동아시아 안보질서의 현황과 한미동맹의 전망

1. 동아시아 안보질서의 현황

현재 동아시아 역내 국가들의 안보전략 및 군사적 동향을 살펴보면 다음과 같다.

1) 미국
오바마 대통령은 향후 미국의 국익이 타지역보다는 동아시아에서 발생되는 상황에 의해 좌우된다는 신념을 가지고 취임 시부터 이 지역을 중시했고, 국가안보전략 수립시 다음 세 가지 목표를 제시하였다.[14] 첫째, 미일동맹의 안정적 지속, 둘째 '책임 있는 이해 상관자(responsible stakeholder)로서의 중국에 대한 깊숙한 관여, 셋째 북한과의 고위급 양자 접촉 또는 대화 등이

---

14) 한국전략문제연구소, 『동북아전략균형』(2011) p.72.

그것이다. 그러나 일본의 하토야마 내각은 미국과 거리를 두려 했고, 중국에 대한 관여도 기대만큼 충분하지 않았으며, 북한에 대한 미국의 노력도 상당 부분 실패하였다.

이러한 상황과 더불어 경제 적자의 누적, 이라크·아프간전 종료로 인한 전략적 전환점 도달과 미래의 주요 도전요소에 대비한 전략개발 필요성에 의해 2012년 1월 신(新)전략지침을 수립 및 발표하게 되었다. 이 지침은 미국 안보정책의 최우선순위를 아시아·태평양 지역에 둘 것을 명시하고 있으며, 기존의 'win-win' 전략을 'one-plus' 전략으로 대체할 것임을 밝히고 있다. 즉, 1개 지역에서 대규모 작전을 수행하는 동안 타 지역에서는 적 공격 억제 및 거부를 위한 작전을 수행한다는 것이다. 이를 위해 미국은 신(新)스텔스 폭격기, MD 능력 개선 등 원거리 전력투사 능력 확보 및 탄도탄 방어 능력의 확충을 구상하고 있다.

신(新)전략지침 중 또 한 가지 특징적인 점은 중국의 반접근(A2: anti-access)/지역거부(AD: area denial) 전략에 대응해 탄생하였던 공해전투(AirSea Battle)개념을 "합동작전접근개념"으로 강화시켰다는 점이다. 기존 공해전투 개념이 해군력과 공군력만을 수단으로 하였다면, 기존 수단에다 지상군, 우주, 사이버 등과 함께 우방군이나 다국적군의 전력까지도 통합하여 포괄적인 군사전략으로 발전하게 된 것이다.

이처럼 미국은 국가안보의 관심을 동아시아 지역으로 전환하면서 중국의 '군사적 부상'에 대응하기 위해 기존의 군사전략을 더욱 새롭게 발전시키고 응용함으로써 대응하고 있다. 미국은 중국의 군사적 팽창 위협에 적극 대응하여 동아시아 지역에서 해·공군력 및 미사일 요격능력을 강화해 왔다. 2010년에 발표된 4년 주기 국방태세 검토보고서(QDR)에서 중국이 해양투사능력을 제1열도선인 오키나와, 대만, 필리핀의 연결선을 넘어 제2열도선인 일본열도, 사이판, 괌의 연결선으로 확대하고 있다고 기술[15]함으로써 중국의 군사

---

15) 문순보·박병광, 『중국 군사력 증강에 따른 한국 공군 군사력 건설방향』 학술용역과제(2011), p.29.

적 팽창에 대해 적극적인 대응을 지속할 것임을 시사하고 있다. 따라서 중국의 군사적 부상과 팽창 위협에 대응하기 위한 봉쇄정책의 일환으로 미국은 동맹국들과의 군사협력을 강화하고 '합동작전접근개념'에 입각한 군사력 건설 및 미사일 방어체계를 강화하는 추세가 지속될 것으로 전망된다.

문제는 이러한 미국의 움직임에 대한 중국의 반응 또한 강경하다는 것이다. 2012년 2월에 미국을 방문한 시진핑 부주석은 동아시아 지역 중시에 대한 미국의 정책에 대해 부정적인 입장을 피력하였으며, 중국 일각에서는 반접근/지역거부 전략을 더욱 강화하기 위해 노력할 것이라는 점을 강조하는 등 미국의 정책에 강경대응하고 있는 상황이다.16)

2) 일본

일본은 '동적 방위력 구상'이라는 신전략 개념하에 일본에 대한 직접적인 위협을 방지하고, 국제안보환경의 개선을 안보전략 목표로 하고 있다. 우선 일본 자체적으로 방위력을 증강해 나가면서 기존의 전수방위, 비핵 3원칙을 견지함에 동시에 미·일 안보체제 등 동맹국과의 협력을 강화하여 자국 안보는 물론 역할 확대를 적극적으로 모색해 나간다는 구상을 추진하고 있다. 이러한 기조하에 일본 민주당 정권은 2010년 12월 '방위계획대강'을 개정하면서 '동적 방위력 구상'을 새롭게 제시하였다.

새롭게 발표된 '방위계획대강'은 경제대국으로 부상한 중국의 군사력 근대화에 대해 우려를 표명하면서도 이에 대해 강압이나 봉쇄전략으로 대응하기 보다는 양자 간 혹은 다자간 신뢰구축의 메커니즘을 통해 관여하는 방향으로 접근해야 한다는 입장을 명시하고 있다.

그러나 2010년은 중국이 남중국해는 물론 동중국해 해역에서 해양권익을

---

16) 중국 군사과학원 판가오웨 연구원은 '11년 3월 미 국제전략문제연구소(CSIS)에서 개최된 포럼에서 "同 구상은 중국과 미국에게 이익이 되지 않으며, 중국군은 미국이 대만 문제에 개입하거나 대중 선제공격을 가하지 않는 한 미군을 목표로 하지 않을 것이나, 만일 미국을 同구상을 발전시킨다면 중국도 상응전략의 개발이 불가피하게 될 것"임을 밝히고 있다.

적극적으로 주장하던 시기였다. 특히 동년 9월에 발생한 중국 어선의 나포사건이 양국 간 긴장을 고조시켰으며, 이로 인해 일본과 중국 간에 추진되던 소장 장교들의 교류 프로그램 및 양국 함정의 상호 방문 계획도 취소되거나 보류되는 사태가 벌어졌다. 연이어 2011년에도 동중국해 해상에서 양국 간의 군사적 긴장이 이어졌다. 2011년 6월부터 중국 해군함대 소속 함정 11척이 오키나와의 미야코 사이 공해를 통과하여 서태평양 방면으로 진출하였다. 이 함정들은 서태평양 해상에서의 군사훈련을 마치고 다시 오키나와와 미야코 섬 사이의 공해를 통과하여 기지로 복귀하였다. 이렇게 중국에 의한 일련의 군사적 압박에 대해 일본 정부도 적극적으로 대응하였는데, 새로운 방위계획대강에서 오키나와 서남 방면의 요나구니 섬에 육상자위대원 100여 명으로 구성된 연안감시부대를 파견한다는 방침을 표명하였고, 중국 해군의 동향에 대응하여 잠수함 전력도 종전의 16척에서 22척 태세로 증강하였다.

또한 일본은 이 지역 내의 다자간 군사훈련에도 자위대를 적극적으로 파견해 왔다. 2011년 2월 태국이 미국과 공동으로 주최한 '2011 코브라골드 연합 상륙훈련'에는 한국과 더불어 일본 자위대 병력이 참가하였다. 또한 동년 7월에는 미국 및 호주와 함께 브루나이 해상의 남중국해에서 연합해군훈련을 실시하기도 하였다. 이같이 일본은 인도네시아, 베트남 등 서남아 및 동남아 주요 국가들과의 양자 간 협력을 안전보장의 분야에까지 확대하고, 이 지역에서의 군사훈련에도 자위대를 적극적으로 파견하고 있는데, 이 같은 안보협력 메커니즘 확대는 동지역에 대한 중국의 군사력 팽창을 견제하기 위한 의도를 가진 것으로 판단된다.[17]

3) 중국

중국은 '첨단기술 조건하의 국지전 승리전략'을 바탕으로 한 지상군의 정예화, 해·공군의 원거리 투사능력을 확대하기 위해 노력하고 있으며, '하나의 중국' 원칙을 견지하고 있는 가운데 대만의 독립저지를 중국의 대외군사

---

17) 한국전략문제연구소, 앞의 책, p.114.

관계와 안보정책에 큰 영향을 미치는 주요한 영향요소로 고려하고 있다. 정치적인 측면에서 보면 중국은 '화평굴기(和平崛起)'라는 대전략하에서 부국강병에 박차를 가하고 있다. 화평굴기는 다른 국가들과 평화적 관계를 유지하면서 평화적인 방식으로 국가의 발전과 번영, 국력 증대 및 국가 부흥을 추구해 나간다는 것을 의미한다. 이러한 전략의 바탕위에서 중국은 탈냉전 이후 미국이 동아시아 지역의 안보질서를 주도해 나가는 현실에 도전하면서 역내 영향력을 강화하는 데 박차를 가하고 있다.

즉, 21세기의 중국은 '화평굴기(和平崛起)' 혹은 '유소작위(有所作爲)'의 모토 아래 글로벌 차원의 강대국을 지향하고 있다. 따라서 중국은 자국의 이해가 전 세계적으로 확산되는 데 따른 국가이익 수호의 범위와 영역 역시 급속히 증가될 것으로 예상되고 있다. 그리고 이를 보호하기 위한 중국의 군사력 증강과 힘의 투사 의지는 중단되거나 포기될 수 있는 사안이 아닐 것이다. 중국의 군사력 증강은 기존의 방어적이고 제한된 지역에 대한 전쟁을 상정하던 것에서 벗어나 공세적인 성격의 첨단 군사력 확보를 지향한다는 점에서 주변국들과 갈등의 여지를 낳고 있다.

이러한 지속적인 중국의 군사적 부상은 향후 동아시아 지역에 다음과 같은 영향을 줄 것으로 판단된다.[18] 첫째, 중국의 군사력 증강은 역내 국가들 간의 군비경쟁을 유발할 수 있다. 중국은 급속도로 성장하고 있는 경제력을 바탕으로 재래식 전력뿐만 아니라 핵 및 미사일 등 전략무기의 현대화, 그리고 우주무기를 비롯한 비대칭 전력을 적극 개발하고 있다. 이러한 중국의 군사적 동향은 주변국들의 안보에 부정적인 영향을 줌으로써 이들과의 군비경쟁으로 확산될 가능성이 크다.

둘째, 중국의 군사적 영향권 확대는 불가피하게 미국 및 일본의 영향권과 충돌함으로써 동아시아 지역안정을 저해하는 요인으로 작용할 수 있다. 중국은 공군 및 해군력 증강으로 과거 연안에 머무르던 수준에서 벗어나 원해로까지 작전범위를 확대하고 있다. 이러한 중국의 영향권 확대 노력은 미일

---

18) 문순보·박병광, 앞의 책, p.61.

동맹의 활동영역 확대와 함께 두 영향권이 충돌하는 결과를 가져옴으로써 한반도 문제, 남중국해에서의 역내 영유권문제, 일본의 유엔 안보리 진출, 미사일방어체제(MD) 등의 현안을 놓고 긴장을 고조시킬 수 있다.

셋째, 중국의 군현대화에 따른 군사적 부상은 중국으로 하여금 한반도를 포함한 지역 현안과 관련하여 보다 단호한 입장을 견지하도록 함으로써 역내 불안정의 원인으로 작용할 수 있다. 예를 들어 한반도 유사시 또는 북한 위기상황 발생 시 중국은 그 어느 때보다 적극적으로 개입하여 영향력을 행사하려는 의지를 가질 수도 있으며, 이를 둘러싸고 한국 및 미국과의 갈등을 예상할 수 있다. 또한 중국은 핵심이익으로 규정하고 있는 남중국해 문제에 있어서도 군사력 증강에 따른 자신감을 바탕으로 보다 공세적인 자세를 취함으로써 동아시아에서의 다양한 갈등사안에 불안정을 유발할 가능성도 있다. 이처럼 지역 강국으로 자리매김한 중국은 향후 동아시아 문제는 물론 세계적 차원의 국제문제에 적극적인 역할(role) 확대를 모색할 것으로 예상되며, 그 과정에서 타국가들과의 마찰 가능성이 높을 것으로 분석되고 있다.

4) 러시아

러시아는 '강대국 위상 회복'을 위하여 군구조 개편과 군사력의 질적 증강을 추진하고 있다. 또한 각종 장비개선과 노후 군사위성 교체를 통해 우주 및 미사일 감시능력과 지휘통제 능력을 중점적으로 강화하고 있다. 현재에도 지속되고 있는 국방개혁은 작지만 강한 군대를 지향하고 있다. 이를 위해 먼저 군 간부의 정원을 35만 명에서 15만 명으로 대폭 축소하는 동시에 전체 병력을 1백만 명으로 감군할 계획이다. 또한 실시간 대응이 필수적인 현대전장에 부적합한 기존의 지휘통제 계선을 단순화하고, 지상군 병력을 유연 즉응 태세를 갖춘 상비 전투단으로 재편하는 데 힘을 쏟고 있다.

정치적인 측면에서 보면 메드베데프 정부는 국가 경제의 현대화와 국제적 역할 제고를 위해 양자 및 다자 차원의 실리 위주의 전방위 외교를 추진해 나가고 있다. 우선 2010~2011년 동안 러시아는 미국 및 나토에 대해서는 유럽 MD 체계의 구축을 둘러싸고 반목과 대립구도를 조성하는 한편,

아태지역의 경제통합 과정에는 적극 참여하고 러·중 협력관계를 지속하며, BRICs 국가, 남미와 아프리카 국가들과 협력을 강화해 나가고 있다. 동시에 러시아 내부에서 점차 드세어지고 있는 중국 경계론을 통해 볼 수 있듯이 양국 협력의 태생적인 한계도 점차 드러날 것으로 판단된다. 즉 러시아는 중국이 항공모함과 항모탑재 전투기를 포함한 무기들을 개발함으로써 대만을 위협함과 동시에 동아시아 지역에 대한 미국의 패권에 도전할 뿐만 아니라 군사력 균형을 무너뜨리고 있다고 보는 것이다. 이처럼 러시아 국내에서는 중국의 군사강국화에 대한 우려와 중국 견제의 필요성이 대두되고 있으나, 미국의 미일동맹과 호주와의 동맹 강화는 대륙세력인 중국과 러시아의 안보·군사협력을 지속시키는 배경 요인으로 작용하고 있다. 즉, 미국을 중심으로 한 해양세력과 러시아, 중국을 중심으로 한 대륙세력의 갈등이 구조화될 수 있는 개연성이 내포되어 있는 것이다.

5) 소결론

위의 논의에서 보듯이 현재의 동아시아 안보질서는 냉전과 탈냉전의 안보적 특성이 중첩되어 나타나고 있으며, 특히 미·일, 한·미, 북·중 등 동맹관계를 맺고 있는 국가들이 가상의 적을 상정하고 있어 안보협력은 작동되기 어려운 상황이다. 역내 국가들의 군사력 증강은 이런 점을 더욱 악화시키고 있다. 현재 미국은 역내에서 정치·군사적으로 우월적 지위를 누리고 있으면서, 신 국방전략지침을 통해 그 지위를 더욱 공고화하기 위해 노력하고 있다. 중국은 국방비를 연평균 10% 내외로 증가시키고 있으며, 반접근/지역거부 전략을 통해 동아시아 전역에 걸쳐 영향력을 확대하고 있다. 일본은 '전쟁포기와 군대 보유 금지' 등을 담은 헌법 9조에 대한 개정 시도를 통해 보통국가로의 발걸음을 재촉하고 있으며, 러시아는 푸틴 대통령 당선자 등에 의해 '강한 러시아로의 회귀' 정책에 심혈을 쏟고 있는 상황이다. 또한 이 지역은 역내 국가들 간의 역사적 반목과 민족 간 적대감정의 잔존, 정치와 경제체제, 문화의 이질성 등으로 인해 협력적 질서의 구축이 쉬운 상태만은 아니다. 이러한 장애요인들로 인해 역내 국가들은 공동의 평화와 안보에 대한 현실성 있는 비전과 구상을 발전시키지 못하고 있으며, 그 공감대도 부족한 현실이다. 즉, 현재의 동아시아 안보질서 유형은 미국의 패권질서에 정치·경제적으로 급부상한 중국에 의한 세력전이적인 상황이 몇 군데에서 시현되고 있으나, 여전히 국가들이 세력균형을 이루고 있으며, 배타적 민족주의와 역사적 경험 등으로 인해 홉스형의 관념이 주축을 이루고 있는 패권(Hegemony)형의 안보질서라고 판단된다.

2. 한미동맹의 현황과 전망

한·미 양국은 이제까지 공통의 목표와 인식하에서 긴밀하고 공고한 동맹관계를 유지 및 발전시켜 왔다. 그러나 용산 미군기지 이전, FTA, 방위비 분담금 문제 등으로 확대되어온 한·미 간의 마찰은 한미동맹을 새로운 관계로 모색케 하는 원인이 되었다. 그러면 향후 한미동맹의 변화는 어느 방향으로 진행될 것인가? 한미동맹의 전망에 대해 여러 학자들은 나름대로의 전망을 내놓고 있는데 대략적으로 다음 두 가지의 시나리오로 요약될 수 있다.[19]

시나리오 1은 현상유지를 지속하는 경우이다. 즉 기지 이전이나 전시작전통제권이 전환된 이후에도 한미동맹의 결속력이 굳건한 경우로 볼 수 있다. 이것은 두 가지 전제에 근거한다. 하나는 미국의 세계전략이나 동아시아 전

---

19) 한미동맹의 전망에 대한 연구로는 다음을 참조할 것. Yong Sup Han, "U.S. Korea New Alliance Strategy and Korea's Northeast Asian Era Initiative," *Korea National Defense University, New Alliance Strategy of the U.S.-ROK Alliance After the 9·11* (KNDU, 2004), pp.97-123; 김태효,『주한미군 재배치와 한미동맹의 발전방향』(외교안보연구원, 2004); 한용섭 편,『자주냐 동맹이냐: 21세기 한국 안보외교의 진로』(서울: 오름, 2004); 심지연·김일영 편,『한미동맹 50년: 법적 쟁점과 미래의 전망』(서울: 백산서당, 2004); 오승구 외,『한미동맹의 미래와 한국의 선택』(서울: 삼성경제 연구소, 2005); 서재정,『한미동맹은 영구화하는가』(서울: 한울, 2009); 경남대 극동문제연구소 편,『한미동맹의 미래와 현실』(극동문제연구소, 2009); 신기욱,『하나의 동맹, 두 개의 렌즈: 새시대의 한미관계』(서울: 한국과 미국, 2010).

략에서 한국이 가지는 지정학적 가치 때문에 미국은 한미동맹의 약화를 원하지 않는다는 것과, 다른 하나는 북한으로부터의 직접적인 군사위협이다. 즉, 북한이라는 공동의 적이 사라지지 않는 이상 미군은 지속적으로 주둔할 것이라는 것이다. 이러한 시나리오에서는 중국, 일본, 러시아와 같은 지역 강국들은 한국에 대한 적대적인 군사행동을 취하지 않을 것으로 가정된다. 따라서 이 시나리오는 현재의 한반도 안보상황의 모습을 그대로 보여준다. 지역 강국들이 중립 또는 우호적인 입장을 견지하고 미국이 주한미군을 한국에 주둔시키는 한 한국의 행동범위가 넓어질 수 있다.

시나리오 2는 전자(前者)와 반대의 가정이다. 향후 한국의 지정학적 가치 감소와 미국의 미일동맹위주의 동아시아 전략 강조로 인해 한미동맹의 결속력이 약화될 수 있는 상황이다. 즉 미군의 평택기지 이전과 전시작전통제권 전환 이후 미지상군은 전면 철수하고 해·공군만 잔류한다든지, 아예 주한미군을 전면 철수시키고 정치적 차원의 동맹공약만 유지하는 상황이다. 이와 같은 상황에서 갈등적인 지역질서가 도래한다면 일본은 평화헌법 제9조의 법적 수정을 통해 재무장할 가능성이 농후하다. 일본이 완전한 면모의 정규군을 보유한 보통국가로 변모할 경우, 중국과의 격렬한 군비경쟁은 불가피할 것이다. 일본은 이미 역내 패권국을 위한 잠재력을 충분히 축적하고 있고, 중국도 경제적 규모와 군사력증강 속도를 감안한다면 패권적 지위로의 도약은 단지 시간문제일 것이다. 양대 지역 강국 간의 패권적 경합으로 말미암아 러시아는 지역안보의 균형을 위해서도 한반도에 개입할 가능성이 크다. 이러한 상황에서 한국이 선택할 수 있는 행동범위는 감소되며, 강대국들의 이해관계에 의한 갈등의 비용은 고스란히 한반도에 부과됨으로써 심각한 시나리오가 될 가능성이 높다고 할 수 있다.

한미동맹의 미래 시나리오에 대한 검토를 바탕으로 도출된 결과를 살펴보면 탈냉전 질서의 도래에도 불구하고 한국의 안보딜레마는 희석되지도 또는 해결되지도 않은 것임을 분명히 알 수 있다. 단기적으로 보면, 미국은 한국과 이 지역에 계속적으로 개입할 것이고, 한국에 대한 위협들은 주로 북한에만 한정될 것이다. 그러나 중장기적으로 보면, 한국은 북한과 잠재적 위협의 복합적 위협에 처할 가능성이 많으며, 이러한 상황에 대한 대응책은 한미동맹과 연계하여 구상할 수밖에 없을 것이다.

IV. 안보질서 변화 시나리오와 한국의 대응전략

1. 중·약소국의 생존전략

국제정치의 전통적인 이론들은 국가 간의 불평등한 힘의 분배를 바탕으로 국가를 분류하여 왔는데,20) 이 유형의 국가들은 국가의 생존과 주권을 수호하기 위해 나름대로의 생존전략을 펼쳐왔다. 현재 한국은 중위국과 약소국의 생존전략이 동시에 고려되고 있는데,21) 지금까지의 중·약소국 생존전략에 관한 연구들을 종합해보면 대략 다음 몇 가지로 정리될 수 있다.

첫째, 중·약소국 연구의 시초라 할 수 있는 팍스(A. B. Fox)는 중·약소국은 강대국의 이해관계에 연루되지 않는 것이 가장 적절한 방법임을 주장한다.22) 즉 중립을 유지하는 것이 최선의 방법이라는 것이다. 그러나 중립은 중·약소국이 속한 국제환경이 우호적인 경우 득을 보지만 이와 반대로 새로운 긴장이 발생하거나 또는 강대국들이 중립화된 중·약소국을 희생시키면서 화해를 시도할 경우 중·약소국의 생존은 위협받게 된다.

둘째, 팍스가 북유럽 소국들의 일반적인 행태를 중심으로 중립위주의 전

---

20) 한델(Handle)은 초강대국(super power), 강대국(great power), 중위국(middle power), 약소국(small power)으로 분류하고 있다. Michael Handle, *Weak States in the International System* (Jerusalem: Hebrew University Press, 1981), p.11.
21) 중위국의 생존전략에 관해서는 다음의 논문을 참조. 김기정, "21세기 한국 외교의 좌표와 과제," 『국가전략』 11권 4호(세종연구소, 2005), pp.164-165.
22) Annette Baker Fox, *The Power of Small States* (Chicago University Press, 1959), pp.183-184.

략을 강조하는 반면, 로스타인(Rothstein)의 경우에는 강대국을 이용하여 생존을 확보하려는 동맹전략을 강조하고 있다.23) 그는 어느 한 강대국과의 동맹은 다른 대안의 선택이 모두 불가능할 때, 또는 중·약소국이 급박한 위협을 느낄 때에만 모색되어야 하지만 생존차원에서 가장 효율성이 높은 전략으로 결론짓고 있다.24)

셋째, 자력구제(self-help) 전략을 들 수 있다. 이 방법은 무정부적인 국제체제하에서 생존을 위한 가장 확실한 방법이지만, 중·약소국이 취하기에는 너무 위험부담이 높은 전략이기도 하다. 강대국인 미국조차도 혼자의 힘이 아닌 동맹관계를 통해 안보를 유지하려는 것을 볼 때, 한국이 이 전략에만 의존하는 것은 위험할 수 있다.

넷째, 안보외교의 다변화 전략을 들 수 있다.25) 이 전략은 일국 중심의 안보외교 구도를 탈피하거나 국제기구나 지역기구 등의 다자적 틀을 이용하여 외교적 유연성을 구가하려는 전략이다. 동맹전략에 비해 상대적으로 행동자유의 범위가 넓을 수 있지만 편승동맹만큼 강력한 안보를 보장받지 못할 가능성이 높다.

위에서 나타난 중·약소국의 생존전략은 중립, 동맹, 자력구제, 다변화전략으로 정리될 수 있다. 이러한 전략들은 단일의 전략으로 사용할 수도 있지만 서로 결합되어 사용할 수도 있다. 즉 국가가 선택할 수 있는 생존전략이 반드시 하나여야 할 이유는 없으며, 상황과 조건에 따라 둘 이상의 전략들이 결합되거나 동시에 추구할 수도 있는 것처럼 위의 전략들은 상호배타적이지 않다는 것이다. 예를 들면 우리는 한미동맹을 위주로 안보환경 변화에 대응함과 동시에, 전작권전환을 계기로 자주국방전략의 강화도 동시에 고려할

---

23) Robert L. Rothstein, *Alliances and Small Powers* (N.Y.: Columbia University, 1968), pp.30-45.
24) *Ibid.*, p.177.
25) 김기정, 앞의 글(2005), p.165. 그는 이 전략을 '균형외교'의 개념으로 설명하고 있는데, 여기서 제시되는 다변화전략은 균형외교와 다자주의 전략을 혼합한 보다 포괄적인 의미로 사용하고 있다.

필요가 있다.

2. 동아시아 안보질서 변화 시나리오와 한국의 대응전략

한국 안보전략의 선택을 논의하기 위한 조건으로 동아시아 안보질서의 유형을 한 축으로, 또 한미동맹의 변화여부를 다른 한 축으로 고려할 때 한국이 처할 수 있는 상황은 아래와 같은 모형으로 정리될 수 있다. 여기서 동아시아 지역의 현 상황을 고려 시 나타날 수 있는 시나리오는 1)이라 할 수 있다. 특히 신 국방전략지침을 통해 아·태평양 지역에 전략중점을 두고 있는 미국의 국가전략을 고려 시 그 가능성은 더욱 높다 할 수 있으며, 나머지 시나리오들은 타당성이 없게 보일 수도 있다. 그러나 1990년 미 '동아시아 전략구상 EASI(East Asia Strategy Initiative)'과 같은 미국의 동아시아 철수 전략들은 상황이 변하면 언제든지 재등장할 수 있음을 명심할 필요가 있다. 즉, 현재의 상황은 명확하지만 미래는 복잡한 전략상황들로 인해 예측이 어려울 수 있으므로 각각의 환경적 조건하에서 한국이 어떤 전략을 최우선적으로 추구해야 하는지를 검토할 필요가 있다.26)

〈표 5-2〉 한국 대응전략의 조건적 유형

		동아시아 안보질서의 유형		
		패권형	다지형	무정부형(세력균형)
한미동맹 변화여부	결속 유지	1)	2)	3)
	결속 약화	4)	5)	6)

---

26) 안보질서의 유형 중 '위계질서' 유형은 현실에서 나타나기 어려운 것임을 감안하여 논의에서 제외하였다.

1) 패권형 질서와 한미동맹의 결속 유지상황에서 한국의 대응전략

이 상황은 현재의 상황이 크게 변화되지 않고 향후에도 지속되는 경우이다. 즉 미국은 동아시아 지역에서 패권질서를 유지하고 있으며, 동아시아 각국 간에는 영토분쟁이나 역사적 경험으로 인해 여전히 홉스적 문화가 주축을 이루는 경우라고 볼 수 있다. 또한 미국은 부분적인 주한미군의 철수가 있더라도 한반도의 지정학적 가치를 중요시 여겨 미일동맹과 함께 한미동맹을 공고히 하려 노력할 것이다. 이 상태에서 동아시아 각국들의 관심사는 안정적 질서를 유지하는 현상유지에 있고, 이 질서는 미·중 관계를 골격으로 하고 있으며, 미국의 대북한 및 대중국 정책이 지역질서 안정성의 유지에 필요 조건이 되고 있다.

이러한 상황에서 한국이 취해야 하는 전략은 기존의 한미동맹 체제를 견고히 하면서 지속적으로 자력구제 노력을 병행하는 전략적 지혜가 필요하다. 즉 한미동맹에 근거하여 안보를 추구하는 동시에 동맹의 변화에 대비하여 국력을 증가시키는 것이 필요하다. 특히 2015년 전작권전환을 앞둔 한국의 경우 이러한 노력이 더욱 필요하다 할 수 있으며, 이 상황에서 중립전략은 한국의 독자적 역량이 구비되지 못하는 한 상당한 비용을 요구할 가능성이 있다. 또한 한미동맹 위주의 전략에서 벗어나 다른 국가와의 다변화전략도 고려해봄 직하지만 패권적 질서가 갖는 특징 때문에 경제·문화적 측면에서는 효과성이 있겠지만, 정치·군사적 측면에서 그 효율성은 제한적일 것으로 판단된다.

2) 다자형 질서와 한미동맹의 결속 유지상황에서 한국의 대응전략

이 상황은 미국이 동아시아에서 부분적으로 개입을 포기하고 일본에 그 역할을 상당 부분 이양함으로써 중, 일, 러 각국 간에 힘이 고르게 분포되어 있는 상황이다. 또한 각국들의 지속적인 화해와 협력의 노력으로 인해 역사적 경험에서 오는 적대감과 영토분쟁이 수면 밑으로 가라앉음으로써 칸트적 문화가 형성되어 있는 경우이기도 하다. 미국은 세계전략의 일환으로 유럽과 중동을 위시한 기타지역을 우선시하여 동아시아 지역에서 부분적으로 개입을 포기는 하였지만 기존 한미동맹과 미일동맹은 이 지역에서의 최후의 방어선으로 인식하여 여전히 유지하려 할 것이다.

이 상태는 동아시아 안보환경의 구도가 위와 마찬가지로 안정지향적일 경우로 볼 수 있으며, 한국의 생존차원에서 상당히 바람직한 상황이 될 것이다. 비록 중, 일, 러 간에 갈등이나 분쟁을 조정할 만한 중재자가 부재하다는 점에서 취약한 면이 없지는 않으나, 갈등보다는 협력을 지향하는 관념의 공유로 인해 심각한 갈등적인 상황으로까지 확대되지는 않을 것을 전제로 한다. 이 단계의 대응전략으로는 동맹전략과 다변화전략을 병행 추진하는 혼합형 전략을 고려할 수 있다. 다만 이 두 전략 중에서 어디에 무게중심을 둘 것인가를 고려해 봄직하다. 로스타인이 지적하듯이 이 상황에서는 양자 간의 동맹보다는 다변화가 유리한 전략일 수 있다. 물론 한국은 한미동맹관계를 유지하면서 중, 일, 러 관계의 양자적 협력외교를 강화하는 것이 긴요하다. 즉 다변화전략을 주전략으로, 동맹전략을 부전략으로 하는 혼합형 전략을 고려해 볼 수 있을 것이다.

3) 무정부형 질서와 한미동맹의 유지상황에서 한국의 대응전략

이 상황은 위의 상황과 반대되는 상황이다. 즉 한미동맹은 명목상이든 실질적이든 유지되고 있지만, 미국이 동아시아에 관심을 집중하지 않은 상황에서 역내 국가들의 세력균형이 이루어진다는 것을 가정한다. 또한 각국들은 영토 등의 이해관계와 과거 적대적 감정의 관성(inertia)으로 인해 홉스형의 관념을 가지는 상태이다. 더욱이 미국의 동아시아 이해관계의 재조정, 중국의 경제·군사력의 증대, 일본의 군사적 역할증대, 러시아의 동아시아 개입 강화 등의 행위적 요소들은 역내의 안보질서를 더욱 불안정화시킬 것이다.

이러한 환경 속에서 한국은 미국으로부터의 확실한 약속을 통해 안보를 확보하는 것과 주변국 관계를 개선하는 목표를 동시에 추진해야 한다. 즉 기존의 한미동맹체제의 틀 속에서 기타 역내 국가들과 협력적이고 다변적인 외교가 한국 안보전략의 요체가 된다. 동맹이나 국가 간 관계의 목적이 왈트

(S. Walt)가 지적한 위협에 대한 균형보다는[27] 이익의 균형이라는 관점에서 볼 때,[28] 한국은 역내 국가들의 이익을 조정하거나 대변해주는 다변적인 전략을 구사함으로써 역내 안보질서를 칸트형으로 전환시킴은 물론 상대적 중·약소국임에도 불구하고 역내 핵심적인 행위자가 될 수 있도록 노력해야 한다.

4) 패권형 질서와 동맹 결속도의 약화 상황에서 한국의 대응전략

이 상황은 미국이 동아시아 지역을 완전히 일본에 위임하고 비개입할 뿐만 아니라 한미동맹도 명목적으로만 유지되는 상태이다. 그러나 이 상태는 이념상으로만 존재할 뿐 현실에서는 시현되지 않을 상황이므로 논의에서 제외하기로 한다.[29]

5) 다자형 질서와 동맹결속도의 약화 상황에서 한국의 대응전략

이 상황도 전반적인 가정은 4)와 같다. 즉 미국이 동아시아 지역에 비개입할 뿐만 아니라 한미동맹도 명목적으로만 유지되는 상태이다. 다만 미국이 동아시아 지역에 개입한다 하더라도 역내 국가들의 세력균형을 인정해주는 범위 내에서 동일한 파워를 가지고 참여할 수 있다는 점과 역내 국가들의 관념적 정체성이 갈등지향적이 아니라 협력 지향적으로 안보공동체적 질서

---

27) Stephen M. Walt, *The Origins of Alliances* (Cornell University Press, 1987), pp. 1-20.
28) Randall Schweller, "Bandwagoning for Profit," *International Security*, vol.17, no.4 (Spring 1993), pp.252-253.
29) 패권형 질서란 힘이 어느 일국가에 집중되어 있다는 것을 의미하는데, 미국이 비개입된 상태에서 동아시아에서 힘이 일 국가에 집중될 가능성은 크지 않기 때문이다. 향후 중국이 그럴 가능성이 많다고는 하지만 일본과의 격차가 크지는 않을 것으로 전망되고, 만약 차이가 많이 난다고 하더라도 전 세계적인 패권질서를 유지하려는 미국이 그러한 중국을 방치하지는 않을 것이다. 따라서 미국이 역내에서 중국의 패권을 예측한다면 미국은 동아시아 지역에서 아예 비개입 전략을 구사하지 않거나, 재개입 전략을 구사하기 때문에 미국이 비개입된 상태에서 이 유형의 안보질서는 시현되기 어려울 전망이다.

를 추구한다는 점에서 차이가 있다.

　이 환경은 한국의 생존차원에서 2)와 마찬가지로 상당히 바람직한 상태로 볼 수 있는데, 역내 국가들의 협력과 평화의 인식이 국제관계의 제반행위를 제어하는 형태의 안정적 질서이고, 따라서 다자안보론에 입각한 동아시아 평화체제 구축이 가능한 상황이 될 것이기 때문이다. 더욱이 역내 국가들의 관념이 협력지향적인 칸트형 문화이기 때문에 안보와 생존에 대한 부담을 덜 수 있다는 점과 비대칭적이고 후견-피후견적(patron-client)인 한미동맹의 틀을 벗어나 생존차원과는 다른 자율적 주권영역을 취할 수 있다는 점에서 오히려 더 나은 상태로도 볼 수 있다. 다만 위의 장점은 이 질서가 유럽에서와 같이 다자적인 제도화가 구축되어 있고, 질서유지가 장기적이고 항구적이라는 가정을 전제로 한다. 이러한 상태에서 한국의 전략목표는 한국에 대한 주변국들의 압력을 감소시키는 것에 두어야 하며, 더 나아가 한국의 국제정치적 역할을 강화하는 것에 두어야 한다.

　한국의 선택전략은 다변화전략이 우선시되며, 특히 중립전략을 실험적으로 추진하기에 적합한 환경이 될 수 있다.30) 우선 어느 일 국가에 편향된 외교를 지양함으로써 기타국가들의 경계를 피하고, 동아시아 국제정치에서 중심행위자로 부상할 수 있는 다변화전략의 구사가 중요하다. 앞에서도 언급했듯이 국가들의 관계를 이익의 관점에서 본다면 강대국들이 이해관계를 스스로 해결하지 못할 때 조정과 중재자의 역할을 자임함으로써 역내 모든 국가들에 고루 이익이 돌아갈 수 있게 해주는 것이 중요하다. 중립론은 어느 강대국의 편에 서지 않아야 한다는 것이 요지이다. 다변화전략이 자국의 능력으로 국제관계에서 행동범위를 확대할 수 있는 적극적 의미를 내포한 반면 중립전략은 국제적 보장으로 중립을 유지한다는 소극적 의미를 띠고 있다. 따라서 안정적인 질서를 바탕으로 국제정치적 위상을 확대해가려는 국가

---

30) 강종일, "한반도 평화와 통일을 위한 남북영세중립화방안 연구," 『시민 정치학회보』 vol.3(2000), pp.34-70; 강광식, 『중립화 정치론: 한반도 적용가능성 탐색』(서울: 인간사랑, 1989), pp.216-225.

전략 목표와는 부합되지 않는 전략이지만, 만약 특정 이슈영역에서 강대국 간에 갈등이 발생한다면 중립전략이 우선시되어야 한다. 즉 다변화전략의 바탕위에서 국가들의 상황에 따라 중립전략이 혼합되어야 한다는 것이다.

6) 무정부형 질서와 동맹결속도의 약화 상황에서 한국의 대응전략

이 상황은 한국의 안보와 생존에 가장 심각한 시나리오이다. 즉 19세기 후반 구한말에 나타난 안보질서의 재판이라 할 수 있다. 미국이 동아시아 지역에서 비개입 정책을 구사하고, 한미동맹은 전면적 내지는 상당 부분 결속력이 약화되어 정상적인 동맹의 기능을 수행할 수 없는 상황이다. 또한 역내 국가들의 갈등을 중재할 만한 중심 국가가 없는 상태에서 국가들 간에 힘이 골고루 분포되어 있으며, 서로의 이해관계와 역사적 경험, 배타적 민족주의 때문에 갈등지향적 질서가 나타날 가능성이 많은 상태이기도 하다.

동맹을 이용하지 못하는 상황에서 한국이 선택할 수 있는 대응전략으로는 우선적으로 다변화전략을 들 수 있다. 이 전략은 선택이 아닌 필수적이라 할 수 있는데, 일 국가에 편향적인 안보외교를 지양하고 중, 러, 일 관계에서 균형적 입장을 취할 수밖에 없는 상황이다. 이것은 안보를 의존할 수 있는 특정국가가 부재하고 불안정한 지역 질서의 환경 속에서 상대적 중·약소국이 취할 수 있는 전략적 선택은 그만큼 위축될 수밖에 없음을 의미한다. 지역 강대국들의 보장을 받아 그들의 이해관계에 얽매이지 않으려는 중립전략도 생각해볼 수 있으나, 구한말의 경험을 반추해볼 때 고려할 여지가 없는 전략이라고 생각된다. 또한 다변화전략도 한국의 국력이 현저하게 보강되지 않은 상태라면 상당한 비용부담이 요구된다. 따라서 위의 전략을 구사하면서 자력구제 노력도 지속적으로 추구해야 함을 알 수 있다. 즉 단기적으로는 다변화전략을 구사하면서 중장기적으로 자력구제전략을 혼용해야 하는 것이 최선의 전략으로 판단된다.

V. 결론

이상에서 동아시아 안보질서의 변화유형과 한미동맹의 변화가능성을 중심으로 한국의 대응전략을 살펴보았는데, 정리해보면 다음과 같다.

이 연구는 환경이 주는 구조적 제약과 함께 한미동맹의 변화여부에 따라 대응전략이 달라질 수도 있음을 강조하였다. 즉 환경과 동맹의 변화에 의해 한국의 선택은 결정된다는 것인데, 이 두 가지를 결합한 상태에서 위에서 나타난 한국의 대응전략을 정리해보면 크게 다음 두 가지로 나눌 수 있다.

첫째, 동맹의 결속이 유지되는 상황에서, 동아시아 안보질서의 변화여부에 따른 한국의 대응차원이다. 이 상황에서는 역내 안보질서가 협력적이든 갈등적이든 간에 동맹의 전략적 선택은 포기할 수 없는 대안이 된다. 향후 동아시아에서 미국과 중국의 대립구도, 혹은 중국과 일본의 대립구도의 이른바 신냉전 구조가 재등장할 가능성을 배제하지 못하는 상황에서 한국의 일차적 목표는 생존을 위한 전략에 둘 수밖에 없다. 따라서 생존을 위한 가장 효율적인 방법으로 한미동맹에 바탕을 두면서 다른 전략들을 고려해야 한다. 다만 동맹전략에 경직된 사고가 초래할 비용문제를 고려한다면 한국은 생존을 위해 동맹이 필요한 환경이라 하더라도 역내 다른 국가와의 협력적 관계를 위한 노력을 병행해야 한다. 예를 들면 동맹전략과 다변화전략의 적절한 혼합전략이 필요할 것이다.

둘째, 동맹의 결속도가 약화됨으로써 정상적인 동맹의 기능을 할 수 없는

〈표 5-3〉 각 시나리오별 한국의 대응전략

		동아시아 안보질서의 유형		
		패권형	다자형	무정부형(세력균형)
한미동맹 변화여부	결속 유지	동맹, 자력구제	동맹, 다변화	동맹, 다변화
	결속 약화	N. A.	다변화, 중립	다변화, 자력구제

상태에서 역내 안보질서의 변화에 따른 대응차원이다. 이 상황에서는 역내 안보질서가 협력적이냐, 갈등적이냐에 따라 구사전략이 달라져야 한다. 협력적일 경우 한국의 목표는 생존전략 외에도 동아시아 협력질서의 구축을 선도하며 유지시키는 것에 중점을 두어야 한다. 즉 상대적 중·약소국이라 하더라도 동아시아 각국 간의 이익을 조정하는 중재자 혹은 조정자의 역할을 자임함으로써 국제정치적 위상을 높일 수 있도록 해야 한다. 따라서 일 국가에 편향된 전략보다는 여러 국가들과 협력과 교류를 나눌 수 있는 다변화 전략이 필요하다.

반대로 갈등적일 경우 단기적으로 다변화 전략을 구사하면서 장기적으로 내적 역량을 강화시키는 자력구제 전략이 필요함을 알 수 있다. 동아시아의 갈등질서를 협력질서로 변환시킴에 있어 수동적인 중립전략보다 적극적인 다변화전략이 필요한 이유는 한국이 동아시아 갈등구조의 일차적 피해자가 다시 될 가능성이 높기 때문에 한국으로서는 미연에 그것을 방지해야 한다는 것이다. 이를 위해서는 역내 국가들에게 조정과 중재를 할 만한 능력이 있어야 하는데, 힘의 상대성이라는 관점에서 볼 때 대등한 능력을 갖추기 힘든 것은 사실이나, 최소한의 억지능력이 있다는 것을 보여주는 것도 방법이 될 수 있다. 즉 역내 국가들을 긴장시키지 않는 범위 내에서의 지속적인 자력구제전략이 필요함을 알 수 있다.

향후의 동아시아 안보질서와 한미동맹은 어느 방향으로 전개될지 예측하기 어렵다. 그러나 어떠한 상황이라 하더라도 이러한 변화들이 한국의 안보와 생존에 미치는 영향은 지대할 것이다. 이러한 변화들 속에서 주변 강대국들에 비해 상대적 중·약소국으로서 한국이 가져야 할 해법의 토대는 주위 환경이 주는 기회와 제약을 최대로 이용하면서 물리적으로 지속적인 자력구제의 노력과 함께, 신축적이고 유연한 관념의 토대를 구축하는 것이다. 이를 위해서는 동아시아에서 펼쳐지고 있는 국제정치의 현실을 냉철히 판단하고 한국 나름의 생존전략을 세우는 것이 필요하다. 여기서 중요한 것은 동아시아 지역질서는 현존하는 갈등구조의 변화와 밀접하게 연관되어 진행될 것이라는 점이다. 따라서 한국의 생존전략은 현 동아시아 갈등구조의 확대·재생산에 대한 대응과 더불어 한미동맹 관리와 같은 복합적인 틀 내에서 구상하는 것이 필요하다.

【참고문헌】

〈국문 단행본 및 논문〉

강종일. "한반도 평화를 위한 남북영세중립화방안 연구."『시민 정치학회보』. 2000.
김기정. "21세기 한국 외교의 좌표와 과제." 세종연구소.『국가전략』 11권 4호. 2005.
김달중.『한국의 외교정책』. 서울: 오름, 1999.
김우상·정진영 편. "한미관계와 동북아 질서." 극동문제연구소.『한국과 국제정치』. 2004.
김태효.『주한미군 재배치와 한미동맹의 발전방향』. 외교안보연구원, 2004.
문순보·박병광.『중국 군사력 증강에 따른 한국 공군 군사력 건설방향』. 학술용역과제. 2011.
박인휘. "동북아 국제관계와 한국의 국가이익." 세종연구소.『국가전략』제11권 3호. 2005.
심지연·김일영 편.『한미동맹 50년: 법적 쟁점과 미래의 전망』. 서울: 백산서당, 2004.
오승구 외.『한미동맹의 미래와 한국의 선택』. 서울: 삼성경제 연구소, 2005.
윤덕민.『한국의 전략적 선택: 동맹, 자주, 다자안보』. 외교안보연구원, 2004.
이호재.『한국외교정책의 이상과 현실』. 서울: 법문사, 2000.
전재성. "한미동맹과 협력적 자주국방." 문정인·김기정·이성훈.『협력적 자주국방과 국방개혁』. 서울: 오름, 2004.
한국전략문제연구소.『동북아 전략균형 2011』. 2011.
한용섭 편.『자주냐 동맹이냐: 21세기 한국 안보외교의 진로』. 서울: 오름, 2004.

〈영문 단행본 및 논문〉

Azar, E. Edward, & Chung-in Moon. *National Security in the Third World*. Maryland: University of Maryland, 1988.

Baker, Annette Fox. *The Power of Small States*. Chicago University Press, 1959.
Christensen, Thomas J. "China, The U.S.-Japan Alliance, and the Security Dilemma in East Asia." *International Security*, vol.23, no.4. 1999.
Greieco, Joseph M. "Anarchy and the Limits of Cooperation: A Realist Critique of the Newest Institiutionalism." *International Organization*, vol.42, no.3, 1988.
Han, Yong Sup. "U.S. Korea New Alliance Strategy and Korea's Northeast Asian Era Initiative." *Korea National Defense University, New Alliance Strategy of the U.S.-ROK Alliance After the 9·11*. KNDU, 2004.
Handle, Michael. *Weak States in the International System*. Jerusalem: Hebrew University Press, 1981.
Kim, Ki-Jung. "Establishing Peace on the Korean Peninsula." *Korea Observer*, vol.36, no.3. The Institute of Korean Studies, 2005.
Krasner, D. Stephen. *Defending The National Interest*. NewJersey: Princeton University Press, 1978.
Mansourov, Alexandre Y. "Northeast Asia Vortex: Regional Change, Global Implications." *Korea Observer*, vol.36, no.3. The Institute of Korean Studies, 2005.
Nau, Henry R. "Identity and The Balance of Power In Asia." In John Ikenbery and Michael Mastanduno (eds.). *International Relations Theory and The Asia Pacific*. N.Y.: Coumbia Univ. Press, 2003.
Ross, Robert S. "The Geography of the Peace: East Asia in the Twenty First Century." *International Security*, vol.23, no.4. 1999.
Rothstein, Robert L. *Alliances and Small Powers*. N.Y.: Columbia University, 1968.
Russett, Bruce, & Harvey Starr. *World politics: the menu for choice*. N.Y.: W. H. Freeman, 1992.
Schweller, Randall. "Bandwagoning for Profit." *International Security*, vol.17, no.4. 1993.
Singer, Marshall R. *Weak States in the World of Powers*. N.Y.: Free Press, 1972.
Vital David. *The Survival of Small States*. London: Oxford University Press, 1971.
Walt, Stephen M. *The Origins of Alliances*. Cornell University Press, 1987.

제2부
한국의 군사력 건설 방향

- 제6장 강대국 정치의 비극과 군사력의 중요성:
  미어샤이머의 논의에 대한 비평을 중심으로
- 제7장 위협, 동맹, 한국의 군사력 건설 변화:
  한국군의 전력구조 측면을 중심으로
- 제8장 현대전의 경향과 한국군의 준비 방향:
  정규전 및 비정규전의 수행 측면을 중심으로

제6장

강대국 정치의 비극과 군사력의 중요성:
미어샤이머의 논의에 대한 비평을 중심으로

I. 서론

 이 글의 목적은 현대 국제정치학자 중 현실주의의 대표적 학자라 할 수 있는 미어샤이머의 대표적 저작인 『강대국 정치의 비극』(The Tragedy of Great Power Politics)[1]의 일부 내용에 대해 비판적 관점에서 반론을 제기하려는 것이다. 이 책에서 미어샤이머는 미래전에서도 육군력이 지속적으로 전쟁을 주도할 것이며, 해·공군력은 단지 육군의 작전을 보조하는 역할에 지나지 않을 것이라는 논리를 펼치고 있다. 이 글은 이러한 그의 논리를 역사적 사례를 들어 반론을 펼치고자 하는 것이다.
 미어샤이머[2]는 케네츠 왈츠(Kenneth Waltz)류의 구조적 현실주의(방어

---

1) John J. Mearsheimer, *The Tragedy of Great Power Politics* (Norton: W. W. & Company, Inc., 2001); 이춘근 역, 『강대국 정치의 비극』(서울: 나남출판, 2004).

적 현실주의)에 반대하여 공격적 현실주의를 주창하고 있는 대표적인 현실주의 이론가로서 그가 저술한 이 책은 국제정치학을 전공하는 학부생이나 대학원생들에게 필독서가 되고 있다. 따라서 군사력에 대해 전문적인 지식을 갖추지 못한 비전문가적 입장에서 보면 저명한 국제정치학자의 강력한 주장을 쉽게 수용할 수 있는 문제점을 내포하고 있다. 물론 이 책 내용 전부가 육군력 위주의 강조는 아니고, 해당되는 내용은 1개의 장에 불과하지만 책의 전반적인 흐름을 보면 이런 성향이 짙게 나타나고 있는데, 그의 육군력 강조에 대한 주장을 간단하게 요약하면 다음과 같다.

"역사를 보면 강대국 간의 전쟁은 주로 지상에서의 승리로 승패가 결정되는데 가장 막강한 지상군을 보유한 국가가 가장 막강한 나라가 되었다. 또한 오직 육군만이 적국을 파괴할 수 있기 때문에 전쟁에 있어 결정적인 수단이 될 수 있다. 즉, 전쟁의 승리는 대규모의 육군 대대(battalion)에 의해 이룩되는 것이지, 바다나 공중의 함대나 편대에 의해 이루어지는 것은 아니다."[3]

그는 이어서 전략공군과 해군력의 효용성에 대해 1915~1945년 사이에 발생한 전쟁을 사례로 들어 별로 효용성이 없음을 지적하고 있다. 이러한 그의 주장에 대해 반론이 가능한 부분은 그가 사례로 제시하였던 과거 지상군 위주의 전쟁형태와 현대의 하이테크(hi-tech)적 전쟁형태가 동일시될 수 있는가? 하는 물음에서부터 시작한다. 물론 저자도 걸프전과 코소보전에 대해 언급하고 있지만, 그 전쟁은 초강대국인 미국에 대해 상대적 약소국인 이라크와 유고와의 전쟁이었기 때문에 의미가 없다는 논리를 펴고 있다. 그렇게 말한다면 수십만의 지상군을 투입시키고도 패배한 월남전은 어떻게 설명할 것인가? 지상군이 월등함으로써 과연 전쟁에서 승리할 수 있었던가?

두 번째 문제제기가 가능한 부분은 그는 전쟁의 목적을 적 영토의 점령으

---

[2] 미어샤이머는 미국 육군사관학교(West Point)를 졸업하였다. 코넬대학에서 정치학 박사학위를 취득했고, 그 후 브루킹스 연구소 연구위원과 하버드대학교 연구원을 역임했다. 현재 시카고대학 정치학과 교수로 재직 중이고, 최근 미국 정치학계의 영향력 순위에서 사뮤엘 헌팅턴에 이어 5위에 올라 있는 국제정치학자이자 군사전략가이다.

[3] John J. Mearsheimer, 이춘근 역, 앞의 책, pp.178-182.

로 보고 있다는 데 있다. 즉 적의 심장부를 점령하여 자국의 깃발을 꽂을 때만이 전쟁에서 승리하는 것이며, 육군력만이 이것을 달성할 수 있다는 논리이다. 그러나 적의 영토를 점령하려는 전쟁목적이 현대에서는 크게 나타나지 않고 있다는 것이 두 번째 문제제기의 핵심이다. 현대 국가들의 군사력은 적을 궤멸시킴으로써 적의 영토를 정복하는 클라우제비츠류의 절대전적 사용이 아니다. 오히려 상대방에게 위험스러운 행동을 금지하게 하는 억제나, 설사 그러한 행동을 하였더라도 신속히 원상복귀를 시키게 하는 강압적인 사용이 보편적인 군사력 사용의 형태라 할 수 있다. 따라서 필자는 1945~2000년 사이에 발생한 전쟁의 목적을 분류하여 저자의 논리가 어긋났다는 것을 제시하려 한다.

환언하면 "왜 우리는 곧 냉전을 그리워하게 될 것인가?"4)라는 그의 논문에서도 나타나듯이 미어샤이머의 논리는 냉전시기의 전쟁수행방식에 집착해 있으며, 현대전의 양상이 총칼로 육탄전을 벌이는 형태의 전쟁이 아니라 외과수술식의 깨끗한(clean war) 첨단기술전이라는 점, 군사력 사용이 적 영토의 점령보다는 억제와 강압으로 대표되고 있다는 현시대의 조류를 깨닫지 못하고 있다는 것을 비판하려는 것이다.

---

4) John J. Mearsheimer, "Why We will Soon Miss the Cold War," *The Atlantic*, vol.266, no.2(August 1990), pp.35-50. 이 논문에서 그는 미소가 극한적으로 대립하고 있었던 냉전체제가 오히려 평화스러웠고, 탈냉전 이후에는 다극체제가 출현함으로써 다극체제였던 근세 유럽에서 1차 세계대전과 같은 전쟁의 위험이 더 높아질 것을 경고하면서 냉전 시의 평화를 그리워하게 될 것임을 예고하고 있다. 그러나 그가 이 논문을 저술한 시점으로부터 많은 시간이 흐른 지금 국제정세를 보면 그의 예측이 많이 빗나갔음을 알 수 있다.

II. 강대국 정치와 군사력의 중요성

1. 미어샤이머의 주장

우선 전반적으로 이 책의 내용을 정리해보면 다음과 같다. 미어샤이머는 국제체제의 무정부적 구조가 국가들로 하여금 자신의 안보와 복지를 걱정하게 하며, 이러한 안보와 복지를 확보하기 위해 전쟁이 정당한 수단이 된다고 주장한다. 중심적인 권위가 부재한 국제체제에서 국가들은 불안정성을 극복하기 위해 가능한 한 타국가보다 많은 상대적인 힘을 획득하려고 한다. 강대국들은 다른 국가들이 적대적인 의도를 가지지 않을 것이라는 것을 확신할 수 없는 세계에서 다른 국가의 공격에 대비하여 자신을 보호하기 위해 가능한 한 많은 권력을 획득하고 지배적인 국가가 되고자 한다. 미어샤이머는 이러한 사실에 강대국의 비극이 내재해 있다고 본다. 즉 평화롭게 사는 것에 만족하고 있는 국가들마저도 무자비한 권력투쟁에 끼어들어야 하며 단지 자신의 생존에 관심을 가지고 있을 뿐 서로 싸울 이유가 없는 강대국들은 그럼에도 불구하고 힘을 추구하고 다른 국가들을 지배하려고 한다는 것이다.

미어샤이머는 이러한 논의에서 나아가 강대국들이 자신의 이익을 증진하기 위해 구사하는 전략을 밝히고 있다. 그에 의하면, 강대국들은 세력균형을 유지하는 비용을 동맹국가와 경쟁국에게 전가하고 경쟁국들 간의 전쟁을 부추기는 등 좋은 기회가 생길 때마다 자신의 권력을 극대화하고자 한다. 그는 미국이 가장 우선하는 전략적인 이해관계를 가지고 있는 동북아와 유럽에 있어서의 평화의 가능성에 깊은 관심을 가지고 나름의 예측을 제시하고 있다. 그는 이 두 지역이 현재 상대적인 평화를 보이고 있는 듯 보이나 이는 강대국 간의 끊임없는 투쟁에 있어 잠시의 휴식기에 불과하다고 본다. 특히 동북아에 있어 미국은 부상하는 중국과 치열하고 위험한 안보경쟁을 치러야 할 운명에 처해 있으며, 현재 미국이 중국과의 갈등을 방지하기 위해 구사하고 있는 대립이 아닌 서로의 관계를 우호적으로 확대시키는 개입전략

(strategy of engagement) 역시 실패할 운명에 처해 있다고 본다.

여기에서 (신)현실주의에 있어 구별되고 있는 '공격적 (신)현실주의(offensive neorealism)'와 '방어적 (신)현실주의(defensive neorealism)'에 대해 간략하게 설명하면, 미어샤이머는 전형적인 공격적 (신)현실주의자로 분류되며 케네츠 왈츠(K. Waltz)는 이 두 경향의 특성을 조금씩 다 가지고 있는 학자로 혹은 때때로 방어적 현실주의자로 분류된다. 공격적 (신)현실주의는 방어적 (신)현실주의에 비해 국제사회를 좀 더 경쟁적이고 비관적으로 바라본다. 구체적으로 공격적 (신)현실주의는 국제체제의 무정부성이 공격과 갈등을 촉진한다고 보며, 국제체제는 또한 국가들 모두가 다른 국가들을 이용할 기회를 엿보고 서로를 신뢰할 이유가 거의 없는 잔인한 곳으로 보고자 한다. 따라서 안보란 확보되기 힘들며 국가 간 경쟁이 치열하고 전쟁이 일어나기 쉽다는 것이다. 이러한 상황에서 국가들은 공격적인 의도를 갖게 되고 공격적인 전략을 세우지 않을 수 없게 되며 생존을 위해 힘의 극대화를 추구하게 된다. 이러한 상황 아래 속임의 문제와 상대적 이득의 문제가 크게 부각되며, 이 때문에 국가 간의 협력에 대해 비관적이다.

방어적 (신)현실주의는 국제체제가 필연적으로 전쟁과 갈등을 반드시 야기하는 것은 아니라고 보는 시각이다. 공격적 (신)현실주의가 국가를 힘의 극대화를 추구하는 존재로 바라보는 데 반해, 방어적 현실주의자는 안보의 극대화를 추구하는 존재로 바라보고자 한다. 즉 방어적 (신)현실주의는 힘의 배분보다는 위협의 수준과 방향을 좀 더 중요한 것으로 보는데, 이러한 관점에서 위협균형론을 전개한 왈트(Stephen M. Walt)[5]가 이에 속한다. 이들은 힘이 아닌 안보를 추구하는 국가를 상정하고 있기 때문에 협력의 가능성을 배제하지 않는다. 즉 힘이 아닌 안보가 국가가 추구하는 궁극적인 목표이기 때문에 협력이 종종 이러한 안보를 가져올 수 있는 최상의 방법이 될 수

---

[5] Stephen M. Walt, *The Origin of Alliances* (Ithaca: Cornell University Press, 1987). 케네츠 왈츠의 제자인 왈트는 국가의 동맹목적이 세력균형을 위해 수립하는 것이 아니라 위협이라는 기준에 근거한다고 본다. 즉 어느 쪽이 더 위협적이고 덜 위협적인가에 대한 판단에 기초하여 동맹행위를 한다는 것이다.

있다는 것이다.

2. 육군력 강화의 논리

이 부분은 총 10개의 장 중에서 제4장에 속하며 8개의 절로 이루어져 있다. 다음은 저자(미어샤이머)의 관점에서 육군력의 강화논리를 글로 옮겨 놓은 것이다.

무정부적인 국제체제하에서 국가들은 생존하기 위해서 권력을 보유하려고 노력하며, 그 권력은 군사력으로 대표될 수 있고, 군사력은 독립적 해군, 전략공군, 육군 및 핵무기 네 가지 종류로 구성된다. 그런데 이 네 가지 군사력은 모두 동등한 비중을 가지는 것이 아니라 현대세계에서 가장 압도적인 형태의 군사력은 육군력이다.[6] 독립적 해군력과 전략공군만으로는 영토를 정복할 수 없으며, 다른 나라들에게 압력을 가해 그들에게 영토적 양보를 도출해낼 수도 없다. 해군과 공군은 물론 성공적인 군사작전에 기여할 수 있지만 전쟁은 주로 지상에서의 승리로 승패가 결정된다. 더 단순히 말하자면, 가장 막강한 국가는 가장 막강한 육군을 보유한 나라이다.

저자는 줄리오 듀헤나 알프레드 마한이 주장한 공군력과 해양력의 중요성은 모두 틀렸다고 주장한다. 즉 육군이 결정적 군사수단으로 유용하며, 전쟁의 승리는 대규모의 육군대대들에 의해 이룩되는 것이지 바다나 공중의 함대나 편대에 의해 이루어지지 않는다는 것이다. 이러한 프롤로그를 던지면서 저자는 다음과 같은 육군력 강화의 논리를 전개해 나가고 있다.

1) 정복 대 강압(Conquest & Coercion)

육군력은 주로 육군으로 구성되지만, 육군을 지원하는 공군과 해군도 포함된다. 예로써 공군력은 공중에서 육군을 지원한다. 이러한 항공임무는 육

---

6) John J. Mearsheimer, 이춘근 역, 앞의 책, p.177.

군을 지원하는 것이지 독자적으로 행해지는 것은 아니다. 그래서 이 임무는 육군력의 구조 속에 존재하는 것이다. 육군은 전쟁에서 제일 중요하다. 왜냐하면 육군이야말로 땅을 정복하고 통치하기 위한 가장 중요한 수단이기 때문이다. 땅을 점령하고 통치한다는 것은 영토국가들로 이루어진 세상에서 최고의 정치적 목표가 된다.[7]

비록 공군과 해군이 전략폭격 및 봉쇄를 통해 적국을 경제적으로 파탄시켜 전쟁수행능력을 약화시킴으로써, 혹은 적국의 시민에게 대규모의 처벌을 가함으로써 적의 항복을 받아낼 수 있지만 중요한 전쟁에서 승리하는 데 유용성이 별로 없다. 강압적인 군사력인 공군과 해군 중 어느 것도 독자작전으로 전쟁을 승리로 귀결시킨 적은 없었다. 그 중요한 원인은 공군력 및 해군력만으로 강대국을 강제하기 어려우며, 특히 적국의 경제를 폭격 및 봉쇄만으로 붕괴시킬 수는 없기 때문이다. 그러나 공군과 해군은 때로 적국 군사력의 중추를 이루는 경제력을 파괴함으로써 육군이 전쟁에 승리하는 데 도움을 준다. 제한된 능력을 가지고 있기에 공군력과 해군력은 보조적 역할 그 이상을 하지 못한다.

또한 육군력은 다른 이유 때문에 공군력 및 해군력을 압도한다. 오직 육군만이 적국을 철저하게 파괴할 수 있기 때문이다. 공군과 해군은 강대국 간의 전쟁에서 신속하고 결정적인 승리를 성취할 수 없다. 이들은 주로 장기적 소모전인 경우 유용하다. 그러나 국가들은 신속한 승리가 가능하다고 생각하지 않는 한 전쟁에 빠져들지 않는다. 사실 전쟁이 오래 지속될 것이라는 기대는 전쟁을 억지하는 가장 중요한 요인이다.[8] 결과적으로 강대국의 육군은 공격을 시작하는 가장 중요한 도구가 된다. 다른 말로 하면, 국가의 공격 잠재력은 주로 육군에 근거를 두고 있는 것이다.

---

7) 이 부분에서 저자는 이러한 기능을 수행하는 해병대 역시 다른 이름을 가진 육군임을 주장하고 있다.
8) 이러한 그의 논리는 다음 책자를 참조할 것.
John J. Mearsheimer, *Conventional Detererrence* (Ithaca, N.Y.: Cornell Univ. Press, 1983), Ch 2.

2) 전략공군의 한계[9]

미어샤이머는 공군의 우선적 임무를 하늘에서의 우위(air superiority)라고 인정하고 있다. 그러나 그 이후의 임무는 육군을 지원하는 투사작전에 진력해야 함을 강조하며 그 방법에 대해 다음 세 가지를 들고 있다. 첫째는, 근접공중지원(CAS)으로 공군은 전장상공을 날며 그 아래에서 작전을 전개하는 우군에 대해 직접적 전술지원을 하는 것이다. 둘째로, 차단(Interdiction)임무로 공군이 적의 후방을 공격해 전방의 적에 대한 물자보급 및 병력이동을 차단 혹은 지연시키기 위한 임무다. 공격표적 목록에는 적의 물자지원시설, 예비부대, 장거리 포, 적의 후방 지역을 엮어 놓고 전선과 통하게 되어 있는 교통로 등이 포함될 것이다. 셋째로, 공군력은 또한 공중수송(Airlift)의 임무를 수행한다. 이는 전투지역까지 혹은 전투지역 내에서 병력과 물자를 이동시키는 역할이다. 물론 이 같은 공군의 임무는 육군의 힘을 증강시키기 위한 수단일 뿐임을 저자는 말하고 있다.

이 외에 공군은 적국에 대해 전략폭격(Strategic Bombing)이라는 독립적인 힘의 투사작전을 시행할 수 있는데, 이는 적국의 본토를 직접 공격하는 것으로 이 같은 기능은 공군 혼자만으로 전쟁을 이길 수 있다는 주장을 불러일으킬 수 있다. 지난 수십 년 동안 공군력의 지지자들은 적국의 지도력을 붕괴시킬 수 있는 전략폭격 그 자체로서 전쟁을 승리로 이끌 수 있다고 주장해왔다. 여기에 대해 미어샤이머는 1945년 이후 전략폭격이 별로 중요하게 인식되지 않았으며, 미래에도 크게 변하지 않을 것임을 강조하며 독립적 공군력의 효용성에 대해 부정적인 견해를 피력하고 있다.

또한 그는 1980년대 소련의 아프가니스탄 공격, 1990년대 초 1차 걸프전, 90년대 말의 유고전에서 미국의 전략폭격이 나름대로 성과를 거두었으나, 상대방이 비교할 수 없을 정도로 군사력이 열세였기 때문에 이것을 가지고 공군력의 효용성을 논해서는 안 될 것이라 말하고 있다. 미어샤이머는 강대국과 강대국, 약소국과 약소국의 전쟁에서 전략폭격을 분석하려 시도한다.

---

[9] John J. Mearsheimer, 이춘근 역, 앞의 책, p.200.

1915년 이후 14개의 전략폭격 사례가 있었는데, 그중 5회는 강대국이 다른 강대국을 전략폭격했던 사례이며, 9가지 경우는 강대국이 약소국을 전략폭격 했던 경우였다.10) 이 14가지 사례를 분석하면서 그는 다음의 두 가지 질문을 던지고 있다. 첫째로, 전략폭격만으로 적국에게 항복을 강요할 수 있다는 증거가 있는가? 둘째로, 전략공군은 지상군의 승리를 위해 중요한 기여를 했는가? 전략폭격이 전쟁의 결과에 미친 영향은 지상군의 역할에 버금가는 결정적인 것이었나, 혹은 부차적인 것이었나?

미어샤이머는 위의 질문에 대한 대답형식으로 전략폭격의 효용성에 대해 다음과 같은 결론을 내리고 있다.11) 첫째로, 전략폭격 그 자체만으로 적국을 항복하도록 강요할 수 없다. 유고슬라비아의 사례를 예외로 한다면 어떤 강대국도 오직 공군력만으로 전쟁에 이기려고 시도했던 나라는 없었으며, 나토의 경우조차도 밀로세비치를 강압하기 위해서는 지상군을 통한 공격위협이 추가적으로 더 필요했음을 말하고 있다. 미어샤이머는 전략폭격에만 의존하는 경우 전쟁에 승리할 수 없음을 강조하며 더 나아가 과거의 폭격작전들은 폭격작전만으로 다른 강대국과의 전쟁에서 승리를 가져올 수 없었다는 사실과 더불어 전쟁 결과에 결정적으로 영향을 미쳤다는 증거도 보여주지 못하고 있다고 비판한다.

14가지의 전쟁사례 중 전략공군을 동원해서 강대국이 승리한 9가지 사례 중 3번은 승자가 공군력만으로 적을 제압하지 못하고 육군을 동원해야만 했던 경우다. 이디오피아와 싸운 이탈리아, 나치독일과 싸운 동맹국들, 이라

---

10) 강대국이 다른 강대국을 강압하기 위한 전략폭격작전은 네 번 있었는데, ① 영국도시를 향한 독일의 폭격, ② 영국과 미국의 독일에 대한 폭격, ③ 영국과 미국의 이탈리아 폭격, ④ 미국의 일본에 대한 폭격이 그것이다. 강대국이 약소국을 압박하기 위한 전략폭격 작전으로는 ① 1936년 이디오피아에 대한 이탈리아의 폭격, ② 1937~45사이의 중국에 대한 일본의 폭격, ③ 핀란드에 대한 소련의 폭격, ④ 1950년대 북한에 대한 미국의 폭격, ⑤ 1960년대 중반 베트남에 대한 미국의 폭격, ⑥ 1972년 북 베트남에 대한 미국의 폭격, ⑦ 1980년대 아프간에 대한 소련의 폭격, ⑧ 1991년 미국과 연합국에 의한 이라크 폭격, ⑨ 1999년 미국과 연합국의 유고슬라비아 폭격이다.

11) John J. Mearsheimer, 이춘근 역, 앞의 책, p.221.

크와 싸운 미국의 경우가 그것이다. 나머지 여섯 가지 사례는 전쟁에 승리한 강대국이 전략폭격작전을 통해 성공적으로 상대방을 강압했던 경우들이다. 그러나 이 중 5개의 사례는 전략폭격이 전쟁의 승리를 가져오는 데 부수적 역할을 했을 뿐이었다. 일본에 대한 미국의 전략폭격, 핀란드에 대한 소련의 폭격, 이탈리아에 대한 동맹국의 폭격, 한국과 월남전에서의 미국의 폭격 등이다. 이 모든 경우 전쟁승리의 본질적 요인은 육군이었다. 다만 코소보에서의 전쟁만이 전략폭격이 성공적인 강압을 위해 결정적 역할을 한 사례이다. 그러나 이 사례는 독립공군의 유용성에 관한 낙관론의 근거가 될 수 없다. 유고는 미국과 나토에 대항해서 홀로 싸워야 했었던 허약한 약소국이었기 때문이었음을 저자는 이유로 들고 있다.

미어샤이머는 위의 역사적 사례에서 전략폭격은 적국의 육군력을 약화시키지 못했다는 점을 두 번째 교훈으로 제시하고 있다. 즉 전략폭격은 지상군의 전투를 승리로 이끄는 데 크게 기여하지 못했다는 것이다. 공군력은 승리를 위해 오직 부수적 역할을 담당했을 뿐이다라는 것이 그의 결론이다.

3) 육군력의 압도적 중요성[12]

미어샤이머는 이 부분에서 국가들에게 사용가능한 가장 막강한 군사력으로의 육군력을 강대국 간의 전쟁에서 승리를 결정짓는 요인임을 강조하며, 1792년 이후의 강대국 간의 전쟁사례를 예로 들고 있다.[13] 나폴레옹이 유럽대륙을 육군력으로 지배하였으며, 이 과정에서 영국의 해군력은 무용지물이었다는 것이다. 또한 1차 세계대전 및 2차 세계대전도 강력한 육군력들 간의 전쟁이었다는 것을 강조하며, 다만 일본과의 전쟁에 있어 공군력과 해군력의 역할을 어느 정도 인정하고 있다. 그리고 냉전 당시 나토와 바르샤바

---

12) John J. Mearsheimer, 이춘근 역, 앞의 책, p.225.
13) 여기에는 프랑스 혁명전쟁, 나폴레옹 전쟁, 크리미아 전쟁, 이탈리아 독립전쟁, 오스트리아-프러시아 전쟁, 보불전쟁, 러일전쟁, 러시아 내란, 일소전쟁, 1차, 2차 세계대전 등이 포함된다. 물론 1차 세계대전 시까지는 공군력이 태동하는 단계였기 때문에 육군력의 효용성은 해군력과의 비교에 초점을 맞추고 있다.

조약군 간의 첨예한 긴장감 역시 육군력 위주의 경쟁이었지 전술공군의 영향력은 끼어들 여지가 없었다는 것이다. 육군력은 핵시대에 있어서도 핵의 불용 가능성 때문에 여전히 핵심적인 전력으로 남아 있으며, 육군은 현대 세계에서 가장 극적인 군사력의 형식이라는 것을 강조한다. 또한 비록 핵무기의 존재는 강대국들의 육군이 상호충돌할 가능성을 결정적으로 낮추었지만 그럼에도 불구하고 육군은 군사력의 왕으로 남아 있음을 말하고 있다.

결론적으로 미어샤이머는 국제체제에서 가장 위험한 국가는 대규모 육군을 보유한 대륙적 강대국이라는 사실을 강조하고 있다. 따라서 강대국들은 육군의 우위를 목표로 삼는데, 육군력이야말로 군사력의 비중을 최대화시키는 데 제일 중요한 것이기 때문이다. 실제로 국가들은 공군력과 해군력에 의해 지원받는 막강한 육군력의 건설을 목표로 한다. 물론 강대국들이 자신들의 국방비의 모든 것을 육군에 투자하는 것은 아니다. 그러나 군사력의 가장 강력한 형태가 육군이기 때문에 국가들은 자신들이 속한 지역에서 가장 막강한 육군을 보유한 국가가 되고자 하는 것이다.

미어샤이머는 군사력으로 대표되는 국력증대를 위한 전략으로 전쟁, 공갈(black-mail),[14] 미끼와 피(bait and bleed),[15] 피흘리게 하기(bloodletting)[16] 등을 제시하고 있으며, 전쟁은 이 중에서도 가장 핵심적인 전략이라는 것을 말하고 있다. 미어샤이머는 전쟁의 원인을 강대국들이 국가의 힘을 증강시키는 것에서 찾고 있으며, 따라서 전쟁을 통한 정복이야말로 국가 힘의 증대를 위해 가장 핵심적이며 육군력이 이 목적을 달성해줄 수 있다는 것을

---

14) 어떤 국가는 적대국에 대해 군사력 사용을 위협함으로써 전쟁을 치르지 않고서도 상대방을 희생시키고 자신의 힘을 증가시킬 수 있다. 즉 실질적 힘의 행사가 아닌 강압적 위협은 원하는 결과를 가져다 줄 수 있다.
15) 이 전략은 두 개의 경쟁국을 장기전으로 빠져들게 하고 두 나라가 서로 패망할 때까지 피를 흘리며 싸우는 동안 미끼를 던진 국가는 자신의 군사력은 그대로 놓아둔 채, 옆에서 이득을 보는 것과 같은 상황을 말한다.
16) 이 전략은 미끼와 피의 전략을 변형한 것으로 자신과 라이벌 관계에 있는 적국이 빠져들어간 어떤 전쟁이라도 그 전쟁을 장기화시키고 희생을 크게 함으로써 라이벌 국가의 힘을 소진시키려는 책략을 말한다.

강조하고, 나폴레옹의 정복전쟁, 1차 세계대전과 2차 세계대전 시의 독일의 폴란드 점령 등을 예로 들고 있다.

III. 비평

서언에서 밝혔듯이 미어샤이머의 논리적 허점은 다음 두 가지로 구분될 수 있다. 첫째, 그가 사례로 제시하였던 과거 육군력 위주의 전쟁형태와 현대의 하이테크적 전쟁형태는 동일시될 수 없다는 것이고, 둘째 그는 전쟁목적을 적 영토의 점령으로 보고 있지만 적의 영토를 점령하려는 전쟁목적이 현대에서는 크게 나타나지 않고 있다는 것이 두 번째 문제제기의 핵심이다.

1. 과거와 현대 전쟁이 동일한 성격의 것인가?

이 질문은 미어샤이머가 제시한 "역사적 전쟁사례들 서로가 비교할 수 있는 대상인가?"와 동일한 맥락의 것이다. 즉 미어샤이머의 논리대로라면 과거 나폴레옹전투나 근세 유럽에서의 전투가 육군력 위주로 진행되었고, 강력한 육군력을 가진 국가가 대륙을 정복했다는 논리인데, 현대전에서 그 논리가 적용될 수 없음은 자명한 사실이다. 물론 근세이전, 1·2차 세계대전, 그리고 심지어는 월남전까지만 해도 육군력의 중요성은 부인할 수 없는 사실이었다. 왜냐하면 이 시기에는 해양, 공중으로의 병력 및 물자의 수송수단, 지리적인 위치를 극복할 수 있는 장거리 파괴무기, 파괴력 있는 무기를 탑재하고 신속한 이동력을 가진 해양무기나 공중무기의 미발달로 주로 보병에 의해 전쟁이 수행되었기 때문이다.

그러나 20세기 후반부터 과학기술과 무기공학이 급속한 발전을 거듭하여

하이테크 시대가 도래하였다. 그 결과 공, 지, 해 모든 곳으로의 병력과 장비의 운송능력의 한계뿐만 아니라, ① 벙커를 파괴하는 GBU-28 스마트폭탄, 동굴내부 군대를 질식시키는 BLU-118 신형 열압력 폭탄, AGM-86C 공중발사 크루즈 미사일, AGM-154 JSOW 미사일 등은 지형의 한계를, ② 스텔스 전폭기 및 F-15급 이상의 전투기들은 지형과 위치를, ③ 정찰위성, 무인기, E-8A JOINT STARS 등은 제한된 정보의 한계를 극복하고 있는 실정이다. 예를 들면 전장상황을 통합하여 수천 마일이나 떨어진 지하 벙커 내에서 실시간의 상황분석 및 명령을 내리는 등 지휘·통제 시스템에 있어 그 기능 및 속도가 엄청난 속도로 발전하였다.

위의 논의를 다시 정리해보면 과학기술의 발전과 이에 따른 무기체계의 급속한 발달이 지형과 위치 등의 지리적 한계를 무용지물로 만들어감으로써 보병위주의 육군 중심의 전투보다는 해군과 공군 중심의 입체전으로 변해가고 있다는 것이다. 즉, 현대의 전쟁은 과거 나폴레옹이 그랬던 것처럼 수적인 우위와 기동력이 우수한 보병위주의 전쟁형태는 아니라는 것이다. 수천, 수만 명의 소총과 대포로 무장한 보병도 단지 몇 발의 CBU와 GBU 계열의 하이테크적 무기체계 앞에서 그 효력을 발휘하지 못했음은 현대전쟁사가 증명해주고 있지 않은가? 여기서 미어샤이머가 제시한 전제사항이 있다. 이러한 그의 논리는 강대국 간의 전쟁에 해당되는 것이지 강대국과 약소국 간의

〈표 6-1〉 지휘·통제 시스템의 발달

구분	프랑스혁명	남북전쟁	제2차 세계대전	걸프전
관측(Observe)	망원경	전보	라디오·유선	컴퓨터
동향판단(Orient)	수주	수일	수시간	수분
의사결정(Decide)	수개월	수주	수일	수시간
행동개시(Act)	한계절	1개월	1주	1일

출처: General Gordon R. Sullivan, "War in the Information Age," *Military Review* (April 2002), p.47.

전쟁은 해당되지 않는다는 것이다. 예를 들면 그는 1990년대 말의 코소보전은 공군력이 전쟁에 결정적인 영향을 미칠 수 있다는 것을 인정하고 있으나, 패권국(superpower)인 미국을 비롯한 나토와 그 전력을 비교할 수도 없는 밀로셰비치 정권과의 전쟁이었다는 점에서 진정한 공군력의 효용성에 대해서는 여전히 의심스럽다는 의견을 피력하고 있다.17)

그러나 그의 논리는 여기서 다시 한번 자기모순에 빠지고 있다. 그의 논리대로라면 강대국과 약소국 간의 전쟁은 항상 강대국이 승리하는 것이 분명한 사실일진대, 현대 전쟁사를 보면 그렇지 않은 사례들이 다수 발생하고 있다는 것이다. 1960년대 쿠바를 비롯한 미국과 중남미 국가들 간의 전쟁, 1990년대 소말리아와의 전투가 대표적 사례이며, 특히 월남전에서의 미국의 실패는 미어샤이머의 논리적 허구성을 지적할 수 있는 가장 대표적인 사례가 될 것이다.

왜 미어샤이머는 코소보전을 단지 강대국과 약소국의 전쟁으로 치부하며 공군력의 효용성을 폄훼하면서도 수십만의 육군을 동원하고서도 결국은 현대 미국의 전쟁 중 가장 실패적인 사례로 회자되고 있는 월남전에 대해서는 아무런 언급도 하고 있지 않은가? 그의 논리를 뒷받침하기 위한 견강부회(牽强附會)적이고 현시대에 적용하기 어려운 사례선택은 역설적이게도 그 논리의 허점을 드러내게 하는 단초가 되고 있다. 또한 저자의 말대로 현대전에서도 여전히 육군력이 군사력의 주체가 되고, 공군력과 해군력이 보조적 역할밖에 할 수 없는 입장이라면 강대국들이 군사혁신을 통해 육군력을 감소시키는 대신 공군력과 해군력을 증강시키는 현상은 어떻게 설명할 것인가?18)

---

17) John J. Mearsheimer, 이춘근 역, 앞의 책, p.220.
18) 가장 대표적인 예로 2012년 1월 발표된 미 신(新)전략지침에 의하면 미군은 군사력 운영의 효율성을 목표로 대규모 지상군 병력의 감축을 시사한 바 있다.

2. 현대전에서 전쟁의 목적은 어떠한 것인가?

이 책에서 미어샤이머는 최고의 전쟁목적을 적 영토의 점령으로 보고 있지만, 그러한 전쟁목적은 하위 목적에 불과할 뿐만 아니라 적의 영토를 점령하려는 전쟁목적이 현대에서는 크게 나타나지 않는다는 데 또한 문제점이 있다. 즉 그가 말하는 적 영토의 점령이란 전쟁의 목적이라기보다는 군사적 목표에 부합되는 성향이 있고, 설사 전쟁목적이라 하더라도 그러한 목적이 더 이상 현대에서는 적용될 수 없다는 것이 비평의 핵심이다.

전쟁은 그 자체가 목적이 아닌 특정한 목표 즉, 국가 목적 또는 국가 이익을 달성하기 위한 수단이며, 이 특정한 목표가 바로 전쟁의 목적(political object of war)이다. 따라서 전쟁의 근본적인 동기가 되고 있는 전쟁목적은 구체적으로 어떠한 국가목적과 국가이익을 추구하기 위해 설정되었으며, 이러한 국가의 목적과 이익을 위해 전쟁을 치러야 할만한 가치와 또 전쟁을 치름으로써 기대되는 대가 등을 고려하여 선정되어야 한다. 이런 점들을 고려해 볼 때 국가가 전쟁을 치르는 전쟁목적은 다음과 같이 계서적(階序的)으로 요약될 수 있다.[19]

첫째, 한 국가의 권위, 정치적 시스템을 침입자로부터 보호하는 것, 둘째 정부가 통제하기 힘든 지역을 포함한 국가의 국경을 다른 적대국가로부터 보호하는 것, 셋째 한 국가의 안보를 위협하기 위해 강력한 군사력을 가지고자 하는 적대국가로부터 자국의 안보와 이익을 수호하는 것, 넷째 다른 국가의 영토 일부를 점령하는 것 등이다. 이러한 전쟁목적을 달성하기 위해 국가 전쟁지도 기구가 군대에 지시하는 것이 바로 군사목표이다. 군사목표란 전쟁목적을 달성하기 위한 수단으로 군사력이 지향해야 할 목표라고 할 수 있다. 즉, 군사목표는 전쟁목적 달성을 위한 수단적 의미를 갖는다. 또한 군사목표의 구체적인 개념은 적의 군대를 격멸시키고, 그의 저항의지를 분쇄

---

[19] Samuel B. Payne Jr., *The Conduct of War: An Itroduction to Modern Warfare* (New York: Basil Blackwell Inc, 1989), pp.62-63.

시키는 것으로 요약할 수 있는데, 이것은 다시 적 전투력의 무력화, 실지의 회복, 침략 억제, 병참선 확보 등으로 세분화시킬 수 있다.20) 따라서 전쟁의 군사목표란 전쟁목적의 파생물로서 그 전쟁이 추구하는 정치적 의도, 또는 목적을 달성하기 위한 일정 규모의 군사력을 지향하는 목표라고 할 수 있다.

위의 이론적 논의를 고려해본다면 미어샤이머가 말하는 적 영토의 점령이란 전쟁목적 중에서도 가장 하위에 속하며, 어떻게 본다면 전쟁목적의 범주를 벗어나 군사목표의 범주로 격하될 수 있는 부분이기도 하다. 즉 클라우제비츠가 말하는 것처럼 1 대 1의 결정적 싸움(Dual fight)을 통해 적의 군대를 무력화시켜 적의 영토를 점령하는 것은, 자국의 안보를 미리 확보하기 위한 수단21)이란 측면에서 전쟁목적이라기보다 군사목표로 볼 수도 있는 것이다. 물론 미어샤이머가 다수의 사례로 들고 있는 클라우제비츠 당시의 전쟁에서 '적 영토의 점령'은 군사목표인 동시에 전쟁목적으로 볼 수도 있음은 주지의 사실이다. 왜냐하면 그 당시의 영토는 웨스트팔리안(westphalian)적 주권 개념에 입각한 근세국가들의 존재 이유였기 때문이다. 그러나 현 시대에 와서는 주권의 개념과 영토의 의미가 급격하게 변화하고 있다. 국가 간의 정치, 경제적 상호의존과 인터넷 등을 통한 제한없는 정보교류는 국경의 개념과 영토의 중요성을 무의미하게 만들어 버렸다. 또한 전시에는 자국이 원하는 이익을 쟁취하는 것이 주목적이고, 영토 자체를 점령하는 것은 하위의 목적이 되었다. 이것은 과거와 같이 전쟁의 목적이 적 영토의 점령과 같은 하위의 것이 아니라 자국의 안보수호나 국가이익 추구와 같은 상위의 것으로 변화되었음을 의미하는 것이다.

이러한 전쟁목적의 변화와 함께 군사력의 사용 목적도 1차, 2차 세계대전 및 여러 현대전을 거쳐오면서 변화되어 왔다. 군사력을 이용하여 적 영토

---

20) Arthur F. Lykke, *Military Strategy: Theory and Application* (U.S. Army War College, 1982), Chapter 2, p.134.
21) 이러한 점에서 그의 논리가 '공격적 현실주의'로 비춰지고 있는 것이다. 즉 국가들은 서로의 생존을 최고의 선으로 믿고 있기 때문에 자국의 생존을 위해서는 선제공격과 예방공격의 구분을 가리지 않는다는 것이다.

의 점령이나 적국의 전쟁잠재력 전반을 물리적으로 격멸하여 승리를 획득하는 형태에서 원하는 부분만 결정적으로 타격을 가함으로써 목적을 달성하는 깨끗한 전쟁(clean war)으로 변화되고 있다. 뿐만 아니라 실제적인 군사력을 이용하기보다는 억제와 강압을 이용하여 적에게 위협을 가함으로써 원하는 목적을 달성하는 추세로 변화되고 있기도 하다.

여기서 강압이란 상대국이 이미 실시한 행위의 원상회복 또는 실시하고 있는 행위를 중지토록 응징의 위협 또는 제한된 군사력으로 상대국을 설득하는 것을 말한다.[22] 이러한 위협의 주요 수단은 군사력이라고 할 수 있는데, 여기에서 군사력이란 어떤 규모로 사용되었든지 간에 공군력과 해군력을 의미하지 육군력을 의미하지는 않는다. 왜냐하면 공군력과 해군력의 사용은 모두 상대국에게 순응 또는 저항할 수 있는 기회를 제공하지만 육군력은 상대국의 저항만을 유발하기 쉽기 때문이다. 즉, 공군력과 해군력의 사용은 상대국으로 하여금 완전한 군사력 패배 전(前)에 순응을 유도할 수 있지만, 순응을 얻기 위해 육군력을 사용한다면 육군력의 특성 때문에 상대국은 기필코 저항하려는 성향이 강하다는 것이다.

그렇다면 현대의 전쟁사례에서 이러한 추세가 발견되고 있는가? 여기서는 전쟁목적이 적 영토의 점령보다는 다른 상위목적을 추구하고 있는지, 군사력의 사용이 실제 공격적인 사용보다 강압과 억제를 추구하고 있는지, 그러한 군사력을 사용함에 있어 공군력은 어떤 역할을 했으며, 미어샤이머의 주장대로 단지 육군력의 보조적인 역할밖에 하지 않았는지를 분석하고자 하였다.

<표 6-2>의 사례를 살펴보면 20세기에 발생한 전쟁은 "적 영토의 점령"이라는 전쟁목적이 잘 발견되지 않고 있다는 것을 발견할 수 있는데, 전쟁목적별로 사례들을 구분해보면 <표 6-3>과 같이 요약될 수 있다.

---

22) Alexander L. George, "Coercive diplomacy: definition and characteristics," in Alexander L. George and Willam E. Simons, *The Limits of Coercive Diplomacy* (Boulder, Colo.: Westview Press, 1994), p.7.

〈표 6-2〉 현대전에서의 전쟁목적 분류

전쟁 당사국		시기	전쟁목적	공군력의 역할
미국	독일	1943~1945	독일의 전쟁잠재력과 전쟁의지 감소	독일의 산업기지와 인구밀집지역 폭격
영국	말레이시아 게릴라	1948~1960	게릴라 진압	게릴라 주둔지역 폭격과 정찰
미국	북한	1950~1953	- 공산주의 확산방지 - 전쟁이전 상태 복귀	후방차단, 근접지원, 산업시설 파괴
이스라엘	팔레스타인 in 요르단	1950~1970	팔레스타인의 국경침입 방지와 테러근절	N.A.
영, 프, 이스라엘	이집트	1956	- 수에즈 운하 반환, - 이집트의 군사위협 무력화	무력시위, 지상군의 침공지원
프랑스	알제리	1954~1962	알제리 FLN의 독립운동 저지	게릴라들의 침투 예방
미국	도미니카	1961~1962	- 부패 독재정권 추방 - 정권레짐 변화	무력시위
미국	쿠바/소련	1962	쿠바에서 미사일기지 철수	정보, 미사일 기지 공습 위협
미국	라오스 게릴라	1960~1973	게릴라들의 무력화	공중 폭격, 정보제공
미국	북베트남 (롤링선더)	1965~1968	베트콩 무력화	공중폭격, 군수생산기지 파괴
이스라엘	이집트	1969~1970	이집트의 침략행위 금지	군사산업기지 파괴, 대공제압(SEAD)
이란	이라크	1974~1975	이라크의 국경침범 원상복귀	N.A.
이스라엘	팔레스타인 in 레바논	1970~1982	팔레스타인 국경침범 방지, 테러근절	수송, 정찰, 훈련기지 폭격 산업기지, 리더 숙소 폭격
미국	북베트남 (라인벡커)	1972	전쟁종결	야전 지상군 폭격, 지휘통신체계 파괴
이스라엘	레바논 헤즈볼라	1982	국경침범 방지, 테러근절	훈련 캠프 공격
영국	아르헨티나	1982	포클랜드 섬의 회복	공중우세 거부, 정찰, 함대보호

전쟁 당사국		시기	전쟁목적	공군력의 역할
이라크	이란	1982~1988	- 이란의 위협 금지 - 정권전복 지원에 대한 응징	도시, 정유소, 선박 폭격
미국	리비아	1986	리비아의 테러 지원 금지	정권 유지 시설폭격 (대통령궁, 군사통제 시설)
미국	이란	1987~1988	석유 송유관 보호	전략정보, 이란 함정 폭격
미국	이라크	1991	쿠웨이트로부터의 이라크군 철군	공중제압, 전략정보, 지상군 무력화, 전략 자산 무력화
미국	이라크	1991~1998	유엔결의안에 순응 하도록 이라크 압박	- 비행금지 구역 강화 - 이라크군에 대한 정보 제공 - 이라크 순응 유도 위한 폭격
미국	소말리아	1993	인도적 개입에 의한 난민학살 방지	지휘통제 체제 폭격
미국	아이티	1994	독재정권 체제변환	수송, 전략정보 제공
미국/ 나토	보스니아	1993~1994	발칸분쟁의 확대방지	비행금지 구역 강화
미국/ 나토	보스니아 (Deliberate force)	1995	세르비아계의 정전협정 강요	- 세르비아군의 지휘 체계 파괴 - 산업시설 파괴 - 지상군 무력화
러시아	체첸 게릴라	1994~1996	분리 독립운동 무력화	반군기지 및 반군지도자 공격
미국	아프간	2001~현재	- 탈레반 정권 붕괴 - 알 카에다 제거	테러지원 시설, 훈련기지 파괴
미국	이라크	2003~현재	- 후세인 정권 제거 - 이라크내 WMD 제거	정밀타격으로 이라크군 무력화 반란세력 제거

출처: Daniel Byman·Matthew Waxman, *Air power as a Coercive Instrument* (RAND, 1999), pp.142-147; Robert A. Pape, *Bombing to Win* (Ithaca and London: Cornell University Press, 1996), pp.87-204; http://www.kida.re.kr/woww/(KIDA, 세계분쟁 data)

〈표 6-3〉 현대전에서의 전쟁목적

전쟁목적의 유형	건수	비율
자국가나 동맹국의 국익과 권위, 정치적 시스템을 침입자로부터 보호	9	31%
국가의 국경을 다른 적대국가로부터 보호	5	17%
적대국가로부터 자국 및 동맹국의 안보와 이익을 수호	13	45%
다른 국가의 영토 점령	2	7%

위의 분석 결과를 보면 미어샤이머가 주로 분석한 근대전쟁에서 나타난 적 영토의 점령은 현대전쟁에서는 거의 모든 국가들이 취하고 있지 않는 전쟁목적임을 알 수 있다. 대신 현대전에서의 주요 전쟁목적은 자국의 안보와 이익을 수호하고 권위와 정치적 시스템을 위협으로부터 보호하기 위한 것임을 알 수 있다. 따라서 미어샤이머가 주장하는 적의 영토를 점령하여 자국의 깃발을 꽂을 때만이 진정한 강대국이 될 수 있고, 그것은 육군력을 통해서만 이룩할 수 있다는 것은 사례 선택의 오류에서 나타난 모순적 결함이라고 할 수 있을 것이다.

또한 위의 사례에서 나타난 군사력의 사용 유형을 분류해 보면 상대국을 점령하여 지배하려는 목적인 직접적인 무력공격보다는 국제규범상 용납되지 않는 적대국의 행동을 억제하거나 강압하려는 의도의 군사력 사용이 절대 다수를 차지함을 알 수 있다. 이것은 군사력 사용이 기존의 절대전쟁(absolute war)에서 현실전쟁(reality war)으로 변화되고 있으며, "전쟁은 정치의 연속이다"라는 클라우제비츠의 주장과도 일맥상통하는 면이 있다. 다시 말하면 적의 군대나 국민 등에 심각한 피해를 입혀 항복을 받는 것보다 선별적·체계적으로 적의 전쟁 지휘체계를 마비시켜 더 이상 전쟁수행을 못하게 하거나, 우세한 군사력을 시위함으로써 기존에 취한 부적절한 행동을 원상복귀시키려는 의미가 강하다고 할 수 있는 것이다. 이러한 억제나 강압을 수행하기 위한 수단으로 육군력보다 공군력이나 해군력이 더 유용함은 전술(前述)한 바 있다.[23]

이런 점들을 놓고 본다면 제1차, 2차 세계대전 등의 1세대 전쟁, 한국전, 월남전으로 대표될 수 있는 2세대의 전쟁에서 해·공군력이 전쟁의 승패에 결정적으로 영향을 미칠 수 없었고, 다만 육군력을 보조하는 지원수단이라는 그의 주장에 대해 어느 정도 일리가 있을 수 있다. 그러나 사례에서 나타난 3세대의 전쟁, 즉 걸프전, 코소보전, 아프간전, 이라크전에서는 합동성을 강화하기 위해 각 군 간의 합동작전 위주로 작전 수행이 이루어졌으며, 미래에는 이러한 양상이 더욱 심화될 것으로 예상된다.

IV. 결론

미어샤이머는 현대의 강대국들은 서로를 불신하기 때문에 생존하기 위해서는 강력한 군사력을 보유해야 하며, 그중에서도 육군력 위주의 군사력 건설이 필요함을 이 책에서 역설하고 있다. 이러한 그의 주장과 유사하게 공군력이나 해군력에 비해 적국을 항복시킬 수 있는 육군력의 우월한 메커니즘에 대해 다른 군사전략가들은 다음을 들고 있다.

첫째, 지상에서의 패배에 대한 위협은 적의 권력기반으로부터 지도부를 동요시키도록 위협하면서, 지도부를 당황하게 만들 수도 있고, 병력에 굴욕을 줄 수도 있다. 둘째, 지상에 근거한 전략은 적국이 계속되는 저항을 통해

---

23) 강압수단으로서 공군력의 사용에 대한 선도적인 학계의 연구로는 Pape, *Bombing to win*이 있다. 또한 Pape의 "The Air Force Strikes Back: A Reply to Barry Watts and John Warden," *Security Studies*, vol.7, no.2(Winter 1997-1998), pp.210-214. 이외에 공군력의 사용에 대한 귀중한 연구로 Cohen, "The Mystique of U.S. Air Power," Stuart Peach, ed., *Perspective on Air Power* (London: The Stationary Office, 1998); Robert F. Futrell, *Ideas, Concepts, Doctrine: Basic Thinking in the United States Air Force* (Maxwell Air Force Base, AL: Air University Press, 1997)이 있다.

서 목표를 달성할 수 없다는 것을 입증하면서 억제를 위해 사용할 수 있다.24) 그러나 오늘날 이러한 육군력의 사용은 보통 일관된 지상 작전을 요구하는 엄청난 노력 때문에 좀처럼 찾아보기 힘들다. 공군력과 비교해볼 때 육군력은 엄청난 아군 사상자의 위험이 초래되기 때문에 정책결정자들에게 있어 아주 값비싼 선택사항으로 비춰지고 있다. 육군력은 상대적으로 그들이 주둔하고 있는 지역 근처에 위치한 목표만을 공격할 수 있으며, 중요한 압력지점을 공격하는 그들의 능력과 단계적 확대의 수단으로서 그들의 가치를 제한한다는 점에서 정책결정자들에게 더 적은 융통성을 제공한다. 육군력은 또한 배치하는 데 있어 공군력보다 더 많은 시간을 요구하며, 따라서 신속한 대응을 요구하는 위기 시에 적절히 대처하지 못할 수 있다.

위의 논의에서 보듯이 미어샤이머가 주장하는 육군력의 우월성은 주로 과거사례와 적영토의 점령이라는 전쟁 목적하에서는 유효할지 몰라도 첨단 무기체계로 수행되는 현대전쟁과 저강도 분쟁, 그리고 긴박한 대응을 요구하는 위기에서는 그 효용성이 감소될 수도 있다. 그러나 여기서 분명한 것은 그렇다고 해서 공군력이나 해군력만으로 전쟁을 승리로 이끌 수 있다고는 말할 수 없다는 점이다. 특히 한반도의 산악지형이나 짧은 종심, 방어적 군사전략 등과 같은 특수한 위협환경을 고려해볼 때 육군력의 가치를 절대 무시할 수는 없을 것이다. 단지 여기서 문제를 제기하고 싶은 부분은 미어샤이머의 주장처럼 특정 군사력 위주의 강조는 오히려 국가안보나 국가이익을 장기적인 차원에서 훼손할 수도 있음을 비판하려는 것이다.

---

24) Daniel Byman·Matthew Waxman, *The Dynamics of Coercion America's Foreign Policy Limits of Military Power* (Santamonica: RAND, 1998), pp.34-45.

【참고문헌】

Byman Daniel · Waxman Matthew. *The Dynamics of Coercion America's Foreign Policy Limits of Military Power*. Santa Monica: RAND, 1998.

Cohen, William. "The Mystique of U.S. Air Power." Stuart Peach, ed. *Perspective on Air Power*. London. The Stationary Office, 1998.

Futrell, F. Robert. *Ideas, Concepts, Doctrine: Basic Thinking in the United States Air Force*. Maxwell Air Force Base, AL: Air University Press, 1997.

George, L. Alexander. "Coercive diplomacy: definition and characteristics." In Alexander L. George and Willam E. Simons, eds. *The Limits of Coercive Diplomacy*. Boulder, Colo.: Westview Press, 2nd revised edn., 1994.

Lykke, F. Arthur. *Military Strategy: Theory and Application*. U.S. AWC, 1982.

Mearsheimer, J. John. *The Tragedy of Great Power Politics*. Norton: W. W. & company, 2001; 이춘근 역. 『강대국 정치의 비극』. 서울: 나남출판, 2004.

_____. "Why We will Soon Miss the Cold War." *The Atlantic*, vol.266, no.2 (August 1990)

Pape, A. Robert. *Bombing to Win*. Ithaca and London: Cornell University Press, 1996.

_____. "The Air Force Strikes Back: A Reply to Barry Watts and John Warden." *Security Studies*, vol.7, no.2(Winter 1997-1998)

_____. *Conventional Detererrence*. N.Y. Ithaca: Cornell Univ. Press, 1983.

Payne, Jr. B. Samuel. *The Conduct of War: An Itroduction to Modern Warfare*. N.Y.: Basil Blackwell Inc., 1989.

Walt, M. Stephen. *The Origin of Alliances*. N.Y. Ithaca: Cornell University Press, 1987.

http://www.kida.re.kr/woww/(KIDA, 세계분쟁 data).

제7장

위협, 동맹, 한국의 군사력 건설 변화:
한국군의 전력구조 측면을 중심으로*

I. 서론

 이 글의 목적은 과거 한국의 군사력 건설 노력이 병력 집약형과 기술 집약형 전력의 추구라는 두 가지 유형으로 나타나고 있는 점에 착안하여 결정적 요인이 무엇인지를 규명하고, 향후 바람직한 군사력 건설의 방향을 제시함에 있다.
 한미동맹이 결성된 이후부터 현재까지 한국의 직접적인 위협은 북한정권 및 북한군이었으며, 한국군과 주한미군의 역할수행에 있어 전략적 분업구조가 형성되어 온 것은 주지의 사실이다. 이에 따라 한국군은 '북한 따라잡기식'이라는 단선 논리와 '해·공군력의 주한미군 의존'이라는 관성에 사로잡

---

* 이 부분은 Appendix Ch. 1의 한글판에 해당하며, 영문판에 생략되어 있는 박정희 정부 사례를 추가로 포함시켰다.

혀 군사력을 건설해 왔다. 이러한 요인들은 한국군의 전력구조에 있어 기술집약화를 저해시켰고, 곧 병력집약형 전력구조를 구조화하였다. 그러나 김대중·노무현 정부시기에서 나타났듯이 잠재적 위협의 부상은 이러한 역할분담을 변경하도록 촉진하는 기제로 작용함에 따라 이 시기 한국군의 군사력 건설도 어느 정도 기술집약형 위주로 진행되었다. 즉, 한국이 직면한 위협과 동맹관계의 성격에 의해 군사력 건설의 유형이 결정되고 있음을 알 수 있다.

향후의 동아시아 질서가 북핵, 각국 간의 적대적인 역사 감정, 영토분쟁 등으로 인해 불확실한 상황에서 2015년 예정되어 있는 전시작전통제권 전환은 한국의 국가전략, 국방정책의 재고려를 요구하고 있다. 한국안보의 한 축을 담당해왔던 한미동맹은 비록 '다원적 전략동맹'이라는 새로운 가치를 지향하고 있지만 앞날을 예측할 수 없다. 또한 전시작전통제권 전환이 마무리되고, 한미동맹의 대표적인 산출물이라 할 수 있는 한미연합사 해체 등 제도적 장치가 이완된다고 생각할 때 한국 안보의 건전성이 그리 밝다고만 말할 수는 없다.

이렇게 불확실하고 복잡한 미래 위협환경과 한미동맹의 변화에 대응하기 위해 우리의 군사력 건설은 어떻게 접근해야 하는 것인가? 어떠한 유형의 군사력 건설이 적합한 것인가? 이 문제와 관련된 한국의 군사력 건설에 관한 연구는 그다지 활성화되지 못했을 뿐만 아니라 기존 연구들도 군사력 건설과정을 기술하는 수준에서 그치고 있는 것이 대부분이다. 따라서 군사력 건설에 영향을 미친 요인이 무엇이고, 그 요인들이 어떤 영향을 미쳤는지에 대한 사항을 간과함으로써 구체적인 교훈도출이 어려웠다. 이 점에 착안하여 본 연구에서는 비대칭적 성격이 강한 한미동맹에서 동맹 결합강도의 변화와 한국 안보에 영향을 미친 결정적 사건(critical juncture) 요인을 핵심변수로 상정하였다. 즉, 이 두 가지 변수와 한국의 군사력 건설과의 관계를 규명하고자 하는 것이다.

이 연구의 범위는 한미동맹이 결성된 이후 처음으로 큰 변화를 겪게 되는 1970년대 이후부터 참여정부 시기까지로 한정하였다. 이 연구는 5개의 절로 구성되어 있다. 2절에서는 결정적인 사건, 한미동맹 결합강도와 이에 따른 한국의 군사력 건설 변화를 분석하기 위한 분석틀을 제시하였다. 3절에서는 이 변수들을 중심으로 한국의 군사력 건설 노력이 어떻게 진행되었는가를 살펴보고 있으며, 4절에서는 앞의 논의를 바탕으로 바람직한 한국군의 건설 방향을 제시하였다.

II. 군사력 건설에 관한 이론적 검토

1. 용어 정의

군사력이란 국가안보를 위한 실질적인 국가수단으로 군사작전을 수행할 수 있는 군사적인 능력과 역량을 의미한다.[1] 군사력 구조를 보다 구체화하면 군구조라는 맥락에서 이해할 수 있다. 군구조란 "국방정책 목표를 달성할 수 있는 전력 편성과 군사임무 수행을 위한 일련의 부대 편성"을 의미한다. 군구조는 지휘구조, 부대구조, 병력구조, 전력구조 등 네 가지 부분으로 구성된다.[2] 첫째, 지휘구조는 보통 합참이나 국방부의 상부구조를 의미하고, 병력구조는 각 군이 보유하고 있는 병력 수와 형태를 의미한다. 또한 부대구조는 각 군이 보유한 부대구조를 의미하는데, 예를 들면 여단/사단/군단 등의 구조를 의미한다. 전력구조는 각 군이 보유한 무기나 장비의 구조를 말한다.

이 글에서 언급하고 있는 군사력은 전력구조(Force Structure)를 의미한다. 전력구조는 군구조의 하위개념으로서 군사력을 직접 지칭하는 의미로

---

1) 합참 홈페이지 "군사용어해설"(http://JCS.mil.kr).
2) 국방부, 『국방백서』(2008), pp.74-75.

보통 사용되어지고 있다. 전력구조란 "병력, 무기체계나 장비, 지원시설의 총합 및 그 배분 상태"3)를 말한다. 이 글에서는 전력구조를 군 조직을 형성하고 있는 대표적인 것이 병력과 장비라는 점에서 군이 병력 중심의 분포를 보이고 있는가와 장비중심의 분포를 보이고 있는가의 현상에 주목하여 '병력집약형'4) 전력구조와 '기술집약형' 전력구조로 구분하였다.

2. 기존 연구 검토

전력구조의 결정요인에 관한 기존 연구들을 살펴보면 다음과 같다. 먼저 국가의 군사력 건설은 위협환경에 의해서 결정된다고 보는 견해이다. 즉, 군사력 건설 시 당면해 있거나 잠재적으로 부상할 수 있는 위협에 대해 가장 우선적으로 고려해야 한다는 것이다. 대표적으로 리차드슨(Richadson)은 군비경쟁 이론에서 한 국가의 군사력 건설에 영향을 미치는 요인 중 위협이 가장 중요하다고 주장하고 있다.5) 그는 한 국가가 적대국의 군사력에 대한 위협을 전제로 하여 자국 안보를 위해 군비를 증강한다고 주장한다. 국가들은 자국의 안보와 생존을 위해 자력구제(self-help)할 수밖에 없다고 보는 (신)현실주의자들 또한 자국을 둘러싸고 있는 위협이 핵심 요소임을 강조한다.6) 타국가의 군사력 증가는 상대적으로 자국의 군사력 약화를 의미하게

---

3) U.S. JCS, *Department of Defense Dictionary of Military and Associated Terms* (Washington D.C.: JCS, 2002), pp.567-568.
4) 기술적 요소보다는 인적 요소에 의한 양적 군사력 건설을 의미한다. 국방부, 『주요 국방정책 용어』(2007), p.85.
5) Lewis G. Richardson, *Arms and Insecurity* (Chicago: Quardrangle Books, Inc., 1960), p.61.
6) Kenneth Waltz, *Theory of International Politics* (Mass.: Addison-Wesely, 1979), pp.102-106; John J. Mearsheimer, *The Tragedy of Great Power Politics* (N.Y.: W.W. Norton & Co., 2001), pp.30-31; Leslie H Gelb, "General Purpose Force," *The Next Phase in Foreign Policy* (Brookings Institute, 1973), pp.203.

되고, 따라서 자국의 안보를 위해 군사력을 증강할 수밖에 없다는 것이다.
　이외에도 위협에 대한 논의는 국가의 군사력 건설에 영향을 미치는 영향요인 중 대부분을 차지하고 있을 정도로 중요시되어 왔다.[7] 그러나 위와 같은 주장들은 상대국의 군사력 증강에 의해 국가가 자동적으로 반응하여 군사력을 건설한다고 함으로써 어떤 유형의 군사력이 건설되는가는 알 수 없다. 또한 전반적인 위협요인들이 군사력 건설에 영향을 미친다고 주장함으로써 이 주장을 검증하기에는 제한점이 있다.
　전반적인 위협요인이 국가의 총체적인 군사력 건설에 영향을 미친다는 주장과는 다르게 매우 세부적으로 영향요인들을 다룬 연구들은 다음과 같다. 레슬리 겔브(Leslie H Gelb)는 미국을 대상으로 한 연구에서 군사력 건설에 영향을 미치는 독립변수로 위협 인식, 국내정치적 역학관계를 제시하고 있다. 특히 그는 관료정치와 이익집단의 영향력이 전력구조의 결정에 크게 영향을 미친다고 강조하고 있다.[8] 또한 노이만(Stephanie Neuman)은 약소국들의 군사력 건설을 연구한 논문에서 주요 변수를 내부적 요인과 외부적 요인으로 구분하여 설명하고 있다.[9] 내부적 요인으로는 국가의 속성과 사회정치적 체제를, 외부적 요인으로는 국제적 환경, 군사기술의 역할 요인을 주요한 변수로 고려하였다. 그리고 그는 강대국의 전력구조는 국내정치적 요인에 의해 큰 영향을 받는 반면, 약소국의 경우 국제체제나 환경요인 또는 강대국과의 관계 등이 전력구조를 결정짓는 중요한 요인이 된다는 것이다.
　한편 국내적 연구로 강병철은 중간세력국가(이스라엘, 대만, 한국)의 전력구조를 연구한 논문에서 동맹, 관료정치, 군사전략이라는 변수가 중간세력

---

7) Stephan M. Walt, "Alliance Formation and the Balance of World Power," *International Security*, vol.9, no.4(spring 1985), pp.33-49; Michael Sheehan, *The Balnce of Power* (N.Y.: Routledge, 1996), pp.2-23.
8) Leslie H Gelb, "General Purpose Force," *The Next Phase in Foreign Policy* (Brookings Institute, 1973), pp.223-224.
9) Stephanie G. Neuman, *Defense Planning in Less-Industrialized States: The Middle East and South Asia* (Lexington: Health and Co., 1984), pp.12-27.

국가의 전력구조에 가장 큰 영향력을 행사한 독립변수로 작용하였다고 하였다.10) 위협이 전력구조에 결정적인 영향을 행사한다는 고전적 논의에 비해 전력구조와 위협은 직접적인 관계가 없음을 보였고, 국제체제, 국가, 국내정치 등 국내외 변수를 사용하여 중간세력국가의 전력구조 유형화에 대한 설명력을 높였다. 또한 김정현은 위협환경, 경제력, 지도자의 전략적 선택이 군사력 건설에 가장 중요한 영향요소라 지적하며 이 변수들에 의거 중국과 러시아의 해군력 증강을 설명하였다.11) 이들은 국외 연구에 비해 보다 비교적 구체적인 변수들을 가지고 군사력 건설을 설명하려 했다는 점에서 정책지향적 시도를 하고 있다. 그러나 전자(前者)는 군사력 건설 시 기본적 고려 요소인 위협을 도외시했다는 점, 후자(後者)는 동맹에 관한 점을 간과함으로써 강대국의 군사력 건설에 대해서는 설명력이 있으나, 중·약소국의 군사력 건설에 대해서는 제한점이 있다.

전력구조의 결정요인과 관련한 기존 연구들을 종합적으로 고찰하여 보면 다음과 같이 세 가지로 요약할 수 있다. 첫째, 전력구조 결정요인에서 국외적 요인으로는 주로 외부위협과 동맹구조의 성격이라는 관점에서 논의되며, 국내적 요인으로는 관료정치, 경제력, 지도자의 전략적 선택 등을 들 수 있다. 둘째, 한 국가의 전력구조는 단순히 태생적 요소인 위협이나 지정학적 요인들에 의해 일방적으로 결정되지는 않으며, 국내적 요인과 국외적 요인이 복합적으로 작용하여 도출된 결과이다. 셋째, 그러나 강대국과 동맹관계에 있는 중·약소국들은 강대국의 영향을 받아 국내적 변수보다는 주로 국제적 변수 특히 외부위협과 동맹관계에 의해 전력구조가 형성된다. 따라서 이 글에서는 중·약소국의 군사력 건설에 있어서는 국내적인 변수보다 국외적인 변수들의 영향력이 크다는 점을 고려하여 국외적인 변수인 외부위협과 동맹관계를 중심으로 한국의 군사력 건설변화를 살펴보고자 한다.12)

---

10) 강병철, "중간세력국가의 안보환경과 전력구조," 연세대학교 박사학위 논문(2001).
11) 김정현, "대륙국가의 해군력 건설 요인에 관한 연구," 연세대학교 박사학위 논문(2006).
12) 물론 한 국가의 군사력 건설에 있어 경제력은 가장 중요한 변수라 할 수 있으나, 그 분야에 대한 선행연구는 매우 많이 축적되어 있으므로 이 연구에서는 생략하였다.

3. 분석 변수

이 글에서는 한국군의 전력구조 형성에 영향을 미친 핵심 변수로 외부위협과 동맹구조의 성격을 상정하였고, 효과적인 분석을 위해 이 변수들을 다음과 같이 보다 구체화하였다. 첫째, 외부 위협 측면에서는 안보상에서의 결정적 사건(CJ)을 한국의 군사력 건설에 영향을 미친 중요한 요인으로 도출하였다. 기존 위협 요인을 강조하는 이론들은 대부분 전반적인 위협 요인들이 군사력 건설에 영향을 미친다고 주장하고 있으나, 이 글에서는 광범위한 위협 요인들보다는 안보상에서의 결정적 사건이 영향을 미쳤음을 강조한다. 결정적 사건이란 국가 안보에 심각한 영향을 줄 수 있는 위기상황 혹은 이에 준하는 비일상적 상황의 발생을 말한다. 이러한 위기상황은 기존 방법에 관성화(inertia)되어 온 주요 정책결정자들에 심리적 충격을 야기시켜서 인식 변화를 초래한다.[13] 따라서 결정적 사건의 도래는 국가전략, 국방정책 혹은 구성원의 행태에 영향을 줌으로써 최종적으로 군사력 건설의 방법의 전환을 초래한다. 예를 들면 천안함과 연평도 폭격 사건으로 인해 그동안 미래 잠재적 위협에 주로 대응해 온 한국이 이 사건을 계기로 북한의 국지도발이나 비대칭 위협에 중점을 두어 군사력 건설을 시도한 것을 들 수 있다.

둘째, 동맹구조의 성격 측면에서는 동맹의 결합강도를 군사력 건설의 유형을 설명하는 핵심 변수로 상정하였다. 결합강도란 동맹 자체가 강화 내지는 약화된 것을 의미하는 것이 아니라 동맹 내부에서 기능적 분업의 강화 내지는 약화를 의미한다. 기능적 분업이란 비대칭 동맹에서 후견국은 피후견국에 안보를 제공해주는 대신 기지제공이나 동맹의 통제에 대한 권한을 갖게 되고, 반면 피후견국은 자율성을 통제받는 대신 안보를 제공받게 되는

---

13) Giovanni Capoccia and Daniel Kelemen, "The Study of Critical Junctures: Theory, Narrative in historical Institutionalism," *World Politics,* vol.59, no.3(Apr., 2007), p.341. '결정적 사건' 모델은 사실 제도주의와 관련된 영역에서 적용된 것으로 이와 관련된 연구로는 Ruth Berins Collier, *Shaping the Political Arena* (N. J.: Princeton University Press, 1991)을 참조할 것

분업상태를 말한다.14) 따라서 만약 안보위협이 심각한 상황에서 한국의 동의를 얻지 않고 주한미군을 철수하는 등의 안보공약을 제대로 이행하지 않는 것은 동맹 그 자체의 약화로 보는 것이 아니라 기능적 분업의 약화 즉, 결합강도의 약화로 보는 것이다.

만약 동맹의 결합강도가 강하다면 중·약소국은 강대국 동맹에 무임승차 혹은 편승하여 자력구제(self-help)의 유인을 덜 받게 될 것이고, 따라서 많은 비용과 시간이 소요되는 기술집약형보다는 병력집약형 전력구조 위주로 군사력을 건설할 것이다. 반면 결합강도가 약하다면 강대국 동맹의 포기(abandonment)를 염려하여 강대국 동맹으로의 편승보다는 자력구제의 유인을 더 받게 되며, 기술집약형 전력구조 위주의 군사력 건설이 이루어질 것이다.

이 연구에서 독립변수로 선정한 한미동맹의 변화, 즉 동맹 결합강도의 변화는 다음 세 가지 지표를 사용하여 측정하였다. 첫째 병력 및 장비, 둘째 지도자의 공약, 셋째 동맹의 제도화 정도 등이 그것이다. 병력과 장비의 감축은 동맹의 결합강도가 약화되었다는 지표로서 작용하기에 충분하다. 예컨대 미국과 필리핀 간 동맹은 1951년 체결된 이후 현재까지 유효한 동맹이라고 할 수 있지만, 미군 병력과 장비가 모두 철수한 1992년 이후 미-필리핀 동맹은 그 이전의 결합강도와는 비교할 수 없이 약화되었다고 보는 것이 일반적이다.15)

지도자의 공약은 동맹의 신뢰성을 확인해주는 직접적인 기제란 점에서 동맹의 결합강도를 측정할 수 있는 지표가 된다. 특히 지도자 간 정상회담을 통한 동맹공약의 이행 약속은 동맹의 결합강도를 잘 보여주는 것이라고 하겠다. 예를 들면 1981년 1월 레이건 대통령이 취임 후 일주일도 안 되어 첫 정상회담 대상 국가로 한국을 선택하고, 전두환 대통령을 초청한 것은 미국의 안보제공에 대한 의지를 확고히 한 것으로 동맹의 결합강도가 높았

---

14) 신욱희, "동아시에서의 후견-피후견 국가관계의 동학: 국가변화의 외부적/지정학적 근원," 『국제정치논총』 제32집 2호(한국국제정치학회, 1992), p.180.
15) 심지연·김일영 편, 『한미동맹 50년: 법적 쟁점과 미래의 전망』(서울: 백산서당, 2004), pp.29-31.

음을 보여주는 것이다.

마지막 지표는 동맹의 제도화이다. 동맹의 제도화는 동맹국 간 통합된 군사력 운용을 통해서도 확인할 수 있다. 군사력 운용에 있어 통합된 지휘체계를 보유하고 있는 동맹이 그렇지 않은 동맹보다 결합강도가 높다고 볼 수 있는데, 나토와 한미동맹의 경우 연합지휘체계를 유지하고 있으므로 그렇지 않은 동맹보다 결합강도가 높다고 평가할 수 있다.

III. 결정적 사건, 동맹 결합강도의 변화와 한국의 군사력 건설

1. 북한 도발, 동맹 결합강도의 약화와 병립형 전력구조(1968~1977)

1) 결정적 사건

이 시기 한국 안보에 영향을 미친 결정적 사건으로는 북한에 의한 청와대 기습사건과 푸에블로호 나포사건, 그리고 판문점 도끼 만행 사건을 들 수 있다. 즉, 이 시기는 한국전쟁 다음으로 가장 긴장된 시기였으며, 한국안보에 관련된 결정적 사건은 주로 북한 위협에 관한 것이었다. 특히 청와대 기습사건과 푸에블로호 나포사건 대응에서 나타난 한·미 간의 인식의 차이는 한국의 군사전략을 독자적이고 공세적으로 만들었다. 즉, 이 사건 후 한국군의 군사전략은 유사시 수도권 안전 보장을 위해 공세적인 전방 방어전략으로 발전하여 평시 국지적인 도발에는 한국군 단독으로라도 응분의 응징보복을 가한다는 것이다.16)

따라서 이 시기 한국안보에 있어 한국군의 역할을 강조하는 전략개념이 도입되면서 전반적으로는 지상군 위주의 군사력 건설이 이루어지는 가운데

---

16) 육군본부, 『육군발전사 4집』(1989), pp.106-107.

일부 해·공군 전력이 보강되었다. 다만 이 시기의 북한에 의한 결정적 사건들은 한국에 군사력을 건설을 촉진하게 하는 기제로 작용하였을 뿐, 그 유형에 대해서는 별다른 영향을 미칠 수는 없었다. 즉, 이 시기 한국의 전투력은 북한 대비 50.8% 수준이었고, 본격적인 군사력 건설의 걸음마 단계였기 때문에 기본적인 지상군 위주로의 건설은 당연하였다.

결과적으로 이 시기 북한에 의한 청와대 기습사건 등과 같은 결정적 사건들은 한국으로 하여금 자주적인 국방능력의 구비의 필요성을 절감케 하였고, 이것은 율곡사업으로 구체화되었다. 즉, 이 사건들은 한국이 과거의 완전한 대미의존적인 군사력에서 자주적 안보능력 보유의 착수라는 대안을 갖게 만들었다.

2) 한미동맹 결합강도의 약화

이 시기의 동맹 결합강도를 앞서 제시한 지표를 통해 측정해보면 다음과 같다. 먼저 병력과 장비 면에서 주한 미7사단이 1971년 철수함에 따라 한국의 안보불안은 매우 심한 상태였다. 이는 미국의 세계전략 차원에서 이뤄진 닉슨 독트린의 실행과정에서 나온 불가피한 것이었지만,[17] 당시 박정희 대통령은 한미가 한국전쟁과 월남전에서 함께 싸웠다는 '혈맹의식'을 갖고 있었기 때문에 쉽게 주한미군 병력이 철수할 것이라고 생각하지 않았다.[18] 따라서 주한미군의 갑작스러운 철수는 박정희 정부로 하여금 상당한 안보불안을 갖게 할 수밖에 없었다. <그림 7-1>은 이 시기 주한미군의 병력규모 변화를 나타내는 것으로 닉슨 독트린 발표 후 불과 2~3년에 걸쳐 약 33%에 이르는 병력이 철수했다는 것을 나타내고 있다. 또한 무기 및 장비측면에서 주한미군은 700여 기에 달하던 핵무기를 불과 250여 기로 감축함으로써 동맹의 결합강도를 약화시켰다.[19]

---

17) 이기택, "한미동맹의 현실과 전망,"『군사논단』통권 제25호(서울: 군사학회, 2001), p.21.
18) 중앙일보 특별 취재팀,『실록 박정희』(서울: 중앙 M&B, 1998), p.260.
19) 돈 오버도퍼 저, 이종길 역,『두개의 한국』(고양: 길산, 2003), p.172.

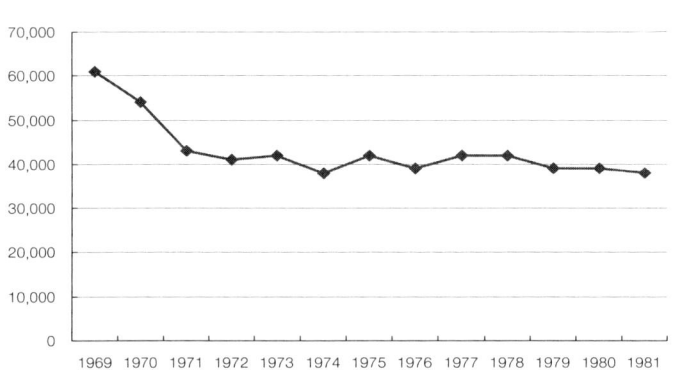

〈그림 7-1〉 주한미군의 병력 변화(1969~1981)

출처: 강성학, 『주한 미군과 한·미 안보협력』(성남: 세종연구소, 1996), p.86

지도자의 동맹 공약 면에서는 그 문제성이 더욱 심각하게 나타났다. 1969년 7월 닉슨 대통령은 '닉슨 독트린' 선언을 통해 '아시아 국가들의 방어는 자국의 힘으로 해야 한다'는 메시지를 선언함과 동시에 주한 미군 제7사단의 철수를 단행했다. 또 카터 대통령은 취임 전 주한미군 철수를 공약사항으로 내걸었고, 실제로 1978년 주한미군 일부 병력을 철수시켰다. 이러한 미국의 동맹공약 약화와는 달리 한국으로서는 어떻게 해서든지 미국의 동맹공약을 이끌어내려고 노력했지만 미국의 확고한 입장으로 성공을 거두지 못했다.

한미동맹의 제도화에 있어서도 1966년 주둔군지위협정(SOFA)과 1968년 북한에 의한 청와대 기습사건을 수습하면서 미국과 정기적으로 안보 관련 협의를 하기 위한 한미연례안보협의회(SCM: Security Consultative Meeting)를 개최하기로 합의한 것 외에는 특별한 것이 없었다. 특히 1967년 체결된 주둔군지위협정은 기존의 협정을 대체하는 것이지 새로운 것은 아니었으며, 한미연례안보협의회도 청와대 기습사건 이후 한국이 북한에 대해 혹시 있을지 모를 보복공격을 제한하려는 의도가 강했다.[20]

---

[20] 이민룡, "한미동맹의 이론과 현실," 우암평화연구원 편, 『정치적 현실주의의 역사』

결론적으로 1970년대 당시 한미동맹은 닉슨 독트린으로 인한 주한미군의 철수, 닉슨과 카터 대통령의 안보공약에 대한 결여, SOFA 등 형식상의 제도화 구축으로 요약될 수 있으며, 이것은 한미동맹의 결합강도가 약한 상태에 있었음을 의미한다. 결국 이러한 동맹 결합강도의 약화는 박정희 정부로 하여금 안보확보의 또 다른 축인 자주국방에 관심을 갖게 하는 요소로 작용하였고, 이로 인해 한국은 율곡사업을 통한 자주국방을 추진하게 되었다.

3) 군사력 건설

동맹 결합강도의 약화로 인해 촉발된 박정희 정부의 군사력 건설 노력은 양적으로 열세한 대북 방위전력을 확보하는 것에 집중되었다.[21] 이러한 노력은 구체적으로 1970년 국방과학연구소(ADD)의 창설과 1974년부터 시작된 율곡사업을 통해 이루어졌다. 미군철수로 인해 야기된 군사력 강화의 필요성이 제기되는 상황에서 박정희 대통령은 중화학공업 발전에 따라 고성능 전투기와 미사일 등을 제외한 장비의 국산화, 독자적인 군사전략과 전력증강계획을 발전시킬 것 등을 국방부에 지시하였다. 이에 따라 합참은 대상기간을 1974년부터 1981년까지로 하는 '국방 8개년계획'을 수립하였으며, 1974년에는 최초의 자주적 전력증강계획을 확정하였다. 우선적인 전력증강으로 한국은 1971년 주한 미 7사단 병력이 철수하면서 그 공백을 메우기 위한 정책을 추진하였는데, 주로 노후장비의 교체, 고속정 건조, 항공기(F-4 팬텀) 구매 등에 집중되었다.

이 시기 군사력 건설을 보다 구체적으로 살펴보면,[22] 육군은 1970년대 말까지 800여 대의 전차와 570여 대의 장갑차를 보유하였다. 해군은 신형 구축함 및 경비함 등이 보강되었으며, 경비정 전력이 증강되었다. 그 외에도 유사시 상륙작전 수행을 위한 해병사단 및 여단이 증·창설되었다. 공군은

(서울: 화평사, 2003), p.406.
21) 율곡사업이 추진된 1974년 당시의 한국군 전력은 북한 대비 50.8% 정도에 불과하였다.
22) 국방부, 『국방백서』(1988), p.143.

〈그림 7-2〉 각 군 전력투자비 규모(1968~1977)

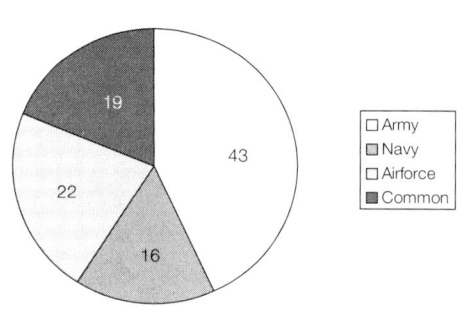

구형 전투기인 F-86을 도태시킴과 동시에 F-5A 전투기에 이어 개량형인 F-5E를 도입 배치하였고, F-4E 전폭기를 도입하는 한편 4개 전투비행단을 창설하여 대북 공군력 열세를 극복하고자 하였다.

위에서 보듯이 이 시기 군사력 건설은 병력집약형과 기술집약형 전력구조가 병립되어 나타나고 있다. 한국은 미군의 군사원조에 절대 의존해왔던 군사력을 자주국방정책에 의해 그 의존도를 낮추기 위해 노력하였다. 그 결과 전기간에 걸쳐 육군 위주의 전력을 건설하는 가운데, 후기에는 해·공군력의 전력건설에도 중점을 두었다. 이것은 이 시기 군별 투자규모가 육군 43%, 해군 16%, 공군 22%, 공통전력 19%[23])인 데서 알 수 있듯이, 육군의 투자규모가 많은 가운데 해·공군의 투자도 본격적인 전력건설의 초기 단계치고는 적지 않게 책정되었음을 알 수 있다.

또한 후반부 해·공군력 위주의 증강은 국방예산 중 전력투자비의 증감을 통해서도 확인할 수 있다. <표 7-1>을 보면 1976년의 국방예산 중 전력투자비가 1975년에 비해 거의 세 배 가깝게 증액되었고, 이후 점차적으로 비중이 높아짐을 알 수 있다. 이것은 판문점 도끼만행사건 및 주한미군 7사단의 철수로 인해 안보에 불안감을 느낀 박정희 정부가 1976년을 기점으로 전력투

---

23) 국방군사연구소, 『국방정책 변천사』(1995), p.209.

⟨표 7-1⟩ 국방예산 항목 현황(1971~1979)

(단위: 억 원)

연도	전력투자비	전력운영비	국방비 총액
1971	300	600	937
1972	400	600	1,033
1973	450	1,300	1,814
1974	500	2,400	2,940
1975	857	2,637	3,494
1976	2,338	4,563	6,991
1977	3,092	6,084	9,176
1978	3,598	8,265	12,223
1979	4,653	10,508	15,162

출처: 국방부,『미래를 대비하는 한국의 국방비』(국방부, 2004), p.47

자비를 대폭적으로 증액한 결과였다. 또한 이 시기에 집중된 해군의 구축함을 비롯한 신형 함정 도입, 공군의 3개의 비행단 창설, F-4D/E(36), F-5E(60)의 도입비용이 국방예산에 절대적으로 영향을 미쳤다는 것을 알 수 있다.[24]

결론적으로 이 시기 한국의 정책결정자에 영향을 미친 결정적 사건들은 청와대 기습사건과 판문점 도끼만행사건들이었으며, 한미동맹의 결합강도는 주한미군의 철수, 미 대통령의 안보공약에 대한 결여, 형식상의 제도화 구축으로 요약될 수 있다. 이것은 한미동맹의 결합강도가 약한 상태에 있었음을 의미한다. 이러한 결정적 사건들과 결합강도의 약화는 박정희 정부로 하여금 자주국방을 추구하게 하는 요소로 작용하였다. 이러한 자주국방 정책에 힘입어 나타난 이 시기 군사력 건설은 병력집약형을 위주로 기술집약형 전력구조가 병립되어 나타났다. 즉, 이 시기는 한국의 전력증강이 본격적으로 시작되는

---

[24] 이 기간 동안 육군은 주로 M-16 소총, M-60 기관총, M-48 개조 전차, UH-1H, AH-1J 분야에 전력투자를 하였다. 국방대학교,『한국 국방정책에 대한 분석과 전망: 1945년 이후』(국방대학교, 1997), p.227.

초기 단계였기 때문에 변수들의 영향력이 작았다고 볼 수 있다.

2. 북 위협의 심화, 동맹 결합강도의 강화와 병력집약형 전력구조 건설(1978~1988)

1) 결정적 사건

이 시기 한국의 군사력 건설에 영향을 미친 결정적 사건으로는 12·12 사태를 통해 등장한 전두환 정부의 출범, 1979년 소련이 아프간을 침공하면서 촉발된 신냉전의 도래와 1983년 북한에 의한 미얀마 아웅산 테러 사건, 그리고 1987년의 KAL기 공중폭파사건을 들 수 있다. 비합법적으로 출범한 전두환 정부는 정당성 확보를 위해 미국의 도움을 필요로 하였다. 그 반대급부로 핵과 관련된 모든 정책의 폐기, 국방과학연구소의 축소, 무기의 국내개발 대신 미국 완제품을 직구매하였다. 한편 신냉전 시기에 등장한 레이건 행정부는 소련에 대한 힘의 우위를 공개적으로 표명하였고, 이를 위해 동맹국과 다른 우방국들과의 관계회복을 가장 우선시하는 정책을 수행하였다. 레이건 행정부는 이러한 목표를 추진하기 위해 미국의 군사원조를 더욱 확대하는 정책을 추진하였다.

이에 따라 미국은 한국에서 추진하고 있는 율곡사업을 지원하기 위해 현대화된 장비를 포함하여 군사원조 및 무기이전을 제공하였다. 이와 같이 미국의 적극적인 무기이전 정책에 따라 이전 시기에 비해 1980년대의 무기이전의 규모는 약 2.8배가 될 정도로 증가하였다. 또한 한국군이 사용하는 무기의 95% 이상이 미국에서 도입한 것들로서 대부분 지상군의 무기체계들이었다. 즉, 신냉전으로 촉발된 미국의 대한(對韓) 무기이전 증가는 지상군 위주의 병력집약형 전력구조를 형성시키는 요인으로 작용하였다.

한편 북한의 미얀마 아웅산 테러 사건은 김정일의 등장과 더불어 표출된 대남 군사모험주의에 의한 테러였다. 이 시기 북한은 남한과의 체제 우월성 경쟁에서 패배를 의식하고 남한을 극도의 정치·경제적 혼란 상태로 몰아넣기 위해 테러 대상을 남한의 국가원수로 지목한 것이었다. KAL기 폭파사건은 1987년 대한항공 858편 보잉 707기가 미얀마 근해서 북한 공작원에 의해 공중 폭파된 사건이다. 목적은 '88 서울올림픽'의 개최를 방해하고, 대통령 선거를 앞둔 한국내의 사회·정치적 불안과 혼란을 심화시키는 것이었다. 이러한 결정적 사건들은 전력비교상 열세에 놓여 있던 한국군에게 전력증강의 동기를 유발하게 하였다. 그리고 그 내용은 주로 북한의 테러와 특수전에 대응하는 한편 전면전 시에도 대량의 북한 정규군에 맞설 수 있는 지상군 위주의 군사력 건설이었다.

2) 한미동맹 결합강도의 강화

1970년대 닉슨 독트린 선언과 주한미군 철수 등으로 약화되었던 한미동맹의 결합강도는 1970년대 후반부터 호전되기 시작했다. 1978년 한미연합군사령부 창설과 이듬해 카터 대통령의 철군정책에 대한 재검토 천명, 1980년 미국 대선에서 동맹을 우선시하는 레이건의 당선 등으로 한미동맹의 결합강도가 강화될 수 있는 기회를 맞이했다.

먼저 병력 및 장비 측면에서 보면 1977년 카터 행정부가 등장하면서 인권개선을 조건으로 주한미군 철수계획을 발표하였으나, 미군부의 반발과 미 의회의 압력에 굴복하여 카터 행정부는 주한미군철수 계획에 대한 잠정중지를 발표하였다. 이후 주한미군 병력은 일정하게 유지되었으며 오히려 1980년대 중반에는 증강되기도 하였다. 특히 1986년과 1988년 한국에서 아시안게임과 올림픽 개최를 지원하기 위해 주한미군은 4만 명 이상으로 증가되었으며, 1988년 정점에 달해 최고 4만 6천 명에 이르게 되었다.[25]

이 시기 주한미군의 장비 면에서도 획기적인 발전이 이루어졌다. 주한 미 제2사단을 중심으로 지상군을 보면 당시 미국의 새로운 작전개념인 '공지전투(airland battle)' 개념의 한국 전선에의 적용을 위한 노력으로 사정거리

---

25) 이 숫자는 1970년대 카터 행정부가 주한미군 철수계획을 중지할 당시 3만 9천 명에 비해 무려 7천 명이나 증가한 것이다.

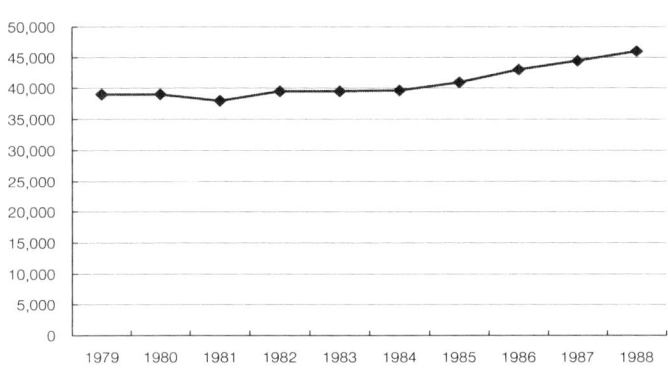

〈그림 7-3〉 주한미군 병력 변화(1978~1988)

출처: 김일영·조성렬, 『주한미군: 역사, 쟁점, 전망』(서울: 한울아카데미, 2003), pp.90-91

120km의 랜스(Lance) 미사일을 배치하였고, 다연장 로켓을 비롯한 화력 증강, 신형탱크 배치, 헬기의 증강 등이 이루어졌다. 주한 제7공군도 F-16 전투기, A-10 근접지원기 등이 새로 배치되어 전력을 강화시켰다. 즉, 1980년대 들어서면서 주한미군의 병력과 장비는 수적 증가와 함께 질적 증가가 이루어짐으로써 미국의 동맹공약 의지를 구체적으로 보여 주었다.

제도 측면에 있어 가장 큰 변화로는 1978년 11월의 한미연합사령부 창설을 들 수 있다. 한미연합사령부의 창설은 한반도에서의 전쟁을 억제하고 유사시 효과적인 연합작전을 수행하는 데 그 목적이 있었다. 이를 위해 그동안 유엔군사령관이 행사했던 작전통제권이 한미 연합군사령관에게 위임되었다. 여기에는 두 가지 중요한 의미가 내포되어 있다. 먼저 동맹의 제도화 측면에서 한미동맹이 제도적으로 공고해졌다는 것이고, 두 번째는 한미연합사령부 창설을 통해 미군사령관에게 작전통제권이 위임됨으로써 미국의 한국방위에 대한 책임을 우회적으로 구조화시켰다는 것이다. 이것은 미국이 한미동맹 자체를 파기하지 않는 이상 한국 방위에서 자유로울 수 없게 되었다는 것을 의미하였다. 또한 광주 민주화사태로 인해 중단되었던 한미연례안보협의회와 팀스피리트(Team Spirit)훈련이 재개됨으로써 동맹의 결합강도를 강화시켰다.

　지도자의 공약도 레이건 행정부가 들어선 이후부터 강화되는 현상이 나타났다. 신냉전 상황에서 등장한 레이건 행정부는 소련과의 대결에서 우위를 점하겠다는 의지를 표명하였고, 이는 한국, 일본 및 필리핀에 대한 미국의 동맹공약에 대한 재확인으로 나타났다. 즉, 레이건은 대통령 취임 후 첫 번째 정상회담 상대국으로 한국을 지목했고, 이후 전두환 대통령과 레이건은 모두 세 차례에 걸쳐 정상회담을 가지는 등 한국에 대한 동맹공약을 공고히 하였다.26) 이상의 논의를 요약하면 1970년대 말 이후 한미동맹의 결합강도는 주한미군 철수의 잠정 중지, 한미 연합사령부 창설, 레이건 행정부의 대한(對韓) 공약 강화로 나타나고 있으며, 이전 시기와 비교하여 상대적으로 강화되었다고 볼 수 있다.

　3) 군사력 건설: 병력집약형 건설 노력의 강화

　이 시기의 한미동맹은 결합강도가 강화된 반면, 기술집약형 전력 구축 노력은 상대적으로 약화되는 모습을 보였다. 전두환 정부는 미국에 안보를 편승하여 군사력 건설보다는 경제성장에 더 역점을 두는 모습을 보였다. 따라서 국방예산이나 전력 증강 면에 있어 현상유지적인 정책을 추구하는 모습을 보였다. 예를 들면 전두환 정부는 박정희 정부가 비밀리에 추진했던 핵무기 개발계획을 포기하였고, 국내 무기연구 개발의 핵심 부서였던 국방과학연구소의 기능을 상당 부분 축소시키기도 하였다. 이 기간 동안 전력증강의 중점은 주한미군 전력과의 상호보완적 전력구조의 발전을 기하는 데 있었다. 즉, 전력증강의 주목적은 북한위협의 억제에 있었으며 목적을 달성하기 위한 방법으로 지상군은 한국군이, 해·공군력은 주한미군이 담당하도록 함으로써 상호보완적인 전력구조가 강화되어졌다.

　이 시기 주요 전력증강을 살펴보면 육군은 사단 전력의 증강과 기갑, 포

---

26) Richard T. Dertrio, *Strategic Partner: South Korea and the United States* (Washington D.C.: National Defense University Press, 1989), p.90.

병화력의 증강에 우선순위가 두어졌다. 이 결과로 보병사단, 기계화 보병사단, 향토사단 등 19개 사단급 부대가 창설되었다. 또한 88 한국형 전차를 개발하였고, 포병은 155밀리 자주포를 실전에 배치하였으며, 다연장 로켓포를 생산하였다. 해군은 근거리 작전능력의 향상에 주력하게 되는데, 주로 중소형 고속정의 증강, 대잠초계기를 도입하였다. 또한 상륙전력 증강을 위해 해병대 부대에 신형 상륙돌격 장갑차(LVT 71)를 도입 배치하였다. 공군도 공지전략의 수행을 위해 전투비행대대의 수적 증강과 아울러 F-5E 제공호를 배치하였다.

위와 같은 육군력 위주의 전력증강으로 국방비는 다른 시기에 비해 심하게 요구되지 않았으며, 그 결과 국방비의 증가율은 완만하였다. 1976년도에 국방비는 GNP 대비 6%를 넘은 이후 1979년의 6.6%를 정점으로 하여 1982년의 6% 이후 줄곧 5% 내외를 거듭하였다. <표 7-2>에서 전력투자비의 변화를 보면 올림픽 준비를 위해 급격한 증가가 이루어진 1988년을 제외하고는 점진적인 증액 내지는 현상유지적인 추세를 갖는 것을 알 수 있다.

〈표 7-2〉 국방예산 변화(1980~88)

(단위: 억 원)

연도	전력투자비	전력운영비	국방비 총액
1980	6,280	14,584	20,865
1981	7,500	19,279	26,779
1982	8,500	23,278	31,778
1983	9,168	23,573	32,741
1984	9,577	24,484	33,061
1985	11,357	25,535	36,892
1986	13,970	27,610	41,580
1987	15,433	32,021	47,454
1988	19,540	35,662	55,202

출처: 국방부, 『국방백서』(국방부, 1998) p.267

〈그림 7-4〉 각 군별 전력투자비 배당 현황(1980~1988)

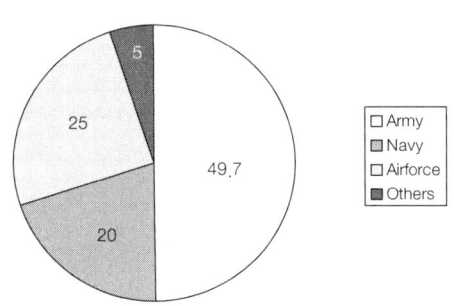

이것은 안보를 상당 부분 미국에 의존하고 경제발전에 역점을 둔 전두환 정부의 정책과 신규사단 창설, 한국형 전차(K-1) 개발 등 군사력 건설에 드는 비용이 비교적 적게 소요되는 육군력 건설에 역점을 두었기 때문인 것으로 분석된다.

이 기간 중 각 군별 투자규모는 육군이 2조 6천억 원(49.7%), 해군 1조 700억 원(20%), 공군 1조 3천 억(25%), 기타(5.3%)로 이전 시기에 비해 육군의 전력 증강에 매우 높게 배당된 것을 알 수 있다.[27] 특히 이 시기에 전력증강 투자비에 있어 육군의 점유율이 50%에 육박하는 급속한 증가를 보이고 있는데, 이는 19개의 사단급 부대를 이 기간에 창설하게 된 데서 기인하고 있다.

요약하면 이 시기는 신냉전의 도래, 아웅산 폭발테러, KAL기 폭파사건 등으로 점철된 결정적 사건들의 일련선상에서 한미동맹의 결합강도는 주한 미군 철수의 잠정중지, 한미연합사령부 창설, 레이건 행정부의 대한(對韓) 공약 강화로 나타나고 있으며, 이전 시기와 비교해볼 때 상대적으로 강화된 형태로 시현되었다. 한미동맹의 결합강도가 강화됨에 따라 한국은 미국의 안보우산에 편승함으로써 경제우선 정책을 수행하였다. 따라서 군사력의 질

---

27) 국방군사연구소, 앞의 책, p.270.

적 증가는 억제되었고, 북한 위협에 대응하기 위해 지상군은 한국군이, 해·공군력은 주한미군이 담당하는 상호보완적인 전력구조가 한층 더 강화되어졌다. 따라서 이 시기 육군 현(現)전력의 모태가 되는 19개의 사단이 창설된 반면, 해·공군력 증강은 초계함 추가 도입, 제공호 생산을 제외하면 특징적인 면이 없었고, 전력의 상당 부분을 주한미군에 의존할 수밖에 없는 상황이었다.

3. 잠재위협의 부상, 동맹 결합강도의 정체, 기술집약형 전력건설의 착수(1989~1999)

탈냉전의 국제적 화해무드에서 1987년 한국에서는 민주화가 이뤄지면서 다양한 사회적 요구의 분출과 함께 반미감정이 고조되었다. 이러한 분위기가 누적되면서 1980년대 후반부터 동맹의 결합강도는 정체되는 모습을 보였고, 미국의 안보 공약에 불안을 느낀 한국은 군사력 증강을 통해 자주국방 노력에 치중하는 모습을 보였다.

1) 결정적 사건

이 시기에는 이전 시기에 비해 직접적이고 급박한 위기상황은 드물었다. 1991년의 걸프전, 1993년의 북핵 위기, 그리고 독도분쟁과 같은 주변국과의 영토분쟁이 직접적인 영향을 미친 사건들이었다. 미국은 한반도 유사시 걸프전을 계기로 새롭게 채택한 군사전략인 Win-Win 전략에 기반을 둔 신속억제방안(FDO: Flexible Deterrent Options)[28] 수행을 계획하였다. 이에 대해 한국은 이 방안의 실행가능성을 의심하여 미군이 신속하게 증원할 수 있는지의 여부를 놓고 심각한 논쟁을 벌였다. 또한 FDO가 "한국군은 지상

---

[28] Win-Win 전략에 기반을 둔 미 증원전력은 신속전개억제전략(FDO)-전투력 증강(FMP)-시차별부대전개제원(TPFDD) 등 3단계 순차지원으로 전개방식이 계획되었다. 국방부, 『국방백서』(1996), p.56.

군 중심체제로 가고, 해·공군은 미국에 의존하도록 되어 있어 한국군의 당면과제인 기술집약형 군사력 건설노력에 저해"된다는 것을 우려하였다.29) 그리고 걸프전에서 첨단기술로 무장한 미국이 이라크를 단 42일 만에 제압한 전쟁수행의 패러다임 변화도 한국군의 군사력 건설에 매우 큰 영향을 주었다. 즉, 기존 재래식 전력 위주의 기동전을 대신하여 첨단 정밀유도무기 위주의 마비전이 주요 전쟁형태로 부상함에 따라 한국군도 그러한 능력보유가 요구되었던 것이다.30)

한편 북한은 국제원자력기구(IAEA)의 사찰을 통해 핵무기 개발의도가 드러나면서 이를 막아 보려는 국제적 압력이 거세지자 급기야 1993년 핵확산 금지조약(NPT)의 탈퇴를 선언함으로써 한반도 위기상황을 고조시켰다. 더욱이 북한은 1차 북핵위기를 거치면서 1994년 판문점 실무접촉에서 북한 측 대표 단장이었던 박영수의 '서울 불바다' 발언으로 위협강도를 높였고, 경제난에도 불구하고 군사력 증강에 주력하였다. 이에 대응하기 위해 한국은 북핵 관련 북한의 도발 움직임을 사전에 감시하기 위한 조기경보체계 도입과 도발시 신속하게 대응하기 위한 F-16 도입 및 한국형 전투기사업(KFP) 등 전력 증강을 위해 노력하였다.

이 시기 군사력 건설에서 특징적인 점은 한국군의 군사력 건설 방향이 미래지향적인 군사력 건설로의 과감한 전환이 요구되었다는 점이다. 즉 기존 시기들이 북한 위협만을 대상으로 군사력 건설을 고려하였다면, 이 시기 이후부터는 주변의 잠재적인 위협까지도 포함하였다는 것이다. 특히 김영삼 정부시절 독도에 접안시설을 설치한 것을 계기로 일본이 1996년부터 공개적으로 독도 영유권을 주장하는 상황에서 하시모토 일본 총리의 "독도는 일본 땅"31)이라고 한 발언은 유사시 독도를 수호할 해·공군력의 전력증강을 고려케 한 촉진제가 되었다. 즉, 한국군은 한반도 전략 가치의 상승에

---

29) 국회사무처, "1992년도 국방부 국정감사 국방위원회 회의록"(1992.10.22), p.10.
30) 국회 사무처, 위의 글, p.69.
31) "일본은 독도 망언을 철회하라," 『서울신문』, 1996.2.12.

따른 주변국의 이해상충, 자원 및 영토 분쟁요인 등을 주변국에 의한 잠재적 위협으로 인식하였다.32) 이에 대한 대응으로 합참은 잠재적 위협에 대비한 군사력 건설에 주력하겠다고 표명함으로써 기존의 북한 따라 잡기식 전력증강에서 탈피하여 미래지향적인 군사력 건설노력에 집중할 것임을 천명하였다.33)

2) 한미동맹 결합강도의 정체

미국은 탈냉전 시대 개막과 함께 새로운 안보위협으로서 핵을 비롯한 대량파괴무기의 확산, 지역분쟁의 확대가능성, 국가안보차원에서의 경제적 난관 등을 상정하고 이에 대처하기 위해 1993년 이른바 "Bottom Up Review"에 근거한 새로운 국방정책을 발표하였다.34) 이 정책을 바탕으로 한 이 시기 미국의 대한반도 군사전략 목표는 북한의 핵개발 저지, 대북한 감시 및 조기

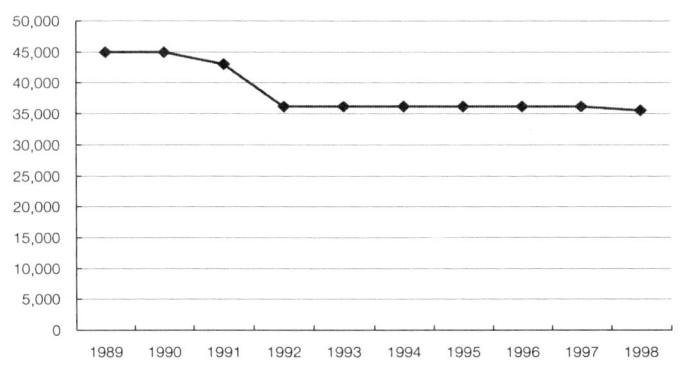

〈그림 7-5〉 주한미군 병력 규모(1999~1999)

출처: 김일영·조성렬, 『주한미군: 역사, 쟁점, 전망』(서울: 한울아카데미, 2003), pp.90-91

---

32) 국회사무처, "1992년도 합참 국정감사 국방위원회 회의록" (1992.10.21), p.7.
33) 국회 사무처, 위의 글, p.7.
34) 국방부, 『국방백서 1994-95』, p.43.

경보체계의 강화, 증원군의 신속한 투입태세 유지 등이었다. 이를 위해 미군은 해·공군력 위주로 구성된 신속억제방안(FDO)을 이용하여 한반도 유사시에 대비하려 함으로써 '한국은 지상군이, 미군은 해·공군'이라는 기존의 전력구성 틀을 강화시키려 하였다.35) 그러나 한국은 북한의 지속되는 위협과 주변국의 잠재적 위협에 대응하기 위해 '한국방위의 한국화'라는 정책을 내세워 전두환 정부에서 단절되었던 해·공군력 위주의 자주국방정책을 지속하려 하였다.

위와 같이 1980년대 후반부터 한미동맹은 탈냉전이라는 국제적 상황변화와 한국의 위협인식에 대한 확대로 인해 커다란 변화를 겪게 되었다. 이러한 변화들은 80년대 강화되었던 한미동맹의 결합강도를 다음과 같이 정체시켰다. 1989년 넌-워너 수정안에 의해 주한미군의 단계적 병력감축이 공식화됨에 따라 1992년 공군 2천 명과 지상군 비전투요원 5천 명 등 7천 명이 줄어들었다. 비록 지상군 전투병력이 아닌 비전투병력 위주의 철수였지만 한국 측과 충분한 협의과정을 거쳐 상호협의를 통해 결정되지 않고 일방적으로 결정 통보된 것은 대미 신뢰성을 의심할 수 있는 소지가 되었다.

장비 면에서도 한미동맹은 이전 시기보다 강해졌다고 보기 힘들다. 1991년 한국의 비핵화 선언에 따라 전술핵무기의 완전철수가 이루어졌다. 이 과정에서 나타난 문제점으로 북한의 핵개발 포기를 유인하기 위해 한국과 미국이 제시한 핵 포기 선언이 지나치게 일방적이었다는 점이다. 미국의 일방적인 전술핵무기 철수 선언은 북핵문제가 명확히 해결되지 않은 상태에서 일방적 군축을 선언한 것으로 한국에 대한 핵안보 제공 약화를 의미한다고 볼 수 있다.

동맹의 제도화 측면에 있어서는 1992년 서울 북방의 한미 연합야전군사령부(CFA)를 해체하였으며, 1994년 평시 작전통제권의 환수라는 큰 변화가 나타났다. 평시 작전통제권 환수가 갖는 중요한 의미는 한미관계를 의존적 관계에서 보다 성숙한 동반자 관계로 전환하게 된 것이며, 또한 한국 방위의

---

35) 국회사무처, "1992년도 국방부 국정감사 국방위원회 회의록" (1992.10.22), p.4.

한국화의 토대를 마련했다는 것이라고 할 수 있다.

결론적으로 이 시기 한미동맹의 결합강도는 비록 병력 및 장비 면에서 부분적인 감축으로 약화되는 현상이 나타났지만, 다른 시기들과 비교해 볼 때 현상유지적인 측면이 강하다고 볼 수 있다. 즉 이 시기는 동맹관계에서 각 행위자들이 역할 분담을 해야 하는 사건이 거의 없었고, 각국의 국방정책 변화가 크지 않았기 때문에 동맹의 결합강도에 미치는 영향은 작았다고 볼 수 있다.

3) 군사력 건설: 기술집약형 전력 건설의 착수

위에서 보듯이 1990년대 이후 한미동맹은 결합강도가 정체되는 현상을 보인 반면, 군사력 건설 노력은 강화되는 모습을 보였다. 특히 이 시기는 군사력 건설에 있어 양적인 측면뿐만 아니라 질적으로 전력증강을 추구하는 노력이 나타났다. 한국군은 걸프전에 따른 정세변화와 교훈, 주한미군 감축 및 역할변경에 대비하기 위해 우선 억제효과가 큰 핵심전력을 확보하고, 점진적으로 독자적인 전략구사가 가능토록 한다는 전력증강 방향을 설정하였다. 이에 따라 1990년대 중반까지는 기존 전력의 내실화에, 1990년대 후반부터는 억제전력을 보완하기 위한 첨단무기체계를 구축한다는 목표 아래 전력정비 사업에 착수하였다. 즉, 이 시기 군사력 건설의 특징은 방위 자주성

〈표 7-3〉 한국군의 무기체계 획득 현황(1990~1998)

	무기체계 획득
육군	K-1 전차, M-48-A5 Patton, K-IA1(88전차), LVTP-7A1, S-600, MCV-80 M-1A2 Abrams, M-88A1, M-992 FDCV, T-80U(러 차관 대용), M-113A2
해군	KDX-1(구축함), LST(상륙함), KSS-1(잠수함), Lerici급 기뢰제거함 Type-209/1200(잠수함), Type-209(잠수함), P-3C
공군	정찰용 무인항공기(Harpy), KT-1 저속통제기, BK-117 (헬기), H-76 이글(헬기) KF-16C, UH-60, S-70, B0-105C(헬기), Lynx, Hawk(훈련기), C-130, AH-1S, RF-4C, UH-60, CN-235, F-16C, AIM-9S, RH-800, T-38, AIM-120

출처: *SIPRI* (1990-1999), 국방백서(2000) 종합하여 정리

의 증대로 집약할 수 있다.36) 한국과의 구체적 협의없이 진행되어온 주한미군 감축으로 한국 방위는 한국군이 해야 한다는 주장이 확대됨에 따라 그에 해당하는 전력 보유의 필요성이 더욱 커지게 되었다. 따라서 한국군은 과거 지상군 병력중심에서 해·공군력 및 지상군 기동전력 중심으로 무기체계를 획득하려 노력하였다.

이러한 해·공군력 위주의 전력 증강에는 많은 예산이 요구되었는데, 이 기간 동안의 국방예산 중 전력투자비 대(對)전력운영비의 배분현황은 <표 7-4>에서 보는 바와 같다. 국방비 변화 중 전력투자비를 중심으로 살펴보면, 1990년대 말까지 비교적 완만한 증가 추세를 보이는 것을 알 수 있는데, 이것은 노태우 정부와 김영삼 정부의 정책 우선순위가 국방에 있다기보다

〈표 7-4〉 국방비 변화(1990~1999)

(단위: 억 원)

연도	전력투자비	전력운영비	국방비 총액
1990	24,460	41,918	66,378
1991	26,011	48,513	74,524
1992	27,747	56,353	84,100
1993	29,161	62,993	92,154
1994	30,396	70,357	100,753
1995	32,267	78,447	110,744
1996	34,308	88,126	122,434
1997	39,794	98,071	137,865
1998	42,886	103,389	146,275
1999	52,300	85,180	137,490

출처: 국방부, 『국방백서 2008』(국방부, 2009), p. 부록 15; 국방부, 『미래를 대비하는 한국의 국방비』(국방부, 2004), p.47

---

36) 국방부, 『국군 50년사』(서울: 국방부, 1998), p.218.

남북화해에 바탕을 둔 한반도 안정과 민주주의의 증진에 있었음에 기인한다. 따라서 이 시기 군사력 건설은 괄목할 만한 발전이 없었는데, 그럼에도 불구하고 공군의 KF-16의 생산과 해군의 한국형 구축함(KDX)사업 착수라는 중요한 전력증강의 사례가 나타나고 있다.37) 이것은 이 시기의 전력투자비 상당수가 해·공군의 핵심전력 건설에 투입되었다는 것을 의미한다.

특히 IMF의 여파로 1999년에는 어려운 경제여건을 감안하여 국방비 총액이 줄어들었음에도 불구하고 전력투자비는 예년도에 비해 오히려 8% 정도 증액되었다는 점이 이를 증명해 주고 있다. 이것은 이전부터 지속되어 오던 KF-16의 지속적인 생산과 CN-235의 도입, 한국형 구축함의 건조 및 한국형 전차의 양산 등 고가치의 자산을 중심으로 전력증강이 이루어진 것에 따른 것이었다.

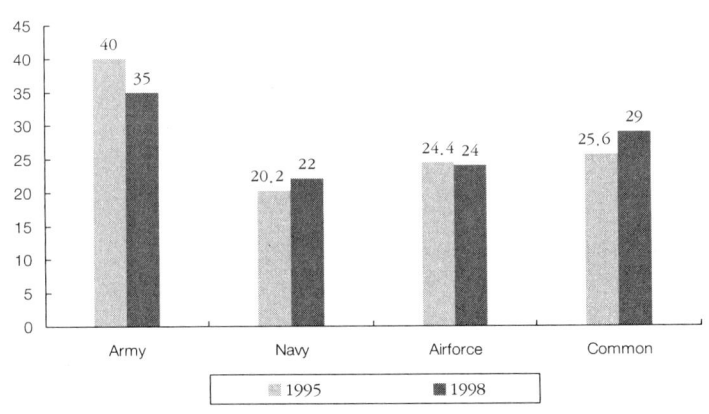

〈그림 7-6〉 각군별 전력투자비 비율(1995, 1998)

---

37) 이 시기 동안 해군력은 한국형 구축함(KDX) 건조사업을 추진하였으며, 장보고함 취역을 시발로 하여 국내기술로 최초 건조한 이천함, 최무선함, 박위함을 건조시키는 등 매우 높은 강도의 전력증강이 이루어졌다. 반면 육군은 한국형 전차의 양산 및 항공사령부 창설을 제외하고는 전력증강이 사소한 수준에서 이루어졌다. 국방군사연구소, 『국방정책 변천사』(국방군사연구소, 1995), p.309.

해·공군력 위주의 전력구축 노력은 이 시기 각 군별 전력투자비 규모에서도 알 수 있다. 1995년도 전력투자비는 육군이 39.8%, 해·공군 전력이 44.6%로서 점점 해·공군 위주의 전력건설이 이루어졌다. 특히 1998년에는 육군이 35.%, 해·공군 전력이 46%로 이러한 경향은 더욱 심화되어갔다.[38)]

이 시기 한국의 군사력 건설을 요약하면, 한미동맹의 변화에 대비하여 한국의 방위에 있어 한국이 주도적 역할을 담당할 수 있도록 기반능력 구축 성격이 강하다고 볼 수 있다. 결론적으로 이 시기의 군사력 건설은 탈냉전 후 북한의 군사력에 의한 직접적인 위협과 주변국의 잠재적인 위협이 공존하는 가운데 이루어졌다. 이러한 중층적인 위협 상황하에서 동맹 결합강도의 정체에서 기인된 '한국방위의 한국화'의 필요성, 걸프전에서 나타난 전쟁 패러다임의 변화, 미래 불특정 위협에 대비하기 위한 역량구축의 필요성 등이 군사력 건설에 기제로 작용하였다.

4. 9·11 사건, 동맹 결합강도의 약화와 기술집약형 전력 건설노력 심화(2000~2007)

2000년대에는 네 가지 지표를 굳이 언급하지 않더라도 한미동맹의 결합강도는 낮게 나타나고 있다. 국민의 정부에서 추진한 '햇볕정책'과 참여정부에서 추진한 '협력적 자주국방정책'은 한미동맹에 주요 변화를 가져온 요인들이었다.

1) 결정적 사건

이 시기 군사력 건설에 영향을 미친 주요 사건은 9·11 테러사태와 지속적인 북한의 핵 도발을 들 수 있다. 미국은 9·11테러를 계기로 세계 차원의 방위태세를 전반적으로 검토하고 재편하는 군사변환(military transformation)

---

38) 국회사무처, "1998년도 국방부 국정감사 국방위원회 회의록"(1998.11.11), p.47.

을 추진하게 되었다. 그 일환으로 나오게 된 것이 세계군사재배치검토(GPR: Global defense Posture Review)였으며, 이것은 직접적으로 주한미군 철수로 이어지게 되었다. 따라서 한국군은 그 공백을 담당하기 위한 전력증강에 착수하였으며, 그 주요 전력들은 정보·감시·정찰 전력 및 정밀유도무기체계, 그리고 방공유도무기 등 주로 공군력과 관계된 무기체계들이었다.

두 번째 중대한 사건으로는 2002년 대두된 북한의 우라늄 농축 프로그램 시인, 2006년의 1차 핵실험 등 일련의 북핵 위기를 들 수 있다. 이러한 북핵 위기는 2002년 평양을 방문한 제임스 켈리 동·아태 담당 차관보에게 북한이 우라늄 농축에 의한 핵무기 개발을 시인함으로써 본격적으로 대두되었다. 이에 대응해서 북한의 핵무기 사용 혹은 이를 포함한 전면전 도발 징후가 명확한 경우 자위권적 방위차원에서 관련 핵심표적을 조기에 타격하는 적극적 대응개념이 군사전략으로 고려되었다. 이를 위해 핵 및 탄도탄 움직임을 조기에 포착할 수 있는 지상감시 조기경보체계와 관련 시설을 정밀타격할 수 있는 정밀유도무기체계의 도입이 최우선적으로 고려되었다.

그러나 이 시기 북핵문제와는 별도로 북한 위협에 대한 인식은 매우 낮았다. 예를 들면 1995년부터 국방백서에 북한을 "주적"으로 상정하여 대비해 왔던 것과는 반대로, 2004년~2008년 국방백서에는 이러한 표현이 삭제되고 단지 북한을 외부의 군사적 위협과 침략세력으로 대체한 것에서 알 수 있다.[39] 따라서 이 시기 정책결정자들의 위협 인식은 북한 위협보다 이전 시기부터 제기되어 온 잠재적 위협에 보다 더 큰 비중을 두었다. 특히 독도분쟁과 배타적 경제수역(EEZ), 중국의 동북공정, 일본의 보수 우경화 등의 일련의 사건은 기존 직접적인 북한 위협에 대처하는 것보다 향후 예상되는 미래의 불확실한 위협에 초점을 맞추어 군사력 건설을 요구하게 하였다. 예를 들면 2005년도 일본과의 독도 영유권 분쟁으로 한일 관계가 악화되었을 때, 양국의 군사력 비교에서 일본 해·공군력이 한국에 수배의 전력우위를

---

39) 2010년 국방백서에도 "주적" 표현을 사용하지 않고 있으나, '북한정권과 북한군은 우리의 적'임을 밝히고 있다.

가진다는 분석이 나옴에 따라[40] 국민들은 유사시 일본과의 전력격차를 줄이기 위해 F-15K, 전자전기, KDX-III 등을 최우선적인 전력증강 대상으로 고려해야 함을 요구하였다.[41]

2) 동맹 결합강도의 약화

부시 행정부는 9·11테러의 충격을 반영하여 2001년 QDR에 비대칭 위협에 대비하여 미 본토를 방어하는 동시에 우방국들과의 폭 넓은 공조를 강화하는 쪽에 큰 비중을 두었다. 또한 군사력 건설을 기존의 "위협에 기초한 모델"에서 "능력에 기초한 모델"로 근본적인 변화를 명시하였다. 즉, 직면한 위협에만 대비할 것이 아니라 테러, 반란 등 미래 발생할지도 모르는 포괄적인 위협 전체에 대응할 수 있도록 일정 수준 이상의 군사력 건설을 평시에 구축해 놓겠다는 것이었다. 이러한 미국의 신안보전략은 곧 군사혁신(RMA)과 군사변환(military transformation)으로 구체화되었다. 특히 군사변환은 지역적 관점이 아닌 세계적인 관점에서 미군을 전략적으로 운용하겠다는 것이었고, 그 최종결과물로 나온 것이 세계군사재배치검토(GPR)였다. 비록 이러한 신안보전략이 미국의 세계전략의 일환으로 추진되었지만, 주한미군의 철수로까지 이어져 한미동맹 결합강도의 급격한 약화를 초래하였다.

미국은 GPR의 일환으로 계획된 이라크전 차출을 위해 미 제2사단 병력 중 일부를 2008년까지 단계적으로 감축시키기로 결정하였다. 2004년 미 2사단 2여단 전투단 부대를 포함하여 5,000명을 감축하였고, 2007년 4,000명을 더 감축하였다. 또한 2008년 말까지 3,000명을 더 감축하기로 결정하였지만 지속적인 한국 측과의 협의 결과 그 계획안은 폐지되었다. 이에 따라 주한미군의 수는 2001년까지는 37,000명 수준으로 유지되었지만 9·11테러 사건 이후 미국의 군사전략 변화와 이라크 전쟁 수행 등으로 급속히 감소하

---

40) 이 당시 일본은 정보자산 면에서 E-2C, E-3C를 포함한 조기경보기 17대, F-15J, 전자전기, 이지스함 등을 보유하였음에 따라 한국군과의 비교 시 절대 우위를 점하고 있었다.
41) 국회사무처, "2005년도 국방부 국정감사 회의록"(2005), p.14.

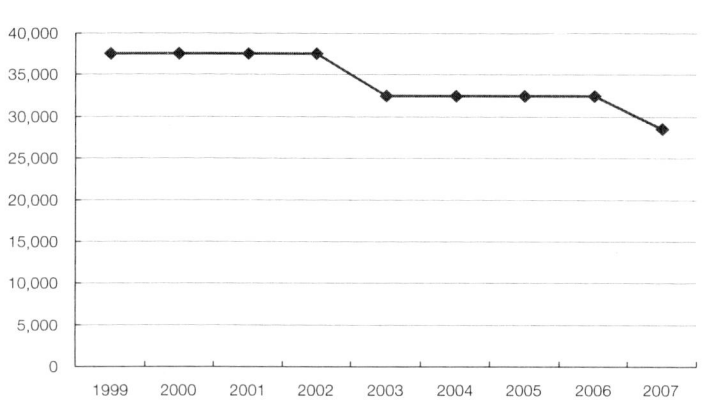

〈그림 7-7〉 주한미군 병력 규모(1999~2007)

출처: 국회사무처, "2005년도 국방부 국정감사 회의록," p.14

게 되었다. 주한미군의 일부병력과 함께 아파치 헬기 1개 대대 30여 대도 동시에 차출됨으로써 한국에 전력약화의 우려심을 낳게 하였다.

동맹의 제도화 측면에 있어 2002년 12월 34차 한미연례안보협의회에서 주한미군이 맡고 있던 10대 임무에 대해 한국군으로의 이양이 이루어졌다.[42] 또한 2012년을 목표로 한국군으로의 전시작전권 전환에 대해 양국이 합의하였고, 그 준비절차에 들어감으로써 제도적 결속력이 다소 약화되었다고 평가할 수 있다.

지도자의 공약 측면에 있어 럼스펠드 국방장관이 2002년 한국의 반미시위가 극에 달하면서 주한미군에 대한 조정을 시사함에 따라 안보 공약 약화에 대한 우려를 낳았다. 이런 우려는 2003년 한미정상회담에서 부시 대통령이 주한미군의 재배치 의사를 밝힘으로써 현실적으로 나타났다. 이에 따라 노무현 대통령은 그해 광복절 기념사에서 "미국의 전략이 바뀔 때마다 국방정책이 흔들리고 국론이 소용돌이치는 혼란을 반복할 일이 아닙니다……

---

42) 판문점 공동경비구역 경비책임, 북한 장사정포 대응 화력전, 북한 특수부대의 해상침투 저지, 매향리 사격장 관리 등을 말한다.

앞으로 10년 이내에 우리 군이 자주국방의 역량을 갖출 수 있는 토대를 마련하고자 합니다"[43]라는 말과 함께 자주국방을 위한 역량 강화를 천명하였다. 즉, 한국의 입장에서는 미국에게만 안보를 맡길 수 없다는 점을 공식적으로 표명한 것이다. 이외에도 국민의 정부와 참여정부 시절 불거진 북한 핵문제에 대한 한·미 간의 시각차, 이라크 파병, 방위비 분담 협상, 전시작전통제권 전환, 전략적 유연성 논란과 중국을 둘러싼 전략구상 문제 등은 한미관계를 불안한 상태로 이끈 요인들이었다.

이상의 논의를 고려해볼 때 1990년대 말 이후 한미동맹은 주한미군 철수/감축, 국력 증대에 따른 한국민들의 대미 평등 요구와 미국에 의한 방위비 분담요구액의 증가, 전시작전통제권 전환으로 인한 제도적 구속력 약화로 나타나고 있으며, 이전 시기와 비교해볼 때 한미동맹의 결합강도는 급속도로 약화되었다고 볼 수 있다.

3) 기술집약형 군사력 건설의 심화

김대중 정부시절 지속적인 북핵 위협에 대한 한미 양국의 서로 다른 접근은 양국 간에 심각한 갈등을 초래하였다. 또한 9·11 테러로 촉발된 미국의 군사변환은 반세기 동안 한국 안보의 한 축을 담당해왔던 주한미군 감축과 미2사단 재배치로 한국 안보에 영향을 미침으로써 동맹 결합강도의 약화를 초래하였다. 이러한 상황에 대응하기 위해 노무현 정부가 택한 노선은 협력적 자주국방이었다. 협력적 자주국방의 기본 취지는 한국이 처한 안보현실에서 동맹을 통한 안보증진을 꾀하는 동시에 국방에 있어 우리 힘으로 할 수 있는 바는 스스로 하자는 것이었다.[44]

협력적 자주국방을 실천하기 위해 노무현 정부는 2005년 '국방개혁 2020'을 발표하였다. 이 계획의 중요한 목표는 '병력 위주의 양적 재래식

---

[43] 노 대통령의 58주년 광복절 경축사에 대해서는 www.president.go.kr/cwd/kr/archive 를 참조할 것.

[44] 국가안전보장회의, 『평화번영과 국가안보: 참여정부의 안보정책구상』(서울: 국가안전보장회의 사무처, 2003), pp.26-27.

구조'에서 '기술집약형 전력구조'로 바꾼다는 것이었다. 2020년을 목표연도로 한 이 계획의 중점은 첫째, 병력구조에서 상비군 병력을 50만 명으로 감축하고 현재 25% 수준인 간부 비율을 40%선으로 늘려 간부 중심의 병력구조를 가져간다는 것이었다. 둘째, 대신 전력증강 분야는 병력이 감축되는 만큼 기술집약형 위주로 박차를 가한다는 계획이었다. 즉 공군 전투기는 전체 수에서는 감소하지만 F-15K급 전투기 도입으로 전투력은 현재보다 약 1.7배 향상될 것으로 전망되었다. 해군 전투함도 120여 척에서 70여 척으로 줄지만 차세대 한국형 구축함(KDX)과 차세대 호위함이 보강되어 전력지수는 1.8배 커진다는 것이었다. 결론적으로 노무현 정부의 군사력 건설은 2012년에 계획되었던 전시작전통제권 전환에 대비하고, 주로 미래 잠재적 위협에 대한 효과적 대비를 위해 "병력은 줄이고 장비를 늘려 한국방위의 한국화"를 실천하려는 것이었다.

이러한 전력건설의 핵심은 해·공군과 관련된 전력들이었다. 예를 들면 2003년 전력투자비의 경우 육군이 35%, 공군이 25%, 해군이 22%, 3군 공통전력이 19%로 해·공군 예산이 육군 예산보다 많이 매우 많이 배당되었

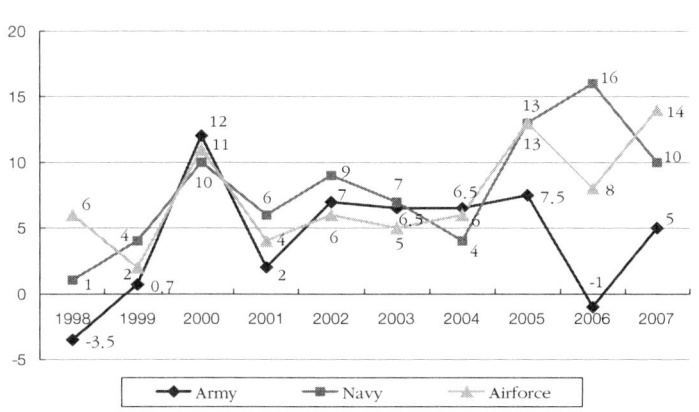

〈그림 7-8〉 각군 전력투자비 증가율(1998~2007)

출처: KIDA, *Korea Defense Budget Statistics* (http://kida.re.kr/ja_statistic)

다.45) 이러한 점은 1998~2007년 시기 동안의 각군 전력투자비 증가율에서도 동일하게 나타나고 있다. 각 군 증가율은 2000년도에 급속히 증가하였으며, 이후 해·공군력의 증가율이 육군보다 높게 변화되고 있음을 알 수 있다.

이러한 해·공군력을 중심으로 한 전력증강은 한국군의 기술집약형 건설에 이정표가 되었는데, 1997년 말을 기준으로 2008년까지의 전력 증강내역을 살펴보면 다음과 같다.

〈표 7-5〉 각 군별 주요 전력 증강내역(1997~2008)

육군			해군			공군		
구분	1997년	증강내역	구분	1997년	증강내역	구분	1997년	증강내역
전차	0000대 K-1 M계열	K1A1 00대 XK-2 K-21	함정	00척 DD, FF, PCC	KDX-1,2,3 PKG-711 수척	전투기	F-16 F-4 F-5	KF-16 00대 F-15K 00대
자주포	0000문 105견인, 155견인	K-9 자주포 00문	잠수함	수척 SSM, KSS-1	KSS-1 (손원일함) 수척	지원기	C-130, T-37	00대 CN-235, KA(T)-1 T-50 RC-800
미사일		100/MLRS 00/신궁	항공기	00/P-3C, S-2	LYNC 00대	기타		패트리어트
UAV		수대	기타	00척 LST	신형 LST 수척			

공통전력: 정보분야에서의 백두·금강체계 전력화, C4I 분야에서의 지휘소 자동화체계(CPAS) 전력화

출처: 국방부, 『국방정책: 1998-2002』(서울: 국방부, 2002), pp.41-45; 『국방백서 2008』(국방부, 2009), p.부록 15

---

45) 국회사무처, "2003년도 국방부 국정감사 회의록," p.21.

IV. 한국군의 군사력 건설 방향

1. 향후 안보 시나리오

위의 논의에서 한국군의 군사력 건설에 가장 크게 영향을 미친 요소는 결정적인 사건의 성격과 그에 수반되는 위협구조 및 한미동맹의 결합강도라는 것을 확인하였다. 즉, 결정적인 사건이 북한 위협과 관련되어 있을수록, 그리고 한미동맹 결합강도가 강화될수록 육군력 위주로 군사력 건설이 이루어져온 반면, 결정적 사건이 주로 잠재적 위협과 관련되어 있으며, 한미동맹

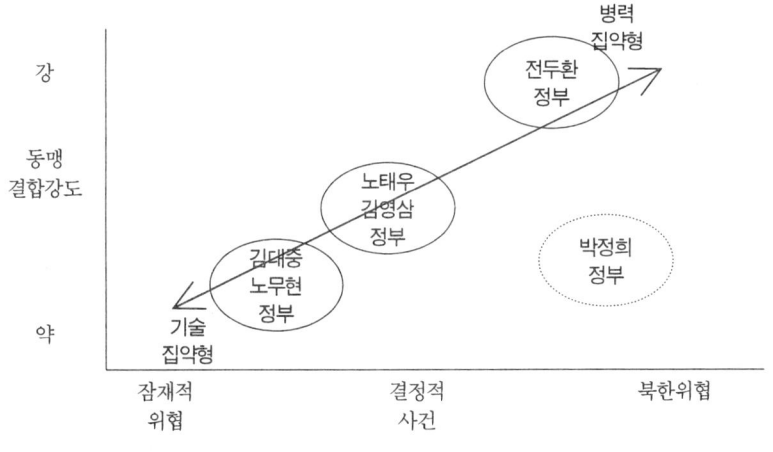

〈그림 7-9〉 한국의 군사력 건설 변화[46]

---

46) 앞에서 논의한 바대로 박정희 정부의 군사력 건설 유형은 병력집약형을 위주로 하면서 기술집약형 전력 건설이 부분적으로 이루어졌다. 이 시기 동맹 결합강도는 7사단 철수, 닉슨 독트린, 카터 행정부의 주한미군 철수 정책으로 인해 매우 약한 편이었고, 위협도 대부분 북한에 의한 것이었다. 그러나 이 시기는 군사력 건설의 초기였고, 북한 대비 전력지수가 57% 밖에 되지 않았기 때문에 양적인 면이 더욱 고려되었던 시기라 할 수 있다.

〈표 7-6〉 한반도의 위협구조와 한미동맹 결합강도

		결정적 사건	
		북한 위협	잠재 위협
한미동맹 결합강도	강화	A	B
	정체 or 약화	C	D

결합강도가 약화될수록 해·공군력 위주의 군사력 건설이 이루어져 왔음을 확인할 수 있다.

현재 한국군의 전력증강은 대북군사억지에 그 일차적 목표를 두고 있다. 그러나 향후에는 잠재적 위협들이 주요 위협으로 부상할 수 있는 바, 이러한 상황에서 한미동맹의 결합강도는 한국의 안보에 직접적으로 영향을 미친다고 볼 수 있다. 위의 논의를 바탕으로 한 미래의 안보환경은 다음과 같이 요약할 수 있다.

현 상황은 한미동맹의 결합강도가 이전에 비해 상대적으로 강하며, 천안함 및 연평도 포격사건에서 보듯이 북한의 군사위협이 최고조에 달한 상태로 'A' 상황으로 볼 수 있다. 향후의 시나리오는 단기적으로는 'A'의 유형이 지속될 것이나, 장기적으로는 'B'와 'D'의 공존 가능성이 높다고 판단된다. 위협 측면에서 단기적으로는 한반도 적화통일을 목표로 핵개발을 포함한 대남 군사적 위협을 지속하는 북한이 가장 직접적인 위협일 것이다. 특히 극심한 경제난과 김정은으로의 세습체제 구축이 취약한 향후 수년 이내 결정적 사건이 발생할 가능성은 매우 높다고 예상된다. 장기적으로는 양안문제, 역사문제, 영토분쟁, EEZ 획정문제 등의 다양한 갈등요인들로 인한 역내 잠재적 위협들이 결정적 사건을 발생시킬 가능성이 높다. 특히 소말리아의 해적사건에서 보는 바와 같이 한국 영토범위를 벗어나 해외에서 한국의 국익을 해치는 사건들이 증가할 가능성이 높다.

한미동맹 결합강도 측면에서 보면, 한국으로서는 북한이라는 직접적인 위협에 노출되어 있고, 세계 군사력의 4강이 모여 있는 동북아에서 안보를 보장받기 위해 한미동맹의 강화는 절대 필요하다. 미국으로서도 한미동맹은 여전히 전략적으로 유효한 것으로 판단된다. 그러나 한미동맹이 '21세기 포괄적 전략동맹'으로 발전되어 나갈 것으로 계획되어 있으나,[47] 현재와 비교시 그 결합강도가 강화될 것으로 예상하는 것이 쉽지만은 않다. 이것은 결합강도를 측정하는 주요 지표인 인원·장비의 변화와 제도적 측면에서도 나타나고 있다. 즉, 주한미군이 용산에서 평택으로 재배치될 예정이며, 2015년 전시작전통제권이 한국군으로 전환됨에 따라 연합사의 해체 등 제도변화가 가시화되고 있는 현실을 감안할 때 한미동맹 결합강도의 강화를 섣불리 판단할 수는 없을 것이다.[48]

2. 한국의 군사력 건설 방향

1) 군사력 건설 방향

위의 논의를 바탕으로 한 한국의 군사력 건설 방향은 다음과 같다.

첫째, 위협에 대한 균형된 인식을 바탕으로 군사력을 건설할 필요가 있다. 사례에서 보았듯이 위협은 누가 어떻게 해석하느냐에 따라 달라지게 마련이다. 현재 한국군은 천안함과 연평도 사건을 계기로 북한의 국지적 도발이나 비대칭 위협을 주요 위협으로 상정하고 이에 초점을 맞추어 군사력을 건설하고 있다.[49] 그러나 독도분쟁 등 이전 시기의 사례처럼 잠재적 위협이 주요위협으로 등장할 수도 있음을 고려해야 한다. 따라서 북한 대비 몇 대 몇이라는 논리에 사로잡혀 모든 부분에 걸쳐 '북한 따라잡기식 군사력 건설'의 지향은 개선되어야 한다. 특히 잠재적 위협에 대응할 수 있는 기술집약형 위주의 전력 건설은 대부분 15년 이상의 장기간이 소요된다는 점을 고려

---

[47] 국방부, 『국방백서』(2010), p.61.
[48] 강봉구, "차가워진 피: 21세기 한미 동맹정치 시론," 『한국과 국제정치』 22권 4호(경남대 극동문제연구소, 2006), pp.85-113.
[49] 국방부 홈페이지, 307계획 브리핑(http://www.mnd.go.kr/index.jsp).

시 더 이상 관련 전력의 전력화 계획이 지연되어서는 곤란하다.

둘째, 단기적인 측면에서 군사력 건설의 초점은 우선 북한의 국지전 도발과 비대칭 위협에 초점을 맞춤과 아울러 북한 내부의 위기상황에 대비한 군사력 건설에도 중점을 두어야 한다. 이 경우 현재 진행 중인 아프간전에서 미군 안정화작전의 교훈을 명심할 필요가 있다. 만약 북한 내부에서 위기상황이 발생 시 효과적으로 관련 작전수행을 위해서는 세부적이고 체계적으로 작전수행을 위한 계획을 평소에 마련해야 한다. 또한 안정화 임무를 성공적으로 수행하기 위해서는, 안정화 임무에 소요되는 군사력의 규모(현역과 예비역 규모 평가), 그리고 작전 초기에 소요되는 물자의 양을 사전에 계산해서 준비할 수 있는 계획이 마련되어져야 한다. 따라서 이 임무들에 대한 구체적인 작전계획을 수립함과 아울러 적절한 필요병력들을 산출하는 것이 필요하다. 또한 이들 병력들에 대한 훈련, 교육 등이 사전에 이루어져야 할 것이다.

셋째, 장기적인 측면에서 증가하는 잠재적 위협에 대응하고, 한국 주도의 방위능력 구축을 위해서는 기술집약형 위주의 전력증강이 필수적이다. 이를 위해서는 1)적의 기습을 억제하기 위한 감시 및 조기경보 능력 확보, 2)유사시 적의 초전 기습을 격퇴하고, 전쟁 주도권 장악을 위한 능력 구비, 3)적의 전쟁지도부를 포함한 전략적 중심을 정밀타격 가능한 원거리 타격능력 확보, 4)전쟁지속능력 강화 등이 요구된다.

넷째, 전력구조와 함께 병력구조 또한 기술집약형 위주로의 전환이 필요하다. 한국군의 전력은 장비나 무기체계에 있어서는 어느 정도 기술집약형 위주로 건설되어 왔으나, 병력 측면에서는 여전히 병력집약형 구조가 개선되지 않고 있으며, 이는 다음 그림에서 확인할 수 있다. 그림을 보면 1980년대 말부터 육군의 규모는 다소 감소하다가 1990년대 중반 이후 증가추세를 보이고 있으나, 해군의 경우 1980년대 말 이래로 거의 변화가 없다. 공군은 1992년도 육군에서 방공포병의 전환으로 15,000명의 병력이 증가한 것을 제외하고는 역시 거의 변화가 없다. 2010년 현재 병력규모는 육군이 560,000명, 해병대를 포함한 해군이 68,000여 명, 공군이 68,000여 명으로 그 비율은

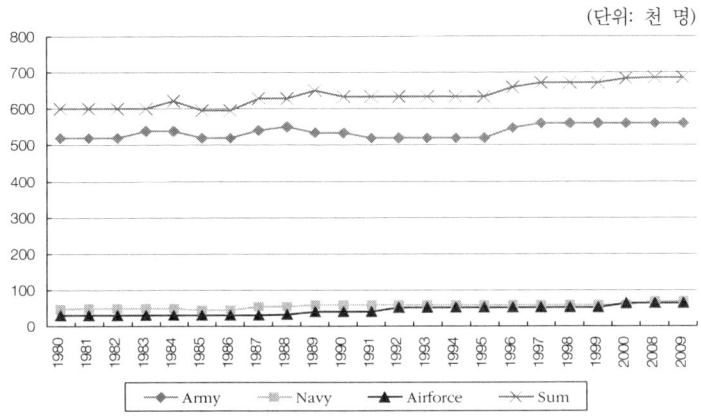

〈그림 7-10〉 한국군별 병력수의 변화(1980~2009)

(단위: 천 명)

출처: IISS, *The Military Balance* 1990-2009 종합.

8:1:1에 이르고 있다.

2) 선행요구 사항

위에서 언급된 군사력 건설을 제대로 이행하기 위해서는 다음 두 가지의 선행조건이 충족되어야 한다. 우선적으로는, 한미동맹의 강화이다. 한국은 지정학적으로 강대국들의 전략적 이해가 교차하는 지역에 놓여 있으며, 주변국들은 모두 세계적인 군사강대국들이다. 또한 향후 영토분쟁 등 여러 요인들로 동아시아의 질서가 불확실한 만큼 한국은 한미동맹을 강화함으로써 이러한 안보문제에 효과적으로 대처할 수 있다. 더욱이 현존하는 가장 직접적인 위협인 북한의 재래식 군사력과 핵무기에 효과적으로 대응하기 위해서는 미군의 보완전력과 확장적 핵억제가 절대적으로 필요한 시점이다. 따라서 한미동맹은 미래에도 한국 안보에 있어 필수적인 요소라고 할 수 있다. 다만 미래의 한미동맹은 과거의 후견-피후견 성격의 관계를 벗어나 서로의 전략적 이해를 공유할 수 있는 동반자적 동맹관계로의 발전이 요구된다.

둘째로는, 보다 현실적인 문제로서 기술집약형 위주의 군사력 건설은 충

〈그림 7-11〉 한국의 국방비 변화(1980~2010)

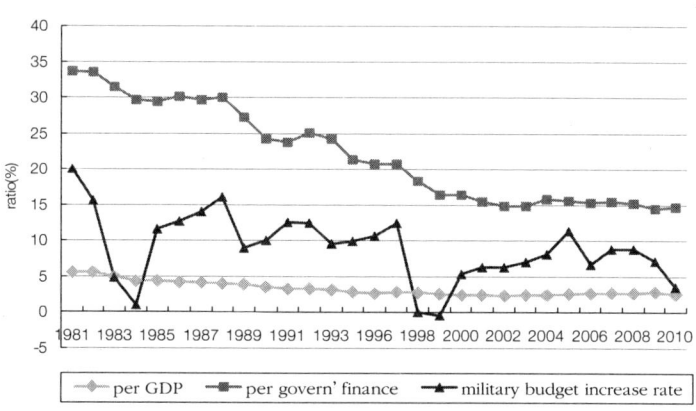

출처: 국방부, 『국방백서』(2010), p.317

〈그림 7-12〉 국방비 구성비 변화

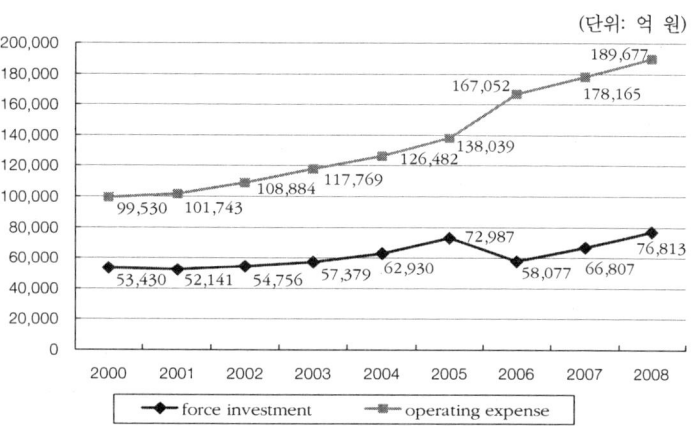

출처: 국방부, 『국방백서 2008』(2009), p.부록 15; 『미래를 대비하는 한국의 국방비』(2004), p.47

분한 국방예산이 확보되는 것을 전제로 하고 있다. 1980년대 초까지만 하더라도 국방예산은 국내 총생산(GDP)의 6%를 차지했다. 그러나 1980년대 중반을 기점으로 국방비의 비중이 점차 감소하면서 1991년에는 4.4%, 2010년에는 2.6%에 불과하였다.

더욱 심각한 문제는 국방비의 구조이다. 무기체계의 구입은 전력투자비에서 산출되나, 한국의 경우 전체 국방비에서 전력투자비가 차지하는 비중은 2000~2009년 평균 30%였고 증가율은 10%에 그치고 있다. 반면 전력운영비는 꾸준히 증가세를 보이는데 동 기간 내 증가율은 12%에 달하고 있다.

이와 같이 현재의 국방비로는 전시작전권 전환과 국방개혁의 성공적인 추진이 곤란함과 더불어 기술집약형 위주의 전력건설도 곤란할 것으로 예상된다. 따라서 위와 같은 문제점을 극복하기 위해서는 향후 GDP 대비 국방비는 최소 3~3.5% 이상, 정부재정 대비는 2000년대 평균인 15~17% 이상은 확보되어야 할 것이다. 또한 전력운영비의 증가는 무기체계획득을 포함한 전력발전 투자부문의 예산감소를 가져오게 되는데, 이것은 향후 무기체계를 현대화하는 데 심각한 장애가 될 것이다. 이와 같은 현상은 현재 한국군의 구조가 병력집약형 전력구조에서 기인하는 것이므로 기술집약형 전력구조로의 신속한 전환이 근본적인 해결책이 될 것이다.

V. 결론

이전 시기 동안 한국 안보에 영향을 미친 결정적 사건의 성격과 한미동맹의 결합강도 변화에 따라 한국군은 많은 변화를 거쳐 왔다. 즉, 북한이라는 직접적인 위협에 직면한 상황에서 한미동맹의 결합강도가 강하였을 경우 미국에 상당 부분을 의존하면서, '지상군은 한국군이, 해·공군은 미군이'라는 역할분담론에 따라 병력집약형 위주의 군사력 건설이 주를 이루었다. 반면 주변국들에 의한 잠재적 위협에 직면한 상황에서 동맹의 결합강도가 약해졌을 경우에는 '한국 방위의 한국화' 정책에 따라 기술집약형 전력 건설이 착수되기도 하였다. 즉, 한국의 군사력 건설노력은 위협과 동맹관계의 성격에 의해 결정되고 있음을 알 수 있다.

향후 한국이 직면해야 할 위협은, 단기적으로는 한반도 적화통일을 목표로 대남 군사적 위협을 지속하는 북한이 가장 직접적인 위협일 것이나, 장기적으로는 다양한 갈등요인들로 인한 잠재적 위협들이 결정적 사건을 발생시킬 가능성이 높다. 이러한 위협성격이 변화되는 상황에서 한미동맹의 결합강도는 한국군에게 융통성 있는 군사력 건설 접근을 요구하고 있다.

미래 동반자적인 관계로 발전되어 나가는 한미동맹은 강화되어 나가야 함이 분명하지만, 과거처럼 미군의 안보우산에 전적으로 편승할 수는 없다. 즉, 자국의 이익을 최우선시하는 냉엄한 국제정치에서 언제까지나 동맹국의 안보공약에 자국의 안보를 의존할 수는 없는 노릇이다. 따라서 '한국방어의 한국화'는 우리에게 선택이 아닌 필수로 다가오고 있음을 명심할 필요가 있다. 그리고 이를 달성하기 위해서는 우리의 안보환경이나 미래전 형태를 고려해볼 때 기존의 병력집약형 전력이 아닌 기술집약형 전력의 증강이 우선되어야 한다는 것은 사례를 통해 확인할 수 있다. 특히 기술집약형 전력의 건설은 많은 재원과 장기간의 시간이 소요되고, 군사력 건설과정의 메커니즘 또한 복잡하다. 따라서 보다 효율적인 군사력 건설을 위해서는 안보환경의 현재와 미래의 변화에 대해 예측해보고 그 변화에 대처할 수 있는 방향으로 미리 추진되어야 한다. 그러나 여기서 명심해야 할 점은 기술집약형 위주의 전력구조 건설이 현실의 안보환경, 즉 북한의 비대칭 위협과 비정규전적인 도발을 무시한 채 첨단무기 위주의 군사력 건설을 지향한다는 의미는 아니라는 점이다. 이 글은 향후의 안보환경과 작전환경에서 병력집약형보다는 기술집약형 군사력이 효과적이고 효율적이라는 점을 강조하고자 하는 것이다.

결론적으로 한국군의 군사력 건설에 있어 가장 필요한 것은 각 부문에서의 균형된 인식이다. 즉, 위협과 동맹관계를 객관적으로 바라보는 인식의 균형, 국민정서와 경제력을 고려한 군사력 건설의 균형이 그것이다. 따라서 한국군은 단기적인 위협과 동맹관계, 국민감정, 경제력에의 관심집중과 더불어 장기적인 요소들과의 균형을 고려한 군사력 건설 방법을 추구해야 할 것이다.

【참고문헌】

〈국문 단행본 및 논문〉

강병철. "중간국가의 안보환경과 전력구조: 이스라엘, 대만, 한국의 비교." 연세대 박사학위논문. 2001.
국방군사연구소. 『국방정책 변천사』. 국방군사연구소, 1995.
국방대학교. 『한국 국방정책에 대한 분석과 전망: 1945년 이후』. 국방대학교, 1997.
국방부. 『국방백서』. 1996, 1998, 2004, 2006, 2008, 2010
_____. 『국가안보정책: 1998-2002』. 2002.
_____. 『미래를 대비하는 한국의 국방비』. 국방부, 2004.
_____. 『율곡사업의 어제와 오늘 그리고 내일』. 국방부, 199.
국 회. 『국방부 국정감사 회의록』. 1992, 1998, 2003, 2005.
_____. 『합참 국정감사 회의록』. 1992.
김일영·조성렬. 『주한미군: 역사, 쟁점, 전망』. 서울: 한울아카데미, 2003.
김정현. "대륙국가의 군사력 건설에 관한 연구: 러시아, 중국의 비교연구." 연세대 박사학위 논문. 2005.
신욱희. "동아시에서의 후견-피후견 국가관계의 동학: 국가변화의 외부적/지정학적 근원." 『국제정치논총』 제32집 2호. 한국국제정치학회, 1992.
심지연·김일영 편. 『한미동맹 50년: 법적 쟁점과 미래의 전망』. 서울: 백산서당, 2004.
이기택. "한미동맹의 현실과 전망." 『군사논단』 통권 제25호. 서울: 군사학회, 2001.
이민룡. "한미동맹의 이론과 현실." 우암평화연구원 편. 『정치적 현실주의의 역사』. 서울: 화평사, 2003.

〈영문 단행본 및 논문〉

Capoccia, Giovanni, and Daniel Kelemen. "The Study of Critical Junctures: Theory, Narrative in historical Institutionalism." *World Politics,* Vol.59, No.3, 2007.

Collier, B. Ruth. *Shaping the Political Arena*. N. J.: Princeton Uni. Press, 1991.
Department of Defense. *A Strategic Framework for the Asian Pacific Rim: Looking toward the 21st Century*. Washington D.C.: U.S. G.P.O., April 1990.
_____. *A Strategic Framework for the Asia Pacific Rim, Report to Congress 1992*. Washington D.C.: U.S. Department of Defense, May 1992.
Dertrio, T. Richard. *Strategic Partner; S. Korea and the US*. Washington D.C.: National Defense University Press, 1989.
Fox, Annette Baker. *The Power of Small States*. Chicago University Press, 1959.
Gelb, H. Leslie. "General Purpose Force." *The Next Phase in Foreign Policy*. Brookings Institute, 1973.
Handle, Michael. *Weak States in the International System*. Jerusalem: Hebrew University Press, 1981.
International Institute for Strategic Studies. *The Military Balance 1990-2009*. London: Oxford University Press (Synthesis).
L. Roniger, S. N. Eisenstadt. "Patron-Client Relations as a Model of structuring Social Exchange." *Comparative Study of Society and History*, vol.22, 1980.
Mearsheimer, John J. *The Tragedy of Great Power Politics*. New York: W.W. Norton & Company, 2001.
Neumann, G. Stephanie. *Defense Planning in Less-Industrialized States*. Lexington: Health and Co., 1984.
Richardson, G. Lewis. *Arms and Insecurity*. Chicago: Quadrangle Books, Inc., 1960.
SIPRI(Stockholm International Peace Research Institute). London: Oxford University, 1974-1998.
Waltz, Kenneth N. *Theory of International Politics*. Reading, Mass.: Addison-Wesley, 1979.

국방부 homepage(http://www.mnd.go.kr).
청와대 homepage "대통령 연설문집"(www.president.go.kr/cwd/kr/archive).
합참 homepage "군사용어해설집"(http://JCS.mil.kr).
KIDA homepage "한국 방위비 통계"(http://kida.re.kr/ja_statistic).

제8장

현대전의 경향과 한국군의 준비 방향:
정규전 및 비정규전의 수행 측면을 중심으로

I. 서론

 이 글은 현대전의 교훈을 분석하여 향후 한국의 군사력 건설에 구체적인 방향을 제시하고, 특히 최근 진행된 비정규전의 교훈을 도출함으로써 한반도 유사시 한국군에 적용 가능한 함의를 규명하는 데 그 목적이 있다. 아프간전과 이라크전에서 보듯이 미군은 정규전에서 결정적인 승리를 거두었으나, 그 이후의 안정화 작전에서 성공을 거두지 못해 곤란한 상황에 처해 있다. 즉, 현재 자주 언급되고 있는 제4세대 전쟁, 하이브리드전 등의 비정규전에 대한 준비없이 막연한 희망에 의해 전쟁을 수행하였던 미군은 월남전 이후 최대의 사상자를 내고 철수를 준비 중에 있다. 이러한 상황에서 미군은 아프간과 이라크전에서의 실패를 경험 삼아 비정규전에서의 문제점에 어떻게 대처해야 할지에 대해 지속적으로 연구하고 있다. 우리도 상황은 크게 다르지 않다고 볼 수 있는데, 천안함 폭침이나 연평도 포격 사건에서 보듯이 북한의 비정규적인 도발은 그 수위를 더하고 있으며, 향후 그 강도는 더욱 강할 것으로 전망되고 있다. 따라서 우리도 정규전뿐만 아니라 비정규전에 대한 준비를 사전에 해야 하며, 이를 위해서는 전쟁교훈에 대한 분석이 가장 최우선적인 작업일 것이다.

이 글은 지금까지의 전쟁사례에 대한 연구들이 주로 전쟁수행과정을 기술하거나, 한 가지 전쟁사례에만 집중하여 분석함으로써 현대전의 경향을 제대로 파악할 수 없었다는 점에 착안하고 있다. 더구나 기존 연구들은 거의 미군의 사례 위주로 되어 있어 안보환경과 지리적·경제적 차이가 나는 우리환경에 적용시키기에는 제한점이 있었다. 이러한 문제인식 아래 이 글은 현대의 전쟁사례들을 종합적으로 분석하여 시사점을 도출하였고, 한국적 특수 환경이 무엇인지를 파악하여 도출된 교훈들을 나름대로 적용시켰다. 즉 이글은 '전쟁사례 분석의 한국화'를 목적으로 한 것이라 볼 수 있다.

방법론적 측면에서 이 글은 다음의 분석대상과 항목에 초점을 맞추어 한국군의 준비 방향을 제시하였다. 첫째, 이 글은 미국이 수행한 최근 정규전을 대상으로 교훈을 분석하였으며, 비정규전에서는 미국과 이스라엘의 비정규전 수행사례를 분석범위로 삼았다. 둘째, 한국적 전장 환경을 분석하기 위해서는 지정학적 환경, 북한 위협 등 한국의 특수한 여건들에 대한 고려가 필수적이므로 이러한 제반여건들을 분석범위에 포함시켰으며, 이를 토대로 군사력 준비 방향을 제시하였다.

구체적인 연구방법은 관련 연구문헌들을 중점으로 분석하였다. 특히 미 랜드 연구소와 국제전략문제연구소(CSIS)가 최근 경쟁적으로 현대전을 분석하여 정책에 반영시킴에 따라 그동안 알려지지 않았던 많은 자료들이 공개되고 있다. 따라서 이 글에서는 이 자료들 및 미국 군사 관련 전문가들과의 토론 결과를 연구에 반영하였다.

II. 현대전의 경향

이 절에서는 현대 정규전의 경향을 군사력 운용상에서의 특징과 무기체계 사용상에서의 특징을 중심으로 분석하고 있다.

1. 군사력 운용 및 특징[1]

걸프전에서 적 중심에 대한 병행공격으로 단기간에 전쟁승리를 경험한 미군은 그 경험을 바탕으로 코소보전에서 '효과중심작전' 개념에 입각하여 전쟁을 수행하였다. NATO군의 주요 군사목표는 유고군의 전쟁수행의지와 지휘통제시설을 무력화하는 것이었고 작전은 전략표적에 대한 정밀타격위주로 수행되었다. 이러한 작전 결과, NATO군은 유고의 전력발전 시설 35%, 탄약생산능력의 65%, 장갑차 생산시설의 40%, 항공장비 조립 및 수리시설의 80%를 파괴함으로써[2] 유고의 군사 기반체제를 거의 마비시켰다. 결론적으로 코소보전은 각종 정밀유도무기체계 등 첨단무기에 의한 '21세기형 전쟁' 모델을 제시하였으며, 유고의 재래식 무기와 서방측 첨단 무기간의 '비대칭 전쟁'이 수행되었다. 이러한 전쟁 수행과정에서 NATO군은 항공력에

---

1) 그동안 전쟁사례에 대한 분석은 다차원적으로 시도되어 왔으며 주로 합참 및 각 군 기관, 군 관련 연구소에서 연구되어 왔다. 제임스 위니필드, 홍성표 역, 『걸프전 항공전역 분석』(서울: 작은 책방, 2007); 합동참모본부, 『코소보 전쟁 종합분석』(1999); 공군전투발전단, 『아프가니스탄전 분석: 항공작전 중심으로』(2002); 합동참모본부, 『아프간 전쟁 종합분석』(2002); 앤서니 H. 콜데스만, 황진환 역, 『아프간 전쟁의 교훈과 미국의 군사변혁』(육군사관학교, 2005); 공군전투발전단, 『이라크 전쟁: 항공작전 중심으로 분석』(2003); 합동참모본부, 『이라크 전쟁 종합분석: 이라크 자유작전』(2003); 정보사령부, 『이라크전 교훈 자료집』(2003); 공군전투발전단, 『현대전의 교훈을 통해 본 한국군의 준비방향』(2010).
2) Benjamin S. Lambeth, *NATO'S Air War for Kosovo* (Santa Monica: RAND, 2001), p.62.

의한 정밀공격으로 최소의 인명피해로 전쟁을 종결함으로써 'Clean War'가 가능했다는 점이 코소보전의 가장 큰 특징이라 할 수 있다.

이전의 전쟁에서 경험한 정밀교전 능력을 기반으로 미군은 아프간전에서 전쟁 초기 전략공격작전을 통해서 탈레반 세력을 제거하였다. 아울러 이동 표적에 대한 공격은 걸프전에서의 실패를 보완하여, 무인정찰기를 통한 표적 식별과 체공전력에 의한 근실시간 타격을 통해 성공적으로 수행되었다. 또한 산악전의 특성하에서 지상군의 특수병력에 의해 유도된 항공력은 표적을 지속적으로 정찰·감시하여 움직임을 확인하고, 획득된 정보를 바탕으로 실시간 정밀 공격하는 능력을 보여주었다. 즉, 지상군과 항공력을 결합한 새로운 전쟁수행방법의 발전에 따라 지형, 기상 등의 작전제한요소는 충분히 극복될 수 있다는 점을 아프간전은 보여주고 있다. 이외에도 ISR 작전, 도시 근접항공지원작전, 주민들에 대한 심리·공보전 등 새로운 형태의 작전들이 등장한 점은 주목할 만한 사항이다.

이라크전에서 미군의 전략/교리는 걸프전의 '공지전투' 개념에서 '신속결정작전'과 '효과중심작전' 개념으로 변화되었다. 즉, 파월 독트린으로 불리는 걸프전 시 군사교리에서 럼스펠드 독트린으로 불리는 군사교리로 변환되었는데, 다음과 같은 차이점을 갖는다.3) 파월 독트린은 적의 능력을 군사적으로 압도하며, 적 군사력을 체계적으로 파괴하고 소모시키는 데 주안점을 두었던 반면에, 럼스펠드 독트린은 전장의 신속한 지배를 추구하고, 적의 의지를 통제하며, 지휘통제체계 등을 무력화시켜 충격과 혼돈을 야기하여 전쟁을 단기간에 종료시키는 데 주안점을 두었다. 즉, 물리적 마비보다는 심리적 마비에 중점을 두어 신속한 전쟁승리를 거두는 것에 주목적이 있었다고 볼 수 있다. 이러한 특징 외에 이라크전에서 종심작전에 대한 항공력과 지상력 간 전쟁수행역할의 미정립에 따른 문제점이 대두된 점은 제한점이라

---

3) David E. Jonson, 공군 전투발전단 역, 『현대전 교훈을 통해 본 지상전력과 항공력의 역할변화(Learning Large Lessons: The Evolving Roles of Ground Power and Air Power in the Post-Cold War Era)』(2010), pp.110-116.

할 수 있다. 종심 작전영역을 주도하기 위한 지상군의 노력은 전략적 수준에서의 항공력 역할과 중첩됨으로써 전장관리의 문제점을 야기했다. 즉, 지상군에 의한 종심작전의 과도한 확장은 항공력의 신속·정확한 정밀공격 능력을 제한하는 결과를 가져왔다.4)

한편 아프간과 이라크에서 수행되고 있는 안정화작전에서 미군은 별다른 성과를 내지 못하고 있는 상황인데, 이는 다음의 이유에 기인하는 것으로 분석된다.5) 첫째, 미군은 평시 게릴라전이나 대반란전(COIN: Counterinsurgency Warfare)6)과 같은 비정규전(IW: Irregular Warfare)7)을 위한 군사적 능력 구축을 적극적으로 하지 않았다는 것이다. 둘째, 군과 민간차원의 협조가 매우 부족하였다는 점이다. 예를 들면, 적에 대한 정보공유 차원에서 국방부와 다른 정부기관 간의 유기적 협조노력이 부재함에 따라 작전은 비효율적으로 진행될 수밖에 없었다. 셋째, 미군은 강한 결속력을 지닌 동맹국 대신에 이해관계를 중시하는 다수의 동맹국과 작전을 수행함으로써 동맹국들의 응집된 협력이 불가능하였다는 점이다. 특히 아프간전에서는 국제안보지원군(ISAF)의 지휘체계가 확립되지 않은 상태에서 각국들은 이해관계에 따라 작전을 수행함으로써 군사적인 노력들을 소규모적이고 주변적인 활동으로 분산시켜 애초 설정하였던 목표를 달성하지 못하였다. 넷째, 미군은

---

4) *Ibid.*, p.116.
5) A. H. Cordesman, "Shape, Clear, Hold, and Build: The Uncertain Lessons of the Afghan & Iraq Wars," *CSIS Policy Report* (2009), pp.1-8.
6) Insurgency는 (무장)반란, (무장)폭동, 분란 등으로 번역되며, 사전적 의미로서는 정부에 대항하는 무장반란을 의미하며, 현존하는 정부를 전복시킬 목적으로 특정 그룹이나 폭도에 의해 행해지는 전복활동 및 무력행사를 의미한다. 반란전은 쌍방의 능력이 비대칭적이며 약자 측은 대개 준국가 단체이다. 또한 대반란전(Counter Insurgency)은 반란을 정부가 격퇴시키기 위해 취하는 군사, 준군사, 정치, 경제, 심리 및 대민활동을 의미한다.
7) 비정규전이란 "유격전, 도피 및 탈출, 전복활동을 포함하는 작전으로서 적이 확보 또는 지배하는 지역에서 주로 주민에 의해 수행되며, 통상 외부로부터 직접적이거나 간접적인 지원과 지시를 받는다. 즉 기존 정권이나 점령 세력을 제거 또는 약화시킬 목적으로 수행되는 주로 주민에 의해 실시되는 총체적인 저항활동"을 의미한다. 비정규전의 구체적 수행 형태는 반란전, 게릴라전, 테러전 등을 들 수 있다.

반란 그룹들의 초기 활동이 매우 길었고, 그 공격 징후가 명백하였음에도 불구하고, 그 공격을 무력화시키고 그들을 제거할 수 있는 "Golden Hour"의 포착에 실패하였다. 즉, 안정화작전 초기 반란 그룹에 대한 적극적이고 능동적인 실행전략이 부족했다고 볼 수 있다.

그러나 수많은 사상자를 내고 철수를 준비 중인 아프간전에 비해 이라크의 안정화작전은 비교적 성공적인 평가를 받고 있는데, 그 이유는 다음과 같이 분석되고 있다.[8] 첫째, 이라크 지형은 사막지형으로 COIN 작전을 수행하기 위한 적절한 지형인 데 비해, 아프간은 영토가 매우 넓고 험준한 산악지형이기 때문에 작전수행이 여의치 않았다. 둘째, 이라크 국민들이나 부족은 비교적 문명적이며, 물질적인 측면을 중시하기 때문에 원조를 강화하면 설득이 용이하였던 반면, 아프간 국민들은 문맹률이 높고, 극단주의적 종교이념으로 외부인들에 대한 배척심이 강했기 때문에 협조 획득이 힘들었다. 셋째, 이라크는 어느 정도의 정부조직이나 군대조직을 지닌 상태에서 미군과 협력하여 안정화 작전을 수행하였지만, 아프간은 그 조직들과 사회간접자본이 전무한 상태에서 작전이 수행됨으로써 현지 정부의 협력을 받기 어려웠다.

이상의 논의를 요약해보면 군사력 운용 측면에서 최근 전쟁의 경향은 재래식 전쟁에서 전략적 마비개념과 더불어, 테러, COIN, 게릴라전 등이 복합된 하이브리드전(Hybrid Warfare)으로 발전하고 있음을 알 수 있다. 이러한 형태의 전쟁에서 군사력을 효과적으로 운용하기 위해서는 ISR 작전, 공보·심리작전, 사이버전, 도심 근접항공지원작전, 대민 지원작전 등 확장된 임무에 대한 작전능력을 갖추어야 함을 현대전은 시사하고 있다. 또한 현대전에서 전력의 통합적 운용능력과 함께 합동작전 능력의 중요성이 확대되고 있음을 고려할 때, 각 군의 명확한 역할 정립 및 전장공간관리체계의 수립이 필요하다는 것을 알 수 있다.

---

8) Nathan Freir, "Iraq versus Afghanistan: A Surge is not a surge is not a surge," *CSIS Policy Report* (Oct. 2009), p.1.

2. 무기체계 운용상의 특징

무기체계 측면에서 특징을 살펴보면, 전장감시·정찰·정보체계 측면에서는 위성과 유·무인항공기의 중첩운용을 통해서 고도의 전장 가시화가 실현되었다. 걸프전 이후 그 역할과 기능이 확대된 위성은 이라크전을 통하여 고해상도를 기반으로 한 전천후 운용능력을 발휘함으로써 전장감시·정찰·정보의 핵심 전력으로 자리 잡게 되었다. 미군은 이외에도 유인정찰기 운용을 통해서 지상 및 공중 감시능력을 향상시켰을 뿐만 아니라, 무인정찰기를 고위협 지역의 전술 정찰임무에 적극적으로 활용함으로써 정찰 범위를 확대하였다. 그러나 무인정찰기는 아프간 산악지형에서의 감시능력 제한과 적과 민간인 구분의 어려움이라는 문제점에 직면하기도 하였다.

전력운용체계 측면에서 살펴보면, <표 8-1>에서 보는 바와 같이 고도의 정밀성과 경제성 확보로 정밀유도무기의 운용 비중이 비약적으로 증가하였으며, 미군은 정밀유도무기(PGM)를 사용하여 민간인 피해와 부가적 피해를 최소화하기 위한 노력을 기울였다. 아울러 무인항공기가 정찰임무뿐만 아니라 공격임무에 효과적으로 활용됨으로써 그 역할이 증대되었다는 점은 주목할 만한 사항이다. 걸프전 시 소형 무인정찰기만을 사용했던 미군은 아프간전에서 Predator와 Global Hawk를 정찰임무의 주요 수단으로 운용하였고, 아프간과 이라크전 시에는 Predator에 헬파이어 미사일을 장착·운용함으로써 탐지-타격의 소요시간을 단축시켜 긴급표적(TST: Time Sensitive Target) 타격 임무를 가능케 하였다. 이러한 유용성은 무인항공기가 미래에도 가장 핵심적인 작전 수단으로 자리매김할 것임을 시사하고 있다.

전력운용체계 측면의 또 다른 특징은 전자전 수단 및 비살상 무기의 운용 증가와 그 역할 확대를 들 수 있다. 전자전기는 상대국의 방공망을 교란·파괴시킴으로써 우군의 자유로운 작전수행을 보장하고 항공기의 생존성을 높여 줄 뿐만 아니라, 적의 통신교란을 통해 지상군을 보호하는 등 현대전 수행에 필수적인 무기체계라는 것을 증명하였다. 또한 EMP탄, 흑연폭탄 등의 비살상 폭탄은 이라크전에서 인명피해 없이 지하벙커나 터널 내부의 주

〈표 8-1〉 최근 전쟁수행 자료 비교

구분	걸프전	코소보전	아프간전	이라크전
전쟁기간	43일	78일	50일	43일
총 소티	118,700	37,500~38,000	29,000~38,000	41,404
전쟁비용	760억 달러	70억 달러	200억 달러	256억 달러
PGM 사용 비율	7%	35%	56%	68%
연합군 사상자	130여 명	2명	40여 명	150여 명
상대군 사상자	100,000여 명	10,000여 명	11,000여 명	2,300여 명
비고			2002.4. 기준	2003.4. 기준

출처: CSIS, "US Airpower in Recent Regional Conflicts," *The Instant Lessons of the Iraq War Executive Summary and Main Report* (2003.4), p.56

요 시설들과 같은 특수표적 공격 시 그 효과를 발휘함으로써 향후 더 높은 발전 가능성을 시사하였다.

그러나 정밀유도무기에 의한 공격의 제한점 또한 드러났는데, 엄폐 및 은폐된 비대칭무기들에 대한 효과적 공격전략 및 수단 미흡, 우군간 오인사격과 오인폭격, GPS를 이용하는 정밀유도무기체계의 사용증가에 따른 재밍과 주파수 부족 등은 향후 긴급히 보완되어야 할 문제점으로 도출되었다. 특히 GPS 재밍 문제는 이라크전에서 미군에게 심각한 위협이었다. 전쟁 초기 이라크군은 러시아에서 도입한 GPS 교란 장비를 사용하여 GPS가 탑재된 미군의 합동직격 유도폭탄(JDAM) 및 유도 미사일에 대해 재밍함으로써 미군 항공기의 오폭을 유도하였다.[9] 더불어 미군은 주파수 부족 때문에 작전상의 애로점을 겪기도 하였다. 예를 들면 미군은 이라크전 초기 제4보병 사단을 터키를 통해 이라크로 진입시키려 하였으나, 터키가 자국 영토 내 미군의 주파수 사용을 거부함으로써 쿠웨이트를 거쳐 남쪽에서 진격하도록 작전계획을 변경할 수밖에 없었다. 그러나 이마저도 4보병 사단이 쿠웨이트에 도

---

[9] 공군 전투발전단, 『한국 공군의 사이버전 발전방향』(2009), p.36.

착하였을 때는 사용가능한 주파수가 없었기 때문에 작전이 수일 지연되는 상황이 발생하기도 하였다.10)

한편 이라크와 아프간의 안정화작전에서 반란 그룹에 의해 주로 사용된 급조폭발물(IED)11)은 미군과 동맹군 사상자의 주요 원인이 되고 있다. 미 국제전략문제연구소(CSIS)가 이라크전의 경우 '03년부터 '09년까지 발생한 사상자의 절반 이상이 IED에 의한 것으로 분석하고 있을 정도로 그 영향력은 지대하였으며, 향후 테러리스트나 반란세력에 의한 IED의 사용은 더욱 증가할 것으로 전망된다.

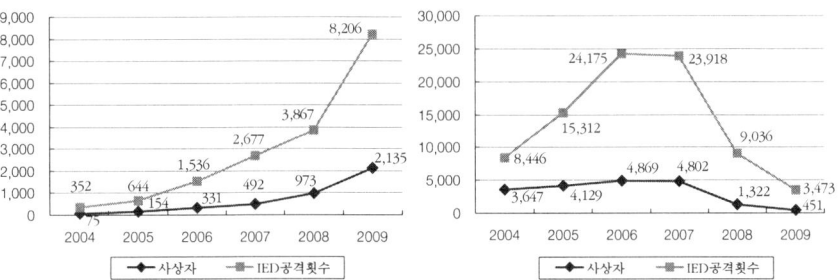

〈그림 8-1〉 아프간전에서 IED 사상자 수   〈그림 8-2〉 이라크전에서 IED 사상자 수

출처: A. H. Cordesman, "IED incidents in Afghanistan," CSIS, Metric for Afghanistan 2004-2010(2010), pp.2-5; "IED incidents in Iraq,"CSIS, Metric for Iraq 2004-2010(2010), pp.2-4

---

10) 김선덕, "전자기 스펙트럼작전(EMSO) 발전방향," 합참, 『합참 제38호』(2009), p.76.
11) IED(Improvised Explosive Device)는 재래식 폭발물질에 간단한 기폭장치를 설치한 것으로서 제작이 용이하여 테러리스트나 게릴라, 특수부대 등에 의해 주로 사용되고 있다.

III. 비정규전 수행 추세

1. 최근의 비정규전 수행 사례

1) 아프간 / 이라크전

(1) 전장 환경

이 두 전쟁의 전장 환경은 다음과 같은 공통점 및 차이점을 지니고 있다. 우선 공통점으로 두 사례는 미국에 의해 최근 테러와의 전쟁 일련 선상에서 수행되었으며, 대규모 정규전 수행 이후 비정규전으로 성격이 변화되었다는 것이다. 또한 상대 국가들은 이슬람권에서의 대표적인 실패(fail) 혹은 불량국가(rouge state)로 인식되었으며, 빈곤이 만연하였고, 여성인권, 교육여건의 열악 및 사회기반시설이 부족하였다는 공통점을 지닌다. 반면 차이점으로는 아프간은 중세 부족사회 형태로 군벌 및 각 무장 세력들로 이루어진 반면, 이라크는 강력한 중앙집권체제였으며, 쿠르드족을 비롯한 민족 간의 갈등이 극심한 환경이었다.

(2) 전쟁수행 특징

아프간전과 이라크전에 있어 각 행위자들의 전쟁주체와 전쟁목표, 전쟁수행상의 특징은 다음과 같다.

첫째, 조직 측면에서 알 카에다는 통합된 지휘체계나 통신수단 없이 독자적으로 활동하였지만 하부 조직[12]끼리는 상호 유기적으로 활동함으로써 미군의 상대 조직 파악에 어려움이 있을 수밖에 없었다. 즉, 미군의 상대는 소규모로 세포화되어 있었고, 반란그룹은 각 집단별 10명 내외의 소규모 공

---

12) 알 카에다 조직은 중심그룹, 지원세포, 잠복세포, 작전세포, 지원 네트워크 등으로 구성되어 있었다.

〈표 8-2〉 아프간/이라크전 각 행위자들의 전쟁 목표

구분	행위자	전쟁 주체	전쟁 목표
아프간전	미국	- 미국 주도의 연합군 - 아프간 북부 동맹군	- 아프간 내 테러 훈련기지 폐쇄 - 알 카에다 지도부 제거
	아프간	탈레반, 알 카에다	- 연합군 철수 - 카이자르 정권 타도
이라크전	미국	미국 주도의 연합군	- 이라크 내 테러리스트 축출 - 자유 이라크로의 전환 지원
	이라크	- 후세인 추종세력 - 알 카에다 연계 테러조직	- 연합군 철수 - 현정권 타도 및 자신들의 정권 창출

격을 주로 실시하였으며, 때로는 여러 집단의 공조하에 대규모 복합공격을 시도하였기 때문에 이들을 완전히 와해시키는 데 어려움이 있었다.

둘째, 전쟁수행 방법 측면에서 알 카에다는 치고 빠지는 식의 게릴라 전술과 각종 테러 활동으로 전쟁을 수행하였다. 예를 들면 알 카에다는 미군의 순찰 기동로 지역에 IED 또는 지뢰 매설 후 원격조정으로 폭발 및 자살 폭탄테러를 시행하였으며, 소총 유효조준 사정거리보다 먼 원거리에서 미군에 비조준 사격 후 바로 접적 지역을 이탈하는 전술을 사용하였다. 또한 이라크 정부군 사이의 불신유도를 위해 민병대나 경찰의 유니폼을 입고 활동하였으며, 미군에 인구가 밀집된 지역에서의 교전을 강요하고, 미군 공격을 민간인 거주 지역으로 유도하여 민간인 피해를 증가시킴으로써 미국에 대한 아프간 국민 및 국제사회의 지지 철회를 유도하였다.

셋째, 전쟁수단 측면에서 알 카에다는 다국적군에 비해 매우 빈약했는데, AK-47 자동 소총과 수류탄, 기관총, RPG-7 등이 대부분이었다. 알 카에다는 이러한 무기체계상의 열세를 다른 수단에 의해 만회하려 하였는데, 바로 언론을 이용한 심리전 및 선전전을 적극적으로 이용한 것이다. 예를 들면 알 카에다는 외국계 방송중 알-자지라(Al-Zazira)에만 취재를 허용하여 미군의 오폭 장면, 미군 헬기 피격 장면, 수많은 민간인 피해상황을 생방송함으로써 그들의 목적을 달성하고자 하였다.

2) 이스라엘-헤즈볼라 전쟁(2006.7.12~8.14)

(1) 전쟁 배경 및 경과

헤즈볼라는 이스라엘의 팔레스타인 해방기구(PLO) 정책에 대한 반감으로 레바논에서 1983년 '신의 당'이라는 뜻의 무장단체로 결성되었다. 헤즈볼라는 이후 시리아와 이란의 지원하에 계속 성장해 왔으며, 2005년 이슬람 저항운동 단체인 하마스(Hamas)가 레바논에서 집권함으로써 반이스라엘 운동의 직접적인 기반 구축이 마련되었다. 이러한 상황에서 2006년 헤즈볼라가 완충지대로 설정된 Blue Line을 넘어서 이스라엘 순찰대원 3명을 살해하고 2명을 납치한 것이 직접적인 전쟁 원인으로 작용되었다. 이스라엘군은 1대의 탱크와 소대병력을 레바논으로 진입시켜 납치된 병사들을 구출하려 하였으나, 5명의 사상자만 발생시킨 채 퇴각하였다. 이후 이스라엘은 이에 대한 보복으로 헤즈볼라 소유 알 마나르(Al Manar) 방송국의 베이루트 본부를 파괴하고 동남부 골란고원 지역과 레바논 남부 일대를 공습함에 따라 전쟁은 급속도로 확전되었다. 결국 올메르트(Almert) 이스라엘 총리의 대 헤즈볼라 전쟁선포에 맞서 헤즈볼라의 사무총장 하산 나스랄라(H. Nassrallah)는 전면전을 선포하기에 이르렀다.

(2) 전쟁수행 특징

이 전쟁에서 각 행위자들의 전쟁목표 및 전쟁수행상의 특징은 다음과 같다.

첫째, 조직 측면에서 헤즈볼라는 단일 조직이 아니라 많은 민병대와 단체를 포괄하는 세포조직[13]으로 구성되어 분권화된 지휘체계를 운용하였으며, 작전 수행시 10명의 부대단위로 무전기나 휴대폰을 이용하여 연락을 유지하였다. 따라서 이스라엘군들은 상대의 정확한 실체를 파악하지 못함으로써 초기 대응에 매우 어려움을 겪을 수밖에 없었다.

---

13) 헤즈볼라는 최고 의사결정기관인 슈라(Shura), 3개의 지구평의회, 기타 세포조직으로 구성되었다.

〈표 8-3〉 이스라엘-헤즈볼라전에서 각 행위자들의 전쟁 목표

구분	전쟁 주체	전쟁 목표
이스라엘	이스라엘 정부군	- 납치된 이스라엘 병사 송환 - 헤즈볼라의 군사력 격멸 - 레바논 남부지역에 대한 자치권 확보
헤즈볼라	무장단체 (준국가행위자)	- 소모전을 통해 적에게 최대한 많은 피해를 입힘으로써 상대방의 정치적 마비 유발

둘째, 전쟁수행 방법 측면에서 헤즈볼라는 지형 이점을 활용한 게릴라 전술을 사용하였으며, 민간인 거주지역에서 교전함으로써 민간인 피해가 불가피하도록 강요하는 전술을 사용하였다. 즉, 민간 거주지를 대상으로 한 이스라엘군의 무차별 공습으로 헤즈볼라에 적대적인 감정을 가지고 있던 레바논 국민들까지 헤즈볼라로의 지지선회를 유도한 것이다. 셋째, 전쟁 수단 측면에서 헤즈볼라가 사용한 무기는 구식 개인화기와 122mm 로켓포, 수류탄 등 소화기 위주였으며, 이를 만회하기 위해 헤즈볼라는 심리전의 수행 및 언론을 적극적으로 활용하였다. 즉, 이스라엘의 폭격에 의해 사망한 민간인들의 시체를 장기간 방송하는 등 선전활동을 강화하였다.

〈그림 8-3〉 비정규전 조직의 대표적 그룹인 헤즈볼라군

〈그림 8-4〉 헤즈볼라의 사용무기

3) 이스라엘-하마스 전쟁(2008.12.27~2009.1.18)

(1) 전쟁 배경 및 경과

이 전쟁은 하마스[14])가 이스라엘-하마스간 휴전(08.6.19) 종료 선언 후 로켓포를 이스라엘 남부지역으로 발사함에 따라 이에 대한 대응으로 이스라엘이 가자지구를 공습함으로써 시작되었다.[15]) 이 전쟁에서 이스라엘은 이전의 헤즈볼라 전쟁에서의 실패를 교훈 삼아 다음과 같은 '준비된 작전'을 실시

〈표 8-4〉 이스라엘-하마스전에서 각 행위자들의 전쟁 목표

구분	전쟁 주체	전쟁 목표
이스라엘	이스라엘 정부군	- 온건파 팔레스타인 정부 수립 지원 - 하마스의 군사력 격멸 - 가자 지구에 대한 하마스의 테러와 공격 억제
하마스	무장단체 (준국가행위자)	- 소모전을 통해 적에게 최대한 많은 피해를 입힘으로써 상대방의 정치적 마비 유발

---

14) 1987년 아흐메디 야신에 의해 설립되었으며, 반이스라엘, 반미를 목적으로 하는 이슬람 저항단체겸 무장세력.
15) 일명 가자전쟁(Gaza War)으로 호칭되며 이 당시 이스라엘의 작전명은 'Operation Cast Lead'였다.

하였다. 즉, 가자지구로부터 30km 이내 지역의 모든 마을에 로켓 공격 경보 시스템을 설치하여 상대의 공격을 미리부터 준비하였으며, 기습 공습을 통해 하마스의 지휘부를 제거하고 온건파인 팔레스타인 정부를 수립하려는 명확한 전쟁목표를 수립하기도 하였다.

이 전쟁에서 이스라엘의 지상 작전은 4개 여단 1만여 명을 투입하여 2009년 1월 3일부터 12일까지 10일간 전개되었는데 주로 상대의 이동로 차단과 고립에 중점을 두었다. 공중작전은 1일 30~50쏘티(총 900쏘티)를 운용하여 하마스 지휘부와 군사시설, 땅굴 등 총 2,100여 개 표적을 정밀 폭격하여 무력화시켰다. 해상작전은 함포 및 함대지 미사일로 지상 작전을 지원하였으며, 외부세력의 유입 방지와 자유로운 해상작전을 위해 해안선으로부터 20마일까지 항해 금지구역을 설정하여 운용하였다.[16]

전쟁수행 결과 이스라엘은 하마스의 통치조직과 무장력에 심대한 타격을 주었으며, "되로 받으면 말로 갚는다"는 응징보복 및 대외에 자국의 군사력 과시, 미국과 '가자지구로 무기류 유입차단'을 위한 양해각서 체결, 향후 10년간 300억 달러의 군사원조 약속 등의 성과를 거두었으나, 하마스의 완벽한 무장해제, 납치된 병사구출에는 실패하였다. 하마스는 군사시설의 파괴와 무장대원 및 지도자 손실 등 군사적으로 심대한 타격을 입었으며, 폐허가 된 가지지구의 재건문제와 이스라엘의 봉쇄정책을 풀지 못한 책임론이 제기되고 있는 상황이다.

(2) 전쟁 수행 특징

이스라엘-하마스 전쟁의 전쟁 목표 및 전쟁수행상의 특징은 다음과 같다. 전쟁수행은 제1차 레바논 전쟁(헤즈볼라전)과 비슷하게 전개되었으나, 다음과 같은 군사작전에서의 차이점이 발생하였다.[17] 첫째, 합동화력의 관점

---

16) 신완교, "이스라엘, 가지지구 군사작전 교훈," 합참, 『합참지 39호』(2009), pp.23-24.
17) David Johnson, *Military Capabilities for Hybrid War* (Santa Monica: RAND, 2010), pp.3-6.

〈그림 8-5〉 가자지구 전투에서 이스라엘 공군과 지상군의 합동작전

에서 보면 헤즈볼라전에서 이스라엘군은 합동작전이 전혀 이루어지 않음으로써 효과적인 전쟁수행을 할 수 없었다. 이러한 실패를 교훈 삼아 이스라엘군은 하마스전에서 합동성을 최우선적으로 고려하여 다음과 같은 군사목표에 중점을 두었다.

① 하마스의 병력이 고정된 위치에 묶여 있도록 강요하여 전투력을 마비시킴
② 공중화력, 지상화력, 방공화력의 효율적인 결합
③ ISR과 화력을 결합한 기동에 의해 적들을 특정지역으로 이동 강요

둘째, 결합된 무기체계의 관점(Combined Arms)에서 각 제대별 무기체계는 네트워크를 통해 대대수준까지 결합되었으며, 전투 사령부는 전 이스라엘군에 걸쳐 각 부대들의 능력을 필요시 활용 가능하였다. 또한 필요한 정보는 대대나 여단 수준까지 통합되고 분배되어 하위 제대 수준에서도 근 실시간 Sensor to Shooter가 가능하였다는 것이 특징적이라 할 수 있다. 이스라엘군은 합동작전과 네트워크 중심으로 전쟁을 수행함으로써 하마스전을 승리로 이끌었고, 이후 모든 비정규전을 수행함에 있어 네트워크를 바탕으로 한 합동작전의 형태로 전쟁을 수행하게 되었다.[18]

---

18) *Ibid.*, p.7. 이 점은 당시 이스라엘 공군 참모총장이었던 Ido Nehushtan의 언급에 잘

〈그림 8-6〉 헤즈볼라와 하마스 조직의 사용 무기체계 변화 양상[19]

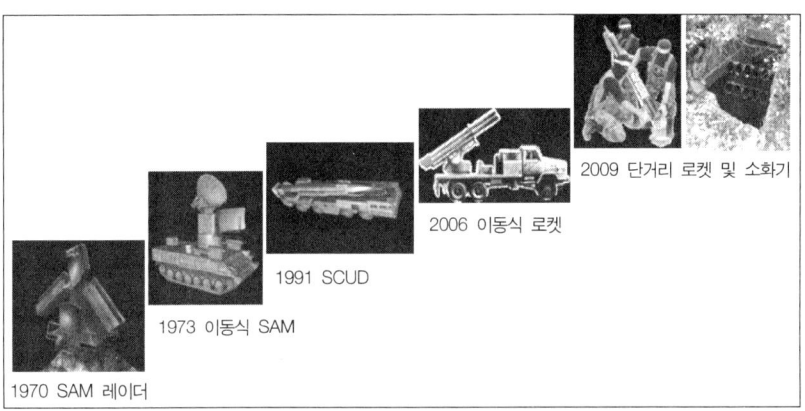

셋째, 헤즈볼라나 하마스 그룹은 모두 시리아나 이란 등 이슬람 국가의 후원을 받는 조직으로 타 비정규 조직과 비교 시 준 국가행위자에 속한다고 볼 수 있다. 따라서 그들의 무기체계도 초기에는 스커드, 장갑차 등 국가행위자들과 유사한 것을 사용하였으나, 현재에 와서는 이들 무기들을 사용함과 동시에 단거리 로켓 등 소규모 무기체계들도 중점적으로 사용하고 있음을 알 수 있다. 즉, 그들의 조직 및 무기체계는 소규모이고, 탐지 가능성은 적으며, 가격이 저렴한 것을 사용하고 있으며, 우수한 기동성을 바탕으로 한 빈번한 전투기회 포착과 시가지 전투 위주의 전략을 주로 사용하고 있음을 알 수 있다.

나타나 있다. "우리의 유인 조종사, 무인항공기 조종사들은 지상군 사령관들과 매 작전계획 시마다 긴밀하게 연결되어 있었다. 서로는 타 분야와의 교류를 통해 상대방을 더욱 잘 알고 그럴수록 작전의 효과는 배가되었다. 그들은 네트워크를 통해 서로의 목소리를 인식할 수 있었고, 결국에는 서로의 군종을 떠나 진정한 합동성을 이룰 수 있었다."

19) David Johnson, "Hard Fighting: Israel in Lebanon and Gaza," RAND, 내부 연구보고서 (2011), p.11.

2. 한국군에의 시사점

이상의 비정규전 수행 사례에서 미군과 이스라엘의 군사작전이 우리에게 주는 교훈은 첫째, 비정규전에서도 합동성이 전제되지 않고서는 효과적인 군사작전이 수행될 수 없으며, 따라서 각군 간의 합동작전이 그 목적달성을 위한 첩경임을 알 수 있다. 둘째, 전략 커뮤니케이션 분야의 중요성이다. 예를 들면 이스라엘은 하마스의 로켓 공격에 100만여 명이 위협에 노출되어 있으며, 위협을 해소하기 위한 '자위권 차원'의 공격임을 국제사회에 지속적으로 홍보함으로써 유리한 전략적 상황을 조성하였다. 또한 자국에 유리한 내용은 적극 공개하고 하마스의 비인도적인 행위를 부각시키는 등 국제사회의 지지 획득을 위해 노력하였다. 셋째, 사이버전이나 심리전이 비정규전에서 매우 큰 효과를 발휘할 수 있음이 증명되었다. 미군과 아프간/이라크 반군, 이스라엘과 헤즈볼라/하마스 등 양측 간의 사이버전은 사이버 공격과 방어, 심리전 등 다양한 형태로 전개되었는데, 이스라엘은 하마스 군사시설의 정밀폭격 장면을 공유사이트에 실시간 게재하고 자국에 불리한 동영상은 접속을 차단하기도 하였다.[20]

3. 비정규전 수행의 유형[21]

이상의 사례를 바탕으로 비정규전의 수행추세를 분석해보면 행위자의 유형에 따라 비정규전은 다음 두 가지 형태가 존재함을 알 수 있다.

---

20) 특히 가자 주민을 대상으로 "바로 대피하라, 조만간에 폭격이 있을 것이다", "하마스는 독안에 든 쥐다" 등의 핸드폰 문자 메시지를 무작위로 전송하여 공포감을 유발시키기도 하였다.
21) David Johnson, *Military Capabilities for Hybrid War*, p.5.

1) 유형 1: 비국가(Non-State) 행위자에 대한 비정규전

특징	- 조직: 잘 훈련되지 않고, 규율 부재, 소규모 세포화 - 무기체계: 소화기, RPGs, 장갑차, 근거리 로켓, IED, 지뢰 - 지휘통제 수단: 휴대폰, 인편, 비집중화
사례	- 무자헤딘(아프간 1979)　　- PLO West Bank(2001) - 알 카에다(이라크 2007)　- 탈레반(아프간 2009)
항공우주력의 역할	- ISR 작전 수행(적이 소규모이며 기동성이 뛰어났으므로 탐지 후 즉시 공격해야 하는 상황에서 절대적으로 필요) - 보급과 군수지원을 위한 공중 기동(공수) 지원 - 엄격한 교전규칙 상황하에서의 근접항공지원작전(CAS) 수행 - 3,000ft 이하에서 공중우세 장악(이상의 고도에서는 적 위협 부재)
지상군의 역할	- 치안 확보, 인간정보, 토착 정부의 군 훈련에 초점 - 잔적 소탕, 적 위협 격멸, 평화태세 유지 및 구축 - 주민 보호 및 인도주의적 지원에 대한 다양한 민사작전 수행
공지작전 협조 수준	- 지상군 위주 작전으로 항공작전은 이를 지원하는 형태 - C4ISR, 산악 및 도시 지형에서 반군에 대한 공지 합동 CAS의 협조 수준은 매우 높은 편이었음

　아프간전이나 이라크전 사례가 이 유형에 해당한다. 이 유형에서 미군이 상대하였던 비정규그룹은 세포화되어 있었고, IED를 비롯한 휴대용 무기를 주로 사용하였으며, 직접적인 인편 등을 이용하여 지휘통제를 수행하였음을 알 수 있다. 이 유형에서 항공우주력의 역할은 ISR 작전이나 공중기동 지원, 근접항공지원작전 등에 초점이 맞추어지며, 지상군은 치안확보나 반란그룹 소탕 및 인도주의 지원을 포함한 민사작전 수행에 중점을 둘 수 있는 유형이다.

2) 유형 2: 국가후원(State-Sponsored) 행위자에 대한 비정규전

특징	- 조직: 적당한 훈련과 규율 보유, 대대급 이상의 규모 - 무기체계: 소화기, 원거리공격 능력 보유(ATGMs, 원거리 로켓) - 지휘통제 수단: 휴대폰, 네트워크 이용한 다양한 수단, 비집중화
사례	- 무자헤딘(아프간 1988)　　- Chechnya(1990) - 헤즈볼라(레바논 2006)　- 하마스(가자 2008)
항공우주력의 역할	- 정밀타격과 연계된 ISR과 중심 타격자산을 이용한 적 공격 - 엄격한 교전규칙 상황하에서 정밀타격과 CAS 임무수행

항공우주력의 역할	- 아 지상군 기동의 자유를 보장하기 위한 적 방공 및 무기체계 제압 - 20,000ft 이하에서 공중우세 장악
지상군의 역할	- 적에게 원하는 방향으로 기동하도록 강요 및 은/엄폐 무기 색출 - 적 방어무기체계들의 파괴 및 광범위한 지역에서 민사작전 수행 - 여단 이하에서 주요전투작전과 같은 고강도 작전 수행
공지작전 협조 수준	- 항공력과 지상군은 서로의 작전에 대해 동등한 비중으로 협조 - 동일 전 구내에서 항공력은 중앙집권통제 수행, 지상부대는 ISR 작전에 의해 획득된 정보를 네트워크를 통해 전파받아 신속한 기동 실시

이스라엘군이 행한 헤즈볼라전과 하마스전이 여기에 해당하며, 이 유형의 행위자들은 비국가행위자들의 수준을 벗어나 준국가 행위자들이 될 것이다. 따라서 이 유형에서 항공우주력과 지상군은 서로의 작전에 대해 동등한 비

〈그림 8-7〉 유형 2에서 항공우주력과 지상군의 단계별 작전 목표

1단계 작전 목표
- 적의 원거리 공격능력 격멸
- 전장의 적 지휘통제능력 약화
- 아 지상군 기동 여건 보장

- 항공우주력
  - 파악된 적 핵심 노드에 최초 공격
  - 의심지역에 대한 지속적인 감시정찰
- 지상군
  - 목표달성을 위한 기동 시작

2단계 작전 목표
- 적 방어행위 무력화
- 적 병력/기지에 대한 감시 정찰

- 항공우주력
  - 원거리 공격, ISR, CAS
  - 적 대공방어체계 무력화, 대화력전
- 지상군
  - 적에 최대한 근접 기동

3단계 작전 목표
- 적 전투수행능력 무력화

- 항공우주력
  - 원거리 공격, ISR, CAS
  - 적 대공방어체계 무력화, 대화력전
- 지상군
  - 근접전투, 지속적인 기동

중으로 협조하는 합동작전이 요구된다 할 수 있다. 다음 <그림 8-7>은 이 유형에서 항공우주력과 지상군의 작전목표를 단계별로 묘사해 놓은 것이다.

4. 최근전쟁에서 비정규전 특성 종합

최근 수행된 비정규전의 특성을 종합해보면 다음과 같다.

첫째, 전쟁 행위자 측면에서 비국가 행위자, 국가의 후원을 받는 비국가 행위자 등 국가의 개념을 벗어난 행위자들에 의한 비정규전 발생이 증가하고 있다. 이 사실은 지난 수십 년간 각 전쟁이나 분쟁 결과를 분석한 연구에서도 나타나고 있는데 그 결과는 다음과 같이 도식화될 수 있다.[22]

〈그림 8-8〉 1960년대 이후 각 전쟁과 분쟁에서의 행위자 유형

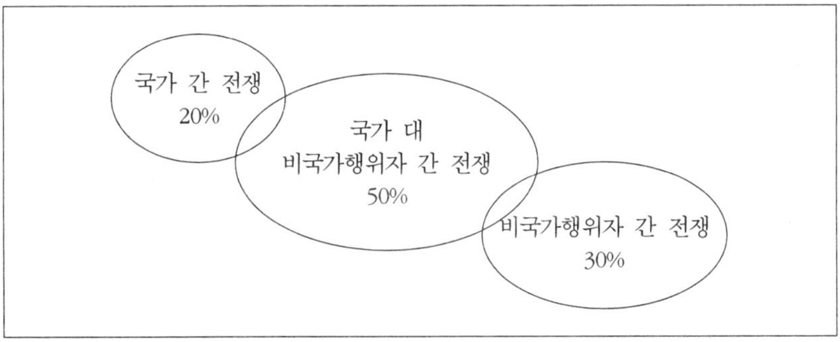

- 국가 간 전쟁 20%
- 국가 대 비국가행위자 간 전쟁 50%
- 비국가행위자 간 전쟁 30%

둘째, 전쟁 목표 측면에서 복합적인 적들은 현 정부의 전복보다는 다양한 무력행사를 통해 그들의 의도를 알리고, 영향력을 행사하려 했다는 점에서 정치적인 성격이 짙음을 알 수 있다.

---

22) Sebastian Gorka, "An Actor-Centric Theory of War," US NDU, *JFQ* issue 60, vol.1 (2011), p.15.

셋째, 전쟁 수행방법 측면에서 복합적인 적들은 게릴라전, 자살폭탄 공격, 심리전, 사이버공격 등을 장기적으로 병행하여 강대국의 전쟁수행 능력을 소모시키고, 민간인 피해를 부각시킴으로써 전쟁여론 악화 유도를 최우선적인 목표로 삼고 있다.

넷째, 전쟁수단 측면에서 과거에는 주로 소화기 및 근거리 무기체계를 사용하였으나, 점차 그 범위가 적성 국가의 후원으로 인해 확대되고 있음을 알 수 있다. 특히 급조폭발물(IED)에 의한 미군의 피해는 전 사상자의 절반을 차지하고 있을 정도로 위협적인 무기체계로 부상하고 있다.

다섯째, 작전적인 수준에서 보면 비정규 상대자들은 조직이 소규모임에도 불구하고 다음과 같은 이유로 상대방에 효과적으로 대응 가능하였음이 분석되고 있다.

① 강인한 훈련, 엄격한 규율, 세포화된 조직
② 과거 대비 발전된 무기체계들(로켓, 장갑차, ATGMs, RPGs 등)
③ 험준한 산악지형 및 복잡한 도시지형 이용(민간인들 속에서 투쟁)

여섯째, 정밀유도무기는 핵심적인 무기체계이나, 복합적인 적들을 패배시키기 위해서는 불충분하며, 지상군과의 합동작전이 그 유일한 해답으로 도출되었다.

IV. 한국군의 준비 방향

1. 한국의 전장환경

먼저 지리적 측면에서 한반도는 전체 면적의 70% 이상이 산악으로 형성되어 있어 대규모 기계화 부대의 원활한 기동을 제한하고 있다. 아울러 전국토의 면적이 22만km²이고, 남북 간의 거리가 840km에 불과하며, 휴전선에서 수도권과의 거리가 불과 40km 정도 밖에 되지 않기 때문에 유사시 효과적으로 반격할 수 있는 전투 공간 및 시간적 여유가 부족할 것으로 예상된다. 또한 한국의 전략적 중심인 수도권은 과밀·집중화 상태로 현재 전체 인구의 45%가 거주하고 정치·외교·경제·문화가 집중되어 있기 때문에 북한위협에 대비함에 있어 매우 큰 취약점을 내포하고 있다. 북한은 이러한 취약점을 이용하여 전쟁 초기 주도권 확보를 위해 수도권 및 주요 핵심시설을 겨냥한 장사정포 및 미사일 전력을 휴전선 일대에 배치한 것으로 분석되고 있다.

한편, 잠재적 위협에 대한 고려 역시 중요하다고 할 수 있는데, 한반도는 삼면이 바다로 둘러싸여 있고, 국제법상 배타적 경제수역이 영해 개념으로 변화되면서 바다와 도서의 전략적 가치가 증대되고 있어 자원개발 및 도서 영유 문제 등 주변국과의 분쟁 가능성이 존재하기 때문이다. 아울러 삼면이 바다라는 지리적 특성은 북한과 같은 지상군 중심의 적에 대한 침략을 거부 및 격퇴하는 데 유리하게 작용할 수도 있지만, 우세한 해·공군력과 미사일 전력을 보유한 주변 잠재위협들의 접근 및 공격에는 오히려 불리하게 이용될 수 있기 때문에, 이에 대응할 수 있는 전력구축이 매우 필요한 환경이라고 할 수 있다.

이와 같은 한국적 전장 환경은 최근 전쟁지역의 전장 환경과 비교 시 다음과 같은 차이점을 갖는다. 첫째, 지리적 측면에서는 걸프전을 포함한 최근 전쟁은 미국 및 연합군이 전쟁 상대국 지역에서 전쟁을 수행함으로써 공격

개시선과 방어선까지 거리가 매우 길었던 반면, 짧은 종심을 갖는 한반도에서는 북한의 공격 개시선과 한국의 방어선까지의 거리가 매우 짧다는 차이점을 보인다.

이와 같은 지리적 특성은 개전 초기 북한의 기습공격에 대해 효과적으로 대응하기 어려운 제한점으로 작용할 수 있다. 둘째, 군사전략 측면에서는 최근 전쟁에서 미국이 공세전략하에서 전쟁을 수행하였음에 비해, 한국은 방어적 군사전략을 구사하고 있다는 점이다. 즉, 미국은 걸프전 및 이라크전시 선제 기습공격으로 초전피해를 최소화하는 가운데 전쟁의 주도권을 조기에 장악할 수 있었으나, 방어적 입장에 놓여 있는 한국은 지리적 특수성으로 인해 개전 초기 북한의 기습 공격시 생존성이 저하될 수 있는 전략적 취약성을 갖고 있다. 아울러 북한의 주요 시설들이 엄폐·지하화되어 있기 때문에, 전장감시·정찰·정보 및 전력운용 차원에서 재래식 무기체계의 효용성이 상대적으로 감소될 가능성이 존재하므로, 이를 극복할 수 있는 정밀 무기체계의 운용이 절대적으로 긴요하다는 것이 최근 전쟁지역 환경과의 주요 차이점으로 분석된다.

2. 북한 위협 및 향후 도발 양상

북한이 추구하고 있는 대남(對南) 군사전략은 한반도 전장여건을 감안하여 미 증원군 도착 이전에 전쟁을 종결하는 단기 속전속결 전략을 기본으로 하고 있으며, 이를 위해 초전 기습공격과 정규·비정규전의 배합전으로 전쟁의 주도권을 장악하고, 강력한 화력과 기갑·기계화 부대로 전과 확대를 실시할 것으로 예상된다.[23] 전력 면에서는 여전히 방대한 재래식 군사력을 유지한 가운데, 한국과 미국의 재래식 전력에 대한 열세를 극복하기 위해 비대칭 전력을 집중적으로 발전시켜 왔다. 구체적으로 살펴보면, 신형 지대지·

---

23) 국방부, 『국방백서』(2009), p.23.

지대함 미사일 등 다양한 미사일 개발과 핵무기 개발 및 잠수함정 건조 등 비대칭 전력을 강화하고, 공군기의 지하발진 기지를 건설하는 등 전시 생존성 보장 대책을 강구해 나가고 있다.[24]

특히 북한은 아프간전과 이라크전 교훈을 바탕으로 특수전 능력을 향상시키고 도시작전과 야간·산악훈련을 강화함으로써 비정규전 능력 배양을 위해 노력하고 있다. 또한 매년 군지휘 자동화, 사이버 타격수단 및 전술, 전자전 분야 등의 전문인력 100여 명을 양성[25]하는 등 사이버전 능력을 강화시킴과 동시에 한국에 대한 분산서비스거부(DDos) 공격 등 사이버공간에서의 도발을 증가하고 있다. 최근에는 북한 군부대에서 발사한 GPS 재밍으로 군 및 민간장비들이 피해를 입은 사례에서도 알 수 있듯이 북한은 "전파공격으로 남(南) 측의 C4I·유도무기 50% 무력화"[26]라는 전자전 목표 아래 교란장비를 러시아 측에서 수십 기 이상 구입[27]하는 등 전자전에 대한 대책을 강구하고 있는 것으로 알려져 있다. 현재 이와 관련된 북한의 재밍 능력은 약 50~100km의 범위에서의 GPS 재밍 능력을 보유하고 있는 것으로 분석되고 있다.[28]

한편 비대칭 전력 및 방대한 재래식 전력을 이용, 기습공격과 배합전을 통한 단기 속전속결을 추구하는 북한의 위협은 1960년대에 청와대 기습 공격과 같은 정면도발, 70·80년대에는 박정희 대통령 저격 미수사건 및 KAL기 폭파사건 등의 테러공격, 90년대는 강릉 무장 잠수함 침투사건과 같은 게릴라 침투, 2000년대에는 연평도 부근의 아군 함정에 대한 도발, 천안함 폭침, 연평도 포격 등의 해상공격으로 그 도발 형태가 다양하게 변화되어 왔으며, 향후에도 유사한 방식의 도발이 되풀이될 것으로 예상된다.

---

24) 위의 책, pp.20-21.
25) 공군 전투발전단, 『공군 사이버전 발전방향』(2009), p.84.
26) "북 전파교란으로 南 측의 C4I·유도무기 50% 무력화," 『문화일보』, 2011.3.8.
27) 안성규, "산 뒤 숨긴 北장사정포 잡는 '한국형 JDAM' 개발," 『중앙 SUNDAY』 제178호(2010.8.8), p.3.
28) 국회사무처, "2010년도 국방부 국정감사 회의록"(2010.10.5), p.27.

앞에서 논의된 북한의 공세적인 대남(對南) 군사전략, 최근 집중적으로 육성시키고 있는 비대칭 전력, 그리고 휴전부터 현재까지 다양한 형태로 자행되고 있는 군사도발 등 북한의 위협을 종합적으로 고려했을 때, 앞으로도 북한은 기습·테러·게릴라 침투·해상교전·사이버 공격 등 다양한 방법과 수단을 통해서 군사도발을 지속적으로 시도할 것으로 예상되며, 핵이나 장거리 미사일 도발을 전후로 하여 재래식 전력을 이용한 국지적 도발의 가능성이 높을 것으로 전망된다.

특히 북한의 외부적인 도발과 더불어 북한 외부 제재의 장기화와 내부의 취약성이 결합될 때 급격한 북한 변화의 가능성이 매우 높은 것으로 평가되고 있는데, 이 상황도 우리 안보에 미치는 영향은 매우 클 것으로 판단된다. 따라서 이러한 상황에 대비하여 앞에서 언급된 비정규전의 교훈을 바탕삼아 미리부터 준비하는 것이 필요하다 할 수 있다.

3. 한국군의 준비 방향

이상에서 논의된 현대전의 특징, 비정규전의 수행추세, 북한의 위협을 고려하여 한국군의 준비 방향을 제시하면 다음과 같다.

1) 전략 / 교리 분야

이 분야는 군사력 건설 시 가장 중요하며, 선행되어야 할 분야로서 타분야의 기준점이 될 수 있기 때문에 다음과 같은 정확한 목표제시가 요구된다. 첫째, 한국의 안보환경에 능동적으로 대처하는 군사력 운용개념의 발전이 요구된다. 기존의 방어위주 억제전략으로는 반복적인 북한도발에 효과적인 대응이 곤란하다고 할 수 있으며, 이에 효과적으로 대응하기 위해서는 '능동적 억제전략'으로의 안보전략 기조변화도 고려해 볼 수 있다. 그러나 이 글에서 제시된 '능동적 억제전략'이 단순히 적 위협에 대한 선제타격만을 의미하는 것이 아님을 명심할 필요가 있다. 즉, 사용이 확실시되는 핵 및 WMD에 대해서는 선제적으로 대응하되, 국지도발에 의한 공격에 대해서는 신속한 시간 내에 반격을 가하며, GPS 재밍과 같은 특수전에 대해서는 기술우위로 대응하는 포괄적인 개념으로 이해할 필요가 있다. 또한 적의 공격징후 관찰-도발 시 의도파악-대응책 결심-신속한 작전실행-사후판단 등 전(全) 의사결정순환 과정에서 적극적이고도 능동적인 행위를 요구한다는 점에서 작전실행 단계에서 선제타격만을 강조하는 기존의 선제공격이나 선제적 자위권 개념과는 구별되어야 할 것이다.29)

둘째, 북한의 비대칭 위협에 대비한 전략/교리의 개발이 요구된다. 북한의 위협 양상을 전망해 볼 때, 유사시 한반도에서도 이러한 유형의 전쟁 형태가 다수 발생 가능할 것으로 판단된다. 따라서 아프간전과 이라크전에서 수행된 미군 전략을 반영하여, 다양한 비대칭 위협에 대비한 대응태세 구축 및 관련 전략/교리의 발전이 필요할 것이다.30) 예를 들면, 험준한 산악지형이나 요새화된 지하벙커 내에 있는 적의 비대칭무기에 대한 공격 시 항공력과 지상군간의 긴밀한 협조를 통해 표적획득 및 공격하는 방안과 장기간 체공 가능한 무인항공기를 통해 실시간 탐지·공격하는 방안, 동굴 파괴용 GBU-24를 비롯한 정밀유도무기와 EMP탄 등 부수적 피해 없이 적을 무력화시키는 방안 등 여러 가지 측면을 고려할 수 있다. 그러나 전략개발 과정에서 "제4세대 전쟁", "하이브리드전" 등과 같은 실체가 존재하지 않는 모호한 개념에 입각한 준비로서는 효과적으로 대응태세를 구축할 수 없다는 점을 또한 명심할 필요가 있다. 따라서 이들에 대한 간단명료한 개념정립을 바탕으로 구체적인 실행계획을 포함한 접근 방법이 요구된다.31)

---

29) 이 내용은 랜드 연구소 한반도 전문가들과의 워크숍에서 최종적으로 도출된 결론이다.
30) 이 부분에 대한 미국의 연구 경향은 주로 대(對)게릴라, 대(對)테러, 대(對)반란전 등에 집중되어 있다. Ben Connable, *How Insurgencies End* (RAND, 2008); Davis E. Johnson, *Military Capabilities for Hybrid War* (RAND, 2010); Seth G. Jones, *Counterinsurgency in Afghanistan* (RAND, 2008); A. H. Cordesman, *Recent Trends in the Iraq War*, CSIS Policy Report (Feb. 2010); *The War in Afghanistan*, CSIS Policy Report(Dec. 2010), *Dealing with the Aftermath? The Iraq case*, CSIS Policy Report(Sep. 2009).

셋째, 향후 한반도에서도 수행될 수 있는 비정규전에 대해 현재 미군의 아프간전과 이라크전의 교훈을 적용할 필요가 있다. 즉, 사례연구에서 도출된 교훈을 바탕으로 향후 특정 지역에서 수행될 수 있는 이러한 유형의 작전을 위해서는 평시에 ① 안정화작전 수행을 위한 적정 병력규모의 산출, 실행해야 할 임무의 명확한 식별 및 관련 요원에 대한 교육, ② 안정화 작전시 민관군(民官軍) 자원의 효율적인 통합사용 방안, ③ 미국 및 타 동맹국들과의 지휘관계 설정, ④ 안정화 작전 초기 반란세력에 대한 주도권 장악 방안, ⑤ 우상화에 순응되어 온 주민들의 협조 획득 방안 등이 미리부터 연구되어야 할 것이다.

넷째, 동시 다발적 테러·게릴라 공격에 신속히 대응하기 위한 합동작전 수행체계 구축 및 합동성 강화를 위한 각 군의 역할을 정립해야 할 것이다. 휴전 이후 발생한 북한의 무력도발은 거의 국지도발 형태의 비정규전이었고, 천안함 폭침 사태를 통해서 알 수 있듯이 북한의 비정규전 도발은 계속될 것으로 전망된다. 이러한 북한의 위협에 대해 효과적으로 대응하기 위해서는 각 군의 작전능력이 적시에 투사될 수 있는 방향으로 합동작전 수행체계의 구축이 필요할 것이다. 한편 각 군별 역할과 교리에 부합하는 전장공간 관리체계의 재정립은 보다 효율적인 합동작전을 위해서 반드시 해결해야 할 문제점으로 제기되었다. 이를 해결하기 위해서는, 중복이 예상되는 작전공간을 효율적으로 관리할 수 있는 일원화된 지휘체계를 구축하고, 각 군이 보유한 무기체계의 발달에 따른 효율적 공간관리 방법을 강구해야 한다. 무엇보다도 중요한 것은 공간관리의 조정·통제 및 상충되는 각 군간 교리·능력에 대한 절충 노력이 요구된다.32)

---

31) 비정규전 대비를 위한 구체적인 실행계획에 관한 연구로는 다음을 참조할 것. Richard Mesic, *Courses of action for "Irregular Warfare" Capabilities* (RAND, 2010).
32) 특히 무인항공기의 역할이 확대됨에 따라 미군은 이 부분에 대한 관리에 역점을 두고 있다. 실제로 이라크전 동안 최소 5번 이상의 무인항공기와 유인항공기 간의 충돌사고가 발생하였다. 문광건·김영권, "전평시 무인항공기의 효율적인 공역통제," 한국국방연구원, 『국방정책연구』 가을호(2007), p.263.

2) 무기체계 분야

앞에서 언급된 전략을 구현하기 위해 필요한 무기체계 발전 방향은 다음과 같다. 첫째, 네트워크 중심전(NCW) 수행을 위한 기반체계를 강화할 필요가 있다. 미군은 현대전을 거치면서 전투의사결정 소요시간을 점진적으로 단축시킴으로써 전쟁수행능력을 향상시켜 나가는 등 효과적인 네트워크중심 작전환경을 구축하였다. 예를 들어, 미군은 상업위성을 적극적으로 운용함으로써 걸프전 시 제기되었던 주파수 부족 문제를 부분적으로 해결하였고, 실시간 정보공유 체계를 구축함으로써 지휘통제를 위한 통신능력을 증진시켰다. 또한 위성 및 Link-16 전술데이터 링크를 사용하여 ISR 자산을 네트워크로 연결시킴으로써 정보자산을 통합시켜 지휘통제에 필요한 정보의 흐름을 원활하게 소통시킬 수 있었다. 따라서 한국군은 최근 전쟁의 교훈을 반영하여 전장상황 인식공유를 위해 상호운용이 가능한 네트워크 체계를 구축하여야 할 것이다.

둘째, C4ISR+PGMs 능력을 강화시켜야 한다. 북한의 국지도발을 효과적으로 억제하고, 전면전시 전쟁 주도권을 조기에 장악하기 위해서는 적의 전략적 중심을 효과적으로 타격할 수 있는 무기체계를 갖추어야 한다. 이를 위해 한국군은 전장감시・정찰・정보체계, 지휘통제체계, 전력운용체계를 균형 있게 발전시키고, 각 체계의 연동능력을 강화시켜 나가야 할 것이다. 더불어, 정밀유도무기체계의 운용 비중을 확대하고, 기술적・운용적 제한사항을 극복할 수 있는 대책을 강구할 필요가 있다. 이 측면에서는 전파방해에 취약한 GPS의 단점을 보완할 수 있는 GPS 교란대책 수립이 우선적으로 요구된다. 예를 들면 GPS 재밍 근원지를 파괴하는 직접적인 방안과 GPS 위성을 복수로 사용함으로써 피해를 최소화하는 간접적인 방법 등을 고려할 수 있다. 현재 한국은 미국의 GPS 위성을 사용하고 있는데, 러시아나 유럽의 위성항법체계도 사용 가능하다면 재밍의 피해를 최소화할 수 있다는 것이다.[33] 즉, 현실성이 떨어지기는 하지만 GPS 수신기를 복수의 신호를 잘 수신할

---

[33] 인터넷 뉴스 홈페이지(http://www.etnews.co.kr).

수 있도록 듀얼(dual) 모드화하면 가능하다는 분석이다.

  셋째, 무인항공기체계 분야별 운용방안 수립 및 유·무인 복합전투개념의 발전이 요구된다. 무인항공기의 역할 확대는 현대전에서 무기체계 분야의 두드러진 특징이었다. 무인항공기는 현대전을 통하여 고위협의 전장환경 속에서 정찰임무뿐만 아니라 Sensor to Shooter의 획기적인 단축을 통한 효과적인 공격으로 미래전의 핵심전력으로서 그 효과를 증명하였다. 아군의 인명피해를 최소화하며, 전장감시 범위를 확장하고, 타격능력을 신장시키는 무인항공기체계는 한반도 전장환경에서도 그 역할이 확대될 것으로 예상되는 바, 무인항공기체계 발전을 위한 분야별 구체적인 운영방안 수립 및 유·무인 복합전투개념 발전이 필요할 것이다.[34]

  넷째, 방어적인 측면에서 IED에 대한 대비책이 요구된다. 현재 수행 중인 아프간전과 이라크전에서 미군 사상자의 절반 이상이 IED에 의한 것임을 상기할 필요가 있다. 이것은 우리의 안보환경에서도 동일하게 나타날 가능성이 높다. 도시화의 발달로 인한 인구 밀집과 국민들이 주로 사용하는 대중시설들이 난립되어 있는 우리의 주변 환경은 평시는 물론 개전 초 적의 특작부대가 수도권 및 후방지역에 대한 IED 공격을 자행 시 심각한 사회혼란과 공황이 발생될 것이다. 이러한 전·평시 테러조직이나 적 특작부대의 IED 공격에 효과적으로 대비하기 위해서는[35] ① 국가 위기관리 차원의 긴밀한 협조 및 정보공유체계 구축, ② 군내에 IED 작전을 담당할 전담 부서 신설 및 관련 교육 강화, ③ 관련 필수소요장비의 확보 등이 요구된다.

---

34) 예를 들면 유무인항공기체계간 상호운용성 보장을 위한 교리를 수립하고, 유·무인 항공기체계 복합편성을 고려한 부대구조를 발전시키며, 무인항공기체계 운영을 위한 조직 편성 및 관련 전담부서 신설 방안 등의 검토가 요구된다.
35) 김성진, "IED 위협분석 및 대비방안," 합참, 『합참 37호』(2009), pp.69-72.

V. 결론

본 연구에서는 현대전의 경향 및 비정규전의 추세를 분석, 교훈을 도출하여 한국군의 준비 방향을 제시하였으며, 다음과 같은 구체적인 교훈을 얻을 수 있었다.

우선 최근의 전쟁 형태가 대(對)게릴라·대(對)반란전 등의 비정규전으로 변화되면서 ISR 작전, 공보·심리작전, 도시 CAS 등의 작전들이 핵심적인 역할을 수행하였다는 점이다. 또한 안정화작전과 대반란전의 중요성이 부각되었으며, 종심작전 수행에 있어 각 군 간 전쟁수행역할의 중첩 문제는 효과적인 합동작전을 위해 반드시 해결해야 할 사안으로 대두되었다. 무기체계 측면에서는 정밀유도무기체계의 운용 비중이 증가하였고, 무인항공기 및 전자전 수단의 역할이 확대되었음을 확인할 수 있다. 그러나 GPS 교란 등에 의한 민간인 오폭 등 정밀유도무기체계의 문제점 해결 및 IED에 대한 대책이 해결되어야 할 과제로 식별되었다.

최근 전쟁이 이루어졌던 지역과 한반도와는 여러 가지 측면에서 매우 상이하기 때문에 한반도에서의 전쟁방식은 다르게 적용되어질 수 있음을 간과해서는 안 될 것이다. 특히, 한국적 전장 환경은 산악지형, 짧은 종심, 수도권의 과밀·집중화, 삼면이 바다인 지리적 특성을 갖고 있으며, 현대전에서 보여준 미국의 공세전략과는 달리 한국의 방어적 입장은 북한의 기습공격에 상당한 취약성을 내재하고 있다. 이러한 환경에서 북한은 비대칭 전력을 이용하여 테러·게릴라 침투·해상 도발 등 다양한 방법과 수단을 활용해 지속적인 군사도발을 자행함으로써 안보위협을 가중시키고 있는 상황이다. 이와 같은 전장 환경과 북한의 군사위협을 고려하였을 때, 한반도에서 장차전은 전면전으로의 확전 가능성이 상존하는 가운데 국지전이 강화된 형태로 전개될 것이며, 전쟁수행방식은 재래식 전쟁과 첨단 전쟁이 병행될 것으로 전망된다. 따라서 본 연구에서는 이러한 요소들을 바탕으로 한국적 전장환경에 부합하는 한국군의 준비 방향을 다음과 같이 제시하였다.

먼저, 전략/교리 분야에서는 변화하는 안보환경에 대처할 수 있도록 능동적 억제전략으로의 안보전략 전환을 고려한 군사력 운용개념을 발전시켜야 한다. 이를 위해, 북한의 다양한 비대칭 위협에 대비한 전략 및 교리를 개발해야 하며, 각 군별 역할과 교리에 부합하는 전장공간관리체계를 정립해야 할 것이다. 또한 향후 전개될 수도 있는 안정화작전에 대해 미리부터 준비하는 것도 필요하다. 무기체계 분야에서는 전장감시·정찰·정보체계, 지휘통제체계와 전력운용체계를 균형 있게 발전시킴으로써 네트워크 중심전 수행을 위한 기반체계와 무인항공기체계 및 전자전 수행능력을 구비하여야 한다. 이에 더하여, GPS 교란 및 정밀유도무기체계의 취약점 등 제기된 문제점을 보완시키는 노력과 IED에 대한 대비책 강구가 요구된다.

한국군은 위에서 도출된 교훈을 바탕으로 불확실한 안보환경과 당면한 북한위협에 효과적으로 대응할 수 있도록 각 분야에서 구체적인 발전을 위한 노력을 기울여 나가야 한다. 최근 한국군이 추진 중인 일련의 국방개혁 사항들은 이러한 요구에 부응하기 위한 조치로 볼 수 있다. 천안함 폭침과 연평도 포격사태 등 다양한 북한의 도발을 경험한 현 시점에서 북한의 도발을 효과적으로 억제하고 무력화하기 위한 국방개혁은 이제 선택이 아닌 필수적인 사항이다. 이러한 국방개혁을 효과적이고 효율적으로 수행하기 위해서는 국방개혁에 대한 군 내외의 공감대 형성이 필요하며, 이를 위한 적극적인 홍보노력이 요구된다. 다음으로 가장 중요한 점은 실행이다. 국방개혁이 선언적인 계획이 아니라 실천함으로써 북한의 도발 방지에 실질적으로 효과가 있다는 점을 증명하는 것이 필요하다.

미국이 '86년 골드워터-니콜라스 법, '93년 Bottom-Up-Review, '03년 군사변환(military transformation), '10년 군사력 균형에 관한 개혁(QDR) 등 일련의 실천적인 국방개혁을 통해 현대전에서 보다 효과적으로 전쟁목적을 달성했음을 명심할 필요가 있다.

【참고문헌】

〈국문 단행본 및 논문〉

공군본부. 『2009 외국 군구조 편람』. 공군본부, 2009.
공군전투발전단. 『아프가니스탄전 분석』. 공군전투발전단, 2002.
_____. 『이라크전쟁: 항공작전 중심으로 분석』. 2003.
_____. 『최근 전쟁의 교훈을 통해 본 한국군의 발전방향』. 2009.
국회사무처. 『2010년도 국방부 국정감사 회의록』. 2010.10.5.
김선덕. "전자기 스펙트럼작전(EMSO) 발전방향." 합참. 『합참 제38호』. 2009.
김성진. "IED 위협분석 및 대비방안." 합참. 『합참 37호』. 2009.
데이비드 E. 존슨, 공군전발단 역. 『현대전 교훈을 통해 본 지상전력과 항공력의 역할 변화』. 2010.
정보사령부. 『이라크전 교훈 자료집』. 정보사령부, 2003.
토마스 하메스. 하광희 역. 『21세기 전쟁 : 비대칭의 4세대 전쟁』. 국방연구원, 2010.
합동참모본부. 『코소보 전쟁 종합분석』. 1999.
_____. 『아프간 전쟁 종합분석』. 2002.
_____. 『이라크 전쟁 종합분석: 이라크 자유작전』. 2003.

〈영문 단행본 및 논문〉

Connable, Ben. *How Insurgencies End*. RAND, 2008.
Cordesman, A. H. *The Ongoing lessons of Afghanistan*. CSIS, May 6 2004.
_____. *US Airpower in Iraq and Afghanistan: 2004-2007*. CSIS Policy Report (Dec. 2007).
_____. *Dealing with the Aftermath? The Iraq case*. CSIS Policy Report (Sep. 2009).
_____. *Shape, Clear, Hold, and Build: The Uncertain Lessons of the Afghan & Iraq Wars*. CSIS Policy Report (Sep. 2009).
_____. *Recent Trends in the Iraq War* (Feb. 2010).

_____. *The War in Afghanistan* (Dec. 2010).
CSIS. *The Instant Lessons of the Iraq War Executive Summary and Main Report*. CSIS Policy Report (April 2003).
_____. "US Airpower in Recent Regional Conflicts." *The Instant Lessons of the Iraq War Executive Summary and Main Report* (April 2003).
Freir, Nathan. *Iraq versus Afghanistan: A Surge is not a surge is not a surge*. CSIS Policy Report (Oct. 2009).
Johnson, David E. *Learning Large Lessons: The Evolving Roles of Ground Power and Air Power in the Post-Cold War Era*. RAND, 2007.
_____. *Military Capabilities for Hybrid War*. RAND, 2010.
Jones, Seth G. *Counterinsurgency in Afghanistan*. RAND, 2008.
Mesic, Richard. *Courses of action for "Irregular Warfare" Capabilities*. RAND, 2010.
Tripp, Robert S. "Lessons from Operation Enduring Freedom." *RAND project AIR FORCE Report*. 2004.

제3부
항공우주력 건설 방향

- 제 9 장　강압전략 수행을 위한 항공우주력의 역할
- 제10장　한국 공군의 우주력 건설 방향:
　　　　　미 공군의 우주력 건설과정에서의 교훈을 중심으로
- 제11장　한국 공군의 사이버전 발전 방향
- 제12장　A Study on the Direction of R.O.K.
　　　　　Unmanned Combat System Development:
　　　　　With Emphasis on Unmanned Aerial System (UAS)
- 제13장　공군의 숙련 조종사 부족과 전투력 감소의 상관관계

제9장

강압전략 수행을 위한 항공우주력의 역할

I. 서론

현재 한국 공군의 목표는 전쟁을 억제하고, 영공을 방위하며, 전쟁에서 승리하고, 국익을 증진하는 것을 그 목표로 하고 있다. 즉 적의 위협을 억제하고 억제가 실패하여 전쟁발생 시 본연의 임무인 영공을 방위하여 전쟁에서 승리하는 것이 공군력의 주요 목표라 할 수 있다.

이 글의 우선적인 문제제기는 앞에서 언급된 공군의 목표에서 찾을 수 있다. 즉 첫째 목표인 전쟁억제와 셋째 목표인 전쟁승리의 간격이 너무 넓거나 혹은 그 중간 과정에서의 연계가 필요하다는 점이다. 이것은 전쟁억제의 실패가 곧바로 전쟁으로 직결되지는 않으며 그 중간과정에서 아국과 적국 간에 수많은 정치·외교적 상호작용이 이루어질 수 있음을 의미한다. 또한 현대전의 양상이 대규모 전면전보다는 종교나 민족감정으로 인한 지역분쟁, 반란전(insurgency), 게릴라전, 테러와 같은 분쟁의 형태로 그 양상이 변화되고 있음을 고려해볼 때, 중간 과정에서 아국과 적국 간의 상호작용이나 협상 여지는 더욱 클 것으로 판단된다. 그 상호작용에서 아국의 의지를 적에게 강요함으로써 전쟁으로 확대(escalation)되는 것을 방지할 수 있을 것이다.

그렇다면 이 목표들 간의 연계(bridging gap)를 위한 방법은 무엇인가? 다시 말한다면 억제가 실패하더라도 본격적인 전쟁이나 분쟁으로 확대되지 않기 위해서는 억제전략과 전쟁 승리전략의 중간과정에 또 다른 전략이 필요하며, 이 연구에서는 강압전략이 그 과정에서 중추적인 역할을 할 수 있음을 강조한다. 강압전략이란 적이 이미 실시한 행위의 원상회복 또는 실시하고 있는 행위를 중지토록 응징의 위협 또는 제한된 군사력으로 상대국을 설득하는 것을 말한다.1) 이러한 강압전략을 수행하기 위한 가장 효과적인 수단으로서 항공우주력의 효용성이 입증되고 있다. 즉, 상대방의 격멸이나 파괴보다는 위협 또는 제한적인 군사력의 사용을 통한 설득을 통하여 상대국과의 정치·외교 게임에서 국익을 추구하고, 그 목적을 달성할 수 있는 가장 효과적인 수단으로서 항공우주력의 필요성이 강조되고 있는 것이다.

이 글의 두 번째 문제제기는 항공우주력에 관한 기존 연구들이 주로 전쟁 사례분석을 통해 나타난 결과만을 중심으로 항공우주력의 중요성을 강조하려는 것을 재고하려는 것이다. 선행연구들은 '걸프전이나 코소보전에서 보듯이 첨단정밀 유도무기를 장착한 공군의 폭격기나 전투기들의 활약 때문에 압도적인 승리를 했다'는 논리로 항공우주력의 효용성을 강조하고 있다. 따라서 미래 전쟁의 양상이 더욱더 첨단 무기체계 위주의 양상으로 진행될 것이므로 항공우주력은 더욱 중요한 전력으로 자리매김할 것이라는 것이 주요 결론이다. 그러나 결과 중심의 항공우주력 효용성에 대한 설명은 자칫하면 군사력 건설에 있어 명분이나 선언적인 양상으로 흐를 가능성이 많음을 유의해야 한다. 즉 구체적이고 실질적인 논리를 앞세워 항공우주력의 중요

---

1) Alexander L. George, "Coercive diplomacy: definition and characteristics," in Alexander L. George and Willam E. Simons, *The Limits of Coercive Diplomacy* (Boulder, Colo.: Westview Press, 1994), p.7.

성과 효용성을 설득하기보다 천편일률적으로 미래전의 양상이나 무기체계 우수성 위주의 결과 중심으로 강조하려 한다면 설득력이 약해질 수밖에 없고 이론적인 논쟁 앞에서는 대응하기 어려워진다고 볼 수 있다.

환언하면 항공우주력에 대한 연구가 이제는 '항공우주력을 적의 중심에 집중 투입함으로써 전쟁승리에 결정적인 역할을 하였다'는 결과 중심과 더불어 정책결정자가 가질 수 있는 가장 효율적인 수단이라는 인식을 바탕으로 아국과 적국 간의 상호작용에서의 효용성을 위주로 한 과정 중심도 병행되어야 하며,[2] 이 과정에서 연역적인 논리체계가 필요함을 강조한다. 다만 이 연구에서는 항공우주력의 효용성에 대한 전반에 걸친 논리체계보다는 앞서 제기된 항공우주력을 사용한 강압전략의 효용성과 연계하여 항공우주력이 강압전략의 수단측면에서 다른 수단에 비해 우세하며, 억제와 전쟁의 사이에서 강압전략이 중요 역할을 할 수 있다는 것을 강조하고자 한다. 구체적인 문제제기는 다음과 같다.

첫째, 강압이 군사력의 사용유형에서 차지하는 위치는 어디이며 왜 그것이 중요한가? 둘째, 강압이 작동하는 메커니즘과 수단은 무엇이 있으며, 수단들의 상대적인 효용성은 어떠한가? 셋째, 항공우주력으로 강압전략을 구사함에 있어 제한점과 대응책은 무엇인가? 위의 문제제기를 중심으로 항공전략의 일부분으로 강압전략의 유용성을 고찰해 보고자 한다.

---

[2] 미첼이나 듀헤 이래로 항공전략가들은 순수히 공군력이 가지고 있는 파괴성 그 자체에만 중심을 두었지 공군력이 가지는 효과의 메커니즘에는 관심을 두지 않았다.

II. 강압전략에 대한 이론적 고찰

1. 강압의 개념

사전에 의하면 강압(Coercion)이란 상대방이 원하지 않는 어떤 일을 하도록 하는 명령 또는 위협의 사용이라는 의미를 지니고 있다. 또한 국제 간의 관계에 있어 강압적 행동(Forcible Action)이란 상대국에게 고통을 느끼거나 무엇인가를 잃어버릴 것이라는 두려움을 주어 그 결심이나 선택, 즉 행동에 영향을 미칠 목적으로 하는 행위이다. 따라서 강압이란 위협을 통하여 상대국의 행동이나 의지에 영향을 미치는 것을 의미하며, 강압전략이란 상대국이 이미 실시한 행위의 원상회복 또는 실시하고 있는 행위를 중지토록 응징의 위협 또는 제한된 군사력으로 상대국을 설득하는 것을 의미한다.[3]

강압은 단순한 파괴나 폭격을 의미하지는 않는다. 억제와 마찬가지로 강압은 위협이 실행으로 옮겨지지 않는 경우 가장 효과적이다. 강압으로 인해 어느 정도의 파괴는 있을 수 있지만 저항의 여력이 남아 있는 적대국으로 하여금 항복하게 만들 때 강압의 효력은 성공적이다. 강압은 토마스 쉘링(Thomas Shelling)이 말한 "폭력(brutal)"에 반대되는 개념이다. 폭력은 사용되어야만 실효를 발휘하지만 강압은 피해에 대한 위협을 직면하고 상대가 물러서거나 상대를 순응하게 만드는 것이 주목적이다.[4] 즉 강압은 상대국으로 하여금 조직적 폭력 사용이 가능하지만 자제하도록 유도함으로써 폭력에 의지하지 않고 상대의 행위를 바꾸어 놓는다.[5]

강압은 강요(Compulsion)와 억제(Deterrence)로 구분된다. 이 두 개념은 모두 상대국가가 스스로 원하지 않는 행위를 하도록 하기 위해 위협에 의존

---

3) *Ibid.*, p.7.
4) Thomas C. Shelling, *Arms and Influence* (New Haven: Yale University Press, 1966), p.3.
5) Robert A. Pape, *Bombing to Win* (Ithaca, N.Y.: Cornell University, 1996), p.13.

한 설득을 한다는 것에서 논리상의 공통점을 지닌다. 그러나 두 개념은 갈등의 단계에 있어 각각 완전히 다른 단계에 적용되며 목표도 다르다. 여기서 억제의 위협은 본질적으로 수동적인 위협이다. 억제의 목표는 상대가 결과에 대한 공포 때문에 상황의 첫 국면에서 실행에 필요한 용기를 상실하게 함에 있다. 억제전략에서는 상대가 특정 행위를 하면 고통이 수반될 것이라는 위협의 전달이 포함된다. 즉, 억제는 상대국가에 대한 침략을 방지한다든지 핵개발을 염원하는 국가의 의지를 무력화시키는 경우처럼 아직 이루어지지 않은 행위를 미연에 방지하려는 시도를 가리킨다.

이러한 억제와는 달리 강요는 본질적으로 능동적인 개념이다. 셸링이 지적했듯이 강요는 행위의 시작을 의미하며, 상대가 스스로 행동하고 싶지 않는 것을 하게 하는 것이나, 행위를 멈추게 하는 것이다. 예를 들면 대규모 공격 이전의 국지적 공격이나 침략을 중단하거나 이전의 상태로 돌리게 하는 것을 들 수 있다. 걸프전 시 쿠웨이트를 침공한 이라크를 영토로부터 축출하다든지 핵무기 개발에 박차를 가하는 북한으로 하여금 포기하도록 종용하는 경우처럼 이미 발발한 사태에 대한 원상복구나 기정사실화(fait accompli)된 현황의 번복을 시도하는 것은 강요에 해당된다. 강요는 상대가 순응하지 않는 대가가 너무 크다는 것을 인지하도록 하기 위해 위협의 의사를 전달하고 군사력을 제한적으로 사용한다. 그러나 실질적으로 강요와 억제를 행위의 시작 유무로 구분하는 것은 어렵다. 예를 들면 억제와 강요는 어느 정도 제한적인 행위를 취하고 난 이후의 상태라는 점에서 상호의존적인 개념이라 할 수 있다. 다음의 <그림 9-1>은 강요와 억제, 그리고 억제의 다양한 형태 간 명확한 구분의 어려움을 보여주고 있다.[6]

"침공하지 말라"와 같은 일반적 요구를 억제로 분류하는 데 있어 어려움은 없으나, 철수요구는 강요에 해당한다고 볼 수 있다. "더 이상 침략하지 말라"와 같은 요구는 현재 수행하고 있는 행위와 미래 행위를 모두 대상으로 하고 있으므로 즉각적 억제와 강압에 모두 해당된다. 그림의 화살표는

---

6) *Ibid.*, p.12.

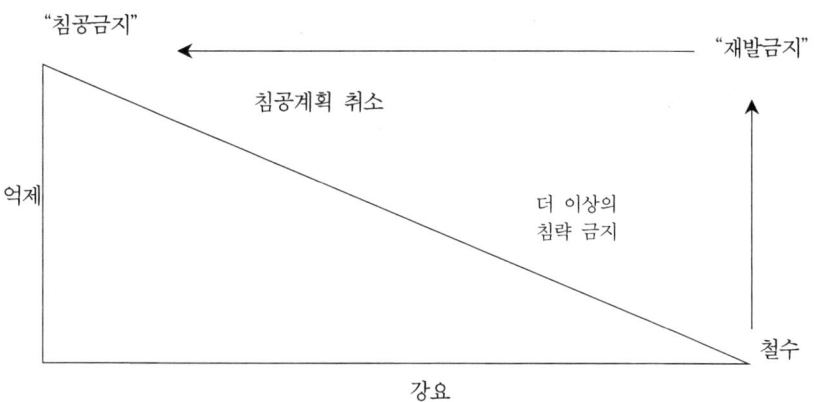

〈그림 9-1〉 현실에서 억제와 강요의 구분

"침공하지 말라"는 일반적 억제와 "철수"라는 강요적 요구 간 연계성을 시사한다. 그림에서 보듯이 이와 같은 분석적 구분은 의미가 있지만, 상당 부분 중첩되고 있다. 그러나 분명한 것은 강압은 강요와 억제의 개념을 모두 포함하고 있다는 것이다. 따라서 강압은 "상대 적국이 만약 침공하면 그 침공의 이익보다 더 많은 손실을 입을 것이다(억제). 또한 억제가 실패하여 국지적이거나 일부분적인 침공시 신속히 원상복귀가 되지 않으면 더 많은 손실을 입을 것이다(강요)"와 같이 보다 포괄적인 개념으로 정의될 수 있다.

2. 군사력의 사용 유형에서 강압의 위치

군사력의 사용 유형을 분류함에 있어서 로버트 아트(Robert J. Art)는 대체로 방위(Defense), 억제(Deterrence), 강압(Coercision), 시위(Demonstration) 등의 네 가지 형태라고 분류하고 있다.7) 군사력의 방위적 사용은 잠재적이

---

7) Robert J. Art, "The Role of Military Power in International Relations," in Thomas B. Trout and James E. Harf (eds.), *National Security Affairs* (N. Y.: Transaction

거나 실제적인 적국을 목표로 하고 있으며, 민간인을 대상으로 하지는 않는다. 그러나 방위를 위한 군사적 준비가 적국에게 침략준비로 오인될 가능성이 있으며, 적의 공격이 임박하다고 판단 시 선제공격도 취할 수 있다.

억제적 사용은 잠재적 적국이 침략행위를 가하면 견딜 수 없는 제재를 가할 것이라고 위협하여 심리적 공포심을 갖도록 함으로써 침략행위를 억제하는 것으로 심리적 폭력을 통해 군사력을 운용하는 전략이다. 강압적 사용은 적이 이미 실시한 행동을 원상회복 시키거나 진행 중인 행위를 중지시키도록 강요하기 위해 군사력을 행사하는 것이다. 군사력의 시위적 사용은 군사력의 평화적인 사용만을 포함하고 있으며, 군사훈련, 전력의 전개, 무기의 구입 등으로 국위를 선양하고 국력을 과시하는 목적을 갖는다. 즉, 다른 국가들로 하여금 자국의 강력함을 인지하도록 하는 데 목적이 있다.

위의 논의를 요약해보면 군사력의 사용개념은 폭력적인 사용과 평화적인 사용의 두 방향으로 국한되지 않고 이들의 중간에는 회색지대가 있음을 알 수 있다. 전쟁과 억제는 군사력의 폭력적 사용을 본질로 하고 있으며, 방위와 군사력 시위는 군사력의 평화적인 사용 개념에 입각하고 있고, 강압은 군사력의 폭력적 사용과 평화적 사용이 포함된 회색지대에 해당된다고 볼 수 있다.

국제관계에서 군사력은 국가 간의 이익과 갈등을 해소하는 차원에서 그

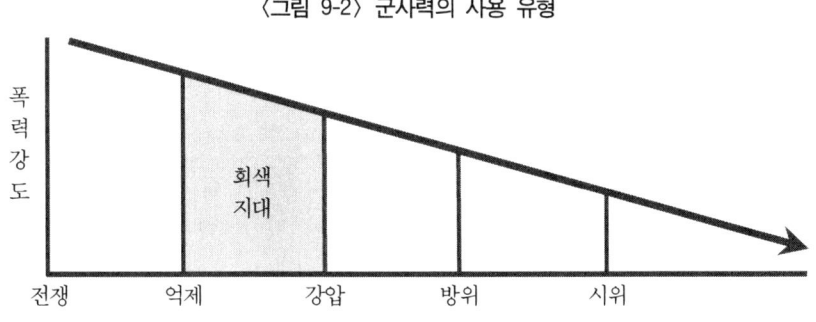

〈그림 9-2〉 군사력의 사용 유형

Books, 1982), pp.18-19.

리고 힘의 핵심요소로서 국가정책 수행의 중요 역할을 수행해 왔다. 그러나 대규모 정규전보다는 반란이나 테러 등으로 대표되는 비정규전이나 제4세대전으로의 전쟁 패러다임의 변화는 군사력을 결정적 전쟁 승리의 추구보다는 제한적이고 통제된 유형으로 사용하게끔 변화시키고 있다. 즉 군사력의 사용 유형에서 회색지대인 강압의 중요성이 점점 더 증가하고 있는 것이다.

3. 전통적 군사전략과의 차이점

강압전략은 방어적 또는 공세적 목적을 위해 전반적인 군사력 사용을 포함하는 전통적인 군사전략과는 구별된다. 알렉산더 조지(Alexander L. George)에 의해 정의된 강압전략과 전통적인 군사전략과의 차이는 다음과 같다.

첫째, 전통적 군사전략의 목표는 통상 적의 능력, 특히 군사력을 거부하는 데 두고 있으나, 강압전략은 적의 의사에 영향을 미치는 것을 주요 목표로 삼고 있다. 둘째, 전통적 군사전략은 정치목표를 달성하기 위해 막대한 군사력과 신속한 힘의 사용에 의존한다는 점에서 신속하고, 결정적인 전략을 채택한다. 그러나 강압을 위한 군사력의 사용은 위협의 행사를 주목적으로 하고 있으며, 위협만으로 충분하지 않고 힘을 사용할 경우, 보다 제한적이고 선택적인 방법을 사용한다. 이때 힘은 적으로 하여금 그 행위를 수정하고 분쟁을 상호 간에 수락할 수 있는 선에서 종결토록 종용하기 위해 사용되기 때문에 시범적이거나 통제되는 방법으로 사용된다. 셋째, 전통적 군사전략은 속전과 결정적 힘의 사용에 의존하기 때문에 힘의 사용이 세련되지 않지만, 강압전략은 한 국가정책의 융통성 있는 심리적 수단이기 때문에 정밀하고 세심한 계획수립을 요구한다. 넷째, 전통적 군사전략이 전쟁의 승리에 목적을 두고 군사력을 공공연히 사용하는 반면, 강압전략은 전면적인 승리에 두지 않고, 정치적 메시지를 전달하는 데 의미를 둔다. 그러나 이것은 이미 행해진 일이기 때문에 억제보다는 달성하기 힘들다는 어려움이 있다.

한편 프리드먼(Freedman)은 동의와 통제의 구분을 통해 전면적인 군사전략과 강압전략의 차이를 설명하고 있다. 그에 의하면 강압전략은 제한적 군사력을 사용함으로써 상대국에게 선택의 여지를 허용한다. 이때 상대국은 저항과 순응 사이에서 선택을 해야 하며, 강압전략이 성공하기 위해서는 상대국의 동의가 필요하다. 그러나 전면적인 군사전략은 상대국에게 그런 선택의 여지를 허용하지 않는다. 그때는 상대의 동의가 성공의 필요조건이 되지 않으며 상대가 굴복하는 것이 목표가 된다.[8] 따라서 만약 강압국이 확실한 굴복을 가하기 위하여 전면적인 군사력을 사용해야 한다면 그것은 강압이 실패했다는 것을 의미한다. 이렇게 군사력 운용 규모를 통해 강압전략의 성공과 실패를 규정하려면 제한적인 군사력 사용과 전면적인 군사력 사용에 대한 구분이 있어야 한다. 즉 강압전략과 전면적 군사력 운용 전략 간의 구분이 희미할 수 있다는 것이다. 사실 이 두 개의 전략이 순차적으로 적용될 때는 그 전략들을 서로 구분하기 어려워진다. 그러나 강압전략의 목적은 전쟁의 회피에 있다. 즉 강압자는 전쟁보다 상대국의 굴복을 더 선호해야 하는 것이다.

요약하면 강압전략은 처벌위협과 상대의 행동중지 또는 원상복구를 설득하기 위해 사용 가능한 전체 군사 수단 중 제한적인 군사력을 사용하는 것으로 규정될 수 있다. 이때 항공우주력과 해군력은 규모와 관계없이 제한적 군사력으로 간주된다. 이렇게 제한적인 군사력을 정의하게 되는 기준은 상대방의 저항과 순응 사이에서의 선택허용 여부에 있다. 분쟁을 완전하게 종식시킬 수 있는 규모의 지상 전력의 사용은 상대가 완전히 굴복하도록 만들어 선택여지를 허용하지 않으므로 전면적인 군사력 사용으로 간주된다. 따라서 만약 항공우주력이나 해군력만으로 상대국가가 군사적으로 패배하기 전에 순응하도록 유도해 낸다면 강압전략은 성공한 것이다. 그러나 항공우주력 및 해군력의 노력만으로 충분치 않고, 지상 전력이 사용되어져 상대를 전장에서 패배시켜야 할 필요성으로까지 이어진다면 강압전략은 실패한 것이 된다.

---

8) Lawrence Freedman, *Strategic Coercion* (London: Oxford University Press, 1998), p.154.

4. 강압전략의 성공조건[9]

강압전략을 성공적으로 수행하기 위해서는 동기의 비대칭성, 긴박감의 조성, 효과적인 협상술을 필요로 하며 그 구체적인 내용은 다음과 같다.

1) 동기의 비대칭성

국가들은 서로 갈등상황에 처하게 될 때 가치나 이익의 대립이 있게 마련이다. 이러한 가치와 이익은 한 국가가 행위 하는 원인이 된다. 즉, 갈등상황에 처해 있는 국가 간 가치의 중요성은 항상 같은 것이 아니라 불균형이 존재한다. 강압국의 상대국에 대한 요구대상물이 작으면 작을수록 순응을 거부하는 동기의 크기가 작아지므로 강압이 성공할 가능성이 높아진다. 즉, 강압의 성공여부는 강압자의 동기, 가치의 비대칭성을 상대방에게 전달하는 데 달려 있는 것이다.

2) 긴박감의 조성

강압전략을 성공시키기 위해서는 요구의 순응에 필요한 긴박감을 상대방의 마음에 조성시켜야 한다. 만약 언명된 요구가 수락되지 않는다면 상대방이 감당할 수 없는 수준의 위협에 대한 공포를 조성시킴으로써 강압국가의 목표를 달성할 수 있다. 토마스 쉘링은 이를 극한상황(Brinkmanship)으로 개념화하였는데, 이는 긴박감 조성전략으로서 상대방에 어쩔 수 없이 협상을 하게끔 만드는 것을 말한다. 아이티 사태 시 미국은 이러한 긴박감을 조성함으로써 유리한 협상고지를 점령할 수 있었다.

3) 협상술(당근과 채찍을 병행)

상대방에 대한 보상과 처벌을 겸용하는 것인데, 순수한 군사적 위협만으로 목적달성이 어렵기 때문에 협상을 병행해야 한다. 즉, 상대방에 대한 위협

---

9) Alexander L. George, op. cit., p.18.

으로 극한 상황이 언제 끝날지에 대한 불확실성을 증대시킴과 동시에 홍정을 바로 시작하는 것을 말한다. 걸프전 시 후세인에게 이러한 당근을 제공하지 않았기 때문에 확전이 되었고, 아이티 사태 시는 쿠데타의 주동자에게 망명 제공을 약속하는 등 적절한 당근을 제공하여 강압을 성공시킨 사례가 있다.

III. 강압의 메커니즘 및 수단[10]

1. 강압의 메커니즘

강압전략은 동원된 수단, 사용된 메커니즘, 원하는 결과라는 세 요소를 중심으로 구성되어 있다.[11] 수단은 상대적국을 위협하는 도구이고, 메커니즘은 위협하는 과정이며, 결과는 강압자가 추구하는 궁극적 목표이다.

강압자는 다양한 메커니즘을 이용하여 적국의 정책결정과정에 영향력을 행사하려고 한다. 바이먼(Byman)과 왁스만(Waxman)은 적국과 가장 밀접한 지원국이나 정권 지지층과의 관계를 위협하는 권력기반 침식, 적국 집권 정부에 대한 국민의 불만을 유도하는 사회동요, 적국을 전반적으로 불안정하게 만드는 전략, 승전이나 군사적 침공을 통해 적의 정치적 승리를 방해하는 작전 등이 가장 보편적으로 이용되고 있음을 주장한다. 항공우주력을 이용한 강압전략 연구의 창시자인 페이프(Pape)는 처벌(punishment), 위험부

---

10) 이 부분은 항공우주력이 어떠한 이유로 효력 있는 강압수단이 되고 있는가에 대한 RAND의 연구 프로젝트 결과 보고서를 주로 참조하였다. Daniel Byman, Matthew Waxman, *Air power as a Coercive Instrument* (SantaMonica: RAND, 1999), pp.1-142. 이 논문의 번역본은 다음 책자를 참조할 것. 이옥연 역, 『강압의 역학』(국방대 안보문제연구소, 2003).

11) Pape는 유사한 개념 틀을 제시하면서 강압적 항공은 "힘-표적-메커니즘-정치적 변화"의 형태를 띤다고 주장한다. Pape, *op. cit*., p.56.

〈그림 9-3〉 강압전략의 구성요소

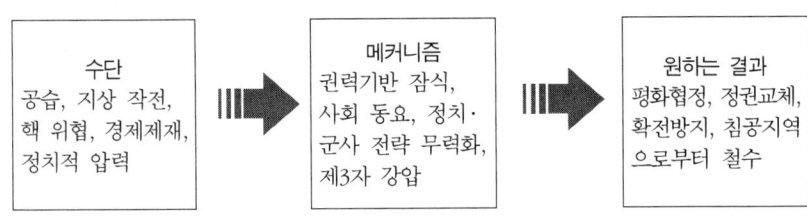

담(risk), 거부(denial)와 단절(decapitation)로 다소 상이하게 분류하고 있지만 그 기본 개념은 유사하다고 할 수 있다. 실제로 이 메커니즘들은 개별적이기보다는 중복되어 사용되는 경향이 짙다.

예를 들면 걸프전 시 미국은 이라크에 대해 공중공격을 이용한 처벌과 중동국가들의 이라크에 대한 지원을 거부시킨 단절, 지속되는 공세로 인한 이라크 국민들의 후세인 정부에 대한 불만 유도 등을 복합적으로 사용한 것을 들 수 있다.

위에서 제기된 메커니즘 중 권력기반 잠식과 사회적 동요는 주로 적국으로 하여금 대가를 치르게 하는 데 주력하지만 적의 정치·군사전략의 무력화는 상대가 저항을 통해 원하는 혜택을 얻지 못하도록 하는 데 중점을 두고 있다. 즉, 이 메커니즘은 적국 지도자들이 굴복하지 않으면 계속해서 대가만 치르고 혜택은 보지 못하리라는 것을 깨달을 때 가능하다. 적국이 자국의 전략이 성공을 거두지 못한다고 자각할 때 협상에 응한다는 역사적 경험은 이 메커니즘의 효용성을 말해준다.

이 메커니즘의 성공 관건은 단순한 재래식 군사작전의 저지에 있지 않고, 적의 승리를 목표로 한 실제 전략을 좌절시키는 데 있다. 페이프의 주장에서처럼 이 메커니즘이 효과를 거두기 위해서 "강압자는 적의 특정한 전략에 있어서 특정한 취약점을 최대로 이용해야 한다."[12] 즉, 적으로 하여금 패배를 인정하도록 압박하기 위해 군사 생산시설의 파괴, 전선으로의 물자수송

---

12) *Ibid.*, p.30.

선 단절, 적 공중방어력의 파괴, 통신과 명령체계의 교란, 야전병력의 무력화 등이 필요하다.13)

이러한 시도가 효과를 얻는지의 여부는 적이 채택한 전략의 특성에 따라 달라진다. 페이프는 월남에서의 롤링썬더(Rolling Thunder) 작전, 한국전에서의 미국의 개입 등이 적군의 자원 수요가 제한되어 있었기 때문에 실패했다고 주장한다.14) 미국이 교통망을 파괴하고 물자수송에 지장을 초래했지만 게릴라 조직과 병력은 비교적 적은 물자를 필요로 했기 때문에 손상된 교통망이라도 효율적으로 사용할 수 있었다. 이와는 대조적으로 월남의 라인 벡커(Line Becker) 작전은 월맹이 재래식 군사전략으로 전환했기 때문에 미군의 공습은 효과가 있었다는 것이다.

1994년부터 현재까지 지속적으로 재연되고 있는 북핵 사태도 이러한 메커니즘이 효율적으로 적용되기 어렵다는 것을 말해주고 있다. 북한은 핵개발 프로그램을 지속적으로 가동하여 방어적 우세와 주변국을 상대로 협상입지의 우위를 점하려 하고 있다. 이 경우 6자회담 당사국들은 여러 메커니즘을 통해 북한이 핵 프로그램을 포기하도록 강요하기에는 제한점이 많이 있다. 이론적으로 미국은 무력을 사용하여 핵시설에 대한 공격을 감행할 수 있으나, 미국 국내의 여론이나 주변국들과의 관계로 인해 선제공격을 감행할 수 없는 형편이다. 적의 정치·군사전략의 무력화에 관한 메커니즘은 효력이 나타나기까지 시간이 상당히 걸리는 전략이다. 따라서 강압자는 이 메커니즘이 지속적으로 이루어질 수 있음을 적대국에 인식시켜야 한다. 적대

---

13) Robert Pape, "The Limits of Precision-Guided Air Power," *Security Studies* 7(2), (1998), p.97.
14) 롤링썬더 작전은 체계적으로 적의 경제적 자산을 표적으로 삼았다. 월맹의 전쟁 수행 능력을 저하시켜 반란을 붕괴시키는 것이 주요 목표였다. 롤링썬더는 월맹 원유 보유 능력의 65%, 발전소의 59%, 주요 교량의 55%와 수천 대의 차량 및 전동차량을 파괴하였다. 90% 가량이 교통에 관계된 표적물이었으며, 공격으로 인해 이동에 지장이 있었으나 침투 자체에 영향을 미치지 못했다. Mark Clodfelter, *The Limits of Air Power: The American Bombing of North Vietnam* (New York: Free Press, 1989), p.100.

국이 패배를 시인하기 전, 강압자가 이 메커니즘을 포기하지 않을까 하는 희망에서 오히려 강압에 대한 대응을 강화시킬 수도 있기 때문이다.

2. 강압의 수단

강압전략을 수행하기 위한 수단의 범위는 넓다. 항공우주력을 이용한 공습, 지상군의 직접적인 침공, 핵 보복의 위협, 경제 제재, 정치적 고립 등이 있다.15)

우선적으로 항공우주력을 이용한 공습을 들 수 있는데, 이 방법은 현재 미국을 비롯한 강대국들이 가장 선호하는 강압 수단으로 다음의 이유로 인해 정책결정자들에게 매력적인 수단이라 할 수 있다.

첫째, 공중공격은 선택된 군사목표에 대한 정확한 공격부터 적국 도시에 대한 전체적인 파괴에 이르기까지 강압에서 폭력에 이르는 전체의 스펙트럼을 따라 피해를 입힐 수 있다. 둘째, 정책결정자들의 필요에 따라 그들이 원하는 손해의 크기를 다양하게 할 수 있는 단계적 확대에 유용하다. 이러한 다목적성은 정책결정자들에게 일반적으로 공중공격을 선택하도록 한다. 셋째, 공중공격은 정책결정자들에게 경제적 효용성 극대화 및 사상자 규모를 최소화하여 국내에서 높은 정치적 비용을 지불할 필요가 없다는 점에서 선호된다. 항공무기체계의 첨단화는 정밀성과 치명성을 증대시켜 한 개의 표적 파괴를 위한 투입전력과 폭탄수를 감소시킴으로써 경제적 효과를 창출하였다. 더불어 미국은 정밀유도무기(PGM)를 사용하여 민간인 피해와 부수적 피해를 최소화하기 위한 노력을 기울인 결과, 걸프전시 이라크군의 사망자가 10만 명 이상인 데 비해 이라크전에서는 약 2,300여 명만이 사망하였다. 즉, 항공우주력은 경제성 및 부수적인 잠재 사상자를 고려해볼 때 가장 매력

---

15) 이러한 각 수단들의 효용성에 관해서는 Daniel Byman, Matthew Waxman, *op. cit.*, pp.114-161을 참조할 것.

〈표 9-1〉 현대전 수행 비교

구분	걸프전	코소보전	아프간전	이라크전
전쟁기간	43일	78일	50일	43일
총 소티	118,700	37,500~38,000	29,000~38,000	41,404
총 공격 소티	41,300	10,808~14,006	17,500	20,733
전쟁비용	760억 달러	70억 달러	200억 달러	256억 달러
PGM 사용 비율	7%	35%	56%	68%
연합군 사상자	130여 명	2명	40여 명	150여 명
상대군 사상자	100,000여 명	10,000여 명	11,000여 명	2,300여 명
비고			2002.4. 기준	2003.4. 기준

출처: CSIS, "US Airpower in Recent Regional Conflicts," The Instant Lessons of the Iraq War Executive Summary and Main report(2003.4)

있는 강압 수단으로서 그 효용성을 발휘하고 있다.

강압전략을 수행하기 위한 두 번째의 수단으로 미국을 비롯한 강대국들은 지상군의 공격 위협을 통한 강압전략을 추구한다. 지상군의 사용이나 위협은 적국의 양보를 이끌 수 있는 몇 가지 메커니즘을 유발할 수 있다. 첫째, 대부분의 지상 전투에 따르는 황폐화와 함께 중요한 영토에 대하여 점령을 함으로써 적대국에 항복을 요구할 수 있다. 둘째, 지상에서의 패배에 대한 위협은 적의 권력기반으로부터 지도부를 동요시키도록 위협하면서, 지도부를 당황하게 만들 수도 있고, 군대의 사기를 저하시킬 수 있다. 셋째, 지상군에 근거한 전략은 적국이 계속되는 저항을 통해서 목표를 달성할 수 없다는 것을 입증하면서 억제를 위해 사용될 수 있다.

강압전략의 세 번째 수단인 경제제재는 군사적 수단을 포함하지 않더라도 종종 군사적 위협을 강화하기 위하여 사용된다. 이 수단의 주요 특징은 적대국을 약화시키고 폭넓게 적국민의 지도부에 대한 반감을 창출함으로써 강압자의 요구를 수용하게끔 압력을 만드는 것이다. 경제제재가 강압수단 중 가장 먼저 사용되는 이유 중의 하나로는 강압 시 소요되는 비용이 다른 수단에 비해 강압자 측에나 피강압자 측 둘 다에 낮음으로써 양 측에 협상의 여지를 확대시킬 수 있다는 것이다. 그러나 단점으로는 군사력을 사용하는 다른 수단과 비교했을 때 상대적으로 온건하고 강압의 효과가 제대로 나타나지 않을 수도 있다는 점이다.

마지막으로 적대국에 대한 외교적 고립전략은 강압의 형태에서 가장 많이 나타나는 수단이다. 외교적 압박은 공습이나 제재에 비하여 위험을 거의 요하지 않는다는 이유 때문에 정책결정자들에게 매력적이다. 외교적 압박은 사전에 이러한 피강압국의 역강압을 차단하는 역할도 한다. 코소보전 동안 세르비아는 미국의 외교적 고립전략으로 인해 러시아의 지지를 얻는 데 실패하였다. 만약 세르비아가 강력한 러시아의 지지를 얻었다면 저항의 수단과 외교적 확대에 대한 수단을 얻었을 것이다.

역사적인 사례들을 보면 강압자들은 위에서 제시된 강압 수단들 중 한 번에 하나의 수단에만 배타적으로 의존하지는 않는다. 강압적인 수단은 서로 보완되어 작동함으로써 상승작용의 효과를 제공한다. 항공우주력 혼자의 위협보다 지상군 침공이나 경제·외교적 제재가 조합되었을 때 보다 많은 효용성을 거둘 수 있다. 예를 들면 코소보전에서 나토의 강압은 조합된 강압수단의 효용성을 보여 주고 있다. 몇 년 동안 세르비아는 유엔의 최후통첩을 무시했고, 인종청소를 지속하였다. 이에 대해 유엔은 군사적 공급품 및 일상품에 대한 무역과 접근을 제한한 경제적 제재를 실시하였다. 이러한 제재는 세르비아 국민들로 하여금 밀로셰비치 정권에 대한 불만을 야기하도록 조장하였다. 이에 더해 나토는 중재군 작전(Operation Deliberation Force)을 통해 세르비아에 대한 제한된 공격을 실시하였다. 나토는 항공우주력을 이용해 세르비아를 공격하여 피해를 입힘으로써 세르비아군의 사기를 저하시키는 동시에 지상군의 진격을 언급하면서 밀로셰비치의 항복을 비교적 쉽게 유도할 수 있었다. 이와 같이 강압전략은 여러 수단들의 상호유기적인 작용의 집합체이기 때문에 강압수단이 홀로 작동되는 것보다 중복되어 작동하는 것이 효과적이라는 것이 종합적인 결론이다.

IV. 항공우주력을 이용한 강압의 경험적 사례

위에서 논의된 대로 강압을 위한 항공우주력은 비용 대 혜택이 많은 수단이나, 여러 제한점도 있다. 여기서는 강압전략이 수행되었던 역사적 사례를 이용하여 항공우주력의 제한점을 분석해보고 그 대응책이 무엇인가에 대해 논해 보고 있다.16)

<표 9-2>의 경험적 사례를 살펴볼 때 분쟁형태가 월남전이나 아프간전 같은 게릴라·테러전일 경우(40%), 한국전과 같이 대규모 전쟁에서 부분적으로 강압전략을 구사하기 위해 공군력을 사용한 경우(38%) 등에서 의도되지 않은 결과, 즉 강압전략의 부분적인 실패가 나타났는데, 이것은 강압수단으로서 항공우주력의 효율성과 연계하여 다음의 함의를 줄 수 있다.

첫째, 걸프전과 같이 평지에서 작전하는 대규모의 정규 군대에 대한 강압에 비해 밀림이나 산악지대, 도시에서의 게릴라나 테러범, 혹은 경무장한 보병부대는 항공우주력의 효율성을 저하시킬 수 있다는 점이다.17) 게릴라 조직은 공격할만한 정형화된 군대의 형태를 갖고 있지 않고, 쉽게 목표가 되는 대규모 작전행동에 참여하지 않는다. 예를 들면 롤링썬더(Rolling Thunder) 작전 중 베트콩들은 미군의 공습으로부터 그들의 작전행동을 숨길 수 있는 지형을 이용하였다. 그들의 전략은 방어를 수행하면서 미국의 부담을 크게 하고 갈등이 지속되도록 개입시키는 것을 전제로 하였다. 또한 테러리스트 조직들을 비롯한 국가수준 이하의 적들은 강압자가 파괴할 어떤 군사목표도 보유하지 않고 있기 때문에 그들의 군사행동을 마비시킬 수 있는 항공우주력의 능력을 제대로 사용할 수 없다.

---

16) 강압전략의 사례분석(푸에블로함 사태, 포클랜드전, 걸프전)에 대해서는 다음의 책자를 참조할 것. 이성훈, "강압전략을 이용한 효과적인 공군력의 운용방안," 『공군평론』 109호』(공군대학, 2001), pp.102-118.

17) 이러한 능력을 개선하기 위한 방법들로 David A. Shlapak, *Enhancing Air Power's Contribution against Infantry Targets* (RAND, 1996)을 참조할 것.

〈표 9-2〉 강압전략의 역사적 수행 사례[18]

강압국	피강압국	시기	강압자 목표	결과 의도한 결과	결과 정반대 결과	공군력의 역할
영국	말레이 게릴라	1948~1960	공산주의 폭동 진압	공산 게릴라 진압	목표달성의 지연	게릴라 주둔 지역 폭격과 정찰
미국	북한	1950~1953	공산주의가 승리할 수 없을 것을 인식시킴	공산주의 승리 가능성 희박 인식으로 정전 협정체결	정전과정에서 많은 희생, 미국 전쟁 목적달성 실패	후방차단, 근접지원, 산업시설 파괴
영, 프, 이스라엘	이집트	1956	수에즈운하 반환, 이집트의 군사위협 무력화	이집트 군사 능력의 부분적 파괴	나세르 인기 증가, 운하 이집트 귀속	무력시위, 지상군 침공 지원
프랑스	알제리	1954~1962	알제리 ALN의 독립운동 저지	ALN 제거	수많은 사상자, 프랑스 내부 갈등	게릴라 침투 예방, 공수
미국	도미니카	1961~1962	부패 독재정권 추방, 정권 변화	정권교체	N.A	무력시위
미국	쿠바/소련	1962	쿠바에서 미사일기지철수	소련의 미사일 기지 철수	N.A	정보, 미사일 기지 공습
미국	라오스 게릴라	1960~1973	게릴라의 무력화	N.A	게릴라 무력화에 대한 충격 실패	공중 폭격, 정보제공
미국	북베트남	1965~1968 (롤링썬더)	베트콩 무력화	N.A	충격 미비, 소련과 중국의 지원 증가	공중폭격, 군수생산기지 파괴
미국	북한	1969	푸에블로함 승무원, 선박의 석방 및 반환	승무원의 즉각 석방 및 선박 반환	승무원 석방의 지체 및 선박 미반환	동해상에서 공군력 시위
이스라엘	이집트	1969~1970	이집트의 침략 행위 금지	이집트 군사력 감소	이스라엘 공중 우세 상실	군사산업기지 파괴, 대공 제압(SEAD)
미국	북베트남 (라인벡커)	1972	전쟁종결	잠정적 정전 수용	미국의 목표 수정	야전 지상군 폭격, 지휘통신 체계 파괴

강압국	피강압국	시기	강압자 목표	결과		공군력의 역할
				의도한 결과	반대의 결과	
영국	아르헨티나	1982	포클랜드 섬 회복	포클랜드 섬 영국 귀속	아르헨 무력 사용	공중우세 거부, 정찰, 함대보호
이라크	이란	1982~1988	이란의 지상군 위협 금지, 정권전복 지원에 대한 응징	단기간 분쟁 확대에 대한 두려움	이란 지도층 인기증가, 이라크에 대한 공격	도시, 정유소, 선박 폭격
미국	리비아	1986	리비아의 테러 지원 금지	테러지원 행위 보복 신뢰성 증진	테러활동 증가	정권 유지 시설 폭격 (대통령궁, 군사통제 시설)
미국	이라크	1991	쿠웨이트로부터의 이라크군 철군	1월까지 이라크군 철군	이라크의 철군 거부	공중제압, 전략 정보, 지상군 무력화, 전략 자산 무력화
미국	소말리아	1993	인도적 개입에 의한 난민학살 방지	원조 공급선 확보	반미 동맹 형성 증가	지휘통제 체제 폭격
미국	아이티	1994	독재정권 체제변환	지도자 교체	N.A	수송, 전략 정보 제공
미국/나토	보스니아 (Deliberate force)	1995	세르비아계의 정전협정 강요	세르비아 협상유도	협상지연	세르비아군의 지휘통신체계 파괴, 산업시설 파괴, 지상군 무력화
러시아	체첸 게릴라	1994~1996	분리 독립 운동 무력화	N.A	많은 사상자 유발	도시공격, 반군기지, 반군지도자 공격
미국	아프간	2001	탈레반 정권 붕괴	테러근절	테러지속	테러지원 시설, 훈련 기지 파괴

18) Daniel Byman, Matthew Waxman, *Air power as a Coercive Instrument* (RAND, 1999), pp.142-147.

둘째, 한국전이나 포클랜드전 같은 경우는 일단 대규모 분쟁이 개시된 상태에서 부분적으로 강압전략을 구사할 때 그 효용성이 저하될 수 있음을 보여준다. 이러한 상태에서는 비단 항공우주력뿐만 아니라 다른 수단도 별로 효용성이 없을 것으로 판단되는데, 군사력의 사용유형이 회색지대인 강압을 지나 전쟁을 위한 폭력으로 치닫고 있기 때문이다. 즉 이때의 군사전략은 강압보다는 전면적인 전쟁의 승리를 위해 구사해야 하는 또 다른 양상이 펼쳐지고 있기 때문이다.

따라서 강압전략에서 항공우주력이 가진 효율성을 최대로 이용하기 위해서는 첫 번째의 제한점을 극복하는 것이 우선적이라 할 수 있다. 특히 최근의 분쟁형태가 아프간이나 이라크전에서 보듯이 험난한 산악지형이나 도시에서 발생하는 게릴라·테러전이라는 것을 감안할 때 민간인들의 피해를 최소화하면서 상대조직들을 강압할 수 있는 전략을 구사해야 하며, 그러한 능력이 있다는 것을 상대방에게 인식시켜 주어야 한다. 미 공군은 오랜 시기 동안에 걸쳐 게릴라전이나 테러전에 대비한 무기체계 및 군사전략을 발전시켜 왔음을 주지해볼 때 우리 공군도 늦은 감이 있지만 이에 대비해야만 하며, 자원 배분상 하드웨어적인 면이 불충분하다면 전략이나 교리 등 소프트웨어적인 측면에서 선행해 나가는 것도 하나의 방법이 될 것이다.

V. 결론

이 연구는 공군의 목표인 억제와 전쟁승리의 중간과정에서도 항공우주력이 핵심적인 역할을 할 수 있으며, 강압전략이 그 역할을 할 수 있음을 강조하고자 하였다.

군사력의 강압적 사용은 적이 이미 실시한 행동을 원상회복시키거나 진행 중인 행위를 중지시키도록 강요하기 위해 군사력을 제한적으로 행사하는 것으로 억제와 강요를 모두 포괄하는 개념이며, 현대 국제정치에서 강압전략은 회색지대로서 그 중요도가 높아져 가고 있다. 강압의 메커니즘을 달성하기 위한 수단으로 항공우주력에 의한 공격, 지상군의 침공위협, 경제제재, 외교적 압박이 있으며, 이 중 항공우주력을 이용한 강압이 정책결정자에게 가장 효율적인 수단으로 인식되는데, 이유로는 비용 대 혜택에 있어서의 최적 대안, 협상의 여지 제공, 강압의 수위 조절가능성을 제시하였다. 그러나 강압전략은 여러 수단들의 상호유기적인 작용의 집합체이기 때문에 여러 수단들이 홀로 작동되는 것보다 중복되어 작동하는 것이 효과적이라는 것이 종합적인 결론이다.

한편 항공우주력을 이용한 강압전략 수행의 경험적 사례에서 나타났듯이 게릴라전이나 테러전에서의 항공우주력 사용은 비교적 제한적으로 나타났으며, 향후 이에 대한 대비가 있어야 함을 강조하였다.

서언에서도 밝혔듯이 듀헤(Douhet)나 세바스키(Seversky), 미첼(Mitchell) 그리고 현재에 와서 존 와든 3세(John A. Warden III) 등의 항공 전략가들은 항공우주력이 결정적 공격이나 우세한 정보수집능력으로 전승에 핵심적으로 기여했다는 논리를 펼쳐왔지만, 항공우주력이 어떻게 적의 지도자나 국민들에게 심리적·물리적으로 영향을 미쳐 굴복에 이르게 했는가에 대해서는 관심을 기울이지 않았다. 이러한 전략 사상가들의 영향을 받아 오늘날의 항공우주력에 대한 연구는 항공우주력의 효용성이 왜, 그리고 어떻게 나타나는가에 대한 연역적 분석보다는 단순히 전쟁사례에서 무기체계의 효용성 중심으로 귀납적으로 분석하는 경향을 띠고 있다. 이 연구는 이러한 기존 연구의 제한점을 보완해 줄 수 있는 방법으로 강압전략의 메커니즘을 이용하여 향후 항공우주력 연구의 발전 모델을 제시하였다.

결론적으로 오늘날의 전쟁이나 분쟁에서 핵심적으로 활동하는 항공우주력의 제한점을 어떻게 하면 극복할 수 있는가 하는 담론들과 보다 효과적인 강압전략을 수행하기 위해 항공우주력이 가져야 하는 무기체계와 군사전략은 어떠한 방향으로 발전시켜나가야 하는가 등의 문제는 향후에도 심사숙고해야 할 문제들이다.

【참고문헌】

〈국문 단행본〉

공군대학. 『항공전략』. 공군대학, 1999.
노병천. 『도해 종합세계 전사』. 서울: 한원, 1989.
민평식 역. 『포클랜드 전쟁』. 서울: 병학사, 1983.
박현모. 『국제정치 이해』. 서울: 법문사, 1998.
연합통신. 『연합연감 '94』. 서울: 연합통신, 1994
정일영. 『한국외교 반세기의 재조명』. 서울: 나남, 1993.
한국국방연구원. 『걸프전쟁과 한국안보연구』. 서울: 국방연구원, 1991.
황병무. 『전쟁과 평화의 이해』. 서울: 오름, 2001.
Barnett Jeffery. *Future War*. 홍성표 역. 『미래전』. 서울: 연경문화사, 2001.
Byman, Daniel & Matthew Waxman. *Air power as a Coercive Instrument*. RAND 1999; 이옥연 역. 『강압의 역학』. 국방대 안보문제연구소, 2003.
Lider, Julian. *Military Theory*. 국방대학원 역. 『군사이론』. 서울: 국방대학원, 1985.
Richard, Hallion. *Storm over Iraq: Air Power and Gulf War*.
백문현·권영근 역. 『현대전의 알파와 오메가』. 서울: 연경문화사, 2001.

〈영문 단행본〉

Blechman, Barry M., and Stephen Kaplan. *Force without War: U.S. Armed Forces as Political Instrument*. Washington D. C.: The Brookings Institution, 1978.
Clausewitz, Carl Von. *On War edited and translated by Michael Howard and Peter Paret*. Princeton, N. J.: Princeton University Press, 1976.
Dunnigan, James F., and Austin Bay. *From Shield to Storm*. New York: William & Company, 1992.
Freedman, Lawrence, ed. *Strategic Coercion*. Oxford: Oxford University Press,

1998.

George, Alexander. *Avoiding War*. San Francisco: Westview Press, 1991.

_____. *Forceful Persuasion: Coercive Diplomacy As an Alternative to War*. Washington D.C.: U.S In. of Peace Press, 1991.

_____. *The Limits of Coercive Diplomacy*. Boulder, Colo.: Westview Press, 2nd revised, eds. 1994.

Hartman, Frederick. *The Relations of Nations*. New York: Macmillan Publishing Co., Inc., 5th Revised edn. 1978.

Jakobsen, Peter Viggo. *Western Use of Coercive Diplomacy After The Cold War*. N.Y.: St. Martin Press, Inc., 1998.

Pape, Robert A. *Bombing to Win: Air Power and Coercion in War*. N.Y.: Cornell University Press, 1996.

Shelling, Thomas. *Arms and Influence*. New Haven: Yale University Press, 1966.

〈논문 및 연구보고서〉

나갑수. 「포클랜드전쟁의 교훈과 한국안보」. 정책연구 보고서. 국대원, 1990.
장문석·김현기. 「전쟁사례 연구」. 정책연구 보고서. 국방대학원, 1992.
정춘일. "국제관계에 있어서 군사력의 역할 — 이론적 연구경향." 박사학위논문. 한국외국어대학교 대학원, 1990.
황병무. 「군사력의 사용유형, 강압전략의 개념과 대안개발」. 연구보고서. 국대원. 1986.

제10장

한국 공군의 우주력 건설 방향:
미 공군의 우주력 건설과정에서의 교훈을 중심으로

I. 서론

지난 1991년 발발한 걸프전 이후 발발한 일련의 전쟁, 즉 코소보전, 아프간전, 이라크전 등은 급격한 과학기술의 발달에 기인한 첨단 무기체계의 등장과 함께 과거의 전쟁과는 사뭇 다른 전쟁수행 개념과 양상을 보여 주었다. 정밀타격 능력을 지닌 항공기와 미사일은 물론 우주공간을 활용한 최첨단 C4ISR 체계, 전자전 등 기존 공군의 주된 활동영역인 공중뿐만 아니라 우주공간에서의 기술력 우위가 전장을 주도하였다. 특히 우주영역은 국경과 같은 지리적 제약에서 자유롭기 때문에 최근 정보의 주획득원으로 부상하였고, 정보화 전쟁의 최일선으로 주목받게 되었다. 더구나 각국의 첨단 과학기술은 머지않아 우주가 단순한 정보수집뿐만 아니라 다양한 우주무기체계의 각축장이 될 것으로 예고하고 있어 우주는 전장의 새로운 영역으로서 그 비중이 점차 증가되고 있다.

이러한 점을 인식하여 미국을 포함한 세계 주요국들은 우주 영역을 평화적인 목적 차원을 넘어서 자국의 사활적인 안보영역으로 간주하고 각종 우주무기체계 및 발사체 개발을 통해 안보를 보장받으려 하고 있다. 그러나 한국은 이제야 비로소 우주인을 배출한 국가가 되었으며, 최근에 한국형 발사체를 개발하고 시험발사하는 등 다각도의 노력을 경주하고 있지만 주요 국가에 비해서는 제한된 수준에 불과하다 할 수 있다. 한국은 1992년 우리별 1호의 발사와 더불어 우주개발에 관심을 갖기 시작하였으며, 1995년 9월에는 향후 20년간의 우주개발 중장기 계획을 수립, 발표한 바 있다. 현재 인공위성과 발사체를 중심으로 한 우주개발 계획은 우선 2010년대 초반까지 총 13기의 인공위성과 저궤도 실용위성 발사체를 목표로 진척되고 있다. 하지만 이처럼 민간에서의 점진적인 노력에도 불구하고 군사적 차원에서 한국 공군의 현실은 여전히 제한된 범위 내에 머물러 있다.

비록 공군 내에서는 수년 전부터 '항공우주군'이라는 용어와 개념을 도입하여 사용하고 있지만 우주의 군사적 접근을 위한 가시적이고 구체적인 기반체계 확보에 주력해야 하는 실정이다. 더욱이 이러한 하드웨어적인 우주기반체계의 부족과 더불어 우주력에 관한 개념체계나 교리, 전략 등과 같은 소프트웨어적인 측면의 부족도 심각하다 할 수 있다.

이 글은 바로 이러한 현실적 한계의 인식과 함께 그동안 이루어진 우주력에 대한 논의들이 주로 과학기술의 발전 혹은 막연한 우주공간 통제의 논리에서 비롯되어진 현실임을 감안하여 구체적인 논리력을 바탕으로 한 공군 우주력 건설의 방향 제시를 그 목적으로 하고 있다. 연구 목적을 달성하기 위해 이 글은 다음의 구체적 문제제기를 하고 있다.

첫째, '항공우주력'으로 동일하게 해석되고 있는 'Aerospace Power'와 'Air and Space Power'의 개념은 무엇이며, 미 공군에서의 변화과정 및 선택이유는 무엇인가? 이는 미 공군에서의 용어 변천과정을 살펴봄으로써 현재 한국 공군이 사용하고 있는 '항공우주군(Air and Space Force)'이라는 용어의 적절성에 대해 재고함을 그 목적으로 하고 있다. 둘째, 미국의 우주력 구축과정은 어떠하였으며, 이 과정에서 공군의 역할은 무엇이었는가? 이는 우주력 건설 시 나타난 장벽을 미 공군이 어떻게 극복해 나갔는지를 규명함으로써 한국 공군에 미치는 함의를 도출하는 것을 목적으로 하고 있다. 셋째, 최근전쟁에서 우주력 적용과 우주력 통제는 어떻게 수행되었는가? 이는 향후 '효율적인 우주력 통제는 어떻게, 누구에 의해 이루어져야 하는지'에 대한 규명을 목적으로 하고 있다. 넷째, 향후 바람직한 공군의 우주력 구축방향은 무엇인가?

이 글의 범위는 미국의 우주력 건설 사례로 제한하기로 한다. 현재 한국 공군이 사용하고 있는 항공우주 관련 용어나 이론, 교리체계 등 대부분이 미 공군의 것을 모델로 삼고 있기 때문에 "항공우주이론의 한국화"를 위해서는 선 모델(pre-model)의 정확한 실체규명이 선행되어야 할 것이기 때문이다.

II. 항공우주력의 개념

1. 항공우주력 관련 용어

항공우주력에 관련된 용어들은 'Air Power', 'Space Power', 'Aerospace Power', 'Air and Space Power'로 크게 구분할 수 있다. 이 용어들의 개념에 대해 살펴보면 첫째, 'Air Power'는 항공력으로 표현될 수 있으며, 정치·군사적 목적을 달성하기 위하여 항공기는 물론 공중공간을 활용하는 능력으로 민간과 군의 현존 및 잠재적인 유무형의 제반항공역량을 의미한다.[1] 둘째, 'Space Power'는 우주력으로 표현되며, 국가목표와 군사 안보전략 달성을 위해 국방 우주체계 및 관련 기반구조를 이용하는 능력을 의미하며, 보다 구체적으로는 우주작전을 행사할 수 있는 제반 군사력을 의미한다.[2] 셋째,

---

1) 공군본부, 『공군기본교리』(공군본부, 2011), p.120.

'Aerospace Power'는 항공우주력으로 표현되며, 항공기와 우주운반체, 정보를 이용하여 정치·군사적 효과를 창출하는 능력을 말한다. 넷째, 'Air and Space Power' 또한 항공우주력으로 표현되며, 군사목적을 위해 항공우주 공간에서 운용하는 모든 전력으로 유무인 항공기, 미사일, 우주선, 인공위성, 지휘통제체계, 정보감시정찰체계 등이 포함된다.3)

위에서 언급된 개념들 중 항공력과 우주력의 구분 자체는 어려울 것이 없으나, 항공우주력으로 표현되고 있는 'Aerospace Power', 'Air and Space Power'의 구분은 매우 어렵다는 것을 알 수 있다. 비록 우리말로서는 항공우주력으로 동일하게 표현되고 있으나, 영어 단어 각각에 내포되어 있는 의미와 사용하는 의도가 다를 것이므로 이에 대한 개념 정립이 요구된다. 한국 공군이 현재 채택하고 있는 'Air and Space Power'와 'Aerospace Power'의 차이와 미 공군에서 변화된 원인에 대한 규명은 미 공군의 발전과정을 분석하기 위해 최우선적인 작업이라 할 수 있다. 즉, 한국 공군이 사용하고 있는 '항공우주력' 개념의 적절성을 논하기 위해서는 미 공군에서의 변천과정과 그 이유를 구체적으로 분석하는 것이 선결과제인 것이다.

2. 'Aerospace Power' & 'Air and Space Power'

미 공군은 1950년대 중반까지도 우주접근에 필요한 미사일 및 위성 기술에 대한 실질적 개발시도를 하지 않았을 뿐 아니라 우주를 공군교리에 적용시키기 위한 어떠한 노력도 하지 않았다.4) 공군은 단순히 직접적으로 운용

---

2) 공군본부, 『항공우주력개념서』(공군본부, 2010), p.245.
3) 공군본부, 『공군 기본교리』(공군본부, 2011), p.120.
4) "새로운 지평을 향하여(*Toward the New Horizon*)"라고 명명된 육군항공단(AAF)의 Scientific Advisory Board(위원장: Theodore von Karman)의 1945년 12월 보고서는 전후 AAF의 가장 시급한 관심사인 제트추진 항공기의 개발에 대해 가장 많은 무게를 두고 있다. AAF는 미사일과 위성에 대해서는 립서비스만을 하고 있었다. S. Lambeth, Benjamin. *Mastering the Ultimate High Ground: Next Stepts in the Military Uses*

중인 미사일과 군사위성의 개발 및 소유에 대한 관할권만을 주장하였다. 즉 1957년 이전까지 미 공군은 'Air Power'와 'Space Power'를 개별적인 영역으로 사용하였으며, 우주력의 중요성에 대한 인식은 저조하였다 할 수 있다. 그 후 1958년, 공군참모총장 화이트(T. D. White) 장군이 지구표면으로부터 무한대까지 연속적으로 이어진 대기와 우주를 묘사한 새로운 개념인 'Aerospace'라는 용어를 처음 사용하였다. 이후 우주공간에 대한 각 군 차원의 이해관계가 더 심해질수록 'Aerospace'는 공군의 당연한 영역으로 더욱 더 요구하게 되었다.

예를 들면 화이트 장군은 1957년 11월 29일 National Press Club에서 "공군력이 지상 및 해상작전을 가능하게 했듯이, 이후부터는 우주를 통제하는 능력을 가진 자가 지구표면에 통제력을 행사하는 능력을 똑같이 가지게 될 것이다"라고 주장하였다. 계속해서 그는 "나는 항공과 우주 사이에 어떠한 구분도 없다는 점을 강조하고 싶다. 항공과 우주는 작전에 있어 나눌 수 없는 영역이다"라고 강조하였다.5)

또한 "항공과 우주는 선으로 구분될 수 없고, 쉽게 두 가지의 다른 범주로 분리될 수 있는 두 개의 구분된 매개체가 아니다. 그들은 작전에 있어 나눌 수 없는 하나의 영역이다. 우주는 항공의 자연적이고 논리적인 연장이다. 우주력은 항공력의 누적적인 결과일 뿐이다… 공군의 목표는 다만 수준에서 변화되었을 뿐이다. 그 근본은 더 빠른 속도, 더 긴 거리, 더 높은 고도로 지속되고 있다"6)는 점을 강조하였다. 그러나 화이트 장군의 선언은 체계적이고 심사숙고하게 고려되어 도출되었다기보다는 즉흥적이었다.7) 즉, 우주

---

    of Space (RAND, 2003), p.37.

5) General Thomas D. White, USAF, "At the Dawn of the Space Age," *The Airpower History* (Jan. 1958), pp.15-19.

6) General Thomas D. White, USAF, "The inevitable climbing to the space," *Air University Quarterly Review* (Winter, 1958), pp.3-4.

7) Walter J. Boyne, *BEYOND the Wild Blue: A History of the U.S Air Force, 1947-1997* (New York: St. Martin's Press, 1997), p.267.

에 관련된 미 공군의 초기 동기는 우주 개발에 관심이 있기보다는 단순히 공군의 영역을 보호하려는 행위에서 비롯되었다고 판단된다. 즉, 화이트 장군의 1958년 'Aerospace' 선언 이후 미 육군과 해군이 미 공군이 우주에 대한 책임을 진다는 것에 반대하는 선언을 하였고, 공군은 이에 위기감을 느꼈기 때문이었다.[8]

화이트 장군이 그 개념을 소개한 5개월 후 참모차장이었던 스마트(T. Smart) 장군은 공군대학에 그 아이디어들을 공군의 주요 교리로 적용할 수 있도록 지시하였다. 이후 1959년 공군은 공식적인 슬로건으로 "미 공군은 평화를 위한 항공우주력(Aerospace Power)이다"를 채택하였고, 그해 말에 'Aerospace'는 미 공군의 공식적인 교리로 채택되었다. 그러나 1980~90년대에 들어서 'Aerospace'라는 개념은 합동영역에 어울리지 않는다는 이유로 공군 외부에서 거센 도전을 받을 수밖에 없었다.[9] 더욱이 공군 내부의 우주장교들조차 우주력 이론의 발전을 저해한다는 측면에서 'Aerospace' 개념을 항공과 우주 교리에 연계시키는 것이 부적절함을 지속적으로 주장하였다. 그들은 우주체계는 항공체계와는 근본적으로 다른 특성을 가지고 있음을 주장하였다.[10] 또한 'Aerospace Power'의 건설은 자원배당과 할당에 있어 기존 공군력 증강을 위해 노력한 공군지휘관들의 입장을 곤란하게 하였다. 공군이 제한된 예산범위 내에서 공군력 증강에 투입되는 비용을 우주력 건설에 할애할 수밖에 없었기 때문이다. 우주분야에 근무하는 장교들은 이러한

---

8) 특히 해군은 1947년 국방성에 위성개발에 대한 단독의 권리를 요청하는 요구서를 제출하기도 하였다.
9) 예를 들면 그것은 1990년 국방성에 의해 규정된 "Space Policy"에서 모습을 보이지 않았다. 또한 2001년 의회에 제출된 우주 위원회의 보고서에도 보이지 않았다. 이러한 예들과 유사하게 모든 다른 미국의 국가안보 문서들은 유사하게 우주를 공중으로부터 분리되고 이격되어 있는 임무영역으로 취급하고 있다.
10) "항공전의 물리적인 원칙들은 우주에 동일하게 적용시킬 수 없는데 이유는 항공과 우주환경이 다르기 때문이다." Lt. Col. Cynthia S. Mckinley, "The Guardians of Space: Organizing America's Space Assets for the Twenty-First Century," *Aerospace Power Journal* (Spring, 2000), p.41.

관점에서 "오늘날의 제로섬 예산 환경은 공군의 핵심적인 우주역량을 구축하는 데 필요한 충분한 자금을 제공하지 못한다"는 점을 강조하며 국방성과 공군의 자원배당에서 항상 주변부에 해당됨에 대해 불만을 제기하기도 하였다.

전 미 우주사령사령관인 호너(C. Horner) 장군은 1994년 공군에서 전역한 이래로 이러한 점을 계속 강조해왔다. 그는 국방비를 전통적인 방법으로 각 군에 대해 1/3씩 동일하게 분배되는 것에 불만을 드러내었다. 공군의 임무영역이 우주로까지 확장되었음에도 불구하고 기존의 동일한 예산 배정 방식은 불합리하다는 것이었다.[11] 이러한 이유들로 인해 1980년과 1990년대에는 공중과 우주의 두 환경 간의 차이점을 인정하려는 분위기들이 공군 내부에서 나타나기 시작하였다. 비록 'Aerospace'의 수사적 표현이 공군 비전과 정책에서 지속적으로 사용되었으나, 공군 우주사령부는 공군의 다른 주요 사령부와 분리된 채 우주 활동을 하기 위한 실체로서 기능하기 시작하였다. 즉, 공군 내부에서 공중과 우주의 두 환경을 분리된 영역으로 고려해야 한다는 고려가 실제 행동으로 나타났는데, 이 점은 코로나(Corona)회의에서 구체화되었다.

1996년 공군의 최고지휘관 회의인 코로나회의가 개최되었는데, 이 회의에서 포글맨(R. Fogleman) 장군은 공군을 'Aerospace Force'에서 'Air and Space Force'로 전환할 것을 주장하였다. 이는 'Space and Air Force'로 되기 위한 중간적인 단계이며,[12] 우주는 공군의 최우선 작전영역으로서 공중에 버금가는 영역으로 선언되어야만 한다는 것이었다. 코로나 선언은 공군의 공중 활동은 결국 우주 활동으로 대체될 것이고, 공군의 우주 전문화는 전 시간대에 걸쳐 전 공군을 통해 이루어져야 할 책임이 있다는 결의안을 채택하였다. 즉 공중과 우주는 물리적으로는 분리되어 있는 환경이지만 임무와 기능적으로는 동일한 연속체로서 인식한 것이었다.

---

11) Benjamin. S. Lambeth, *op. cit.*, p.47.
12) General Ronald R. Fogleman, *Global Engagement: a Vision for the 21st Century Air Force* (Wasington D.C.: Department of the Air Force, 1996), p.8.

그러나 코로나회의에서 채택된 'Air and Space Force'는 이후 실제적으로 우주개발을 하기 위한 결의안이라기보다 단지 공군의 영역을 확장하기 위한 선언이었다는 점에서 공군 내부에서 거센 비판에 직면하게 되었다. 예를 들면 포글맨의 후임자인 라이언(M. Lyon) 장군은 코로나회의는 항공우주군을 지향하는 공군인들의 공감대를 오히려 분리시키는 결과를 초래하였음을 지적하였다. 그는 공중과 우주는 분리될 수 있는 환경이 아니라 단일의 연속체라는 'Aerospace' 개념을 강조하였다. 따라서 그는 코로나회의에서 제기된 'Air and Space Force'의 타당성을 지적하며 'Aerospace Force'를 사용하는 것에 대한 적절성을 재검토 하였다.

또한 전 공군 우주사령관이었던 에스테스(Estes) 장군은 1996년 코로나회의에서 선언된 'Air and Space'에 대해 무의미하고 편협한 논쟁들로 유도할 수 있음을 경고하고 "공군인들이 수직적인 차원을 통제해야 한다는 진실된 우리의 비전을 상실" 할 수도 있음을 경고하였다. 그는 두 개의 분리된 사고는 공군인들의 공감대 형성을 저해하는 바람직하지 않은 결과를 초래하였음을 지적하며, 공군은 'Air and Space'보다는 'Aerospace'의 용어를 사용하는 것이 필요함을 주장하였다.13) 궁극적으로 그는 공군 전투사령부는 우주전투사령부 혹은 두 개가 통합하여 "The Aerospace Combat Command"가 되어야 함을 강조하였고, 미 공군의 최종 목적을 "The United States Aerospace Force"로 제시하였다. 그러나 'Air and Space' 개념 사용에 대해 공군에서는 반대보다는 지지하는 여론이 우세하였는데, 공군 참모차장이었던 무어맨(Mooerman) 장군은 "전체적인 우주 전투력과 정책결정자나 전투사령관들에게 정보를 신속히 전달해주는 노력을 결합시키는 'Air and Space' 프로그램은 내일의 미 공군 비전을 달성하는 데 절대적으로 필요한 것으로서 일반적인 원칙으로 간주해야 마땅할 것이다"14)라고 말하며 이 용어의 적용을 강력하게 주장하였다. 또한 'Air and Space' 개념은 'Aerospace'보다 합동성

---

13) Benjamin. S. Lambeth, op. cit., p.53.
14) Ibid., p.57.

에 더욱 부합한다는 의미에서 1997년 공군 교리로 채택되었다. 비록 현재 미 공군에서는 'Aerospace Force'에로의 회귀 움직임들이 대두되고 있지만,15) 'Air and Space Force'의 개념들이 구체적인 결과들, 즉 조직 확대(여러 우주조직의 창설), 유리한 예산 배정, 공군 임무영역의 확대 인정 등을 양산하고 있기 때문에, 당분간은 이 용어의 사용이 지속될 전망이다.

타군에 대해 우주공간을 선점하고 조직과 예산의 확대를 목적으로 'Air and Space Force' 개념을 탄생시켰던 미 공군의 의도는 어느 정도 달성된 것으로 판단된다. 2001년 출범한 우주위원회(Space Community)의 권고에 의해 미 정부는 우주작전을 위한 조직, 예산, 훈련, 장비구축의 책임을 공군에 부여하였을 뿐만 아니라 공식적으로 공군을 국방부 내 우주분야 책임자로 임명하는 등 우주분야에 대한 대부분의 권한을 공군에 위임하고 있기 때문이다.

위의 논의들을 요약해보면 미 공군에서는 1957년 이전에는 Air와 Space를 분리하여 사용하였으며, 1958년 이후 타군과의 우주 통제권 확보경쟁에서 유리한 고지를 점하기 위한 논리로 공중과 우주가 분리될 수 없는 공간임을 주장하기 위해 'Aerospace'라는 개념이 도입되었음을 알 수 있다. 이 개념은 1990년대까지 미 공군의 주요 항공우주 교리로 적용되어 왔으나, 우주와 관련된 실질적인 자원 확충 및 조직 확대의 필요성과 합동성과 부합되지 못한다는 비판이 제기됨에 따라 1996년 코로나회의에서 포글맨 참모총장에 의해 'Air and Space' 개념으로 전환되었으며, 이후 공군교리로 채택되어 사용되어 왔다. 그러나 2011년 개정된 미 공군 기본교리에서는 다시 'Air Power'를 공식적인 용어로 사용하고 있다. 이는 항공력의 범주 안에 우주 및 사이버 영역까지 포함시켜 보다 간결하고 핵심적으로 공군의 임무영역을 표현하고자 한 의도인 것으로 추정되고 있다.16)

현재 한국 공군은 항공우주군이라는 용어를 'Aerospace'가 아닌 'Air and

---

15) 이에 관한 논의들은 *Ibid.*, pp.50-60 참조할 것.
16) US AFDD, *Basic Doctrine, Organization and Command* (2011), p.12

Space'라는 용어로 사용하고 있는데, 여기에는 장점과 단점 양면성이 공존한다. 합동영역 측면에서 보면 전자보다는 후자의 적용이 적절하나 우주작전 통제의 주도권 확보 측면에서 보면 논쟁의 여지가 있다는 점은 단점으로 볼 수 있다. 즉 'Aerospace'에서 'Air and Space'로의 전환은 공중과 우주를 단일의 공간으로 묶어 공군영역으로 주장함으로써 합동 영역에 부합하지 않는다는 비판에 기인하였음은 전술한 바 있다. 그러나 공중과 우주는 연속체가 아니라 분리되어 있다는 'Air and Space' 개념은 합참 차원의 합동영역에는 부합되나, 과연 우주작전의 통제를 누가 할 것이냐라는 논쟁이 발생할 가능성이 높다는 것이다. 즉 '공중과 우주는 엄연히 다른데 왜 공군이 우주를 통제해야 하는가'라는 논쟁에 직면할 가능성이 높다. 실제로 미국에서 이 개념을 사용한 직후인 1990년대 말과 2000년 초 타군에 의한 비슷한 류의 논쟁이 뒤따랐다. 타군들은 우주공간을 통제하기 위해 서로의 영역을 주장하는 동시에 이러한 자신들의 주장이 수용되지 않을 시 차선책으로 '우주군'이라는 제5의 군종을 창설할 계획까지도 수립하였다.

그러나 미 행정부는 위에서 언급한 '우주위원회'의 권고를 받아 우주개발이나 정책에 관한 모든 권한을 공군에 위임함으로써 이러한 논쟁의 여지를 없애 버렸다.[17] 이러한 미국의 경험으로 비추어 볼 때 공중과 우주는 분리되어 있다는 'Air and Space'의 개념에 의한 우주공간 통제의 주도권 문제는 한국에서도 재연될 가능성이 높다. 미 공군과의 차이점은 국가에게서 그러한 논쟁거리를 제거할 만한 권위를 부여받았느냐, 않았느냐에 있다.

---

17) 우주위원회는 스미스(Smith) 상원의원의 주도하에 설립된 미국 최고의 우주개발심의 원회의 성격이며, 우주 개발에 관한 정책결정과 예산 배정의 권한을 지닌다. 우주위원회의 설립배경과 그 역할에 관한 사항은 *Ibid.*, pp.61-88을 참조할 것.

III. 미국의 우주력 건설과정과 미 공군의 역할

초기 미 공군은 미국의 군사우주개발 노력에 주도적 역할을 차지하기 위해 모든 단계에서 투쟁해야만 했다. 그 투쟁 대상은 타군뿐만 아니라 우주를 평화적으로 이용하려는 민간인들이기도 하였다.

1. 초기 타군과의 갈등

제2차 대전 이후, 군사우주개발에 대한 군에서의 첫 관심표명은 해군에서 주도되었다. 1946년 초, 위성 발사의 가능성 연구를 수행하던 미 해군 장교들은 해군이 군사위성 개발을 주도할 수 있다고 믿었다. 한편 육군은 전후 독일 미사일 개발 및 발사 시설에서 130명의 독일 로켓 과학자들과 100개의 V-2 로켓 및 다량의 기술 데이터를 미국 New Mexico 주 White Sand로 데리고 왔다. 그리고 얼마 후 육군 대변인은 로켓를 대포의 연장선이라고 발표하였으며, 우주는 육군의 정당한 영역이라고 주장했다. 육군은 해군의 우주영역에 대한 신속한 정책발표에 대응하기 위해 당시 해군과 비교할 만한 자체적인 위성 또는 미사일 계획이 없었음에도 불구하고 우주영역의 자군화를 주장한 것이다.

이러한 우주에 대한 각 군의 경쟁과 맞물려 아이젠하워 행정부의 우주에 대한 군사적 이용 불가 지침은 공군의 우주개발 정책을 더욱 험난하게 만들었다. NSC는 1955년 국가 우주정책에 대한 지침을 수립하면서 평화적인 목적의 인공위성 발사는 허용하는 대신 ICBM과 같은 군사적 목적의 탄도탄은 허용하지 않음으로써 우주공간은 그대로 성역화되는 분위기였다. 그럼에도 불구하고 공군은 감시 위성과 탄도미사일의 개발안을 제출하였으나, 민간 정치인들이 이러한 임무의 필요성을 인식하지 못하였고, 국가의 우주프로그램을 지배하기 위한 육군과 해군의 강력한 반대 때문에 부결되고 말았다. 이 당시 타군들의 논리를 살펴보면, 해군은 1945년 설립된 해군연구소를 통해 미국 민간위성 프로그램의 군 책임자임을 강조하며 해군이 우주개발을 가장 선도했음을 피력하였다. 또한 육군은 육군이 군사우주 개발을 선도해야 하고 우주는 단지 "지상위의 높은 영역(The High Ground)"일 뿐이며, 그 영역은 전통적인 육군의 영역임을 주장하였다.18) 이러한 해군과 육군의 주장은 우주영역에 대한 필요성을 느끼지 못했던 민간 정치인들에게는 어느 군이 우주개발을 선도하든지 간에 문제가 될 것이 없다는 인식 때문에 쉽게 수용되어졌다.

이러한 와중에서 1950년대 말에 발생된 소련 스푸트니크호의 성공적인 발사는 미국의 우주개발을 촉진시키는 기폭제가 되었다. 당시 미국에서는 육군과 해군이 독자적으로 우주발사체를 개발해오고 있었다. 육군팀은 폰 브라운 등 독일에서 온 학자를 중심으로 구성되어 있었고, 해군팀은 미국 학자가 주축이었다. 소련의 우주개발에 자극받은 아이젠하워 정부는 뱅가드(Vanguard: 선구자)라는 우주발사체를 개발해 온 해군에게 위성을 발사할 것을 지시하였으나, 뱅가드는 발사 순간 발사대와 함께 폭발해버리고 말았다. 해군이 실패하자 육군팀이 대안으로 등장하게 되었다. 육군은 스푸트니크 2호 발사가 성공한 다음인 1958년 Explorer 1호로 명명된 위성을 탑재한 주피터 우주 발사체 발사에 성공하였는데, 이는 궤도를 순환하는 최초의 미국 위성이 되었다. 이 계획은 이후 코로나(Corona) 계획으로 변경되어 정찰위성으로 발전하게 되었다.19)

육군 Explorer호의 발사성공과 해군 뱅가드호의 발사시도는 양 군으로 하여금 우주영역을 자군의 영역으로 주장하는 데 촉발점이 되었다. 이러한 타군과의 적극적인 경쟁 속에서 공군은 미국의 군사 우주개발을 주도적으로 통제하기 위한 전방위적인 노력을 수행하였다. 공군 지휘관들은 공군의 우

---

18) Benjamin. S. Lambeth, op. cit., p.14.
19) 이정훈, "한국 항공우주전력의 주체가 되어야 할 한국 공군," 문정인 외,『신국방정책과 공군력의 역할』(서울: 오름, 2003), p.338.

주조직, 연구개발을 위한 구상을 하였고, 민간 정치인들과 의회에 지속적으로 우주에 대한 역할과 임무 책임을 공식적으로 요구하는 한편 공군이 왜 주도적으로 통제해야 하는지를 이해시키기 위해 노력하였다. 예를 들면, 1959년 공군의 의회 연락참모는 의회가 육군에 의한 우주개발 주도권에 공감하는 분위기가 지배적으로 흐르자 이에 대해 강력히 항의하였다. 그 장교는 화이트 장군의 'Aerospace' 선언과 연계해 대기권과 우주는 공군의 전통적인 임무영역의 확장이라는 것을 강력 주장하고 우주는 공군책임이라는 것을 강조하였다. 이에 힘을 보태어 공군 지휘관들은 공군의 임무는 우주에 놓여 있고, 육군은 지상에, 해군은 해상에 놓여 있음을 강조하였다. 그와 동시에 공군은 타군과 비슷한 우주발사체와 우주감시체계 구축에 관한 계획을 제출하였으나, 아이젠하워 정부는 예산 부족을 내세워 거부하였다.

따라서 공군의 군사우주 개발을 위한 계획은 지상영역에 머물 수밖에 없었다. 대신에 공군은 우주 개발의 공식적인 주체자임을 각인시키기 위해 노력하였다. 육군과 해군은 공군의 이러한 움직임에 대응하며 모든 군사우주체계를 관할하고 운용할 수 있는 '합동우주군사사령부'의 설립을 요구하기에 이르렀다. 그러한 노력은 해군의 버크(Burke) 참모총장에 의해 주도되었는데, 그는 1959년 '합동우주사령부'의 설립을 요구했다. 이와 동시에 육군의 참모총장이었던 테일러(M. Taylor) 대장도 우주개발은 어느 특정 군의 이익을 떠나야 함을 주장하였다. 이에 대해 공군참모총장인 화이트 장군은 단일의 통합된 사령부 내에 우주무기체계들을 통합한다는 것은 우주무기체계의 특성과 기능을 무시한 단편적인 처사라고 강력히 비판하였다. 우주무기체계들은 항공력과 유사한 특성을 가지고 있으며, 그 특성을 효율적으로 운용하기 위해서는 강제적으로 통합된 조직에서가 아닌 운용경험이 있는 전문화된 군에서 담당하는 것이 효율적이라는 것이었다. 이러한 각 군의 주장들에 대해 국방성 장관인 맥켈러이(McElroy)는 1959년 다음과 같은 결정을 통하여 공군의 우주영역에 대한 지위를 향상시키게 된다.[20] 첫째, 그는 해군

---

20) Benjamin. S. Lambeth, *op. cit.*, p.18.

총장이 제안하였던 '합동우주사령부'의 설립 제안을 거부하였다. 둘째, 육군이 제시한 '국방우주항공단(DAA)'의 설립 제안을 거부하고, 대신에 공군을 나사(NASA)의 공식적인 군사적 지원자로 선출하였다. 셋째, 그는 공군에 군사우주 발사체의 개발, 생산, 발사에 대한 책임을 부여하고 모든 군사우주 활동에 대한 권한을 부여하였고, 의회는 1960년도에 이를 승인하였다.

요약하면 공군의 우주정책은 스푸트니크 사태 이후 각 군 간의 우주영역에 대한 선점경쟁으로부터 출발하였고, 국방성 장관의 육군과 해군이 제시한 제안의 거부와 반대로 공군에 힘을 실어준 정책은 "우주로 가기 위한 공군의 기념비적인 결정"이었다고 볼 수 있다.

2. 우주개발에 대한 유리한 고지의 점령

1960년대 공군의 우주개발에 관한 주도권을 추구하기 위한 노력에서 케네디 행정부의 출현은 중요한 이정표가 되었다. 의회와 국방관련 분석가들은 국가의 "분절적인 우주 프로그램"에 대해 강력히 비난했고, 공군은 이미 90% 이상의 우주에 관한 인력, 장비, 교리 등을 제공하고 있기 때문에 주도적인 통제자가 되어야 함을 강조하였다. 이러한 여론의 영향으로 케네디 대통령은 공군이 우주관련 국방정책에 관한한 절대적인 권한을 지닌다는 국방성의 지침을 승인하였다. 그 지침에서 국방성 장관인 맥나마라는 공식적으로 공군을 군사우주에 관한 연구개발, 조직, 장비개발에 관한 권한을 인정함에 따라 각 군 간의 우주개발 주도권 다툼을 종료하게 만들었다. 더욱이 맥나마라는 태평양 미사일관리 계획을 해군으로부터 공군으로 이관시켰으며, 공군에 전 지구적인 위성관리와 추적체계를 배당하기도 하였다.

이처럼 공군이 지속적으로 아이젠하워와 케네디 정부기간 동안 우주개발에 대한 민간 정치인들에 의한 지지와 군사우주정책 주도자로 인정받을 수 있었던 것은 공군 지휘관들의 끊임없는 로비활동과 이해시키려는 노력 덕분이었다. 예를 들면 공군이 우주 영역을 자군의 영역으로 주장하려 할 때 군뿐만 아니라 민간인들에게도 적대감을 받았는데, 이것은 주로 우주의 평화적인 이용에 반한다는 이유 때문이었다.21) 이에 대해 공군의 지휘관들은 소련의 우주계획에 군사적으로 대응하지 못하면 전 세계에 대한 미국의 영향력 감소는 물론 자국의 안보마저 위협받을 것이며, 만약 공세적 성격의 우주체계가 부담스럽다면 감시체계 등 방어적 성격의 우주체계만이라도 구축해야 할 것임을 강조하였다. 소련의 연이은 탄도탄과 위성발사 성공, U-2기 격추로 대표되는 쿠바사태 등은 이러한 공군의 논리를 상황적으로 보강하였음은 물론이다.

1970년대 초, 해군은 공군에 의한 군사우주의 주도에 대해 다시 도전하였는데, 1961년 국방성의 '합동우주사령부' 설립에 관한 반대의견은 환경변화로 인해 수정되어야 한다는 것이었다. 설상가상으로 국방성 장관인 라이어드(Laird)는 군사우주체계의 획득은 모든 다른 국방획득 프로그램과 동일한 방식으로 추진될 것이고, 동일한 지침에 의할 것임을 강조하며, 3군은 미래 우주 프로그램 즉 통신, 항법, 감시, 기상영역에서 동일한 위치에서 경쟁할 것임을 선언하였다. 이에 대해 공군성 장관이었던 맥루카스(McLucas)는 잠재적으로 군종간의 경쟁을 부추기는 것보다는 예산배정과 우주무기체계 획득과정에서 공군이 주도하되 타군과 협조하여 진행할 것임을 강력히 주장하였다. 이는 신임 국방성장관의 우주무기체계에 관한 특성의 무지에서 비롯된 것임을 파악한 적절한 대응책이었다. 이러한 노력으로 탄생된 1970년 국방성 지침 5160은 "공군은 적 핵능력의 경고와 감시를 위해 우주체계의 개발, 생산, 발전에 대한 의무를 지니고 있다"를 공포하였다.

---

21) '우주영역의 성역화'를 주장하며 군사적 목적으로 사용하는 것에 대한 반대 논쟁들은 SAAS, *The Emergence of Space Power Thought* (U.S. Air Force University, 2002); 번역본 공군대학, 『우주력 사상 출현 2』(공군대학, 2004), pp.9-50 참조.

3. 공군의 우주력에 대한 주도권 강화

1977년 존스(Jones) 공군 참모총장은 우주무기의 개발과 작전개념의 발전을 공군의 가장 우선적인 임무로 삼을 것을 공군 우주정책으로 내세웠다. 우주가 더 이상 단지 공군의 연구개발이나 획득문제에 관한 문제가 아니라는 것은 1979년 공군 교범 1-1에 기본적인 교리로 정착된 것에서 발견할 수 있다. 이 교리에서 우주활동은 9개의 기본적인 공군임무 중의 하나로 묘사되어졌다. 이러한 발전이 있기 전 최초의 기반작업은 우주교리에 대한 개발과 공군우주사령부(AFSPC)의 설립 필요성에 대한 공군의 강조였다. 1982년 공군 최초의 우주교리인 AFM 1-6가 발간되었으며, 공중과 우주는 분리되어 있다는 논리의 실체로서 공군 우주사령부를 설립하기 위한 노력들이 등장하였다. 예를 들면 전술사령부(TAC)의 사령관인 크리치(Creech) 대장은 공군의 F-15에서 발사된 대위성미사일은 TAC의 임무에 속하지 않은 우주기반의 임무에 해당되며, 이러한 임무들을 통제할 독자적인 기구의 필요성을 강조하였다. 이와 더불어 공군 주요사령부의 4성 장군들은 우주임무에 대한 기능적인 통제를 효율적으로 하기 위해서는 기존 공군 사령부와는 별도로 분리된 사령부가 필요하다는 데 의견을 같이 하고, 국방성 장관을 비롯한 상위조직에 이를 강력히 요구하였다. 이러한 노력의 결과로 1982년 세 개의 주요 지상 기지, 20개의 소규모 기지, 4,000명의 조직원들로 구성된 공군 우주사령부가 창설되었다.22)

공군 우주사령부가 출범되자 타군들은 이에 대응하기 위해 자신들만의 우주통제 조직을 확보하기 위해 노력하였는데, 그 결과는 미 해군 우주사령부(83년), 미해병대 우주사령부(84년), 미 육군 우주사령부(84년)의 설립으로 나타났다. 이러한 각 군 조직들의 기능을 통합하기 위해 합참은 미 우주사령부(USSPACECOM)를 설립하였다. 미 합참은 1985년 육·해·공군의

---

22) 김승조, "우주개발과 미래 공군의 역할," 제15회 국제항공우주 심포지엄 논문집 (2007), p.101.

우주전력을 모아 9대 통합군사령부 중의 하나인 우주사령부를 설립하였는데, 공군우주사령부의 사령관이 우주사령부의 사령관을 겸직하였다.23) 즉 우주영역 통제에 대한 각 군 간의 과당 경쟁을 방지하고, 우주전력을 통합적으로 운영하기 위해 이 조직을 탄생시켰지만, 실질적인 통제임무는 여전히 공군이 주도하였다. 여기서 흥미로운 것은 9·11테러 이전까지는 미국과 캐나다, 멕시코로 구성된 북미지역은 그 어떤 통합군사령부도 관장하지 않았다는 것이다. 대신 미군은 북미방공사령부(NORAD: North American Aerospace Defense Command)라는 9대 통합군 사령부에 포함되지 않는 별도 사령부를 만들어 이 지역 방어 임무를 담당하게 하였다. 북미방공사령부의 사령관도 미 공군우주사령관이 겸직하였다.24)

4. 미 우주위원회의 영향

비록 미 우주사령부의 전반적인 지휘 아래 우주개발이 이루어졌지만 우주영역에 대한 각 군 간의 경쟁은 멈추지 않았다. 따라서 부시 행정부는 우주체계에 대한 각 군 간의 소모적 경쟁과 이에 따른 국가적 중복투자의 방지 및 우주력 건설에 효율적으로 비용을 투자할 필요성을 느꼈다. 이를 위해서는 우주활동의 전문성과 효율성 증대를 위해 인적·물적 자원의 결집이 필요하였고, 우주작전개념의 단일화, 우주력의 중앙집권적통제 등 우주활동의 통합 필요성을 인식하게 되었다. 위 난제를 해결하기 위해 법적으로 권한

---

23) 미국의 9대 통합군사령부는 크게 유럽과 아시아 등 세계 여러 지역을 책임구역으로 하는 5대 지역사령부와 우주, 수송 등 특수임무를 수행하는 4대 기능사령부로 구분된다.
24) 9·11 테러는 공군우주사령부(북미방공사령부)의 전력으로는 북미대륙을 방어할 수 없다는 것을 여실히 보여 주었다. 이러한 문제점 때문에 이듬해인 2002년 미국 합참은 '북부사령부(US North Command)'라는 새로운 통합군 사령부를 창설하고 대신 우주사령부를 폐지하였다. 폐지된 우주사령부 안에 들어와 있던 육해·공군의 우주사령부는 전략사령부(US Strategic Command)에 흡수되었다. 그리고 북미방공사령부는 북부사령부에 포함시킴으로써 통합군 사령부 수는 여전히 9개를 유지하도록 하였다.

을 위임받은 '우주위원회(Space Community)'가 미 상원의원 스미스(Smith)의 주도아래 2001년 설치되었다. 우주위원회는 수번의 청문회를 거쳐 미군의 우주력 통제에 대해 다음의 권고 결정을 내리게 되었다.[25]

첫째로 법령으로 우주작전을 위한 조직·훈련·장비구축 권한을 공군에 부여, 둘째로 국방부 내 독립된 우주성(Space Department) 및 우주군(Space Force) 창설과 공군 내 적정수준의 우주부대(Space Corps) 창설 추천, 셋째로 국방부 장관이 공식적으로 공군을 국방부 내 우주분야 책임자로 임명, 넷째로 우주관련 연구개발·체계획득·작전수행을 위한 모든 자원제공의 책임을 공군에 부여할 것 등이었다. 미 우주위원회의 조언에 따른 부시 행정부는 위의 권고사항을 전부 수용하였으며, 다음 세 가지의 사항을 추가로 승인하였다.

첫째, 미 공군성을 우주에 대한 국방부 집행기관 및 우주자산 획득기관으로 지정, 둘째, 우주활동 자원 확충을 위한 새로운 우주 프로그램과 예산 증대, 셋째, 공군에게 NASA 지원에 필요한 군용설비 관장에 대한 권한 부여가 그것이다. 결국 우주위원회와 정부의 결정은 국가의 효율적인 우주이용을 위해 공군 주도의 우주활동을 정책적으로 지원한 것이라 할 수 있다. 이러한 정부의 정책은 2003년 미 해군의 우주 감시체계 및 해당임무를 공군으로 이관하는 것으로 구체화되었다. 해군 우주사령부에 속해 있던 해군우주감시체계(NAVSPASUR)는 1958년 최초 설립되어 공군으로 이관되기 전까지 전 미국에 20여 개의 기지를 운용할 정도로 대규모의 조직을 보유하였다. 그러나 우주전력을 효율적으로 운용하기 위한 정부의 결정으로 공군으로 흡수된 것이다.[26]

미국의 우주력 개발과정에서 나타난 미 공군의 개발 역사는 한국 공군에 다음의 함의를 던진다. 첫째, 타군보다 늦게 우주개발에 나선 미 공군이 우주력을 주도적으로 통제한 것은 공군력 임무의 자연스러운 진화와 더불어

---

25) Benjamin. S. Lambeth, *op. cit.*, pp.82-83.
26) http://www.news.navy.mil/search/print.asp?story-id=15597

관료정치적 결정에 의한 것이었다는 점이다.27) 즉, '항공과 우주가 연계되어 있다'는 등의 공군 자체 논리는 미 공군의 주도권에 중요한 영향을 미쳤지만 결정적인 것은 아니었다. 오히려 국방성을 비롯한 의회에 공군 주도의 우주력 통제를 지속적으로 이해시키려는 노력 덕분이었다. 둘째, 우주력 통제에 있어 미 공군이 현재의 지위를 점하게 된 데에는 전 공군인(Airmen)의 노력에 힘입은 바 크다고 할 수 있다. 예를 들면 케네디 행정부 시기 우주의 평화적 이용 때문에 우주개발의 장벽에 직면하자 공군인들의 노력으로 우주 감시체계를 획득했던 점, 타군들과의 투쟁 시 지휘관들이 전면에 나서 공군 주도의 중요성을 강조함으로써 원하는 결과를 획득했던 점이 이를 말해주고 있다.

셋째, 가장 중요한 함의로서 미 공군은 우주력 개발은 타군에 비해 늦었지만 시간이 흐를수록 우주기반체계의 대부분을 보유했다는 점이다. 따라서 우주작전에 관한 계획, 실행, 교리, 교육, 훈련 등은 공군 주도로 흘러갈 수밖에 없었는데, 이러한 점들은 우주위원회의 최종적인 결정에 중요한 영향을 미쳤다. 즉, 우주력을 선점하기 위해서는 우주 기반체계가 확보되어 있고, 그 체계들을 사용할 수 있는 교리나 전략이 활성화되어 있어야 한다는 것이다.

---

27) Benjamin. S. Lambeth, *op. cit.*, p.34.

IV. 현대전에서의 우주력 적용사례와 교훈

1. 우주력 적용사례

1) 걸프전

걸프전은 우주공간을 전장에 포함시킨 최초의 전쟁으로 평가되는데, 전쟁기간 동안 GPS,[28] DSCS(Defense Satellite Communication System),[29] DMSP (Defense Meteorological Satellite Program)[30] 등의 위성시스템이 미군 주도의 다국적군에게 각종 첩보와 정보제공은 물론 위치파악, 통신, 도청, 조기경보 등 작전수행을 위한 핵심역할을 수행하였다. 미국은 첨단 컴퓨터와 인공위성 등을 기반체계로 활용한 자동화 지휘체계를 구축, 지휘부의 반응시간을 단축함으로써 개전과 동시에 전쟁의지와 지휘체계가 붕괴된 이라크군을 상대로 수월한 지상작전의 여건을 조성할 수 있었다. 걸프전에서 운용되었던 위성은 다음과 같다.

걸프전에 지원된 미국의 정찰 위성은 3기의 KH-11, 2기의 KH-12, 1기의 Lacrosse로서 고도와 시간적 차이를 두고 최대 1시간 간격으로 쿠웨이트 상공을 통과하면서 실시간 영상정보를 제공하였으며, 신호정보 위성은

---

[28] GPS는 아무런 지형지물도 없는 사막에서 작전부대가 봉착하게 되는 문제, 즉 위치측정에 관한 유용한 수단임이 증명되었다. 하지만 전쟁 초기 군수물자 조달의 어려움으로 인해 당시 미 지상군이 사용한 GPS 수신기의 90%는 상용으로서 비화능력이 없는 것이었고, 이 때문에 미군은 군사적으로 중요한 SA(Selective Availability, 선별 사용) 기능을 일부 사용하지 못한 문제점도 발견되었다. 공군본부, 『걸프전 최종보고서(2)』 (1993), pp.296-297.
[29] DSCS 는 전쟁 초기 모든 내부 통제소 연결의 75%를 담당하고 지상시스템에 의해서는 지원되지 않는 장거리 병력 전개시 등 통제소 지원업무를 광범위하게 수행하였다. 공군본부, 『걸프전 최종보고서(3)』(1993), p.138.
[30] 다국적 공군이 사용한 DMSP와 민간 기상위성 자료는 이라크의 기상변화 상황과 파괴된 유정 상태를 신속하게 측정하여 예측하였다. 기상정보는 공격임무를 수행하고 계획하는데 광범위하게 이용되었는데, 이러한 최신 기상자료의 이용은 미군의 야간식별과 적외선 표적능력을 용이하게 하였다. 위의 책, p.134.

〈표 10-1〉 걸프전 시 사용된 인공위성

구분	인공위성	대수
위성탑재 감시체계	정찰용: KH-11(광학), KH-12 개량형(적외선), Lacrosse(SAR) Vortex(신호정보), Magnum(전자정보)	8
	조기경보: DSP	5
	GPS 항법위성: NAVSTAR	10
	통신위성: Mentor	21
	기상위성: GOES, TRIOS, METEOSAT	2

출처: 국방과학연구소, 『걸프전 무기체계와 국방과학기술』(1992), p.38

Vortex와 Magnum 위성으로 페르시아만 상공을 감시토록 고정 배치되었다. 광학 정찰 위성 KH-11 위성은 기존 위성(KH-9)의 단점인 캡슐방식을 보완하여 실시간 영상정보를 가능하게 기술적 보완을 이룬 위성이다. 이에는 대형 망원경과 적외선 스캐너, 고감도 카메라 등을 탑재하여 운용함으로써 가시광선은 물론 적외선 영역에서의 탐지가 가능하고 멀티 스펙트럼 스캐너를 사용하면 은폐되어 있는 표적까지도 탐지가 가능하다. 그러나 이 위성의 기술 자료가 소련으로 유출됨으로써 새로운 차원의 위성개발이 요구되어 '89년에 KH-12가 최초로 발사되었다. 이 위성은 에너지 충전과 핵추진 장비로 4년간 임무수행이 가능하였다. 또 다른 혁명적인 위성은 레이더 영상 위성인 Lacrosse로서, 이 위성은 기존 위성의 단점을 보완하여 악기상하에서도 영상을 수집할 수 있는 위성으로 1기의 Lacrosse는 걸프전 당시 4~6시간을 주기로 레이더 영상을 제공하였다. 이 위성은 위성에서 발사되는 강력한 레이더 빔이 대기권의 구름층은 물론 지표 3~4m 속까지 침투할 수 있어 각종 위장물로 위장된 표적이나 지하에 은폐되어 있는 군사시설들의 탐지가 가능하다.

 GPS 항법위성은 사막지형에서 지상군 진격 시 필수적인 정보를 제공하였을 뿐만 아니라 해군과 공군이 발사한 첨단 유도무기를 정확히 목표물까지 유도하는 역할도 수행하였다. DSCS 위성은 걸프전 시 자료전송을 담당했던 위성으로 '92년 최초로 발사되어 음성 및 영상 등의 송수신을 담당했다. 미국은 걸프전 발발 전에 7개의 DSCS 위성이 자료를 실시간에 전파할 수 있는 능력을 미리 갖추고 있었다.

2) 아프간전

개전 초 미군은 첨단 정보자산을 가동하고 강력한 공중폭격으로 탈레반군의 지휘통제시설, 비행장, 항공기, 레이더 기지 등 주요 군사목표를 공격하였지만 가시적 성과는 미미하였다. 하지만 점차 도시 인근의 진지를 중심으로 고립된 탈레반군은 재보급과 지휘통제의 어려움을 겪었다. 이는 결국 미군의 우월한 정찰 및 감시수단(ISR)과 지휘통제수단(C4I), 정밀타격수단(PGM)이 효과적으로 결합한 결과였다. 특히 지상작전 수행과정에서 미국 군사위성의 활약이 두드러졌다.

당시 탈레반의 거점을 포착한 지상 요원은 플러거(plugger)로 알려진 경량의 GPS 수신기를 활용하여 표적의 정확한 좌표를 산출하고 위성전화를 통해 이를 본토의 기지와 사령부에 통보하였다. 사령부는 그 정보를 수령하는 즉시 해당 지역에 무인기 프레데터를 투입하여 실시간 영상을 획득하고 이를 위성을 통해 전송하였다. 이후 목표지점에 대한 폭격이 승인되면 현지의 B-52 폭격기가 적의 대공 방어망 사정거리 밖에서 JDAM을 발사하여 표적을 파괴하였는데, 이러한 일련의 과정들은 불과 수분 내에 이루어졌다.[31] 또한 전술기 등의 정찰활동이 어려운 적지 산악지역 및 비정규전에서 통신, 정찰 위성 등 100여 기의 위성이 운영됨으로써 미군의 눈과 귀의 역할을 수행하였다.

3) 이라크전

이라크 전쟁에서 미국은 정찰, 항법, 통신, 조기경보, 기상 등 여러 분야에서 자국이 보유한 수십 개의 군용 및 상용 위성을 광범위하게 활용하였다. 먼저 군용 정찰위성으로는 우수한 해상도를 자랑하는 KH-12와 Lacrosse 위

---

31) 공군본부, 『아프가니스탄 전쟁 분석』(2002), pp.15-30.

성을 각각 3기씩 운용하였으며, 조기경보 위성도 개전 초 이라크 측의 미사일 발사를 초기에 감지 요격하기 위해 적극적으로 운용하였다.32) 통신 및 기상 위성의 경우 정확한 운용현황을 알 수는 없지만 부대 간 지휘통제 및 전투시 정보우위 제공과 전투지역 기상상태 파악을 위해 군용 및 상용위성을 함께 운용한 것으로 파악되고 있다. 또한 지상군의 정확한 기동지원과 첨단 정밀 유도무기 유도를 위해 GPS 위성도 광범위하게 운용하였다.

정찰위성 KH-12와 Lacrosse는 500km 이상의 고도에서 하루에 지구를 14번 정도 선회하면서 이라크 지역의 주요 방공망, 지휘시설 등의 영상정보를 획득하였으며, 획득된 정보는 통신, 중계 위성을 통해 실시간으로 지상 수신소에 전송되었다. 전송된 자료는 장거리 미사일의 표적정보를 사전 입력, 표적 공격 후 BDA 판단에 활용되었다. 이들 위성 외에 상업용인 Quick Bird 위성도 사용되었는데, 군용 위성보다는 해상도가 떨어지나 상용위성으로서는 최상의 해상도를 자랑하였으며, 주로 이라크의 주요 시설들에 대한

〈그림 10-1〉 이라크전에서 우주자산 운영도

---

32) 공군 전투발전단, 『이라크전쟁 분석』(2003), p.101.

영상정보를 획득하는 데 사용되었다.

 DSP(Defense Support Program) 조기경보 위성은 주로 적 스커드 미사일의 공격을 탐지 및 추적하여 패트리어트 미사일로 격추시키는 데 핵심적인 역할을 하였다. 이라크전 초기 이라크군은 사거리 150km의 알 사무드 지대지 미사일을 11발 발사했으나, 3발은 사람이 없는 바다나 사막으로 날아가 버렸고, 나머지 8발은 패트리어트 방공미사일에 요격되는 바람에 미군에게는 전혀 피해를 입히지 못했다.33) 이처럼 이라크의 알 사무드 미사일이 맥을 못 춘 이유는 미 공군우주사령부가 운용한 DSP라는 조기경보 위성 때문이었다. 이 위성은 적도 직상공 3만 6,000km에서 지상에서 발사되는 물체를 탐지하고 2분 이내에 발사체를 식별하여 통신위성을 통해 미 공군우주사령부 50 우주비행단에서 운영하는 조기경보센터와 이라크전을 위해 배치된 패트리어트 부대에 통보했다.34) 이 위성 덕분에 중동지역에 배치된 패트리어트 미사일 부대는 이라크의 미사일을 대부분 격추시킬 수 있었다.

 NAVSTAR GPS 항법위성은 사막에서 지상군의 위치 파악에 도움을 줌으로써 진격속도를 빠르게 하였다. 걸프전 시 지상군의 진격속도가 16km였음에 비해 이라크전 시는 이 위성을 사용함으로써 네 배나 빠른 시속 60km로 진격하였는데, 이는 바로 GPS 항법 위성 덕분이었다.35) 또한 이 위성은 공군과 해군이 발사한 각종 첨단 유도무기를 정확히 목표물까지 유도하였는데, '합동직격탄(JDAM)'과 연계되어 3m 오차범위 내에서 목표물을 파괴시키는 데 핵심적인 역할을 하였다. 한편 DSCA(Defense Satellite Communications System)와 Milstar(Military Strategic and Tactical Relay)는 3만 6,000km의 고도에서 지구 자전과 같은 속도로 궤도를 순환하면서 정찰위성이나 조기경보위성이 포착한 정보를 지상에 있는 수신국에 정확하게 전달해 주는 역할을 수행하였다.

---

33) 이정훈, 앞의 글, p.342.
34) 공군 전투발전단, 『이라크 전쟁』(공군본부, 2003), p.103.
35) 위의 책, p.104.

2. 우주력 통제 측면에서의 교훈[36]

1) 우주력 통제에 대한 전후보고서

위의 사례들에서 보듯이 현대전에서 우주력은 육·해·공군의 능력증강과 그들에 대한 지원에 있어서 훌륭한 역할을 하였다. 우선, 우주력은 이전에 볼 수 없었던 정도의 통신, 기상관측, 적 탄도 미사일의 위치 추적 및 경고 발령을 하였다. 걸프전 종료 후, 연합참모부의 한 장교는 "우주에서의 지원은 우리로 하여금 유럽에서 지난 40년간의 노력을 통해 얻어낸 전자통신 연결 정도를 걸프전에서는 고작 90일간의 노력만으로 달성하였다"고 말했다.[37] 즉 위성통신은 걸프전에서의 장거리 및 전장 간 통신연결의 중추를 이루었는데, 전장 통신의 90% 이상이 통신위성을 통해 이루어졌다.

그러나 비록 우주력 그 자체가 전쟁승리에 중요한 영향을 미쳤지만, 전쟁수행과정에서 나타난 우주력 통제의 비효율성은 이후 본격적인 논쟁거리로 등장하였다. 특히 미군은 걸프전을 겪으면서 우주작전의 계획 및 정보 통합, 작전 실행, 피해 평가 등에 있어 조정·통제할 책임자가 부재하였다는 점에서 이후 우주력 통제문제가 본격적으로 등장하게 된다. 비록 미 중부사령부와 미 우주사령부가 있었지만, 최초로 전개되는 우주작전에 대해서는 신경 쓸 여유와 능력이 부족하였다.[38] 이러한 중앙집중적인 통제가 부재한 상태에서 각 군들은 합동목표보다는 각 군의 작전을 우선적으로 지원하기 위해 우주력을 사용하려는 경향이 짙었다. 예를 들면 중부사령부의 전쟁 초기 전략적 목표는 이라크의 스커드 경보에 있었다. 스커드의 주된 목표물이 이스라엘이었는데, 만약 스커드가 이스라엘을 공격하게 되면 이스라엘의 참전은

---

[36] 현대전에 있어서의 우주작전의 지휘통제에 대한 분석은 걸프전 이후의 전쟁사례에서는 찾아 볼 수 없었는데, 이 점은 이 글의 제한점으로 밝혀둔다.

[37] Ricky B. Wogelly, "Centralized Control of Space," 김용대 역, "중앙집권적 우주통제," 공군 전투발전단, 『우주의 군사적 활용』(2003), p.148.

[38] Frank Gallegos, "After the Gulf War: Balancing Space Power's Development," *Beyond the Paths of Heven: The Emergence of Space Power Thought* (SAAS, 2002); 공군대학 역, 『우주력 사상 출현 1』(공대, 2004), p.2.

확실시되었고, 이에 따라 이슬람 정신으로 무장한 중동국가들이 이라크를 지지할 것은 분명한 사실이었다.39)

그러나 우주작전 계획과 우주감시체계에 의한 정보획득 및 융합은 중부사령부의 의도대로 성공적이지만은 않았다. 예를 들면 지상군은 진격속도를 빠르게 하기 위해 우주자산을 이라크의 공화국 수비대에 대한 작전계획과 정보획득에 주력하였고, 해군은 쿠웨이트의 유정(油井)보호에 두었다. 또한 공군은 공중우세 확보 및 이라크의 전략적 목표를 타격하기 위한 목적에 우선점을 두었다. 따라서 각 군은 합동성 차원보다는 각 군이 생각하는 목표에 초점을 둠으로써 자군 보유 우주자산 또한 그 목표를 달성하기 위해 우선적으로 사용될 수밖에 없었다. 문제는 우주력을 중앙집중적으로 통제할 수 있는 조직이 미비하였고, 설사 존재하였다 하더라도(미 우주사령부) 이러한 각 군의 분산적 움직임을 통제할 수 없었다는 점이다.

이에 대한 사항은 미 우주사령부의 전후 보고서와 걸프전 지휘부분에 대한 의회의 최종보고서에도 확인할 수 있다. 첫째로 미 우주사령부의 전후보고서에 보면 '미 중부 사령부의 작전계획은 책임 지역 내에서 우주력을 어떻게 사용할 것인지, 누가 그것을 주도적으로 통제할 것인지에 대한 명확한 계획이 부재함으로써 비효율적인 우주지원을 하였음'40)을 지적하고 있다. 중부사령부뿐만 아니라 미 우주사령부 또한 우주력이 다른 전력요소보다 중요한 역할을 수행할 수 있다는 사실을 충분히 인식하지 못하였다. 따라서 작전계획이나 작전통제에 있어 우주력이 비효율적으로 사용되었다는 점을 지적하고 있는 것이다. 이 점을 포함한 미 우주사령부의 교훈은 다음과 같이 요약된다.

둘째로 걸프전 지휘통제에 대한 의회의 최종보고서는 미 우주사령부의 전략 중점은 걸프전 전장 환경에 부적합하였으며, 더욱이 분산되어 있는 다수의 우주관련 정보자산들에 대해 중부사령관이 통제할 수 없었음을 지적하

---

39) Ricky B. Wogelly, 앞의 책, p.152.
40) Frank Gallegos, 앞의 글, p.5.

〈표 10-2〉 걸프전 이후 미 우주사령부의 교훈

교훈	범위
더욱 많은 사전계획 필요	작전계획
사령관 작전계획 실행 필요	작전계획
작전계획에 통신 요구 포함	지원
전술정보지원 정상화	지원
중앙집중적인 군사 감시, 통신 위성체계에 대한 작전통제 필요	지휘통제

출처: Frank Gallegos, 앞의 글, p.6

고 있다.[41] 이 보고서는 미 우주사령부의 경험과 능력부족을 지적하고 있고, 우주자산 지휘통제에 있어 중앙집중통제가 필요함을 최종 결론으로 내놓고 있는데, 그 교훈은 미 우주사령부의 교훈들과 유사하다.

위의 보고서에 나타난 문제점을 개선하기 위해 의회는 최종 보고서에서 국방장관이 우주정책 및 우주정보활동을 통합하고, 군사우주체계의 통합구조 개발을 합참에 부여하며, 공군을 우주기반체계 획득 및 작전통제를 위한 주기관으로 선정할 것을 권고하였다. 공군이 해당분야에 있어 주기관으로 선정된 것은 미군의 우주자산 중 공군 자산이 대부분을 차지하고, 항공과 우주의 작전계획에 있어서의 유사성과 운용경험의 축적 등에 기인한 것이었다.[42]

2) 걸프전 이후 미 공군의 우주조직 발전

걸프전 이후 미 국방성은 의회 최종보고서의 건의를 받아들이는 동시에 전쟁 수행과정에서 목격된 중요한 문제를 해결하기 위해 공군에 이러한 책임과 권한을 위임하였다. 이에 따라 공군은 제14공군, 공군 우주전 부대, 공군 우주전 부대 내 국가조사기지를 창설하고 우주지원개념팀을 창설하였

---

41) 위의 글, p.7.
42) 위의 글, pp.3-20; Ricky B. Wogelly, 앞의 책, pp.141-164.

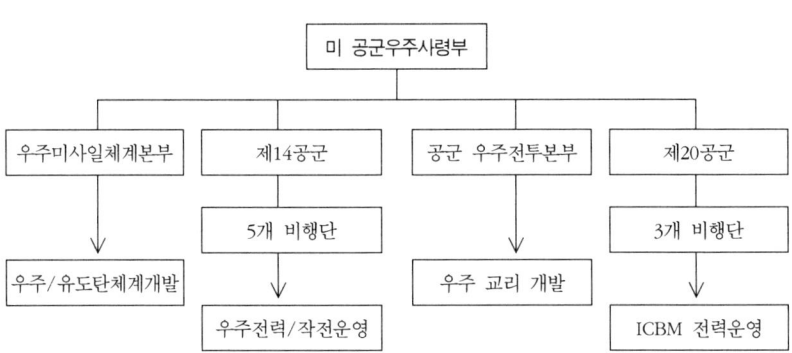

〈그림 10-2〉 미 공군우주사령부 조직[43]

다. 참고적으로 현재 미 공군의 우주관련 조직은 다음과 같다.

제14공군은 걸프전 기간에 우주작전을 주도적으로 실행하는 부서의 부재에 대한 대책으로 1993년 7월 28,000명의 인원으로 반덴버그 공군기지에서 창설되었다. 14공군은 DSCS와 Milstar 군용 통신위성, DMSP 군용 기상위성, DSP와 SBIRS(Space Based Infrared System)로 불리는 군용 조기 경보위성, GPS 군용 항법위성은 물론이고 다른 나라에서 쏘아 올린 모든 인공위성과 그 인공위성에서 떨어져 나온 파편의 궤도를 추적하는 우주감시센터(SSC: Space Surveillance Center)를 운영하고 있다.[44] 즉 14공군은 미국 우주작전의 가장 중심적인 조직이라 할 수 있다. 14공군의 창설과 더불어 그해 말에는 공군우주전투본부가 창설되었는데, 전쟁연습, 우주교리 및 전술개발, 작전 분석능력의 향상을 목적으로 한 것이었다. 국가조사기지는 교

---

43) 미 공군은 공군우주사령부와 같은 주요 사령부(Major Command)가 있고, 그 밑에 번호 공군(Numbered Air Force)가 있다. 한국 오산에 있는 7공군은 번호공군인데, 7공군은 5공군(일본 요코다), 11공군(알래스카), 13공군(괌)과 함께 주요 공군사령부 중의 하나인 태평양공군사령부(PACAF)에 속해 있다. 미국 공군에는 공군 전투사령부, 공군 기동사령부, 공군 물자사령부, 공군 교육훈련사령부, 공군 우주사령부, 공군 특수전사령부, 태평양공군사령부, 유럽공군사령부, 공군예비군사령부의 9개 주요사령부가 있다.

44) http://www.globalsecurity.org/space/agency/14af.htm

육, 훈련을 포함한 우주작전을 위한 전투발전업무를 담당하는 조직으로 탄생되었다.

위에서 보듯이 역설적이게도 걸프전에서 우주력의 중앙집중적인 통제 부재는 미 공군우주사령부 예하에 여러 조직들을 탄생시킴으로써 공군이 우주작전을 주도적으로 계획하고 실행함은 물론 평시 교리나 교육·훈련을 포함한 전투발전업무를 주도적으로 수행하는 계기가 되었다.

3) 우주력 통제의 주체에 대한 함의

위의 전쟁사례에서 효율적인 우주작전 실행을 위해서는 분산적인 통제가 아닌 중앙집중적인 통제가 전제되어야 함이 규명되었다. 미군이 걸프전의 교훈을 거울삼아 이후의 전쟁사례에서는 합동군사령부의 지침 아래 미 공군우주사령부가 중앙집중적으로 통제하고 있다는 사실이 이를 더욱 증명해주고 있다. 이러한 미국의 우주작전에 대한 지휘통제 논쟁들은 한국군에도 재연될 가능성이 많을 것으로 판단된다. 즉 '우주력을 중앙집중적으로 통제한다면 그 주체는 누구인가'라는 논쟁들이 등장할 가능성이 많다는 것인데, 대략 다음 두 가지의 대안이 등장할 가능성이 높다고 볼 수 있다. 바로 합참과 공군 구성군사령관에 의한 것이다.

우선 우주력 통제권한을 어느 해당 군에 부여하지 않고 합참에서 직접 담당하는 시나리오이다. 현재 한국군의 합동교리에는 우주작전에 관한 교리는 없으며, 단지 이 작전을 공군작전 중의 일부로 명시하고 있으나,[45] 합동작전 수행체계에 있어 모든 구성군 사령부는 합참의 지휘통제에 따르게 되어 있음을 고려해볼 때 이 시나리오가 전개될 가능성이 전혀 없지는 않을 것이다. 이 상황에서 합동사령관은 우주작전의 계획 및 통합, 조정을 위해 공군으로부터 우주계획 수립 및 우주작전 실행지원의 도움을 받을 수 있다. 그러나 합동사령관이 이 역할을 수행하게 될 경우 다음의 문제점이 있다.

첫째, 합동사령관은 우주관련 전문가가 아니기 때문에 계획 및 통제 시

---

[45] 합참, 합동교범 3-0 『합동작전』(2002), p.18.

매번 우주와 관련된 전문가에게 의존해야 한다.46) 이럴 경우 급박한 상황이나 우발적인 상황에서의 대응이 미흡해질 가능성이 농후하고, 둘째, 합동사령관의 기능과 관심은 포괄적인 전역작전에 초점이 맞추어져야 하기 때문에, 이 수준의 임무를 부과하는 것은 전반적인 지휘통제의 효율성 저하를 초래할 수 있다. 이럴 경우 합동사령관은 우주사령관도 되어 자신에 맡겨진 상위의 목적에 대한 집중을 분산시킬 수 있다는 것이다.

둘째, 우주력 통제권한을 공군구성군사령관이 갖는 시나리오이다. 사령관은 합참의장으로부터 전반적으로 우주전력을 통제할 수 있는 권한을 부여받는다. 즉 공군구성군사령관은 합참의 권한부여에 의해 우주작전의 계획, 조정, 배치, 수행의 책임을 지게 되는 것이다. 이 방안은 다음 측면에서 전자에 비해 유리한 이점을 지닌다.

우선 전통적인 항공작전과 우주작전은 3차원 공간에서의 임무수행이라는 밀접한 연관성이 있다. 따라서 유사한 경험의 축적에 의한 전문성을 십분 활용할 수 있는데, 특히 이 점은 우주작전의 계획에서 나타날 수 있다. 예를 들면 공군구성군사령관은 '항공임무명령서(ATO)' 작성 시의 경험을 '우주작전 임무명령서(STO: Space Tasking Order)' 에서도 발휘함으로써 효과적으로 중앙집권적인 통제를 할 수 있다. 다음으로 우주력과 항공력은 효과중심작전의 핵심으로 이 두 영역을 동시에 운용함으로써 신속하고 효율적으로 군사목표를 달성할 수 있다. 예를 들면 우주력의 정보·감시능력, 정밀항법능력을 항공무기의 정밀타격능력과 적시에 연계시켜 시너지 효과를 창출할 수 있는 것이다. 마지막으로 기존에 양성되었던 군사 우주작전을 위한 조직과 인원을 최대한 활용할 수 있다. 예를 들면 걸프전에서 미 공군과 마찬가지로 미리 양성된 우주계획수립지원팀, 전방우주지원팀, 우주훈련팀 등을 활용함으로써 구성원들의 전문성은 살리되, 합참 내에 새로운 조직을 설립하는데서 오는 중복투자를 피할 수 있다.

---

46) 걸프전 시 이 전문가들은 주로 공군요원들로 구성되었으며, 사령부 내에 파견되어 임무를 수행하였다.

그러나 위에서 언급된 향후 우주력 통제의 방안이나 시나리오는 상황에 따라 얼마든지 변화될 가능성이 농후하다. 특히 전시작전통제권 전환에 의한 한미연합 지휘구조의 변화는 이러한 가능성을 더욱 뒷받침하고 있다. 이러한 상황에서 중요한 것은 '우주력 통제를 누가 해야 할 것인가'보다는 '어떻게 하면 우주력 통제를 효율적으로 할 수 있는가'라는 물음이 우선시되어야 한다. 즉, 미래 전장에서 가장 우선적으로 요구되는 '효율성'과 '효과성'을 우주작전에 적용시켜 볼 때, '이러 이러한 개념으로 우주작전을 수행해야 하며, 그 개념을 가장 잘 수행할 수 있는 방법은 이런 것이다'라는 해답 중의 하나로서 '우주력 통제의 주체'가 나와야 한다는 것이다.

V. 공군의 우주력 건설 방향

공군이 보다 실질적으로 우주자산을 구축하기 위해서는 '한국화'된 우주력 건설 방향이 필요하다. 여기서 '한국화'란 외국의 사례에서 제시된 교훈을 참고로 하되, 그대로 모방하기보다는 한국적 현실에 맞게 조절하여 수용하는 것이 필요하다는 의미이다. 예를 들어 관련기관이나 국민들이 공감하기 어렵고 달성하기 어려운 무모한 계획보다는 가용예산, 기술력 등 제약요소들을 고려하여 '어느 정도' 실현 가능한 수준의 계획을 추구해야 한다는 뜻이기도 하다. 이를 위해 공군의 우주력 구축은 이미 수립되어 추진 중인 '국가우주개발계획'과 연계하여 추진하는 것이 바람직할 것이다. 즉, 국가 간 공유(정찰·항법체계), 민군공동개발(통신·기상체계) 등을 활용하여 실현 가능한 건설 방안을 모색하고, 우리 공군이 처해 있는 제반 여건하에서 접근이 가능한 분야(우주감시체계)를 선별하여 집중 투자 및 개발하는 것이 필요하다.

우주자산을 확보하고 운용하기 위해서는 고도의 기술력과 엄청난 예산,

그리고 장기간의 시간이 요구된다. 주요국들에 비해 몇십 년 늦게 우주개발을 시도한 우리가 단기간 내에 그들과 유사한 능력을 구비하는 것은 거의 불가능한 일이다. 그러나 다행스러운 것은 주요국들의 우주력 개발과정에서 나타난 시행착오를 우리는 미리 대비할 수 있다는 것이다. 따라서 시행착오를 최소화하면서, 가능한 범위 내에서 시간과 노력, 예산 투자의 효율성을 최대화하기 위해 노력해야 한다. 이를 위해서는 미 공군의 사례에서처럼 정책 및 제도적인 뒷받침이 필수적으로 요구된다. 이러한 측면에서 우리 공군이 추구해야 할 정책적 방향은 다음과 같이 제시될 수 있다.

첫째, 공군 선도의 우주력 개발 및 통제를 위해서는 물리적 자산의 확보와 함께 그 자산을 활용하기 위한 교리, 조직, 인력, 시설 등도 미리 준비되어 있어야 한다. 이 측면의 중요성은 미 공군의 우주력 건설과정에서 잘 나타나 있다. 미 공군은 우주력의 주도적 개발 및 통제를 위해 물리적 장비에만 신경 쓴 것이 아니라 조직, 인력, 예산의 확충을 동시에 꾀함으로써 정부 및 의회로부터 현재의 지위를 부여받게 된 것이다. 즉, 미 정부가 미 공군에 우주력 개발 및 통제에 대한 독점권을 부여한 것은 'Air'와 'Space'가 동질적인 특성을 가졌다는 논리에 기인하기보다는 우주작전에 대한 자산과 관련 조직 및 인원들을 대부분 공군이 보유하고 있었기 때문이라고 보는 것이 적절하다.[47] 미 공군은 우주력 개발은 타군에 비해 늦었지만 시간이 흐를수록 우주기반체계와 우주작전에 관한 계획, 실행, 교리, 교육, 훈련 등의 대부분의 요소들을 보유하였고, 이것은 우주위원회의 최종적인 결정에 중요한 영향을 미쳤다. 즉, 우주력을 선도하기 위해서는 우주 기반체계가 확보되어 있고, 그 체계들을 사용할 수 있는 전투발전요소들이 활성화되어 있어야 한다는 것이다. 'Aerospace'에서 'Air and Space'로의 교리 발전, 공군 우주사령부 및 제14공군의 창설 노력 등이 이를 단적으로 보여주고 있는 사례라

---

[47] 중국과 러시아의 우주군에 속해 있는 대부분의 장교들도 공군소속이다. 또한 이 연구에서 포함되지 않은 영국, 이스라엘, 호주 등의 국가들도 공군이 주도적으로 우주력을 통제하고 있다.

할 수 있다.

둘째, 위의 점들을 보다 구체화하기 위해서는 공군의 '군 우주개발 추진계획'이 구체적으로 작성되어야 한다. 우선, 2015년까지의 국가 우주개발계획을 기반으로 한 군사 분야 추진계획이 시급히 수립되어야 한다. 물론 지금도 추진계획이 수립되어 있기는 하지만, 단기·중기·장기의 우주개발 계획, 그리고 이를 위한 부서별 담당업무, 사안별 추진일정과 예산 등의 구체적인 Action Plan이 수립될 필요가 있다. 최근 추진되어 정착 중인 우주특기 창설과 우주인 양성계획 등이 구체적인 계획 수립의 좋은 예라 할 수 있으며, 기타 공군의 우주개발 계획도 총론 부분에서 시작하여 각론에 이르기까지 보다 구체화할 필요가 있다.

셋째, 공군 내부에 우주력을 전담할 보다 확장된 기구의 창설이 요구된다. 현 시점에서 미 공군의 우주사령부와 같은 조직을 구성한다는 것은 어려운 일이므로 국가우주개발계획과 연계하여 우주감시·통제전대–우주작전단–우주작전사령부 등 단계적으로 발전시켜 나가는 것이 합리적일 것이다. 특히 현대전 사례에서 도출된 교훈에서 미국의 우주작전은 연합항공우주작전본부에 의해 주도된 것을 볼 수 있는데, 우리 군도 이와 유사한 기능을 갖춘 기구(가칭: 우주통제본부)를 미리 조직하여 운용할 필요가 있다. 또한 이러한 정책을 뒷받침하고 지속적으로 추진하기 위해서는 공군 우주력 개발의 전담창구 역할을 수행하는 조직(가칭: 우주정책과)의 기능과 역할을 보다 확대할 필요가 있다.

넷째, 국가 우주개발계획에의 적극 참여와 교류확대가 요구된다. 공군의 우주개발계획을 국가계획과 분리해서 추진하는 것은 불가능한 일이다. 일단은 국가계획 속에서 공군의 활용도를 최대화하는 방책을 추구하고, 제반 여건이 충분히 조성될 경우 공군의 독자계획을 조금씩 확대해 나가도록 하여야 한다. 또한 빠른 시일 내에 우주력 구축 기반을 마련하기 위해서는 위성개발 초기단계부터 공군의 참여를 정례화하여 우리 군의 요구사항을 적극 반영하도록 설득할 필요가 있다. 이를 위해서는 지식경제부, 항공우주연구원, 천문연구원 등 관련 기관과의 적극적인 교류를 추진하는 것은 물론, 한국의 우주개발을 전반적으로 담당하고 있는 '국가 우주개발위원회'에 공군 요원이 포함되어 미 공군의 경우처럼 적극적인 의사개진을 할 필요가 있다.48) 직제상 직접적인 참여가 불가능하다면 중간 실무수준그룹인 '우주개발진흥 실무추진위원회'에 국방부 대표로 참여하는 것도 하나의 방편이 될 수 있다. 궁극적으로는 국방부 산하 '국방우주위원회'를 신설하여 국가우주위원회와의 협력을 통해 국방차원의 우주개발 계획을 적극적으로 반영하여야 한다.

다섯째, 공군인(Airmen)들의 의견과 노력을 결집하기 위하여 공군 내부적인 공감대 형성을 위해 노력해야 한다. 또한 국방차원의 우주개발을 선도할 수 있는 공군 우주전문인력을 양성하고, 우주전력체계, 우주조직 신설 등의 단계적 노력을 지속해 나가야 할 것이다.

마지막으로 공군의 우주력 개발에 있어 가장 중요한 점은 지휘관들을 비롯한 전(全) 공군인(Airmen)들의 관심과 적극적인 참여노력이 중요하다. 예를 들면, 아이젠하워와 케네디 행정부 시기 우주의 평화적 이용 때문에 우주개발의 장벽에 직면하자 공군 지휘관들의 노력으로 우주 감시체계를 획득했던 점, 타군들과의 우주력 경쟁 시 공군 지휘관들이 전면에 나서 공군 주도의 중요성을 정부와 의회에 지속적으로 강조함으로써 원하는 결과를 획득했던 점, 화이트(White) 장군의 'Aerospace' 선언과 'Air and Space'로 교리까지 바꾸면서 우주력의 중요성을 강조하려 하였던 포글맨 장군의 노력들이 이를 말해주고 있다.

---

48) 국가 우주위원회는 대통령 직속으로 국가 우주개발에 대한 총괄 기획 및 조정을 위한 최고 정책 결정기구이다. 구성은 과기부 장관을 위원장으로 9개의 관계 중앙 행정기관장 및 4인의 민간위원으로 구성된다. 반면 미국의 경우는 미 공군 우주사령관이 당연직 위원으로 참석한다.

VI. 결론

 이 글의 목적은 미 공군의 우주력 건설과정에서 나온 교훈을 바탕으로 바람직한 한국 공군의 우주력 구축방향을 제시하는 것이다. 이 글에서는 우선 항공우주력 개념문제와 관련하여 1958년 이후 타군과의 우주 통제권 확보경쟁에서 유리한 고지를 점하기 위한 논리로 공중과 우주가 분리될 수 없는 공간임을 주장하기 위해 'Aerospace'라는 개념이 도입되었으나, 우주와 관련된 실질적인 자원 확충 및 조직 확대의 필요성과 합동영역에 부합되지 못한다는 비판이 제기됨에 따라 1996년 'Air and Space' 개념으로 전환되었음을 알 수 있었다. 두 번째의 질문인 미 공군의 우주력을 향한 투쟁에서 도출된 함의는 미 국방성과 의회 등의 관료정치적 결정과정에서 지속적인 설득노력에 의한 괄목할 만한 성과획득, 공군 지휘관들의 혜안과 열정적인 노력의 중요성, 우주 관련 기반체계의 조기 획득 및 유지의 중요성을 들 수 있다. 세 번째 질문인 현대전에서 우주력 적용사례와 교훈으로서 우주력은 걸프전 이후 주요 전쟁사례에서 지속적으로 사용되었으며, 중앙집중적인 통제하에서 효율적인 임무수행을 할 수 있는 공군에 의해 선도적으로 통제되어야 함을 규명하였다.
 즉, 걸프전, 아프간전, 이라크전의 우주력 사용사례들을 분석해 보면 우주력 통제의 주체가 세 가지 유형으로 나타나고 있음을 알 수 있는데, ①분산적 통제, ②합동사령부(중부사령부)에 의한 중앙집권적 통제, ③공군구성군사령부(CAOC)에 의한 중앙집권적 통제 유형이 그것이다. 이 유형들은 공군 선도의 우주력 통제에 대한 함의를 제공하는데, 효율적인 우주력의 사용은 중앙집권적 통제를 전제로 하며, 합참에 의해 권한이 위임된 공군구성군사령부에 의한 중앙집권적 통제가 가장 효율적이라는 점이 규명되었다. 즉 우주력은 목적의 통일성을 보장하기 위하여 분산적인 통제가 아닌 중앙집권적인 통제를 전제로 하여 분권적 임무수행이 이루어져야 하며, 중앙집권적 통제의 주체는 공군구성군사령관이 되어야 한다는 것이다. 미군이 걸프전과 아프간전의 교훈을 거울삼아 이라크전 사례에서는 합참의 지침 아래 공군구성군사령부가 중앙집권적으로 통제하였다는 사실이 이를 증명해 주고 있다.

현대전을 포함한 미래전은 전장공간이 우주로 확대되어 우주를 통한 군사작전이 필수적이며, 한반도 주변국들이 경쟁적으로 우주의 군사적 활용을 서두르고 있어 우주에 의한 '안보 딜레마'가 심화될 가능성이 농후하다. 따라서 군사목적을 위한 우주력 개발은 이제 더 이상 선택이 아닌 필수로 다가오고 있음을 인식하여 미리 준비해야 한다. 여기서 중요한 것은 미 공군의 우주력 건설과정에서 보듯이 '항공(Air)과 우주(Space)가 단일공간이기 때문에 당연히 공군이 선도해야 한다'는 당위적인 차원의 논리로는 더 이상 국민들을 설득하기 힘들다는 것을 깨달아야만 한다.

여기서 미 공군의 교훈을 되새겨 볼 필요가 있다. 미 정부가 미 공군에 군사 목적의 우주력 개발에 관한 모든 전권(全權)을 위임한 것이라든지, 가장 최근의 전쟁인 이라크전에서 공군이 우주작전을 주도적으로 통제한 점 등은 공군이 다른 조직들에 비해 가장 효율적으로 이 과업을 수행할 수 있다는 판단에 의하였음을 명심할 필요가 있다. 따라서 향후 공군 선도의 우주력 개발을 위해서는 '효과성'과 '효율성'의 관점에서 접근하는 것이 타당하며, 이 글에서 제시된 논리들을 포함하여 보다 세분화된 논리들의 개발이 필요하다.

【참고문헌】

〈국문 단행본 및 논문〉

공군본부. 공군 운용교리 3-8. 『우주작전』. 2012.
_____. 『제12회 항공우주심포지엄 논문집: 항공우주군 시대의 국가안보와 공군력』. 2003.
_____. 『제15회 항공우주심포지엄 논문집: 항공우주력과 항공우주 산업 육성』. 2007.
공군 작전사령부. CFACC 보고서 『Air and Space Power』. 2006.
공군전투발전단. 『우주의 군사적 활용』. 2003.
김상범. "미래 우주전장 운용개념과 우주력 발전방향." 공군본부 워크숍 발표자료. 2008.
제임스 위니필드, 홍성표 번역. 『걸프전 항공전역 분석』. 서울: 작은 책방, 2007.
최기혁. "국가안보를 위한 우주활용 전략." 『항공우주 무기체계 발전 세미나』. 2005.

〈영문 단행본〉

Benjamin, Lambeth S. *Mastering the Ultimate High Ground: Next Stepts in the Military Uses of Space*. RAND, 2003.
Delbert, Terril. *The Air Force Role in Developing International Outer Space Law*. Alabama: Air University Press, 1999.

〈영문 논문〉

Brian, Fredriksson. "Space Power in Joint Operations." *Air & Space Power Journal*. Summer 2004.
Donald, Kidd. "Will the Larger Air FOrce Ever Accept the Space Cadre?" *Air &*

Space Power Journal. Fall 2006.

John, Shaw. "The Influence of Space Power upon History(1944-1998)." *Air & Space Power Journal*. March 1999.

John, Sheldon. "Space Power and the Revolution in Military Affairs." *Air & Space Power Journal*. Fall 1999.

Mark, Harter. "Ten Propositions Regarding Space Power." *Air & Space Power Journal*. Summer 2006.

Terry, Everett. "Arguing for a Comprehensive Space Protection Strategy." *Strategic Studies Quarterly*. Fall 2007.

제11장

한국 공군의 사이버전 발전 방향

I. 서론

"미국의 21세기 번영은 사이버 안보에 달려 있다. 사이버 안보가 최우선적 과제이다" (오바마 미국 대통령 의회 연설)

"북한 사이버 공격시 15분 만에 한국 주요 시설 초토화될 것" (월간 조선 2010, 1월호)

2010년 발생한 청와대·국회 홈페이지 등에 대한 디도스(DDoS: 분산서비스 거부) 공격은 사이버 위협의 파괴력이 국가안보를 직접적으로 위협하는 단계에까지 발전했음을 보여주는 사례이다. 이러한 인터넷 침해사고의 경제적 피해비용은 2007년 기준 미국은 약 5조 원의 피해가, 동일한 기준을 한국에 적용할 때 약 1조 6천억 원의 피해가 발생된 것으로 추정되고 있다. 이러한 사이버 위협의 대상은 민간영역에 국한되지 않으며, 군사영역도 예외가 될 수 없음을 최근의 전쟁사례들은 보여주고 있다. 2003년 이라크전에서 미군은 전쟁 발발 이전에 해커를 동원하여 이라크군의 암호장비 코드를 무력화시켰으며, 전자메일과 휴대폰을 통하여 이라크군 및 국민들에 대한 사이버 심리전을 전개하였다. 2008년 러시아-그루지야 간의 전쟁에서는 러시아 해커들의 디도스 공격으로 그루지야의 대통령실을 비롯한 여러 기관의 정보 전산망을 해킹하여 지휘체계 기능을 저하시키기도 하였다.

세계 주요 국가들은 이러한 전쟁양상의 변화를 겪으면서 사이버전을 미래의 핵심적인 전쟁형태로 인식하여 대응책을 준비하고 있다. 미국은 국방부 예하에 2010년 사이버 사령부를 창설하였고, 미 공군도 내부에 별도의 사령부 및 사이버전을 담당할 전문병과를 신설하여 사이버전 임무수행체계를 정립하고 있다. 중국은 '97년 컴퓨터 바이러스 부대 창설을 기점으로 전자정보전 특수부대인 'Net Force' 등을 운영하고 있으며, 일본은 방위청을 중심으로 대(對) 사이버 테러부대를 창설하여 운영 중이다. 북한 또한 노동당과 국방위 산하에 '소(所)' 단위 규모 중심으로 수많은 인원이 사이버전 수행을 위해 운영되고 있는 것으로 알려져 있다.

장차 주요 전쟁형태로서 사이버전의 부상과 이에 대비하기 위한 강대국들의 노력에서도 알 수 있듯이 사이버전을 위한 준비는 이제 필수적이라 할 수 있다. 한국군도 이에 부응하여 사이버사령부를 창설하는 등 준비에 만반을 기하고 있으나, 아직 사이버전에 대한 개념들이 혼재되어 있고 명확하지 않음에 따라 체계적인 대비와 작전수행에 혼란이 가중되고 있는 형편이다. 미국을 비롯한 주요국들은 사이버전을 기존의 컴퓨터 네트워크에서 발생하는 해킹이나 바이러스 공격 등의 소극적인 의미에서 벗어나 전자전이나 심리전 등의 영역까지도 포함하는 포괄적인 영역으로 간주하고 이에 대비하고 있음을 주시할 필요가 있다. 따라서 이 글에서는 사이버전과 사이버 공간의 개념이 무엇인지에 대해 살펴보고, 선진 강대국들의 사례들을 바탕으로 한국 공군이 사이버 영역에서 보다 효과적으로 임무를 수행하고 발전해 나갈 수 있는 발전 방향을 제시하고자 한다.

II. 사이버전 관련 개념[1]

1. 사이버공간(cyberspace)

현재 군 내외적으로 통용되는 사이버공간의 개념은 주로 인터넷으로 대표되는 컴퓨터 네트워크만을 사이버공간으로 보기 때문에 다소 협소한 면이 있다. 이러한 점을 지적하여 미 합참과 미 공군은 사이버공간을 보다 확장된 개념으로 제시하는 노력을 기울여 왔는데, 2006년 미 합참은 사이버공간이란 "네트워크로 연결된 체계들과 관련 물적 기반구조를 통해 데이터를 저장·수정·교환하기 위하여 전자기술과 전자기 스펙트럼을 사용하는 특성을 가진 영역"으로 정의하고 있다.[2] 또한 미 공군은 사이버공간을 "인터넷, 원거리통신 네트워크, 컴퓨터 체계, 그리고 내장된 프로세서와 제어기 등을 포함하는 정보기술 기반구조의 상호의존적 네트워크로 구성된 정보환경 내의 범지구적 영역"으로 정의하였다.[3] <그림 11-1>은 미 공군이 채택하고 있는 사이버공간의 구성을 나타내고 있다.

미군에서의 관련 개념을 종합해 보면 사이버공간의 특성은 다음 몇 가지로 구체화할 수 있다. 첫째, 사이버공간은 전자시스템, 전자기 스펙트럼(EMS),[4] 물리적 기반구조를 바탕으로 조성된다는 것을 알 수 있다. 즉, 사이버공간은 물리적으로 조성된 기반시설을 토대로 한 네트워크가 전제된 영

---

[1] 문장렬·홍성표, "한국군 사이버전 대비방향," 국방대, 『용역 연구보고서』(2009); 공군 전투발전단, "한국 공군의 사이버전 발전방향," 『연구보고서』(2009); 임종인, "북한의 사이버전력과 효과적인 대응방안," 공군본부, 『제17회 국제항공우주 심포지엄 논문집』(2011), pp.23-26.
[2] US JCS, *National Military Strategy for Cyberspace Operations* (US Joint Chiefs of Staffs, 2006), p.ix.
[3] USAF, *Cyberspace Operations*, Air Force Doctrine Document 3-12 (2010), p.12.
[4] 전자기 스펙트럼이란 '영(0)부터 무한대까지 전자파 방사선 주파수 범위'를 말하며, 26개 알파벳 표시 대역으로 구분한다.

〈그림 11-1〉 미 공군의 사이버공간 구성

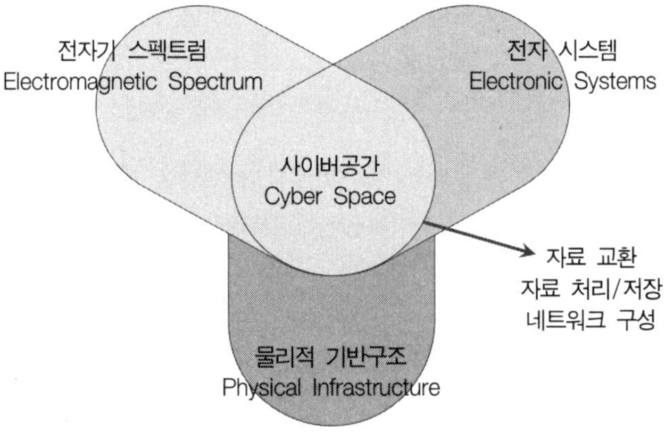

전자기 스펙트럼
Electromagnetic Spectrum

전자 시스템
Electronic Systems

사이버공간
Cyber Space

→ 자료 교환
자료 처리/저장
네트워크 구성

물리적 기반구조
Physical Infrastructure

역이며, 네트워크화는 안테나, 연결선, 광케이블, 송수신 시설 등 물리적 기반구조에 의해서 가능하다. 둘째, 사이버공간은 기존의 지상·해상·공중·우주 등 가시적인 영역과는 달리 인위적으로 조성되고 소멸될 수 있는 물리적 특성을 갖는 영역이다. 셋째, 어느 특정 행위자에게 점유되거나 구분되는 영역이 아니며, 민간이나 군 등 모든 행위자가 이용 가능한 공간이라 할 수 있다. 넷째, 사이버공간에서 유형적인 컴퓨터 네트워크뿐 아니라 무형적인 전자기파에 의해 형성되는 영역이 점차 증가되고 있다. 특히 현대전이 전자기파를 사용하는 정밀유도무기체계에 의존하는 경향이 증가하고 있기 때문에 이러한 경향성은 더욱 증가될 것으로 전망된다.

위의 것들과 유사하게 미 공군의 교리에서도 사이버공간의 특징을 다음과 같이 제시하고 있다. 먼저 사이버공간은 눈에 보이지 않지만 전통적인 영역인 지·해·공·우주에 걸쳐 존재 가능한 편재성이 있고, 방화벽·암호화 등 다양한 방법을 통하여 사이버공간을 연결하는 네트워크를 차단 가능한 비연속성을 가지며, 서로 다른 기능·상호 연계수준·기술적 복잡성 등을 가진 네트워크들로 구성되어 매우 복합적이다. 또한 이 공간 내에서의 많은 활동들은 거의 동시적으로 이루어지며, 공간 내에서의 활동은 개인과 국가, 민간

과 군 등의 구분을 초월하여 이용 가능한 개방성 등의 특징이 그것이다.5)

국내외의 사이버공간에 관한 논의들과 특성을 종합해 보면 사이버공간이란 "네트워크로 연결된 정보체계들과 관련 물적 기반구조를 통해 자료를 처리하기 위하여 전자기술과 전자기 스펙트럼을 사용하는 특성을 가진 정보환경 내의 공간"으로 정의할 수 있다. 즉, 사이버공간은 컴퓨터 네트워크를 포함한 정보체계6)들의 네트워크이다. 따라서 인터넷, 군사적 정보처리망, 지휘통제망, GPS망 등은 사이버공간으로 분류될 수 있으나, 정보네트워크와 연결되지 않은 재래식 연락망이나 전력망 등은 사이버공간이라 할 수 없다.

2. 사이버전7)

현재 한국군은 적을 상대로 사이버 공격수단에 의한 공격과 방어를 수행하는 군사 활동이라는 관점에서 사이버전을 정의하고 있다. 예를 들면, 합참은 사이버전을 "컴퓨터에 의해 조성되는 가상현실의 세계와 가상인간의 영역과 같이 인공지능체계가 운용되는 공간에서 정보마비전을 추구하는 전쟁수행 방식"으로 규정하고 있다.8) 또한 공군은 "컴퓨터와 관련된 기반장비를 토대로 다양한 사이버 공격수단을 사용하여 상대의 통신 및 전산체계 또는 국가정보체계 등 정보자산을 교란, 거부, 통제, 파괴 또는 마비시키기 위해 군 및 민간영역에서 취해지는 사이버 공간에서의 공격 및 이에 대한 방어 행동"으로 정의하고 있다.9)

---

5) USAF, *Cyberspace Operations*, pp.5-7.
6) 여기서 정보체계란 "모든 정보의 수집, 생산, 전파, 활용, 관리를 유기적으로 연결, 통합하여 최적화하는 과학적 수단(전산과 통신기술)과 조직, 절차, 시설의 통합체"를 의미한다. 합참, "군사용어집"(http://www.jcs.mil.kr/main.html).
7) 문장렬 외, 앞의 책, pp.11-33.
8) 합참, 『합동·연합작전 군사용어사전』(2010), p.173.
9) 공군본부, 『작전 용어사전』(2009), p.143.

한편 육군은 "사이버공간의 지배를 목적으로 적의 컴퓨터 시스템과 네트워크 및 데이터를 교란, 마비, 무력화시키고, 적의 사이버공격으로부터 아군의 컴퓨터 시스템과 네트워크 및 데이터를 방호하기 위해 취해지는 군사행동"으로,[10] 해군은 "컴퓨터를 통해 디지털화된 정보가 유통되는 가상적인 공간에서 다양한 사이버 공격수단을 사용하여 적의 정보체계를 교란, 거부, 통제, 파괴하는 등의 공격과 이를 방어하는 활동"이라고 설명하고 있다.[11]

미 합참과 미 공군 교리에서는 사이버전에 대한 별도의 정의를 내리지 않고 있다. 대신 미군의 교리를 포함한 공식 문서에는 전쟁의 정의보다는 '작전(operations)'에 대한 개념을 명확히 설정하는 추세이다. 예컨대, 사이버전 대신 '사이버작전'을, 정보전이나 정보전쟁 대신 '정보작전'을, 그리고 '컴퓨터 네트워크작전' 등을 교리화하고 있다는 점이 특징적이다.

위에서 논의된 한국군 사이버전 개념의 특징을 종합해 보면 사이버전의 목적을 상대방의 사이버 체계나 정보체계를 약화시킴으로써 정보우세 달성에 두고 있고, 사이버전의 수행형태는 주로 컴퓨터 네트워크를 이용하여 사이버공간에서 공격·방어하는 무형적 활동으로 인식하고 있음을 알 수 있다. 특히 미군은 인터넷에 연결되어 있지 않은 적 군사망에 대한 공격이 가능한 차세대 사이버 무기를 개발할 계획을 구상하고 있다.[12] 즉, 사이버작전의 형태로 인터넷 공간뿐만 아니라 사이버공간을 구성하는 물리적 기반에 대한 공격과 방어, 즉 유형적 활동을 사이버전에 포함시킴으로써 사이버전의 영역을 확대하고 있음을 주지할 필요가 있다.

앞에서 살펴본 사이버전 관련 여러 용어와 개념들은 그 정의에 대한 합의도 이루어지지 않았을 뿐 아니라 분류하는 방법도 다양하다. 군 내외의 연구나 공식문서들은 저마다 개념 정의를 시도하고 있으나 전반적으로 모호하고

---

10) 육군본부, 『사이버전: 야전교범 5-14』(육군본부, 2002), p.2.
11) 해군본부, 『해군 군사용어 사전』(해군본부, 2007), p.261.
12) "Pentagon Ups Ante On Cyber Front," *Washington Post*, March 21. 이는 인터넷을 비운용하는 이란 및 시리아의 방공체계를 사이버 공격으로 와해시키기 위한 미국 노력의 일환으로 분석된다.

중첩되며 심지어 모순되는 부분도 있음을 볼 수 있었다. 이러한 경향은 사이버전이 비교적 최근에 관심의 대상이 되었고 아직도 발전과정에 있기 때문에 향후에도 상당 기간 지속될 가능성이 크다고 판단된다. 또한 미국의 예에서 보듯이 사이버전(Cyber Warfare)과 사이버작전(Cyberspace Operation)에 대한 구분이 절대적으로 필요함을 알 수 있다.

이 글은 위의 논의들을 토대로 사이버전을 "사이버공간상에서 다양한 사이버 공격수단을 사용하여 적 정보체계를 공격하거나 방어하는 활동"으로, 사이버작전은 "군사적인 목적으로 사이버전을 수행하거나 사이버공간에서의 우세와 지배를 위한 군사적인 활동"으로 정의하고자 한다. 즉, 정보전을 수행하는 군사작전을 정보작전이라 정의하듯이 사이버작전이란 '사이버공간에서 행해지는 군사작전'이라고 할 수 있다. 사이버전과 사이버작전의 차이점은 전자(前者)가 군뿐만 아니라 민간부분 등 모든 분야에서 수행되는 전쟁형태인 반면, 후자(後者)는 군사적인 목적으로 사이버전을 수행하거나 사이버공간에서의 우세와 지배를 위한 군사적인 활동으로 규정할 수 있다.

결론적으로 이 글에서 사이버전의 개념은 첫째, 사이버공간의 범위를 인터넷과 컴퓨터 네트워크에 국한하지 않고, 정보기술을 활용한 일반적인 네트워크로 확장하였고, 둘째 군사작전의 지휘통제 네트워크와 다양한 인트라넷체계 등을 사이버공간에 포함함으로써 군사작전 측면을 확대시켰다는 데 의미가 있다. 즉, 사이버전에 대한 개념이 과거의 단순한 컴퓨터 네트워크상에서 이루어지는 협의의 개념보다는, 확장된 사이버공간에서 이루어지는 물리적 공격·방어 행위 등 광의의 개념을 의미한다고 볼 수 있다. 그러나 일반적인 물리적 공격행위에 의해 사이버공간에 발생한 부수적 피해를 두고 사이버전을 수행한 것이라 하기는 어려울 것이다. 따라서 전자전이나 물리적 공격이 사이버전으로 간주되려면 최소한 사이버공간을 파괴하려는 분명한 목적을 가진 작전이 수행되어야 할 것이다.[13]

---

13) 문장렬 외, 앞의 책, pp.20-23.

III. 주변국의 사이버전 준비 동향

1. 미국

2002년 미국은 사이버전에 대비, 민간부분과의 협력강화를 위하여 대통령 직속의 사이버안보 담당 대통령 특별보좌관을 설치하였다. 이후 2005년 12월에 미 공군은 공군의 역할이 공중, 우주, 사이버영역에서 비행하며 전투한다고 기술하였으며, 2006년 2월에 공군성 장관과 공군참모총장이 사이버 사령부 창설의 가능성에 대해 검토지시를 내리기도 하였다.14) 또한 2006년 '사이버작전을 위한 군사전략'의 발간과 함께 사이버공간을 미 공군의 임무 영역에 포함시키겠다는 공군성 장관의 발언은 사이버작전을 위한 조직, 훈련 및 장비를 구비하게 되는 시발점이었다고 말할 수 있다. 이후 미군은 사이버 영역이 기회이자 취약점으로 작용할 수 있는 양면성을 지닌 영역으로 인식하고 2010년 전략사령부 예하에 사이버전을 담당하는 사령부를 창설하였으며, 미 공군은 2009년 우주사령부예하에 사이버사령부(24공군)를 창설하여 운영하고 있다.

한편 현 오바마 행정부는 2009년 F-35 전투기의 정보가 해킹 유출로 인해 사이버보안에 대한 이목이 집중된 가운데, 주요 민간 및 군의 전산망이 사이버테러의 위협에 있어 대처 능력이 미흡하다고 밝힌 바 있다. 이후 미 국방부의 최고 보안 관계자인 로버츠 렌츠(Robert Lentz)는 2008년 한 해 국방부 전산망에 대한 침투시도가 3억 6천만 건이나 발생하였으며 2006년 6백만 건에서 급격한 증가세를 보이고 있다고 밝히고 있다.15) 따라서 오바마 행정부는 2009년 「The Cyberspace Policy Review」 보고서를 통해 기존

---

14) 문장렬 외, 앞의 책, p.14.
15) "U.S Cyber Infrastructure Vulnerable To Attacks," *Wall Street Journal* (May 6, 2009).

의 방어적 능력 배양뿐 아니라, 공세적인 사이버전 수행 사이버 보안 역량을 강화하고 있으며, 최근 사이버 위협의 중대성을 강조하고 있다.16) 또한 2010년 4개년 국방태세 검토보고서(QDR: Quadrennial Defense Review)를 통해서 공·지·해·우주 외에 사이버공간을 제5의 전쟁공간으로 규정하고, '사이버공간에서의 효과적인 작전수행(Operate Effectively in Cyberspace)' 을 안보 구축의 핵심 능력으로 명시하는 등 사이버공간의 중요성을 강조하였다.17)

미국 국방 사이버전 대응체계의 핵심18)은 전략사령부(USSTRATCOM) 산하의 사이버사령부와 미 공군 우주사령부(AFSPC) 예하의 제24공군이다. 전자(前者)는 사이버전 관련 민간분야 협력 및 군내 관련 부서들의 조정·통제 역할과 미군의 사이버전 관련 체계 개발·획득과 조직 구축을 목표로 하고 있다. 후자(後者) 즉, 공군 우주사령부는 공군 사이버 작전의 절차와 개념 수립을 위한 주요 사령부의 역할을 한다. 공군 우주사령관은 공군 사이버군을 지휘하는 미국 전략사령부 소속의 공군 부문 사령관으로서 활동 중인 부문을 행정통제하고, 공군 사이버군이 전략사령부 소속으로 전시 편제된 임시 부문을 행정통제한다. 여기에는 미국 사이버사령부의 일환으로 제24공군에 속한 공군 병력이 포함된다. 공군 우주사령부는 제24공군을 통해 공군 사이버 부문을 운영하고 사이버공간 영역 내 모든 합동군을 지원한다.19) 미 육군 및 해군 또한 사이버전 관련 사령부를 독자적으로 운영하여

---

16) "Contractors Vie For Plum Work, Hacking For the United States," *New York Times* (May 31, 2009).
17) DoD, *2010 Quadrennial Defense Review Report* (DoD, February 2010), p.37.
18) 보다 구체적으로 말한다면 미 사이버사령부 창설 이전, 미 국방 사이버전 대응체계는 전략사령부 예하의 JTF-CNO(Joint Task Force-Computer Network Operation), JTF-GNO(Joint Task Force-Global Network Operation), 미 공군정보전 센터(AFIWC, AF Information Warfare Center)가 있었지만 사령부 창설 이후 현재 이 기구들의 조직과 기능은 조정 중에 있다.
19) 미 공군교리 3-12, 『CyberSpace Operation』(2010), 국방기술품질원 역, 『사이버공간 작전』(2011), pp.44-45.

각 군의 사이버전 수행을 지원하고 있다. 결론적으로 미군은 전략사령부 예하의 사이버사령부가 범세계적 시각에서 사이버전에 대한 조정과 통제역할을 하고, 미 공군 우주사령부 예하의 제24공군은 각 통합사령부에 대해 사이버전 관련 제반분야를 지원하고 있는 상황이다.

2. 러시아

러시아는 2001년부터 8년간 총 25억 달러를 투입하여 'e-러시아' 프로그램을 수행하고 있으며, 정보통신기술 도입과 정보검색 및 획득, 전송체계 등에 있어서도 획기적인 변화를 추구하여 IT산업에 있어 선진국 수준으로 도약을 꾀하고 있다. 그러므로 미국은 현재 러시아를 전 세계에서 미국 다음으로 정보전 능력을 갖춘 국가로 평가하고 있으며 사이버전 수행능력에 있어서도 중국과 러시아, 미국이 거의 동등한 수준을 지닌 것으로 판단하고 있다.[20]

러시아의 사이버전 전담부서는 KGB 후신인 연방보안부(FSB) 내에 설치되어 있으며, 컴퓨터 바이러스와 같은 사이버 무기 및 물리적 마비 무기 등을 개발하여 실전배치하였고, 정보전 무기 중 하나인 고출력전자파무기(HPM)를 보유하고 있다. 또한, 러시아는 코소보전쟁에서 나토군의 유고공습 시 교훈을 바탕으로 제2차 체첸전쟁에서 정보전 전략을 적극 도입하여 체첸의 통신네트워크를 중점적으로 파괴함으로써 체첸 분리독립주의자들의 지휘통제시스템을 마비시켜 전쟁수행능력을 무력화하기도 하였다.

사이버전 관련조직으로[21] 대통령 직속기관인 연방정부통신정보부(FAPSI)가 1992년 설립되어 2003년 연방보안부(FSB)에 통합되었으며, 정보전을 수

---

[20] "China Bolsters For 'Cyber Arms Race' With U.S.," *Washington Times* (May 12, 2009).
[21] 국가사이버안전센터, 『Monthly 사이버 시큐리티』 통권 제10호(2004), pp.62-66.

행하는 주요한 부서로 현재 약 10만 명 규모의 인력으로 편성되어 있다. 연방정부통신정보부의 주요임무는 신호정보와 전자정보를 수집하고 통신보안과 암호해독을 전담하는 역할을 수행하고 있다. 또한 국가기관의 인터넷망에 대해 24시간 모니터링을 실시하여 사이버테러 및 위협 징후를 탐지하고 분석한 후 사고조사 및 대응활동을 수행하고 있다.[22] 또한 이와 같은 특수임무 외에도 통신선로의 안전성을 보장하고 컴퓨터 네트워크의 보안업무도 동시에 수행하고 있다. 이러한 역할로 인해 연방정부통신정보부(FAPSI)가 러시아의 사이버전을 담당하고 있는 주무 부서로 추정되고 있다.

3. 중국

중국이 정보전에 본격적으로 뛰어들기 시작한 시기는 1985년부터이며 국방과학기술정보센터를 설립하면서 시작되었다. 특히 1991년 걸프전쟁에서 다국적군이 러시아와 중국제 무기로 무장한 이라크에 대해 압도적인 승리를 달성하는 것을 보고 중국은 C4I기술의 중요성을 인식하여 중국공산당 중앙군사위원회가 사이버전 대비를 주도하게 되었고, '컴퓨터 바이러스 침투가 원자탄보다 효율적'이라는 전략을 표명하였다. 중국의 인민해방군은 현재 4개 군구에서 사이버전 부대를 운영하고 있는 것으로 추정된다.[23]

1997년에 중국은 중앙군사위원회 산하에 '컴퓨터 바이러스 부대'를 창설하고 우수요원을 양성하기 위해서 대학과 연구소, 전문훈련소를 통해 사이버전에 대비한 인재육성에 중점을 두고 있는 것으로 보인다. 또한 2000년 말에 위기 시 적군의 정보시스템을 무력화시키기 위한 역할을 수행하고 평시 정보보호 및 사이버공격 방어에 대비하기 위해 과학원 산하에 '반해커

---

[22] 김영진 외 3명, "국가 전산망 보안관제업부의 효율적 수행방안에 관한 연구," 『정보보호 학회지』 제19권 제1호(2009), p.106.
[23] 공군본부, 『외국 군구조 편람』(2009), p.143.

부대'를 신설하기도 하였다. 더불어 원활한 사이버공격활동을 수행하기 위해 사이버 공격과 정보교란 등의 모의훈련을 수행할 수 있는 특수전 부대 '넷 포스(Net Force)'를 창설하였다. 2010년에는 후진타오 국가주석의 지시에 따라 인민해방군 총참모부 직속으로 사이버보장기지(信息保障基地, 사이버전 사령부)를 창설하여 유사시 대비, 사이버 공격 및 방어체제 구축을 목표로 운영 중에 있다.24) 현(現) 중국의 사이버전을 위한 특수 인력양성과 사이버전 무기 및 전술은 미국에 못지않은 최강의 사이버전 능력을 보유한 것으로 판단되고 있다.25)

사이버전 대응조직으로 공안부는 국무원의 지휘하에 국가전체에 대한 공안업무를 담당하고 있다. 또한 공안부는 중국의 컴퓨터 및 네트워크 보안정책과 제품을 개발하는 데 직접 관여하고 컴퓨터 보안 암호화 절차를 결정하여 국가기밀을 보호하는 데 있어 핵심적인 역할을 수행한다. 또한 중국전역에는 약 1,000명의 인터넷 경찰이 근무하고 있으며 1998년 이후 중국 전역에 걸쳐 약 20개 이상의 지방정부가 인터넷 범죄를 다루기 위해 경찰조직을 설립하였다. 이들의 주요 임무는 컴퓨터 네트워크상의 질서를 유지하는 것으로 주로 인터넷범죄를 다루기 위해 설립한 조직이다.

4. 일본

일본은 2001년에 범정부 차원에서 정보통신 사회추진본부 산하에 정보보호 대책추진위를 설치하였고, 방위예산에 본격적으로 사이버테러 공격을 방어하기위한 첨단 전자장비 및 관련기술 개발 비용을 포함시켰다. 이는 2000년 1월 일본 정부 사이트가 중국 해커들로부터 해킹을 당하자 정보전 공격

---

24) "중 '사이버 사령부' 창설"… 미에 맞불," 『서울신문』, 2010. 7. 22.
25) "China Bolsters For 'Cyber Arms Race' With US," *Washington Times* (May 12, 2009).

에 대비한 보호대책을 적극적으로 강구하기 위한 것으로 '01~'05년 중기방위력정비계획'에 따라 컴퓨터에 의한 작전정보 공유화와 지휘통신기능 강화, 사이버전 대비 등 다양한 위협에 대해서 대응기능을 확충하기 위한 것이다. 특히, 일본은 2005년 육상자위대에 '시스템 방호대'라는 이름으로 약 50여 명 규모의 대(對)사이버 테러부대를 창설하고 네트워크 감시 및 대 사이버공격으로부터 C4I 기능을 방호하는 CERT임무를 부여하였다. 또한 2007년도에는 '중앙 정보대'를 600명 수준으로 증원하여 사이버전 전문조직을 운용하고 있는 것으로 추정된다.[26] 최근에는 외부로부터의 사이버 공격에 대한 방위능력과 반격능력 강화를 위해 육·해·공 자위대의 통합부대인 '사이버 공간 방위대'를 2013년 말까지 100명 규모로 발족할 예정이다.[27] 또한 타국으로부터의 사이버 공격을 무력공격으로 인정해 사이버 공간에서 자위권 발동의 길을 열기 위한 법 정비를 추진하고 있는 것으로 알려져 있다.

사이버전 대응조직을 보면[28] 내각 관방 정보보안 대책 추진실은 인터넷 사용자의 급속한 증가에 따른 부정 해킹 및 컴퓨터 웜 바이러스 확산 등에 대처하기 위하여 2000년 2월에 내각 관방장관 산하에 설치되었다. 주요 역할은 각 정부 부처와의 협력을 도모하고 민간전문가로 구성된 비상근팀의 조언을 받아 전자정부의 정보보호 및 중요 인프라 사이버테러리즘 대책마련 등 민·관의 정보보호 확보를 위한 정책추진을 총괄 담당하고 있다. 또한 긴급대응지원팀(NIRT, National Incident Response Team)은 사이버공격 등으로 전자정부·중요 인프라사업자 등의 정보시스템 장애가 발생하거나 정부차원의 위기관리대응이 필요한 정보 보안 관련 사항에 대한 대응활동을 수행한다.

---

26) 장승환, "사이버전 위협과 대책," 『월간 The Army』(2009년 5월호), p.75.
27) 『산케이 신문』, 2009.1.21.
28) 국가사이버안전센터, 『Monthly 사이버 시큐리티』 통권 제4호(2004년 5월호), pp.66-72.

5. 북한

북한은 1986년에 미림지휘자동화대학을 설치하였으며, 특히 김정일 직속으로 20~40명 규모의 해커부대를 운용하였으며, 미림대학에서 1989년 이후 연간 100명씩 약 1,200명의 사이버전 전문인력을 양성하였다. 미림대학은 1990년대에 이르러 또다시 '김일 군사대학'으로 개칭되었다. 1999년 말부터 김일 군사대학은 사이버전 장교를 양성하기 위해 각 군 병사들 중에서 시험을 통해 사이버전사를 선발하였고, 선발인원도 100명에서 200명으로 증원시켜 2000년에 '자동화대학'으로 개칭되었다. 김정일은 코소보전쟁 이후 "20세기 전쟁이 기름전쟁이고 알탄(탄환)전쟁이라면, 21세기 전쟁은 정보전쟁"이라고 하면서, 사이버전 능력의 강화를 독려한 바 있다.29) 또한 인터넷을 항일유격전 당시 가장 큰 전과를 이루었던 총과 같은 무기라고 하며 사이버전의 중요성을 강조하며 인터넷을 적극 활용하라는 교시를 하달하였다. 북한은 이에 따라 북한 내 최고 권력기관인 노동당과 국방위원회에서 사이버전을 직접 통제하는 등 국가적 차원에서 수행하고 있다.30)

북한의 사이버전 전담 조직은 노동당 산하 비서국과 국방위 산하 인민무력부 내 소(所)단위 규모를 중심으로 약 1천 명 이상이 활동하고 있을 것으로 추정되고 있다. 국방위 산하의 사이버전 조직은 국가기관과 군에 대한 해킹 임무를 실시하고 있으며 군과 국민들을 대상으로 인터넷을 통한 사이버심리전 구사를 실시하기 위하여 본격적인 연구에 착수한 것으로 알려졌다. 그리고 노동국 산하 비서국에서는 정치, 경제등 민간 분야 해킹에 주력하고 있다.31)

---

29) 김성진, "핵-미사일-기동군-사이버전으로 미군 증원전에 결판," 『조선일보』, 『월간조선』 5월호(2009), p.233.
30) 김홍영, "사이버전 정책적 대비방안," 합참, 『합참』 4월호(2006), p.31.
31) 장승환, 앞의 글, p.76.

〈그림 11-2〉 북한의 사이버전 관련 조직[32]

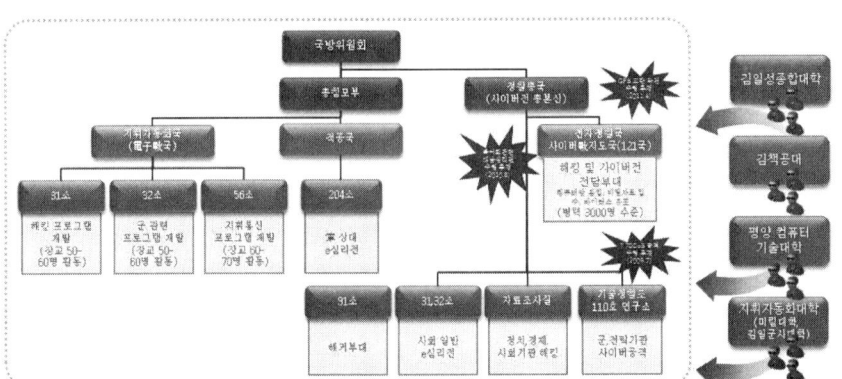

IV. 공군의 사이버전 발전 방향

1. 미래 사이버전 환경

현재 정부 및 공공분야, 사회, 경제, 언론방송, 환경과 에너지 관리 등의 분야에서 네트워크가 확대되고 있고, 미래에는 더욱 그 영역이 확대될 것으로 전망됨에 따라 군이 사용할 사이버공간도 확대될 것이다. 또한 현대의 전쟁은 네트워크중심환경(NCOE)하에서 수행되는 개념으로 정착되어가고 있는 추세이므로 이를 구현하는 다양한 자원들이 사이버공간을 생성하게 될 것이다. 센서에서 타격체계까지 연결에 필요한 C4I체계는 컴퓨터와 통신 네

---

[32] 임종인, "북한의 사이버전력과 효과적인 대응방안," 공군본부, 『제17회 국제항공우주 심포지엄 논문집』(2011), pp. 28.

트워크가 없이는 상상할 수 없다. 미래형 기술을 이용한 다양한 정보수집 수단들이 도입되고, 기존 육·해·공·우주 기반의 센서체계들이 더욱 강화될 것이다. 또한 군의 최고 지휘관부터 말단 병사에 이르기까지 네트워크에 연결되어 상당한 부분의 사이버공간을 공유하게 될 것이다. 그에 따라 군의 사이버공간에서 정보 유통량이 증대하고 유통 방향도 일방적이 아닌 쌍방향 내지 다방향이 될 것이다.

한편 사이버공간의 효율성과 역동성이 증대하는 이면에는 취약성이 함께 증대하는 부작용이 발생한다. 사이버공간의 특징에서도 보았듯이 이 공간에서는 정보가 빛의 속도로 전달되기 때문에 부정적인 효과 역시 같은 속도로 전파되고, 全사회의 네트워크화로 인하여 일단 문제가 발생하면 순간적으로 전파되는 것은 물론, 문제의 확산 범위도 그만큼 클 수밖에 없다. 따라서 사이버공간에서 적들에게 사이버 공격을 당하기 전에 이를 예방하거나 억제하려는 노력이 필요하나, 이 부분은 현재까지 이론적·실제적으로 정립된 바 없으며 부분적으로 연구가 진행되고 있을 뿐이다.[33]

2. 현(現) 한국의 국방 사이버전 수행체계

한국의 국방 사이버안전체계는 주로 인터넷망을 이용한 사이버테러와 공격에 대비하기 위한 방어적 대응이 다수를 이루고 있다. 이는 민·군 간에 사이버전에 대한 개념정립이 명확하지 않아 이에 대응할 수 있는 전문화되고 세분화된 조직편성이 부족하기 때문이다. 또한 최근에 일어난 '7·7 사이버테러사태'에서처럼 사이버전이 마치 해커전이 전부인 양 비춰짐으로써 향후 사이버전의 대비방향이 주로 컴퓨터 보안과 보호의 방어적 수단으로 변질될 우려를 낳고 있다. 그러나 이럴 경우 잠재적 적국의 물리적 파괴를 동

---

33) 이에 대한 연구로는 Martin Libicki, *Cyberdeterrence and Cyberwar* (RAND, 2009)를 참조할 것.

반하는 공세적 사이버전에는 국가 기간시설이 매우 취약한 상태에 노출될 것이며 군 또한 예외가 될 수 없을 것이다.

이처럼 군 내부에서도, 사이버전을 담당하는 주무부서로 국방망의 침해를 탐지하고 대응하는 CERT(컴퓨터침해사고대응팀)가 전부로 인식되고 있으며, 사이버방어 즉, 컴퓨터 네트워크방어(CND)에 편중되어 있다. 또한 각 군의 정보공유는 일부만 서로 네트워크로 연결되어 있어 합동성 발휘가 어려운 현실이다. 현재 사이버전은 과거처럼 인터넷망을 기만하기 위한 해킹의 수준을 넘어 물리적 파괴와 사회적 혼란을 야기하는 국가적 재앙으로까지 확대되는 양상을 보이고 있다. 또한 북한의 경우, 공세적 사이버공격을 수행하기 위한 사이버무기를 연구개발 중인 것으로 추정됨에 따라 이에 대한 대비가 필요한 상황이다.

따라서 향후 한국군에 있어 사이버전을 공세적으로 수행할 수 있는 조직은 반드시 필요할 것이며 이러한 조직은 사이버무기의 운영특성상 군대가 가장 적합하다. 특히, 물리적 파괴를 동반하는 사이버무기의 경우 투발수단의 제한과 전자전을 공·지·해·우주상에서 자유롭게 수행할 수 있는 항공우주력의 특성에 비추어 볼 때, 공군의 역할이 더욱 중요해진다고 볼 수 있다. 그러나 이러한 사이버전의 대비와 대응은 사이버영역이 모든 군에 걸쳐 공유되는 공간인 만큼 그 대비에는 육·해·공군이 서로 협력해야 하며 나아가 민·관·군이 서로 협력해야만 외부의 사이버공격으로부터 국가를 안전하게 보호할 수 있게 될 것이다.

3. 공군의 사이버전 대비 방향

1) 정책 및 제도 분야

사이버전 준비에 있어 가장 선행되어야 할 분야는 정책 및 제도 분야로서 이에 대한 대비방향으로는 다음을 들 수 있다.

첫째, 모든 작전의 기획, 소요, 실행은 상위 정책, 전략지침 및 지시, 상위

개념을 근거로 수행된다. 그러나 현재 사이버전에 관한 내용이 공군전략서에 제시되어 있음에도 불구하고 구체적 시행을 위한 행동으로 연결되지 못하고 있음에 따라 보다 자세한 내용을 반영할 필요가 있다. 아울러 항공우주력개념서, 항공우주력개념요구능력서 등 관련 문서에서 사이버전에 관한 내용을 독립적으로 구성하여 사이버전 전력 소요의 근거를 명확히 할 필요가 있다.

둘째, 사이버전이 컴퓨터 네트워크망을 통한 공격과 방어활동이라는 단순 개념에서 탈피하여 공세적 개념을 포함한 적극적 방어개념으로의 확장된 개념 발전이 필요하다. 이를 위해서는 사이버전을 오랫동안 준비하고, 관련 개념을 개발하고 있는 미 공군의 개념 발전을 연구하여 우리의 작전환경에 적합하게 재정립해야 할 것이다. 특히 공세적 개념을 포함하기 위해서는 전쟁법의 시각에서 추가 검토 및 연구가 필요하다.

셋째, 공군의 사이버전 중장기 발전방안을 수립해야 한다. 즉, 공군의 사이버전 수행능력 구비를 위한 기본 정책과 방향을 수립하고, 사이버전 수행체계의 소요제기, 중기계획에 관한 기준 수립이 요구된다. 또한 국방 사이버전 정책을 수립하는 국방부와 합참관련 기관과의 긴밀한 업무협조를 통해 공군의 정책이 반영될 수 있도록 노력해야 할 것이다.

넷째, 사이버전 관련 교리 발전이 요구된다. 사이버전을 심리전, 전자전 등과 함께 정보작전 내로 분류하고, 기본 및 운용교리를 개발하여 사이버 작전수행을 위한 준비가 필요하다. 이를 위해서는 사이버전과 작전영역이 겹치는 위 작전분야와의 교리체계상 구분이 필요하며, 사이버전과 어떠한 구분이 필요한지 지속적인 연구가 요구된다.

2) 수행체계 분야

사이버전을 효과적으로 수행하기 위한 수행체계 분야에서의 준비 방향으로는 첫째, 공군 정보보호체계 운영개념을 통합적이고 종합적인 관점에서 재정립해야 하며, 네트워크 접근 통제체계, 정보보호 위험관리 체계, 프로그램 소스코드 취약점 분석체계, 사이버위협 예·경보체계 등의 도입을 고려할 필요가 있다.

둘째, 현재의 정보보호체계는 컴퓨터 네트워크전 중심, 즉 사이버 침입방지나 바이러스 유포대비 등 방어적 대응체계 위주로 구축되어 있다. 따라서 공격이 이루어지는 근원지에 대한 공세적 대응을 취하여 추후 같은 곳이나 같은 방식의 사이버 공격에 대한 근본적인 원인제거가 필요하다. 이를 위해서는 공세적 사이버전 수행을 위한 기술개발이나 전자기파 영역에 대한 보호·공격을 위한 전자교란기, 통신교란기, 고주파증폭기 등과 같은 무기체계를 확보할 필요가 있다.

셋째, 국가나 국방사이버안전체계와 연계한 공군의 사이버전 수행체계 발전이 요구된다. 공군은 다양한 내부 네트워크를 운용하고 있으며, 사이버전의 영역도 컴퓨터 네트워크를 통한 작전수행 개념에서 전자기 영역을 포함한 보다 확장된 개념으로 전환되는 추세임을 고려해 본다면 그러한 요구는 계속 증대할 것이다.34) 특히 이 분야에 있어서는 미군의 사례를 참조할 만하다. 즉 국가 사이버 위기 발생시 민·관·군이 공동 대응하는 가운데, 국가/국방 차원의 사이버전 대응은 사이버사령부가 조정·통제 역할을 담당하고, 사이버공간상에서 발생하는 사이버작전은 미군의 사례처럼 사이버전과 가장 밀접하게 관련을 맺고 있는 공군이 담당하도록 하는 것이다.35)

3) 인력 및 교육 / 훈련 분야

현재 미국은 사이버전 준비를 위해 전문 사이버 인력양성에 노력을 집중하고 있다.36) 즉, 사이버전 대비를 위해서는 운용 주체인 전문인력이 중요하

---

34) 미국은 최근 사이버사령부를 신설하면서 4개의 단(Wing)을 두고 있는 제24공군에 전자기파 영역에 대한 작전을 전담케 하였는데, 이 중 688전자전단(Electronic Warfare Wing)이 전자기파 영역에 대한 사이버전 수행을 담당하고 있다. 이 분야에 대한 구체적 발전 방향은 김선덕, "전자기스펙트럼작전(Elcetro Magnetic Spectrum Operation) 발전방향," 『합참』 38호(2009), pp.76-81을 참조할 것.
35) 공군이 사이버작전을 선도하기 위해서는 다음과 같은 임무 요구능력을 갖추어야 할 것이다. ① 사이버 공격 및 대응능력, ② 아군 정보체계 보호능력, ③ 네트워크 간 상호운용성 보장기술, ④ 정보작전 수행능력, ⑤ 전자기파 영역에 대한 작전수행 능력.

며, 전문인력은 단기간에 획득할 수 없다는 인식이 깔려 있는 것이다.

이러한 점을 고려한 준비 방향으로는 첫째, 사이버전 전문인력 획득을 위해 입대자원자 중 적격자를 찾는 시스템에서 탈피하여 우수자원을 찾아서 입대를 유도하는 노력이 필요하다. 예를 들면, 전자시스템과 전자기파 영역의 전문성을 보유한 인력을 확보하기 위해 얼마 전 사이버 국방학과를 개설한 고려대, KIST 등 관련 대학 및 연구소에 수학·근무하는 자원들에 대한 홍보강화 노력이 필요하다.

둘째, 현재의 정보보호 및 컴퓨터 관련 군 인력을 더욱 효과적으로 활용해야 한다. 전산실 운영과 정비 등의 업무를 수행하는 많은 전산 병과 장교와 전산 운영병 등은 컴퓨터와 관련된 지식의 수준이 충분히 사이버전사로 활용할 수 있을 것이다. 따라서 이러한 인력과 CERT 소속 인력, 그리고 여타의 소프트웨어 개발 부서 등의 인력을 하나의 통합적 인력풀로 활용하여 시너지효과를 높이는 방안도 발전시킬 필요가 있다.

셋째, 군내에서의 사이버전 교육체계를 발전시켜야 한다. 사이버전의 중요성과 위협의 심각성에 대한 군간부의 인식을 제고하기 위해 기본적으로 모든 하사관과 장교에 대한 사이버전 교육을 일정 수준에 도달할 때까지 반복적으로 실시할 필요가 있다.

넷째, 사이버전 훈련은 실공간에서 이루어지지 않으므로 시뮬레이션 기법을 활용할 여지가 많다. 이러한 기법은 이미 국방 모델링과 시뮬레이션(M&S)라는 중요한 연구 분야의 하나로 자리 잡았으며, 사이버공간에서의 공격과 방어 훈련에 필수적인 기술이다. 따라서 먼저 사이버전 모의훈련 소요를 파악하고 실시 개념과 체계를 구축한 다음 필요한 소프트웨어와 하드웨어를 획득해야 할 것이다.

---

36) Lynn M. Scott, *Human Capital Management for the USAF Cyber Force* (RAND, 2009).

4) 기술 및 대외 협력 분야

정보기술의 발달로 인해 사이버전 기술은 급속히 발전하고 있으므로 이에 신속하게 적응해야 하며, 이를 위해서는 다음과 같은 노력이 필요하다. 첫째, 첨단 IT 기술을 활용한 방어 및 공격 기술을 개발해야 한다. 우선 방어기술로는 생존성 있는 유무선 네트워크체계 구축, 지능형 대규모 네트워크 침입방지체계 개발 등 정보보호 차원을 넘어선 정보전 방어체계 구축이 필요하다. 또한 논리폭탄 및 차세대 사이버무기 등 공세적 사이버전 수행기술의 조속한 확보가 필요하다. 공세적 사이버전 수행기술은 방어적 수행기술과 크게 차이는 없으나 침입·침해를 당한 뒤 동일한 피해를 방지하기 위해 해킹 근원지를 추적하여 파괴·무력화한다는 점에서 차이가 있다. 현재의 수행기술은 민간에 공개된 해킹/바이러스 제작 및 응용 기술 위주로 확보하고 있으며, 지휘통제·통신체계에 대한 무력화 기술연구와 최신 IT기술에 대한 침해기술 연구는 미흡한 실정이다. 이 부분에 대해선 법률적 문제도 얽혀 있기 때문에 공세적 기술 확보를 위한 자국법 및 국제법적 저촉 여부에 관한 연구가 필요하며, 필요 시 법안 제정도 필요할 것이다.

둘째, 산·학·연의 유기적인 연구개발 협력체계 구축이 필요하다. 사이버전 기술과 무기체계의 발전을 위해서는 먼저 군 내 연구기관인 국방과학연구소의 관련 분야 조직과 인력을 보강하여 자체의 기술 수준과 연구개발 역량을 제고할 필요가 있다. 즉, 먼저 군 연구기관의 능력을 향상시킨 후 그것을 바탕으로 외부와 협력체계를 구축하는 것이 바람직하다.

V. 결론

본 연구에서는 먼저 사이버전의 개념을 명확히 정의하고, 주요 국가들의 관련 정책과 대비동향 등을 살펴본 후 그에 기초하여 한국 공군의 사이버전 대비방향을 도출했다. 사이버전의 개념은 기존의 정보전, 컴퓨터 네트워크 작전, 사이버작전 등의 개념과 혼용되고 혼동되는 경향을 보여 왔다. 따라서 본 연구에서는 기존개념들을 검토 후 사이버전을 "사이버공간상에서 다양한 사이버 공격수단을 사용하여 적 정보체계를 공격하거나 방어하는 활동"으로 규정하였다. 여기서 사이버공간이란 "네트워크로 연결된 정보체계들과 관련 물적 기반구조를 통해 자료를 처리하기 위하여 전자기술과 전자기 스펙트럼을 사용하는 특성을 가진 정보환경 내의 공간"을 의미한다. 즉, 이 연구는 사이버공간의 개념이 인터넷과 같은 컴퓨터 네트워크에서 그것과 연결된 다양한 정보체계와 전자기 스펙트럼까지 포함하는 넓은 영역으로 확장되어야 함을 강조하였다. 사이버전 역시 이러한 사이버공간 상에서 이루어지는 정보와 관련된 투쟁뿐 아니라 실공간에서 이루어지는 사이버공간에 대한 공격과 방어까지 포함하는 것으로 정의하였다. 즉, 사이버전을 정보전의 한 형태로 보고 컴퓨터 네트워크작전뿐 아니라 사이버공간과 관련된 전자전과 심리전, 그리고 파괴와 방호 활동까지 포함하는 광범위한 군사작전으로의 개념 확장을 시도하고 있는 것이다.

현재 한국은 국가사이버안전체계를 구축하여 운영하고 있으며, 군차원에서도 사이버사령부를 창설하는 등 구체적인 대비가 이루어지고 있다. 그러나 이러한 활동은 주로 컴퓨터 네트워크의 침해 사고에 대한 대응 위주이며, 미래의 사이버전을 군사적으로 대비하는 체계는 아직 미흡한 실정이다. 따라서 본 연구에서는 확장된 사이버전 개념에 입각하여 공군의 미래 사이버전 대비방향을 네 가지 분야에서 제시하였다.

서언에서 언급했듯이 미래의 핵심 전쟁형태로 부상하고 있는 사이버전에 대한 준비는 이제 선택이 아니라 필수가 되고 있다. 또한 그 준비도 네트워크 작전중심 위주가 아닌 사이버공간과 관련된 전반적인 사항들을 포함한 총체적인 노력이 필요하다. 지금 이 순간에도 사이버전은 소리없이 치열하게 진행되고 있으며, 여기에 대비한 우리의 거시적이고 구체적인 계획의 수립과 꾸준한 실천이 필요한 시점이다.

【참고문헌】

〈국문 단행본 및 논문〉

강태원 외. "사이버전 중심의 미래전 고찰."『정보보호학회지』제12권 제6호. 2002.
공군본부.『공군기본교리』. 2007.
_____.『2009 외국 군구조 편람』. 2009.
공군 전투발전단. "한국 공군의 사이버전 발전방향."『연구보고서』. 2009.
김선덕. "전자기 스펙트럼작전(EMSO) 발전방향." 합참.『합참』제38호. 2009.
김성진. "핵-미사일-사이버전으로 미군 증원전에 결판."『월간 조선』5월호. 2009.
김홍영. "사이버전 정책적 대비방안."『합참』제26호. 2006.
문장렬 외. "한국군의 사이버전 대비방향." 국방대.『공군본부 용역연구보고서』. 2009.
박상서. "사이버전에 관한 주요국의 견해."『정보처리학회지』제14권 제6호. 2004.
배달형.『컴퓨터 네트워크작전 개념 정립 방안』. 서울: 한국국방연구원, 2006.
백지원·이영미. "러시아의 정보통신 발전현황."『정보통신정책』제14권 19호. 2002.
손태종 외.『네트워크중심전(NCW) 연구』. 서울: 한국국방연구원, 2005.
임종인. "북한의 사이버전력과 효과적인 대응방안." 공군본부.『제17회 국제항공우주 심포지엄 논문집』. 2011.
장승한. "사이버전 위협과 대책."『월간 The Army』5월호. 2009.
합참.『합동·연합작전 군사용어사전』. 2007.
해군본부.『해군 군사용어사전』. 2007.

〈영문 단행본 및 논문〉

Arquilla, John, and David Ronfeldt. "Cyberwar is coming!" *Comparative Strategy*, Vol.12, No.2, Spring 1993.
Libicki, Martin C. *CyberDeterrence and Cyberwar*. RAND, 2009.
_____. *What Is Information Warfare?* US National Defense University, 1995.
Lynn, Scott. *Human Capital Management for the USAF Cyber Force*. RAND, 2009.

US DoD. 2010 QDR. 2010.
US JCS. Information Operations. JP 3-13. 2006.
_____. National Military Strategy for Cyberspace Operations. 2006.
USAF. Cyberspace Operations. AFDD 3-12. 2010.
Webster's 9th New Collegiate Dictionary. Springfield, Massachusetts, USA: Merriam-Webster Inc., 1989.

제12장

A Study on the Direction of R.O.K. Unmanned Combat System Development:
With Emphasis on Unmanned Aerial System (UAS)

I. Introduction

Along with the 2011 budget plan, the U.S. Department of Defense revealed on Feb. 1, 2010 that they would significantly increase the production of unmanned aerial vehicles. The U.S. Air Force doubled the number of production of armed MQ-9 Reapers to 48 and the U.S. Army is planning to purchase 26 additional MQ-1 Predators.[1] Such importance of unmanned aerial vehicle is well presented in the 2010 QDR.[2] The U.S. Department of Defense, while having established a security strategy prioritizing victory in current wars, deems hybrid warfare including counter-insurgency, stabilization and counter-terrorism as one of the key missions. Particularly, while acquisitions such as the F-22

---

1) *LA Times*, "Pentagon Strategy Calls for More unmanned aerial vehicle" (01 Feb. 2010).
2) DoD, *QDR 2010*, Feb.(2010).

and C-17 were cancelled due to inefficiency in current warfare, acquisitions that can be used by all branches of the military such as unmanned aircraft and unmanned submarines will be significantly increased.

While development of unmanned combat systems in other nations have progressed swiftly, development in South Korea is still in the planning stages. Furthermore, excluding the unmanned light aircraft with tactical purposes, development efforts are focused mostly on ground unmanned combat systems. As a result, there is a pressing need for the development and acquisition of unmanned aircraft systems, which make up most of the strategic · operation unmanned combat systems. To that end, there needs to be a concept of employment on how to fight with unmanned aerial vehicles based on capability-based acquisition procedure.

Therefore, this paper intends to present future development plans for unmanned aerial systems, the operation concept, and preparations in various combat development elements.

II. Terminology Relating to Unmanned Combat Systems

So far, the definitions relating unmanned combat systems have been classified into various items such as national defense robot and unmanned aerial vehicles(UAV). National defense robot is defined as 'a military robot system that recognizes and independently assesses the external environment, enabling through unmanned autonomous control or remote control new missions that have previously been impossible.[3]

According to this definition, national defense robot can be re-defined as 'a collection of all devices that move independently or by human control, judge with intelligence, and can be used for national defense purposes.' This includes ground, sea, underwater, aerial and space

---

3) Korea Agency for Defense Development, *National Defense Robot General Development Direction* (2007), p.11.

unmanned combat equipment and unmanned combat support equipment. In addition, unmanned aerial vehicles(UAV) mean aircraft designed to be able to execute specified mission with no pilot onboard.[4] In other words, unmanned aerial vehicle has been defined as aircraft manipulated from long distance either remotely and wirelessly or by previously designed programs instead of being flown directly.[5]

The terms defined above have common limitations in that their explanations were focused on unmanned equipments. In other words, though the role of humans is anticipated to decrease in particular areas due to development of unmanned equipments with regard to future war trends, the role of manned combat systems still will serve as the major element. Therefore, future combat will be followed by many efforts to uplift synergy effects through combined operation of manned combat systems and unmanned combat systems. Taking these aspects into consideration, the present concept of unmanned combat systems partly include manned combat systems. In other words, unmanned combat system means "combined system to make up for existing human oriented combat system through integrative operation of existing manned combat systems and unmanned equipments based on network."[6]

However, if the terms are defined to signify this combined system, the problem is the ambiguity of classification between manned combat systems and unmanned combat systems. In other words, such questions as 'Will manned combat system be included in unmanned combat system?' and 'If so, to what extent will it be included?' may arise. Therefore, elements that may be included in unmanned combat systems may desirably be limited to operator and support equipments that are directly related to unmanned equipments.

In conclusion, unmanned combat systems refer to "systems used to complement existing manned combat systems through integrative operation of unmanned equipment, operator and support equipment based

---

4) Joint Chief of Staffs, *Staffs Joint Chiefs Organization Collaborated Operation Military Dictionary of Tems* (2006), p.152.
5) Air Force Headquarter, *Aerospace Weapons Handbook* (1999), p.379.
6) Defense Agency for Technology and Quality, *National Defense Science Technology Dictionary of Terms* (2008), p.160.

on network." Unmanned aerial vehicle system(UAS), part of and one of the major unmanned combat systems, can be defined as "system to maximize combat efficiency through integrative operation of unmanned aerial vehicle, operator and related ground equipments in aerial battle situations." In other words, to indicate unmanned aerial vehicle which assumes existing platform centered meaning, unmanned aerial vehicle system is generally used to emphasize that it is an integrated system.

III. Role of UAS in Future War

Unmanned combat systems were first operated in earnest during the Gulf war and made critical contribution to the victory in the Iraq War. Since then, major powers have amended the shortcomings of unmanned combat systems and further developed the strengths based on the experiences gained in the previous wars. As a result, it is prospected that in future wars, unmanned combat systems will play key complementary roles to manned combat systems.

1. Aspects of Future Warfare

1) Change of Warfare Environment

Future warfare environment can be summarized as follows:

First, as military science technology develops, new weapon systems will take the lead in the battlefield. Examples of applied technologies may include IT technology, aerospace technology, laser, stealth, unmanned robot, bio and nano technology, etc. Hence, sensor-to-shooter capability will be enhanced exponentially, and cutting edge weapon systems like space and laser weapon etc will become universal. In addition, utilization of unmanned combat aerial vehicle(UCAV) and base security robots will increase.

Second, the battlefield will extend to space and cyberspace. Future war will be executed in a 5 dimension battlefield including ground, sea, air, space, and cyberspace. Therefore, possessing space power and ability to defend and attackin cyberspace will become major elements to victory in future war.

Third, as the types of trans-national non-military threats diversify, military operations using unmanned aerial vehicles will be expanded. Trans-national non-military threats include cyber attacks, terrorism, international crime, piracy, disaster and refugee situation, etc. To counteract such threats immediately, preparation for swift military counteractions such as surveillance and reconnaissance along with remote power projection ability which are applied with cutting edge science technology are essential.

Fourth, in future warfare, methods of warfare that minimize human damages will be applied. The negative recognition regarding war damage, trend on human life valuation, and public anti-war sentiments will be expanded in the future. Therefore, future wars will be executed in a way that minimize killing and damage, and to that end, the role of UAS is expected to increase.

2) Aspects of Future Warfare

Under the warfare environment expressed above, future wars are prospected to be executed as follows:

First, future wars will be centered around NCW/EBO. The method of warfare that accomplishes goals at an early stage by connecting war field monitoring, command · control and precision strike system and by creating the effect of paralyzing enemy systems will become universal.

Second, in multi-dimensional domain, non-linear simultaneous battlefield will be formed. In future wars, existing traditional battle field space of ground, sea and air will see extension into domain to cyberspace and space. In this accord, the classification of time and space border of battle area will become ambiguous, and formation of simultaneous battlefield of non-linear concept will become universal.

Third, combined joint operations that emphasize 'coalition' will become universal. To maximize the sublimation effects of power operation, combined joint operations that integrate and operate the battle power of combined joint forces will become core elements of war execution.

Fourth, for the procurement of asymmetric advantage, operation of cutting edge weapon system will be activated. To that end, stealth technique, unmanned system and special purpose bombs(EMP, HPM etc) will be developed and be utilized as major measures of battle. However, economically inferior countries will attempt to maintain asymmetric advantage by increasing power with emphasis on WMD. Therefore, war with such countries will assume the phase of hybrid war that involves regular battle and irregular battle such as conventional war, terror, cyber threats, etc.

2. Role of UAS in Future War

It is anticipated that in future wars, unmanned aerial vehicle systems will emerge as a core power in the achieving victory, and if present problems are overcome, it will demonstrate further developed performance. When compared with manned aerial vehicle system, the advantages and disadvantage of unmanned aerial vehicle system can be summarized as follows:[7]

1) Strengths

① Capable of undertaking missions that are not possible or difficult to perform with manned combat systems.
② Capable of maneuverability(High-G) that exceeds the physical capacity of pilots. Capable of performing missions without regard to pilot's psychological or physical conditions.
③ Because unmanned aircraft are capable of data storage and condition monitoring through the master control system, less flight sorties and maintenance costs are required.
④ There are fewer requirements for cultivating and training pilots compared to manned aircraft. The cockpit does not have to be considered during aircraft design, and thus stealth design is

---

7) Byung Goo Park, "The Method of Military UAV Airworthiness," Seoul Administration Graduate School Thesis(2008), pp.9-10.

facilitated.

2) Weaknesses

① Because the weight and size is limited compared to manned aircraft, sensor and armament load capacity and self-defense capabilities are limited, resulting in weaknesses against anti-aircraft artillery and enemy aircraft.
② With current technology, unmanned aircraft are not capable of carrying out all of the diverse missions performed by manned aircraft. They also possess insufficient autonomous response capabilities in times of emergency or changes in situation.
③ While LOS of data-link is necessary for conducting missions, maintaining LOS between ground and air is restricted in terms of mission altitude and distance. Disturbances to communication system between UAV and ground operators will restrict mission performance.

In the future, UAS will further advance the strengths and address the weaknesses mentioned above to assume its role as a necessary support force for manned combat systems in the following ways.

where manned aerial vehicles can have difficulty executing, and in methods where human elements are important, the role of unmanned combat systems will increase. Unmanned aerial vehicle systems are prospected to be dispatched mainly to 3D missions that exceed the physical limitation of manned aerial vehicle pilot. 3D mission refer to the following domains:

① Dull: Capability to execute long-distance/extended airborne missions requiring persistent surveillance and reconnaissance
② Dirty: Execution of mission regardless of NBC(Nuclear, Biological, Chemical) circumstances
③ Dangerous: Execution of mission in high-risk region with dense enemy air-defense network

Second, unmanned aerial vehicle system can reduce the burden of aircraft being shot in high risk areas that manned aerial vehicle can hardly access, human damage of pilot and the political burden by them.

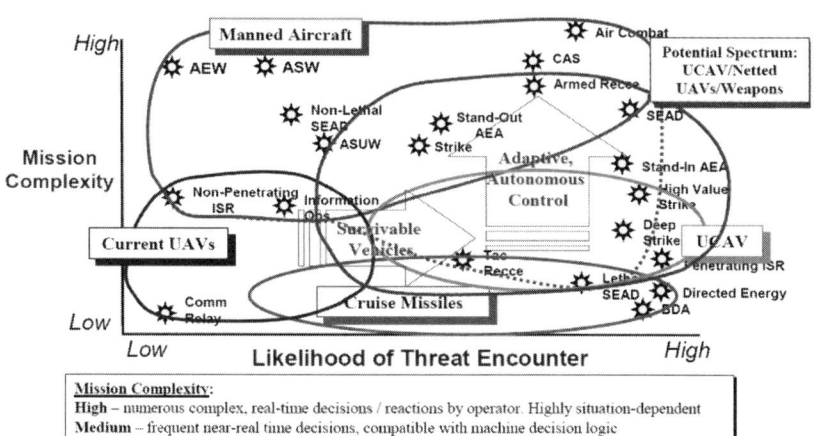

〈Figure 12-1〉 The Trend of Future UAS Mission

Also, unmanned combat systems, operated jointly with manned combat systems to decrease casualties and maximize synergy effects, will be operated in high-risk situations in early stages of war, in guidance missions, and in situations where heavy casualties and injuries are predicted. During peacetime, unmanned combat systems will be used for surveillance·reconnaissance of major military targets along with surveillance and relief missions for natural disasters. As discussed above, unmanned combat systems are expected to emerge as major war potential of future war as an essential complement to manned battle system under future network oriented environment owing to its capability of efficient operation with limited national defense budget.

IV. Operation Concept and Required Capabilities of UAS

1. Basic Concept of Employment

As unmanned and intelligence technology becomes integrated with the military's weapon systems including command·control systems, there will likely be a significant change is conditions of future warfare. In the process of this change, unmanned combat systems will be operated in the Sensor & Shooter domain including battlefield awareness(ISR) and precision strike in order to decrease casualties and operation costs.

Further in the future, while the role of unmanned aerial systems will go beyond Sensor & Shooter domain and include major combat currently conducted by manned aircraft, it will not fully substitute all roles of manned aircraft due to basic limitations of unmanned aerial vehicles such as inability of self-flight. The important point is that in the future, there will not be just single manned or unmanned systems. Rather, a hybrid system will be employed, with manned fighters connected with unmanned combat systems including reconnaissance·communi-

〈Figure 12-2〉 Basic Operation Concept of Future UAS

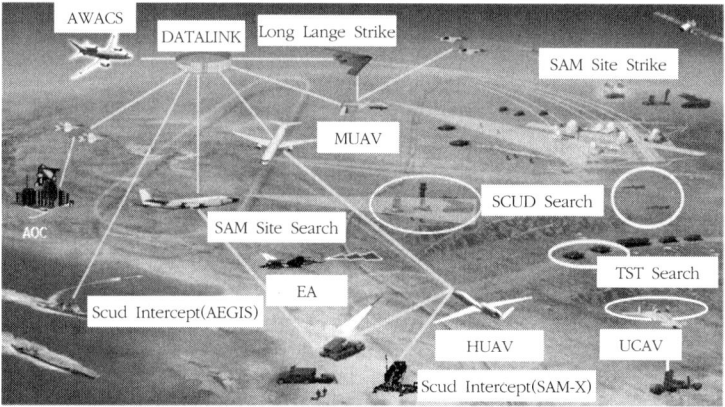

⟨Figure 12-3⟩ Hybrid Employment of Manned·Unmanned Aerial Systems

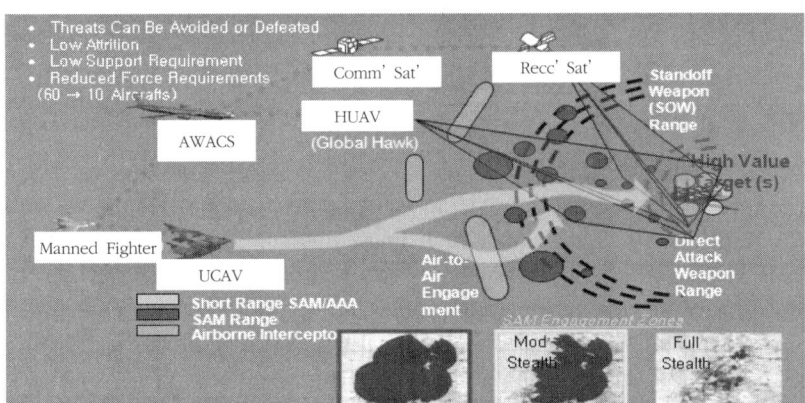

cation satellites and surveillance radars.

By putting together the arguments above, we can see that the basic concept of employment of UCS conducts missions within the manned·unmanned integrated network to ① minimize casualties and reduce manpower, ② secure mission capability in domains surpassing human abilities, and ③ create a synergy effect by ensuring an effects-based simultaneous·integrated operation.

With these basic concept of employment as the background, a more detailed concept of employment is classified into four types. First, in the battlefield awareness(ISR) domain, the employment concept is to execute the role of strike, damage evaluation and communication relay as well as the functions of eyes and ears between operation executions by transferring images and signal intelligence to command control system by mission altitude. Second, in the command·control domain, the employment concept is to support resolution by operating relay node in command·control and letting the information shared among various units of operation before execution and improve operation tempo to the level that operator wants. Third, in the war employment operation(PF/PGM) domain, the concept is to operate mostly in 3D mission domain such as anti-aircraft supremacy(SEAD), precision strike, electronic war, deception, etc, and produce the following effects:

① Destruction·neutralization of threats using precision munitions during penetration
② Minimization of damages through evasion of enemy detection using stealth mode
③ Reduction of support and forces required for manned aircraft during hybrid employment of manned·unmanned forces

Fourth, in the protection domain, a manned·unmanned hybrid system surveys and protects the battlefield, limiting damages to friendly forces.

2. Operation Concept by Battlefield Functions

The concepts of employment of UAS by battlefield functions can be classified into battlefield awareness, command·control, force employment, and protection proposed in joint concept publications.

1) Battlefield Awareness

Changes in detection capabilities and range of future battlefield surveillance systems can be seen in the increase from 15% detection rate during the Gulf War to 90% in 2010 to the estimated 100% detection rate in 2015. With the use of satellites and unmanned aircraft in particular, the battlefield will be visible in realtime with a resolution down to the centimeter. The detection range increased from 30km×30km in the past to current range of 350km×350km, and is estimated to expand in the future.

Observing in detail the concept of employment unmanned combat systems with regard to battlefield awareness, we can see that unmanned surveillance aircraft provides realtime battlefield surveillance capability through intelligence sharing with satellites and ground control stations. In particular, unmanned surveillance aircraft can be connected with unmanned airships to increase effectiveness during surveillance missions. Concept of employment by altitude levels of unmanned surveillance aircraft are as follows. Global Hawk-level high-altitude unmanned surveillance aircraft,[8] equipped with high-resolution electro-optical equipment

⟨Figure 12-4⟩ Operation Concept of in Battlefield Awareness

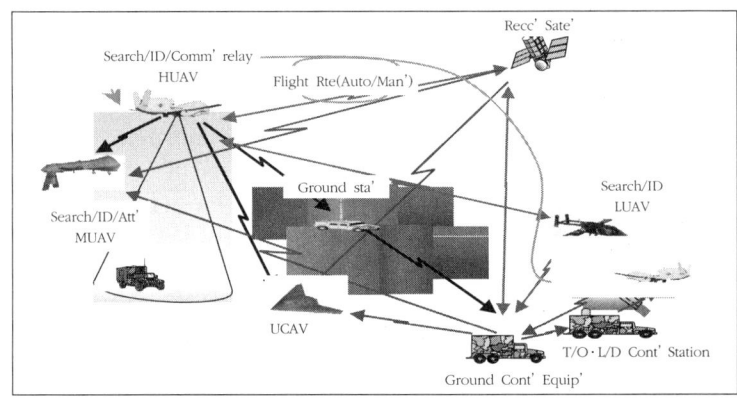

and SAR, transmits the acquired images to the ground through datalinks and is operated from a strategic dimension. Predator-level mid-altitude unmanned surveillance aircraft provides realtime wide-area imagery and signal intelligence in addition to instant strike capability, and is operated from a operation·tactical dimension. Pioneer-level low-altitude unmanned surveillance aircraft operates from a tactical dimension including providing tactics intelligence, assessing effect, and supporting precision strike.

2) Command Control

Regarding changes in command·control system intelligence sharing range, speed and means, the range has expanded from tactical·regional·restricted to strategic·global·unrestricted, and the speed has quickened from a matter of days and hours to minutes and seconds. For means, a hybrid network including satellites, UAVs, JTDLS, and tactical C4I systems is being constructed. Looking at the details of the concept of employment, we can see that the unmanned combat system can operate as a connection node in the command·control system. It was previously mentioned that contemporary and future wars will change to a type of

---

8) U.S. DoD determines UAV operation categories as follows: Tier 1(low-altitude, 15,000ft), Tier 2(mid-altitude, 25,000ft), Tier 2+(high-altitude, 65,000ft).

⟨Figure 12-5⟩ Operation Concept of in Command·Control

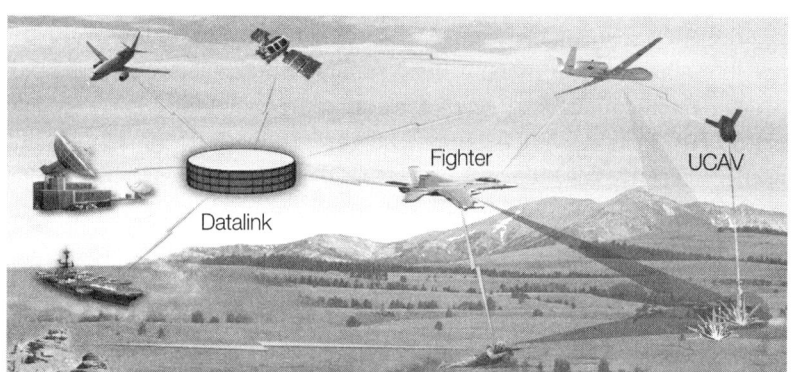

battle centered around NCW that multiple of manned or unmanned combat systems may share information simultaneously. NCW depends on the networking among human, sensor and manned and unmanned platforms. Unmanned battle system executes the function of connection node on the network and can be operated complementarily to guarantee the survival and continuity of the command·control system in unstable situation such as involvement of WMD and other high risks.

In addition, unmanned combat systems can contribute to command·control function by executing the mission of communication relay and target direction. In other words, unmanned combat systems can execute the mission of target direction through middle and low altitude unmanned aircraft as well while executing basic missions such as realtime information sharing and relay of operation communication outside line of sight(LOS) through the data link with artificial satellite, high altitude unmanned reconnaissance, ground control station and strike power. To that end, establishment of unmanned combat control system for unmanned equipment only manipulation control and configuration of command·control system which is set as a network among manned and unmanned battle systems are required.

3) Force Employment[9]

In force employment, combined employment of manned and unmanned systems will be operated to maximum extent, and regarding high risk strategic targets, operation efficiency can be improved by striking the strategic center of the enemy while simultaneously minimizing battle loss through operation of unmanned fighter or unmanned attack aircraft. In other words, unmanned aerial systems share monitoring and reconnaissance information with reconnaissance satellite and high altitude unmanned reconnaissance aircraft by establishing operation executing system composed of 'sensor-command control-strike-damage evaluation' in actual operation. They execute strike mission by instruction through command · control system, and assumes the operation concept of damage assessment by middle and low altitude unmanned reconnaissance aircraft.

First, looking at the concept of employment for force employment, detection/identification at strategic level by high altitude unmanned reconnaissance aircraft, strategic detection/communication relay/strike by middle and high altitude unmanned reconnaissance aircraft, and tactical detection/identification by low and high altitude unmanned reconnaissance are the concepts executed with top priority in the execution of operations. Thereafter, anti-aircraft supremacy is obtained by using attack unmanned aircraft, and by using unmanned fighters mounted with precision weapons, the mission of striking strategic targets under high risk and supporting ground and sea forces are executed in collaboration with manned attacker. The system can play the following roles in close strike and support:

Also, the system can identify and strike target by collaborating with middle and low altitude unmanned reconnaissance aircraft, JSTARS and ground unmanned control station for efficient support of close strike. In addition, the system can operate unmanned front aircraft controller (A/FAC) for realtime target direction to manned fighter waiting after identifying target in high-risk areas. At this time, manned fighters wait in area with low potential of being exposed to enemy threats and unmanned front aircraft controller provides realtime target through data links. In particular, the attacking effect may be maximized by operating unmanned armed reconnaissance aircraft to attack urgent targets such as long range

---

9) Staffs joint chiefs organization national defense and science institute, "UAS Operation Concept," by Sung-Hun Lee, *Joint Unmanned Battle System Concept Research Workshop Journal* (2008), p.127.

〈Figure 12-6〉 MQ-1A Predator A Armed with Hellfire Missiles

artillery. Such effects were demonstrated in Afghanistan war as a Predator, an unmanned aerial vehicle, caught and destroyed the Taliban's swiftly moving ground vehicles.

Also, unmanned combat systems can also be effectively utilized in manned and unmanned detection rescue operation for the guarantee of initial engagement survivability and minimization of damage, and in various air supplies for the guarantee of sustainable operation ability for frontline rescue forces. In other words, unmanned combat system can contribute to detection rescue operation through long flight times in areas of distress and help with sustainable battle activity through various air supply in high-threat areas.

4) Protection

In protection, the concept of UAS is to judge battlefield situation through overlapped surveillance and reconnaissance of high altitude, middle altitude and low altitude unmanned reconnaissance aircraft, establish an information network in association with friendly forces strategic center protection system, and execute protection missions in collaboration with manned aerial vehicles.

First, UAS provides information on battlefield situation and the enemy by establishing multi-dimensional warning system which is associated with detection measures such as initial stage warning satellite, ground deployment space monitoring system and missile warning radar, surveillance and reconnaissance unmanned aerial vehicle and manned and unmanned warning system. At this time, reconnaissance satellite

⟨Figure 12-7⟩ Operation concept of Base Protection

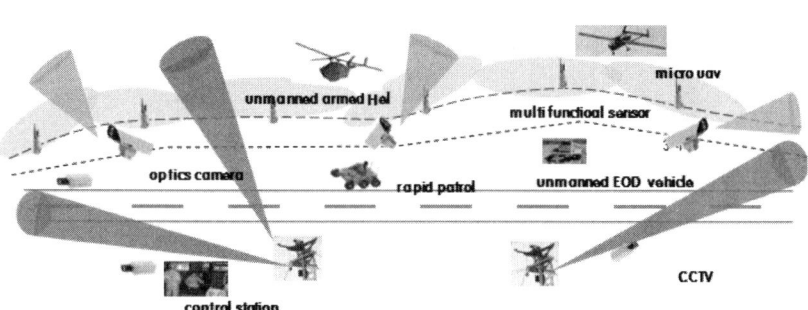

and middle and high altitude unmanned reconnaissance aircraft identify symptoms and provide information by monitoring the center and major activity of the enemy located in central area. Low altitude small unmanned reconnaissance aircraft and surveillance robots execute distributive mission to protect operating bases such as airfields. In addition, UAS can also execute interception of enemy missile and infiltration of enemy aircraft using ground-to-air guided missile system and manned and unmanned fighter by the altitudes and distances in association with local protection and regional protection to protect strategic tactical center through multi-layer protection. Besides, major operation concept of unmanned battle system also includes control of base situation for base protection, the mission of direct strike on infiltrating enemy, execution of detection, pollution warning and detoxication for CBR protection, and detection and removal of explosive by unmanned robot.

3. Required Abilities[10]

The abilities required before using unmanned combat systems can be classified as follows.

---

10) JCS, *Joint Concept Capability Research Book(II): Joint Unmanned Combat* (2009), pp.77-94.

1) Battlefield Awareness

First, various image information collecting ability by surveillance zones should be acquired. In other words, information on images from the vicinity of the Korean peninsula and enemy's strategic level should be acquired, and image and signal intelligence should be gained through surveillance and reconnaissance of North Korea, enemy center and frontline area. Such unmanned aerial vehicle should be equipped with embedded devices that can obtain electronic optic, infrared light(EO,IR), radar image(SAR) and mobile target indicator(MTI) along with hardware (platform). Electronic optic infrared light image, which is used mainly for battle damage assessment, can grasp the trend of the enemy owing to the capability to gain accurate target image information, and assess accurate battle damage according to resolution. Radar image, mobilized by all-weather sensors, is mainly used for the mission of monitoring the enemy signs, and mobile target indicator can automatically track various types of mobile targets and classify mobile objects. Such embedded sensor requires the capability of protecting itself against the physical attack by enemy in the standpoint of size reduction, weight reduction, solidification, and survivability guarantee.

In addition, the capability to link information for the implementation of sensor to shooter should be obtained. In other words, the image information and signal information collected from sensor system should be shared with strike system real time, so the capability to enable interaction among the systems should be gained through establishment of NCOE (network centric operation environment). Furthermore, the ability of extended flight in middle and high altitudes should be gained for sustainable battlefield awareness. The intention is to obtain the ability of extended flight and surveillance of desired location to overcome the limitations of artificial satellites and manned reconnaissance aircraft. In the case of extended flight, combined execution of solar cell ground and operation sustainability of embedded sensor should be secured. Recently, as unmanned reconnaissance aircraft for battlefield awareness are given missions of realtime striking of time sensitive targets and their efficiency is proven, the demand for armed reconnaissance is increased.

2) Command·Control

In the command·control domain, first the ability required of UAS is to establish system for real time flight and mission control. Specifically, the requirements to that end include establishment of mobile strategy control network for UAS, establishment of network system among unmanned surveillance equipments, establishment of high speed large capacity communication system using unmanned relay and unmanned relay vehicles for the guarantee of seamless operation execution in invisible area, protection from enemy's radio wave disturbance and wireless interruption action, and artificial intelligence techniques for the preparation of autonomous counteracting ability in the event of abnormal situation. Second, establishment of command·control system set in a network among manned and unmanned combat systems is required. To that end, linking of unmanned combat system and C41 system and establishment of data linking system between manned and unmanned combat systems are necessary.

Third, the ability to save and transfer large volume data of command control system at high speed with no real time loss is demanded. To that end, real time transfer of large volume image information and control condition information, and the ability to transfer various information required for the missions of surveillance and reconnaissance, target detection, shooting control and battlefield damage assessment, the ability to compress, format and code data and guarantee of detour path of radio wave in web structure among the systems are required.

for information protection are demanded. To that end, the ability of preparing for great war rotation, establishment of system to protect information that can be detected, analyzed and counteract in preparation of encryption and cyber intimidation, and the capability to guarantee mutual operation among each system are demanded.

3) Force Employment

In force employment domain, the required ability of UAS is first to air supremacy and electronic disturbance for the support of strategic strike in our aerial infiltration combat power. To that end, the ability to attack and destroy enemy's radar according to occurring radio waves by sensing the radio wave occurring in enemy's protection network system, the capability of electronic attack for the disturbance of enemy's protection network, and mounting of GPS and inertial navigation system for unmanned autonomous flight in all weather conditions are demanded.

Second, the ability of destroying enemy's strategic center and precision strike under high intimidation situation, the ability of frontline aerial control and the capability of unmanned reconnaissance in preparation of anti-firepower are required. Specifically, the ability of precision strike on fixed light weight target in situations of no aerial dominance and high intimidation situation, the capability of precision attack on fixed target during proximity aerial support operation for the support of Army and Navy, and the ability of mounting air-to-ground precision weapons for the improvement of attacking ability are necessary.

Third, the ability to incapacitate enemy fighter and the capability to destroy aerial power ground are demanded. To that end, outstanding arming and mobilizing ability in preparation for enemy fighter for the securement of aerial dominance and the capability of precision attack on enemy's radar base, airfield and ground-to-air missile base are necessary.

Fourth, the ability to operate manned and unmanned combat detection rescue is demanded. The capability of obtaining and transferring information for long time detection rescue mission of unmanned reconnoiter, the ability of long time flight within distress area and the ability of aerial refueling for the guarantee of long distance operation ability are necessary.

Fifth, the ability for aerial resupply for the guarantee of long time sustenance operation capability is demanded. The ability of aerial supply on areas of difficult access, danger or seclusion, the ability of loading of supplied goods and all altitudes precision dropping, the ability of stealth for covert infiltration within risk area, and the ability of all weather low altitude aviation during day and night are demanded. Sixth, the ability to automatic taking off and landing of unmanned aerial vehicle and the capability of autonomous aviation control are demanded. Specifically, the ability of completely automatic aviation control for the efficiency of mission execution, and the ability of unmanned autonomous flight under all weather conditions and environment are demanded.

4) Protection

Required abilities include the ability to transfer warning in connection with space surveillance system and also manned and unmanned systems through establishment of unmanned detection and surveillance system for the awareness of battlefield situation, the ability to detect the infiltrating enemy, intercept infiltrating enemy plane by the altitudes and distances and detect and counteract missile, the ability[11] to detect CBR situation, and the detoxifying ability to prevent spreading of polluted area.

5) Summary of Required Abilities

Taking into consideration the technological advancements and trends described above, the required abilities can be summarized as follows:

(1) Commonness of mission and logistics support elements

> ⅰ Of entire UAS acquisition costs, most is devoted to communication equipment, search sensors, control equipment, and logistical support elements. Only about 15% is devoted to the frame.
> ⅱ While the frame will be developed based on the type of mission, other elements will be developed so that they will contain similarities, increasing logistical interoperability.

(2) Increase in size and capacity of frame

> ⅰ Increase of UAS armament load capacity, flight altitude, speed, and endurance
> ⅱ Change in role of UAS: supplement to manned aircraft system → force supplement/alternate force.

(3) Decrease in equipment load's size and weight

---

11) Defense Agency for Technology and Quality, *Defense Science Technology Information*, Volume No.11(2008), p.142.

⟨Figure 12-8⟩ The Change of Size·Capacity in UAS

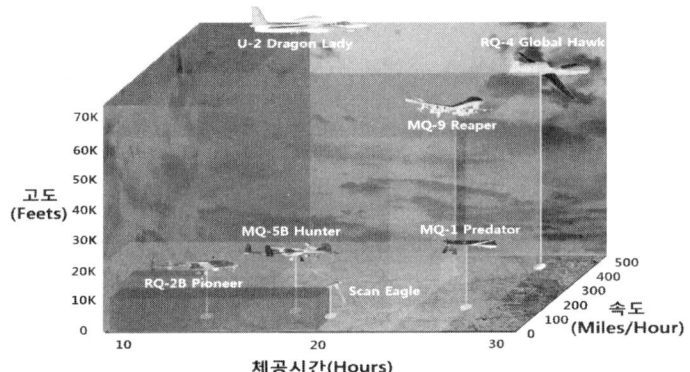

ⓘ Through decrease in load's size and weight, increase in flight duration and diversity of weapons load is possible

(4) Automation of operation system

ⓘ Automated takeoff/landing of unmanned aerial vehicles through advancement in precision location measurement technology such as DGPS(Differential GPS) and aircraft piloting technology is predicted

ⓘⓘ Automation of diverse intelligence processing systems

(5) Diversification of mission equipment

ⓘ Image intelligence collection equipment: EO (electro-optics), IF (infrared radar), SAR (synthetic aperture radar), and MTI (moving target indicator)

ⓘⓘ Installment of SIGINT collection equipment, communication relay equipment, and anti-ground and anti-air munitions

V. Preparation by Combat Development Elements

This research, with the purpose of "how to utilize unmanned combat systems," presented the capabilities required to realize the concept of employments of battlefield awareness, command and control, force employment, and protection domain described in the joint concept publication.

The concept of employment and required ability presented above are only the basic concepts of how to utilize unmanned combat systems and the direction of how it will be executed. Therefore, detailed operation concepts will need be further developed by the battlefield functions proposed above, and in association with them, middle and long term execution projects should be executed systematically by the battle development fields. Direction for the preparation by the battle development fields can be summarized as follows:

1. Doctrine

Establishment of forward-looking unmanned combat system concept of employment that complies with future battlefield environment and sustainable research and development are demanded. In particular, configuration of clear operation concept on how to operate unmanned combat system under operation environment where changes are anticipated should come first before anything else. When considering that the future weapon system will be settled as 'ability based system,' establishment of employment concepts serves as the foundation to acquire unmanned aerial vehicle system and research and development. Doctrines for classification by the operation domains and operation units and the guarantee of mutual operability between unmanned aerial vehicle system and manned battle system by the operation units based on the establishment of such concept.

What should develop along with development of doctrines is the issue of airspace control. In a situation when airspace is limited while utilization of unmanned aerial system is increasing, airspace control is anticipated to become as important domain as the utilization of unmanned aerial vehicle system.

2. Unit Organization

In response to the requirement of combined operation with middle and high altitude level unmanned reconnaissance aircraft, the mission of middle and high altitudes surveillance and reconnaissance by manned aerial vehicle requires foundation of separate headquarter for integrative operation of unmanned reconnaissance force is demanded. For instance, Singapore maintains 3 major headquarters centered around manned aerial vehicle mission under air force, but they established and are operating unmanned aerial vehicle headquarter by recognizing the importance of unmanned aircraft in 2007.[12] In addition, the U.S. Joint Chiefs of Staff also established joint unmanned aerial vehicle center in Creech Air Force Base in Nevada in July 2005.

In addition to the requirements mentioned above, it is also necessary to guarantee more efficient operation of unmanned aerial vehicle system by improving units structure of various tactical units considering combined organizing of manned and unmanned aerial vehicle system. In particular, though it might become feasible in far away future, it is also necessary from now on to prepare preliminary research on operating software like research on the proper organization and system for the operation of unmanned fighter and the concepts of the mission of manned and unmanned pilots.

3. Weapon · Equipment · Materiel

Since in future war, the importance and utility of unmanned battle system will further increase, research and development of various

---

12) Jane's homepage(http://jdds.dtaq.mnd.mil:8080).

unmanned battle system complying with Korea condition, and systematic efforts for the establishment of war potential are demanded. In other words, it is necessary to ensure guarantee of efficient execution by preventing overlapped investment through composition and execution of general development plan in Air Force or Ministry of Defense level. In addition, since unmanned combat systems will see continuous development elements in tune with the development of science technology, conditions of research and development that can lead world development trend should be guaranteed. In other words, plan for permanent operation of organization for joint research among civilians, government and military should be sought after.

4. Manpower and Education · Training

Manpower to operate unmanned combat systems must be previously cultivated so that it can be put directly into relevant systems. According to a Department of Defense report, the U.S. Air Force plans to select and train more UAV pilots than fighter or bomber pilots this year. While they plan to train 240 people for the Predator and Reaper UAVs operated in 2009, they are planning to train only 214 fighter pilots. Although USAF currently maintains 550 UAV pilots compared to 4,600 fighter and bomber pilots, the number of UAV pilots is predicted to gradually increase.[13]

Therefore, Korea must also actively pursue exchange programs in order to complete personnel cultivation and professional education through early-level concept education and basic education of potential UAV pilots. In other words, there is a need to expand other identified countries' research or exchange programs and benchmark each nation's education system.

---

13) Chosun Ilbo, "USAF reduction fighter pilot and increase UAV pilot …"(09.6.18), p.16.

VI. Conclusion

This research, focusing on unmanned aerial systems and how they will be used to fight, presents the concepts of employment and the abilities required to realize these concepts with regards to 4 of the 5 battlefield functions described in joint concept: battlefield awareness, command·control, force employment, and protection domain. In addition, this research distinguishes combat development elements into doctrine, unit structure, weapons·equipment·materiel, and manpower cultivation·education and presents the direction of preparation necessary to provide a backbone for these concepts of employment.

The operation concept, required abilities, and preparation by combat elements described above outlines the basic concept of how UAS will be operated in the future and what needs to be established. Therefore, detailed concepts of employment by battlefield function must be further developed, and mid- to long-term task by combat development element must be systematically pursued. Also, with regard to military science technology, there must be significant research and investment nationally in unmanned aerial systems. With current levels of investment, it will be difficult to ensure adequate research in the field that is predicted grow more significant in future wars, and to achieve necessary interest and investment, a national consensus will be required.

[Bibliography]

Air Force Headquarter. *Aerospace Weapons Handbook*. 1999.
David, Fulghum A. "UAVs Pressed Into Action To Fill Void." *Aviation Weeks and Space Technology*, August 19, 1991.
Defense Agency for Technology and Quality. *National Defense Science Technology Dictionary of Terms*. 2008.
_____. *National Defense Science Technology Researchbook*. 2008.
_____. *The Study of Development Strategy for Korea's Future Combat System*. 2009.
DoD. *unmanned aerial vehicle Systems Roadmap 2005-2030*. 2005.
_____. *unmanned aerial vehicle Systems Roadmap 2009-2047*. 2009.
Gayles, Putrich. "U. S. DoD Edges Toward UAV Decesion: Air Force Likely to be Executive Agency." *defensenews.com*. 2007.
JCS. *The Analyses of Iraq War*. 2003.
_____. *Joint Concept Capability Research Book(II): Joint Unmanned Combat*. 2009.
Korea Agency for Defense Development. *National Defense Robot General Development Direction*. 2007.
Park, Sunkyu. "The Study of Korea's UAV Development Strategy." Master thesis of KNDU. 2000.
ROKAF Studies and Analysis Wing. *The Analyses of Force Development System*. 2007.
Ronald, McGonigle L. "Unmanned Aerial Vehicles (UAVs) on the Future Tactical Battlefield-Are UAVs an Essential Joint Force Multiplier?" *School of Advanced Military Studies*. United States Army Command and General Staff College, 1993.

제13장

공군의 숙련 조종사 부족과 전투력 감소의 상관관계*

I. 서론

　공군의 핵심전력의 하나인 조종사의 조기 유출은 공군의 전투력 유지에 매우 부정적인 영향을 미치지만 아직까지 해결되지 않고 있는 문제이다. 물론 조종사의 조기 유출은 제한되어 있는 진급과 보직 적체를 어느 정도 해소할 수 있다는 순기능적인 측면도 있지만, 의무복무기간까지 수십억 원의 자금을 투입하여 양성한 고급인력의 손실이라는 측면과 그로 인한 공군의 전투력 감소라는 부정적인 측면이 더욱 크다고 할 것이다.
　따라서 이 글은 현재 한국 공군의 중요 문제점인 조종사 유출로 인해 발

---

* 이 글은 미 랜드 연구소의 허가를 받아 Willian W. Taylor & S. Craig Moore 박사가 저술한 "The Air Force Pilot Shortage: A Crisis for Operational Units?"라는 논문을 재편집 구성한 내용입니다.

생되는 숙련수준의 저하와 이에 대한 해결책을 구체적으로 찾아보고자 시도하였다. 즉, 본문에서 제시되고 있는 미 공군 조종사들의 조기 유출 실태와 원인, 이로 인한 전투력에의 영향 정도, 이를 극복하기 위한 대책들을 중심으로 한국 공군에 적용 가능한 시사점을 찾으려고 시도한 것이다.

1. 부족의 현황

미 공군은 지금 전례 없는 조종사의 부족에 직면해 있다. <그림 13-1>에서 보는 바와 같이 1999년에 1,200명의 조종사가 부족하였고, 2002년에는 약 두 배인 2,400명이 부족하였으며, 이러한 추세는 2007년까지 이어져 2007년에는 약 3,500명의 조종사가 부족하였다.1) <그림 13-1>에서 좌측의

〈그림 13-1〉 미 공군에서 조종사의 급격한 유출 현황

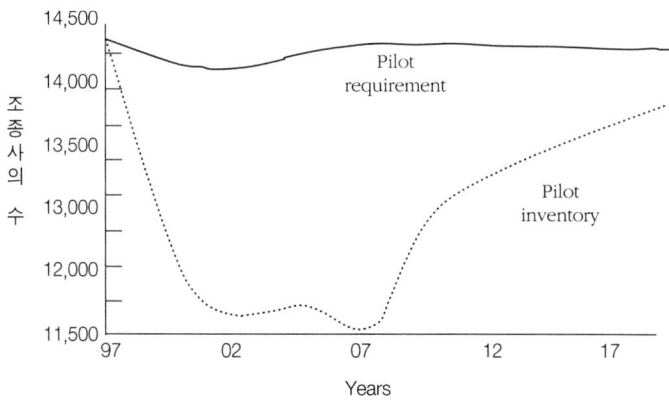

---

1) 한국 공군에 있어 숙련 전투기/수송기 조종사들의 부족은 다음과 같다. 2009년 기준으로 이들 조종사에 대한 적정 인원은 2,226명이지만 실제 군이 확보한 조종사는 2,060명으로 166명이 부족하였다. 특히 임관 14년차 숙련 조종사는 적정정원이 79명이지만 실제는 30명에 불과하였다. 마찬가지로 15년차는 79명 정원에 23명, 16년차는 55명 정원에 32명이었다. "최고 109억 들여 키웠더니 10년새 1,000명 민항기로," 『조선일보』, 2011년 9월 28일자 10면.

가파른 하강곡선은 3년 동안의 조종사 유출률을 반영하고 있다. 1997년 이래 복무 12년차 조종사2)의 유출률은 거의 70%에 이르고 있으며, 복무 15년차의 잔류율은 겨우 25%에 불과하여 전투력 유지에 심각한 우려를 낳고 있다. 2002년 이후의 조종사 유출 수가 감소한 것은 12년차 복무 조종사들이 미 공군의 경제적 보상으로 인해 15년까지 복무기간이 연장되고 있음을 나타내고 있다.

2. 조종사 유출의 본질

공군 조종사 중 비일선 참모직위가 약 16% 이상(약 13,800개의 직위 중 2,245개가 해당)이기 때문에 조종사 유출이 15% 이하이거나 약 2,000명 이하의 부족일 때는 참모직위에 있는 조종사로 그 결손을 메울 수도 있을 것이다. 그러나 이 연구에서의 분석은 비일선에 있었던 참모들의 조종경험 부족으로 인해 비록 인원들이 충족되었다 하더라도 준비태세와 작전능력이 저하될 수 있음을 보여주고 있다. 이러한 조종경험에 대한 문제는 제2절에서 다룰 것이다.

1) 실제적인 위기는 전투조종사이다.

조종사 부족의 절반은 전투기 기종에서 발생한다. 따라서 2,245개의 비비행 참모를 일방적으로 6개의 조종사 직위 범주3)로 구분하여 균등하게 배분하는 것은 이치에 맞지 않으며, 전투기 조종사에 보다 많은 양을 할애해야 한다. 또한 설혹 그렇게 배치되었다 하더라도 그 공백으로 생기는 비비행 참모직위의 충족이 쉽게 되지 않을 것이다. 더욱이 참모 직위들의 400개 이상이 전문적인 업무를 포함하는 합동직위이기 때문에 이 직위에서 조종사

---

2) 미군 조종사의 의무복무기간은 군사훈련 및 비행훈련을 포함하여 총 12년이다.
3) 이 범주는 전투기, 폭격기, 공중급유기, 전략 수송기, 전구 수송기, 헬기 조종사를 포함한다.

부족의 모든 부문을 대체한다는 것은 매우 어렵다는 것을 알 수 있다.

2) 부족은 숙련 조종사에 관한 문제이다

조종사의 유출에 관련된 가장 큰 문제는 최소한 다양한 비행임무의 사이클을 순환하였던 숙련 조종사들[4])에 관한 것이다. 왜냐하면 그들은 의무복무 기간을 마치면 떠날 권리가 있기 때문이다. 만약 공군이 이러한 숙련 조종사의 부족에도 불구하고 신규 조종사의 배출을 증가시킨다면 초기에 많은 수의 미숙련된 조종사를 증가시키게 될 것이므로 숙련 대(對)미숙련 조종사의 비율이 불균형하게 나타날 것이다.

다른 한편으로 보다 좋은 해결책은 숙련된 조종사의 수를 증가시키는 것으로, 이를 위해서는 의무 복무기간 말기에 도달하는 숙련 조종사들을 잔류시키기 위한 정책적인 대안이 필요하다. 따라서 이 글에서 이러한 대안을 검토하고자 한다.

3. 보유의 문제

미 공군은 의무 복무기간을 끝으로 떠나는 숙련 조종사들의 유출 원인을 알기 위해 조종사들에게 설문조사를 하였는데, 그 결과는 첫째, 빈번한 이사와 과중한 업무, 진급의 문제, 경제적인 문제, 가족과의 불화 등과 같이 삶의 질에 있어 부정적인 인식, 둘째, 민간항공사의 증가로 인해 전례 없이 조종사를 채용하는 데 붐이 일고 있는 것이 최근의 조기 퇴역원인으로 나타나고 있다.

---

[4] 숙련된 조종사란 양성과정을 마치고 자대(비행부대)에 배치된 조종사가 일정 기간의 전술훈련을 거쳐 독자적인 작전능력과 신참 조종사의 비행훈련을 지도할 수 있는 능력을 보유하게 된 조종사를 말한다.

1) 민간 항공사의 조종사 통계

2000년대 초 약 1만 3천 명가량의 공군 조종사들과 7천 명의 해군 조종사들이 의무복무를 하고 있었으며, 동일한 기간대에 민간 항공사들은 그 배가 넘는 조종사를 채용하였다. 따라서 조기 퇴역하는 군 조종사의 수도 거대 항공사들의 증가하는 요구에 부응하여 급격히 증가되었다. 차후에도 민간 항공사들은 숙련된 경험을 가진 군 조종사들의 채용을 계속 희망하고 있는데, 이것은 채용되는 군 조종사들이 다음과 같은 많은 장점을 가지고 있기 때문이다.

가) 유용성: 군 조종사들의 훈련의 양과 질은 쉽게 사용될 수 있다.
나) 숙련성: 그들 비행경험의 다양함과 정교함은 잘 증명될 수 있다.
다) 일관성: 그들은 과거의 경험이 쉽게 잊혀지지 않도록 기억하고 있다.
라) 신빙성: 그들의 비행능력과 과거기록은 쉽게 그들의 경력을 조사함으로써 추적할 수 있다.

2) 민간 항공사의 조종사 수요

항공사들의 군 조종사에 대한 수요는 근본적으로 항공사에 소속된 조종사들의 은퇴와 증가하는 항공 산업으로 인한 조종사를 확보하기 위한 노력의 결과로 볼 수 있다. <그림 13-2>는 민간 항공사의 은퇴하는 조종사 수에 대한 예측과 급증하는 항공 사업으로 인해 요구되는 조종사의 수를 예측해 놓은 것이다.

매년 전역하는 군 조종사의 수는 각각의 세 개의 막대부분에서 가장 작은 것으로 구분해 놓았다. 다른 두 개의 막대는 매년 민간 항공사들의 조종사 신규채용에 대해 가장 낮고, 높은 부분을 보여주고 있다.

결론적으로 <그림 13-2>는 민간 항공사에 의한 현재의 채용 붐은 지속될 것이고, 현재의 군 조종사의 문제가 쉽게 해결되지 않을 것임을 보여주고 있다. 과거에 미 공군은 항공사업의 번영과 침체라는 순환주기를 잘 이용함으로써 시의적절한 대처가 가능하였지만, 지속적으로 증가하는 항공 사업으

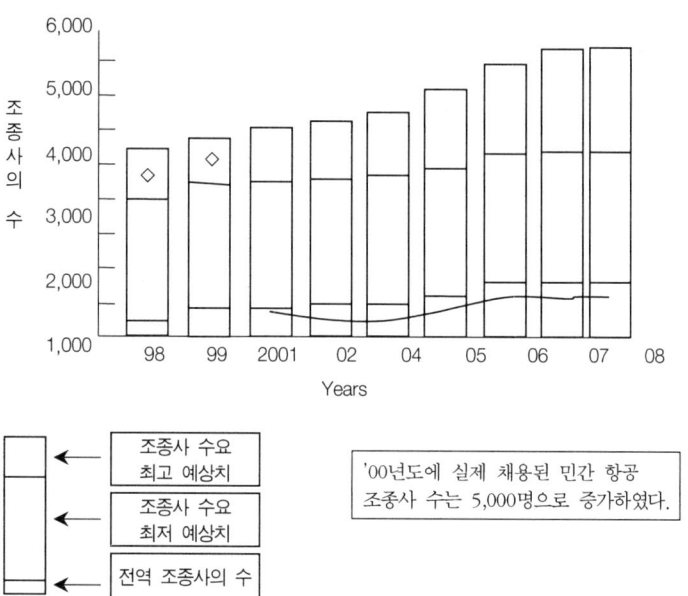

〈그림 13-2〉 민간 항공사의 은퇴 조종사 예측

로 인한 조종사 수요의 증가와 군 조종사 공급의 감소로 이러한 방법으로는 해결되지 못할 것임을 보여주고 있다.

II. 비행부대에서의 숙련수준의 문제점: 현실적 문제

앞에서 본 것처럼 공군이 조종사 부족에 대한 대응책으로 비일선참모 직위조종사들을 충원한다는 것은 적절치 않고, 또한 그 효과는 주로 전투기 부대에 대해서 결정적 제한점이 있다는 것을 언급하였다. 이 절에서는 조종사 부족으로 인해 겪어야 하는 비행부대의 직접적이고 부정적인 효과인 비행부대의 숙련수준에 대해 언급하고 있다.

비행부대는 경계태세와 전투능력을 퇴보시키지 않도록 적절하게 혼합된 숙련된 조종사와 비숙련 조종사의 비율을 가져야만 하는데, 숙련 조종사들의 조기 퇴역으로 인한 문제는 이러한 생태계를 파괴시키는 것이다. 즉, 이 문제의 핵심은 숙련 조종사들이 퇴역하고 난 후, 그 자리를 신참 조종사들이 비행부대의 작전 요구도에 부응하는 기량을 갖출 때까지 기다려야 하는 비행부대의 어려움을 나타낸다.

1. 분석의 틀

1) 숙련 조종사와 미숙련 조종사의 구분

미숙련 조종사들은 작전임무를 여전히 숙달하고 있으며, 또한 지속적인 감독이 필요한 조종사들로서 작전부대에서 편대장 혹은 분대장의 지휘 아래 요기로 활동하게 된다. 숙련 조종사들은 그들의 작전임무를 대부분 숙달한 조종사를 말하는데, 대부분의 조종사들은 그들에게 부여된 최초의 임무에서 그들이 더 향상된 비행을 하기 위한 기량을 얻기까지는 약 36개월이 소요된다. 이러한 숙련 전투조종사의 기본적 기준은 약 500시간의 비행시간을 요구로 한다.

따라서 숙련된 전투조종사가 된다는 것은 기본적으로 3년이라는 정규적인 프로그램이 필요하다. 신참 조종사를 숙련 조종사로 만들기 위한 모든 임무는 비행부대 지휘관, 편대장, 그리고 교관의 몫이고, 이들은 미숙련 조종사들이 가지지 못하는 작전임무에 대한 지식이 요구되는 참모직위에 보임될 수도 있다.

한편 위에서 군 조종사들의 조기 퇴역으로 인해 발생되는 임무수행능력의 제한에 대한 대응책으로 그 유출을 만회하기 위해 조종사의 배출을 증가시키는 것이 하나의 방법이 될 수 있음을 제시하였다. 그러나 배출수준은 작전부대에서 허용할 수 있는 수준으로 제한되어야 하는데, 이것은 제한된 수의 신참 조종사들만이 작전부대에 흡수될 수 있기 때문이다. 만약 극소수의 숙련 조종사들이 비행 부대에 있다면 선택 가능한 대안들이 별로 없으며, 이 경우 두 가지의 문제점이 발생할 수 있다.

첫째, 작전준비태세와 작전능력은 즉각적으로 퇴보될 것이다. 둘째, 신참 조종사의 흡수에 대한 문제점들은 비행부대가 요구하는 미숙련 조종사들을 감독하고 훈련시켜야만 하는 숙련 조종사들이 더욱 요구되기 때문에 상황은 더욱 악화될 것이다.

2) 숙련 조종사들의 감소로 인한 문제점

전체적인 숙련 조종사의 수준은 기초과정을 통해 연간 배출되는 조종사의 수에 의해서 결정된다. 랜드 연구소의 작전부대 훈련모델의 결과는 신참 조종사의 기량을 유지하는 데 드는 비용은 전투 작전부대에 있어 숙련 조종사의 비율이 감소될 때 비례적으로 증가하는 것을 보여주고 있다. 비행편대장과 교관의 수가 줄어들면 줄어들수록 남아있는 각 숙련 조종사들은 많은 수의 요기들을 감독하기 위해 더 많이 비행을 해야만 한다.[5] 즉, 고수준의 기량을 가진 숙련 조종사들이 부족하다면 작전부대의 원활한 운영이 어렵다는 것을 이 모델은 보여주고 있는 것이다.

3) 숙련도 감소와 요구 비행 쏘티의 증가

랜드 연구소는 조종사의 조기 대량유출과 전투력의 상관관계를 알아보기 위해 다양한 조건들하에서 작전부대 훈련모델을 연습하였는데, <표 13-1>은 LANTIRN 임무를 수행하는 F-16 대대를 대상으로 실험한 결과를 보여

---

[5] 숙련 조종사 1인당 훈련 부담지수는 다음과 같은 방법으로 계산되어질 수 있다. $n=2x$ and $s(x)=2s(n)$ n:미숙련 조종사 수, x:숙련 조종사 수, $s(x)=$숙련 조종사의 월 평균쏘티, $s(n)=$미숙련 조종사의 월 평균 쏘티이다. 따라서 비행 대대전체의 평균 쏘티는 다음과 같이 추론해 볼 수 있다. $avg=[xs(x)+ns(n)]/(x+n)=[2xs(n)+2xs(n)]/3x=(4/3)s(n)$ 결과적으로 $s(n)=(3/4)avg$ and $s(x)=2s(n)=(1.5)avg$라는 방정식이 성립될 수 있다.

〈표 13-1〉 조종사 자격과 부대 숙련 조종사 수준에 따른 훈련요구도

PILOT TYPE	개인적인 요구쏘티	부대 숙련 수준이 65%일 경우	부대 숙련 수준이 40%일 경우
미숙련 조종사	13.2	13.2	13.3
숙련 조종사	12.4	13.0	17.6
비행편대장/교관	12.5	13.0	18.0
평균 전투준비태세	NA	13.1	15.7

주고 있다. 이 실험에서 랜드의 첫째 목표는 다양한 자격을 가진 조종사들을 위해 요구 쏘티를 결정하는 것이었다. 이것은 부대에 할당된 조종사들은 그 장비에 대해 완전히 자격화되어야 하고, 그들이 획득하였던 자격에 부여된 모든 임무를 소화하기 위한 훈련이 완전하게 이루어져야 한다는 것을 강조하기 위함이다.

이해를 쉽게 하기 위해 랜드는 조종사 그룹을 4개의 범주로 나누었다. 또한 두 개의 전혀 다른 숙련수준을 구분함에 있어 개인과 부대전체의 요구도를 충족시키기 위해 요구되는 쏘티를 일람표로 만들었는데, 그 결과는 <표 13-1>에 나와 있다.

위의 표와 유사한 자료는 <그림 13-3>에 비교해 놓았다. 표에서 부대 전체의 숙련 수준이 65% 수준일 때조차도 편대장과 교관들은 그들이 개인적으로 요구되는 것보다 더욱더 많은 쏘티를 비행해야 하는 것을 알 수 있다. 또한 숙련수준이 40%로 저하될 때 편대장과 교관들의 비행 요구도는 44%로 급격히 증가하였다. 이러한 쏘티 증가는 숙련 조종사, 편대장/교관조종사에게만 해당되고 미숙련 조종사들에게는 전혀 해당되지 않는 것이었다. 만약 연구대상이었던 F-16대대의 전체 숙련수준이 65%에서 40%로 감소될 경우 매달 비행 쏘티는 거의 20%의 증가가 요구되는데, 이것은 미숙련 요기가 그들의 비행기량을 유지시키기 위해 비행 횟수를 증가해야 하기 때문이다. 따라서 소수의 비행편대장과 교관들은 각자 많은 미숙련 조종사들을 감독하기 위해 보다 많은 비행을 해야 한다.

〈그림 13-3〉 비행대대에서 숙련도의 감소에 의한 요구 쏘티의 증가도

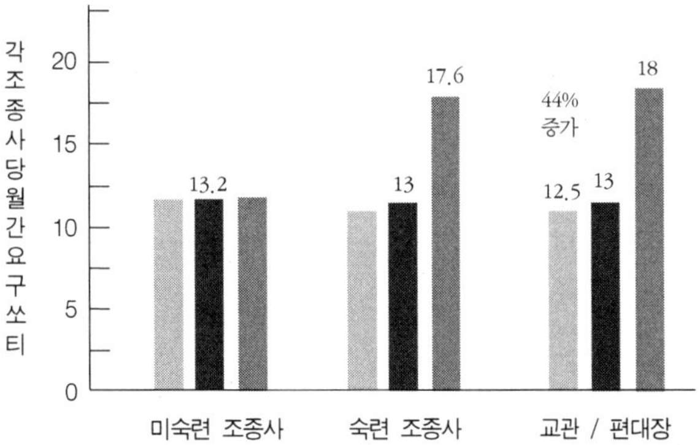

각 조종사당 월간 요구 쏘티

	미숙련 조종사	숙련 조종사	교관 / 편대장
	13.2	13 / 17.6	12.5 / 13 / 18 (44% 증가)

1st Bar: 개인   2nd Bar: 65% 부대숙련도   3rd Bar: 40% 부대숙련도

4) 항공기 순환의 제한

각 비행부대는 계획된 쏘티만 비행할 수 있는데, 그것은 인가된 항공기수가 고정되어 있고, 다음과 같은 이유로 항공기 순환율이 제한되기 때문이다. 즉, 엔진과 여분의 부품을 위한 제한된 예산, 정비작업을 위한 제한된 장소, 정비와 무장을 유지하기 위한 숙련정비사와 무장사의 감소 등이다. 또한 부가적인 쏘티들은 더 많은 비행시간과 예산을 요구한다. 따라서 항공기 순환율, 시간과 경제적 비용의 제한 때문에 전투부대들의 경우 연간 요구량을 완전히 충족시키는 것이 어렵다는 것을 알 수 있다.

이런 상태에서 만약 숙련수준이 계속 저하된다면 편대장과 교관들을 미숙련 요기들의 요구 쏘티에 투입해야 함을 알 수 있다. 그러나 쏘티 생산과 항공기 순환율이 고정되어 있다면 많은 미숙련 요기들은 감소된 그들의 훈련 쏘티를 획득하기 위해 경쟁할 것이고, 그 결과 대부분의 미숙련 요기들에게 배당되는 쏘티들은 적을 수밖에 없다. 결론적으로 숙련급 조종사가 되기 위해서는 500시간이 필요하지만 이런 상황하에서 미숙련 조종사들은 더욱 많은 시간을 요구할 것이다. 그러므로 그들은 요기자격에 더 많이 머물러 있어야 하고, 그 승급시기도 매우 서서히 진행될 것이다.

2. 비행부대에서의 미숙련 조종사의 순환

1) 신참 조종사에 있어서 숙성률(熟成率: Aging Rate)[6]

미숙련 조종사를 훈련시키기 위한 교관과 편대장의 비행 쏘티는 미숙련 조종사가 비행한 쏘티 비율에 근거할 수 있는데, 이 결과는 <그림 13-4>에 요약되어 있다.

숙련수준이 60% 이하에서 편대장과 교관들은 개인적으로 미숙련 요기보다 비행을 더 많이 해야 한다. 만약 그 부대의 숙련수준이 교차점 밑으로 다운된다면 미숙련 요기 각각을 위한 쏘티의 평균은 그 부대의 평균치보다 더 적게 될 것이다. <그림 13-4>에서 수직축은 비행부대의 미숙련 조종사들이 평균적으로 비행할 쏘티가 얼마나 많이 감소될 것인가를 보여주는데, 이것은 또한 편대장과 교관이 얼마나 많이 비행해야 할 것인가를 나타낸다.

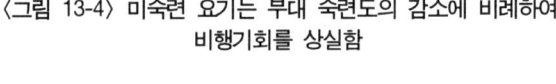

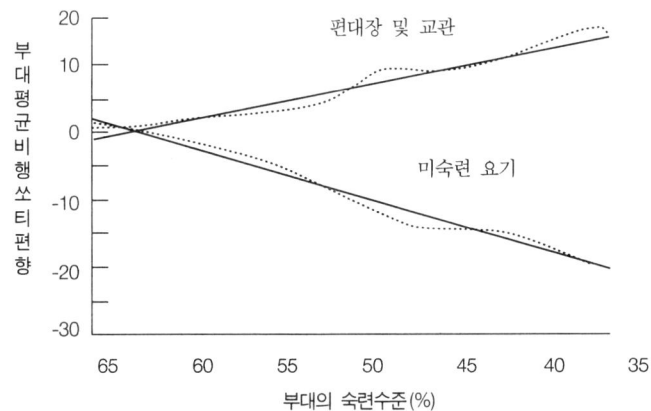

〈그림 13-4〉 미숙련 요기는 부대 숙련도의 감소에 비례하여 비행기회를 상실함

---

[6] 신참 조종사가 경험을 축적하는 비율로서 미숙련 요기에 의해 1달 동안 비행한 시간의 평균치로 계산된다.

2) 숙성률의 부족(ARD: Aging Rate Deficit)

<그림 13-4>는 숙련 수준이 60% 이하로 다운될 때 미숙련 조종사들의 숙련 수준은 부대 비행경험 획득주기의 평균치에도 못 미친다는 것을 보여주고 있다. 그러므로 신참 조종사들은 그들이 원하는 것보다 더욱 늦게 숙련 대열에 합류됨을 알 수 있다. <그림 13-5>는 부대의 숙련수준이 60%로 이하로 감소하게 될 때 비행부대의 숙성률이 어떻게 될 것인가를 보여주고 있다. 17.1시간에 걸쳐 있는 수평선은 대상 F-16대대의 매달 월 비행시간의 평균치를 보여준다. 기울기는 다양한 숙련수준에 있어 비행대대의 숙성률을 나타낸다.

두 개 라인 사이의 수직적인 공간은 미숙련 요기를 위한 월 평균 비행시간과 평균시간의 차이점을 나타내고 있다. 이 차이점을 숙성률의 부족Aging Rate Deficit(ARD)라 부르는데, 이것은 미숙련 조종사의 월 평균 비행시간이 얼마나 대대의 월 평균 비행시간에 뒤처져 있는가를 나타낸다. 예를 들면 50%의 숙련수준에서 그 대대는 평균으로부터 약 1.5배의 월간 비행시간의 부족을 고려해야 하나, 35%의 숙련수준에서 그 부족분은 약 3.5배에 달할 것이다.

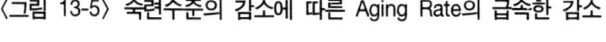

〈그림 13-5〉 숙련수준의 감소에 따른 Aging Rate의 급속한 감소

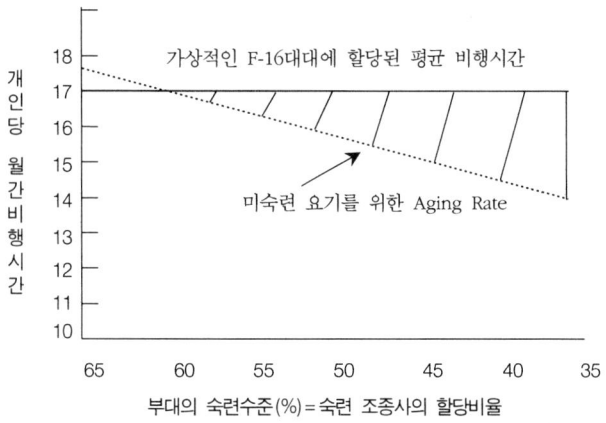

제13장_ 공군의 숙련 조종사 부족과 전투력 감소의 상관관계 | 421

다수의 ARD를 가진 대대는 미숙련 조종사들이 계획되어진 비율에 숙련 조종사로 전환될 수는 없을 것이다. 그 결과로 그 부대의 숙련수준은 예상보다 더 낮은 수준으로 다운될 것이다. 만약 ARD의 규모를 알고 있다면 미숙련 조종사들이 숙련수준으로 변하는 데 얼마나 많은 시간이 소비되는가를 계산할 수 있을 것이고, 부대의 숙련수준이 감소되는 규모를 파악할 수 있을 것이다.

3. 숙성률의 급격한 저하(Slippery Slope)

<그림 13-6>은 만약 숙성률의 부족이 없다면 비행대대의 숙련수준은 항상 일정하게 접근한다는 것을 보여주고 있다.

부대의 숙련수준을 측정하기 위해 숙성률 부족을 적용시킬 때 다음의 다양한 양상들이 발생한다. <그림 13-7>은 숙련수준이 일정한 수준을 향해 접근하는 것 대신 마치 비탈길에 진입한 것처럼 급격하게 다운되는 것을 보여준다.

〈그림 13-6〉 Aging Rate 결손이 무시될 경우 숙련도는 일정한 상태를 유지함

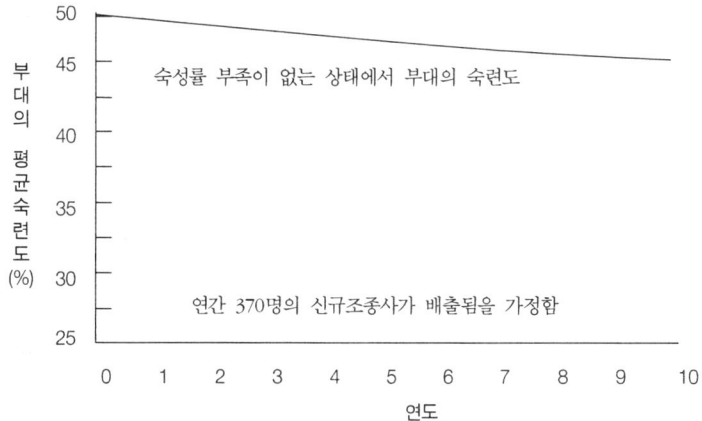

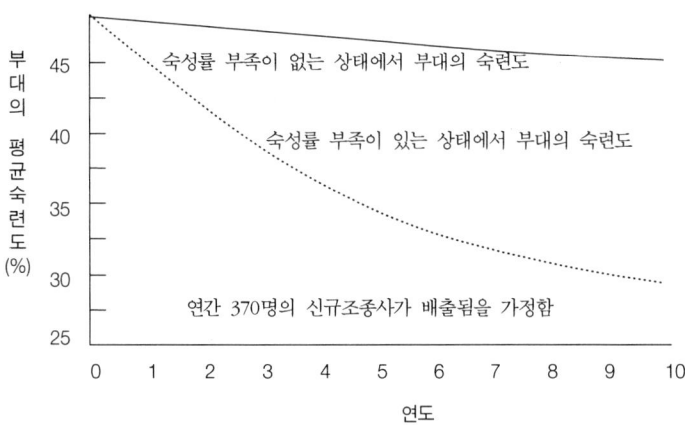

〈그림 13-7〉 사실상 숙성률 부족이 Slippery Slope을 유발시킴

<그림 13-7>에서 밑의 점선은 부대의 미숙련도가 그 자체로 순환될 수 있음을 명확히 보여주고 있다. 즉, 미숙련 조종사들은 부대 숙련도의 감소보다 더 서서히 숙련되기 때문에 부대 숙련도는 계속적으로 감소되며, 그 결과 숙성률 부족은 급속히 증가된다. 이 과정의 결말은 결국 부대의 숙련 정도를 25% 이하로 감소시키게 되는데, 그러한 낮은 숙련수준은 이전에 미국이 경험한 전시에만 나타나는 수준이었다. 이 그림에서 나타난 숙련도 문제점의 본질을 더 자세히 파악하기 위해서는 다음의 사항들을 고려해야 한다.

가) 비행 편대장이 두 명의 요기를 교육해야 할 때 편대장은 필수적으로 각 요기보다 두 배의 비행을 해야만 한다. 만약 비행대대가 각 조종사당 17시간을 평균적으로 비행한다면 비행편대장은 1.5배인 25.5시간을 비행하는 반면 요기들은 75% 수준인 12.7시간을 비행하게 될 것이다.

나) 이것은 만약 미숙련 조종사들이 32개월 동안의 계획된 프로그램에 의해 숙련 조종사가 될 때, 33%의 숙련 수준에서는 42개월이라는 시간이 소요될 것임을 의미한다.

다) 25% 숙련수준에서 비행편대장은 3명의 요기를 지휘하게 되는데, 계획된 17시간은 요기에게 11시간의 시간이 할당되는 대신 편대장에게는 2배인 34시간이 주어진다.
라) 25% 상황에서 500시간에 도달하기 위해서는 50%의 시간이 늘어난다. 따라서 이 상황에서는 약 2~3년에 걸쳐 숙련 조종사가 되는 대신 약 4년의 시간이 소요된다.

이러한 사항들은 조종사가 시간이 축적되는 비율에 관계없이 500시간에 이르면 숙련 조종사가 되는 것을 가정한다. 따라서 실제 비행부대에서 신참 조종사들의 숙달성은 숙련 조종사들보다 신속히 저하되고, 신참 조종사들이 충분히 비행하지 못한다면 그들의 비행기량은 매우 빨리 후퇴가 될 것이다.

III. 숙련수준의 통제 및 조절

1. 대안의 제한

작전부대에서 숙련수준을 조절하기 위한 방법은 제한되어 있지만, 가능성 있는 방법으로는 비행부대가 신참 조종사의 숙성률 부족을 제거하기 위해 부가적인 시간을 비행하는 것이다. 만약 이 방법이 모든 전투부대에서 타당하다고 인식되면 그 비행부대의 숙련수준은 <그림 13-7>의 위쪽 라인에서 보여지는 것처럼 40~45%를 유지할 수 있을 것이다. 그러나 이것은 부가적인 예산이 소요될 뿐만 아니라 시간이 많이 소요되는 계획이라는 것을 알 수 있다. 더욱이 작전부대에 예산이 배정되었다 하더라도 부가적인 비행은 항공기 순환율이나 정비상의 제한점 등 다른 문제점이 있기 때문에 어렵다는 것을 예상할 수 있다.

1) 소규모의 조종사 흡수

비행부대들이 숙련 조종사들의 조기 전역으로 비행에 제한이 가해질 때 숙련수준을 유지시키는 가장 간단한 방법은 부대에 소수의 조종사만 전입시키는 것이다. 이 대안이 적용되면 조종사 부족의 대책에 역행하는 면이 있더라도 <그림 13-8>에서 보는 바와 같이 비행대대의 숙련도를 향상시킬 수 있다.

〈그림 13-8〉 소수의 신참 조종사가 비행부대에 전입 시 숙련수준의 향상도

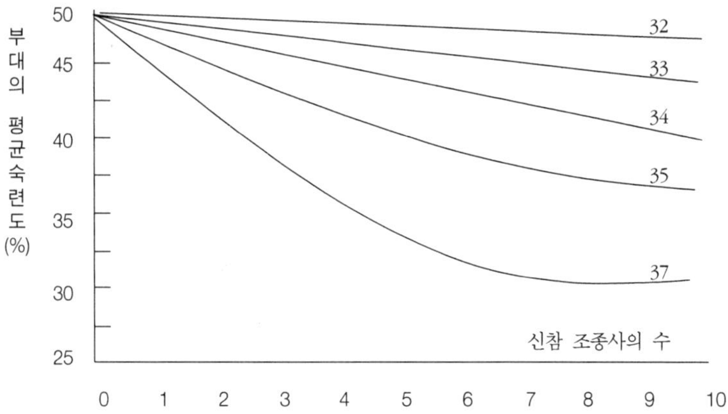

2) 조종사 배출을 줄이는 것은 장기간의 해결책이 아니다.

만약 현재의 군 조종사 유출이 지속된다면 370명의 신참 조종사가 전투력을 유지하기 위해 매년 필요할 것임을 명심해야 한다. 신참 조종사의 배출을 감소하기 위해서는 수준 높은 기량을 가진 조종사 수의 지속적인 유지, 과중한 조종사 업무나 비행 감소 등이 전제되어야 한다. 그러나 조종사의 업무가 10년 이전보다 거의 40%로 감소되었고, 그중 60%는 2선의 참모직이었다는 것을 상기해볼 때, 더 이상의 감소는 어렵다는 것을 인정해야 한다. 따라서 단지 부대의 숙련수준을 높이기 위해 조종사 배출을 감소하는 것은 미래의 숙련수준을 오히려 저하시키는 원인이 될 수 있고, 또한 급감하

는 2선의 참모직에 배당할 수 있는 조종사가 감소됨으로써 오히려 역효과를 결과를 가져올 수 있기 때문에 조심스럽게 접근해야만 한다.

2. 총체적 공군의 대안들

앞 장에서 군 조종사에 대한 민간 항공사의 수요는 감소하지 않을 것임을 언급하였다. 그에 대한 대응책으로 수동적인 접근은 성공적이지 못할 것으로 예상됨에 따라 적극적인 대응책이 요구되어진다. 하나의 예로써 미 공군은 의무복무 기간에 복무하고 있는 조종사에게 보다 많은 보너스를 지급하고 있으며, 공군에서 평생복무를 시킬 수 있는 방법 즉, 주 방위군과 예비군 조종사의 가능성을 고려하고 있으나, 이 방법들이 완벽한 해결책이 될 것임은 불확실하다. 그러므로 전투기 조종사 배출수준을 현행과 같이 유지하는 동안 공군차원에서 총체적인 다른 대안들이 필요한데, 다음과 같은 방법들이 논의될 수 있다.

1) PROJECT-SEASON[7]의 수행

공군은 한때 주 방위군과 예비군 비행단에 현역 조종사들을 배치시켰는데, 이것은 신참 조종사들에게 적당한 숙련수준을 달성하고, 비행임무에 대한 작전적 관숙을 시키기 위함이었다. 그러나 많은 실행상의 문제점들 때문에 현역 부대와 예비군 비행단 둘 다에 있어 환영받지 못하는 프로그램으로 인식되어 폐지되고 말았다.

이 보고서는 이 정책을 다시 검토하고 있는데, 이 프로그램이 실행될 시 주 방위군과 예비군 비행단에서의 신참 조종사 흡수에 대한 총체적인 효과

---

7) 이 프로그램은 1990년대 초 조종사 유출이 극심했을 때 미 공군에서 운용된 조종사 훈련 프로젝트로 기초 비행훈련이 끝난 신참 조종사들의 일부를 주 방위군이나 예비군의 비행부대에서 훈련시켜 비행단의 훈련소요를 줄이고, 결과적으로는 비행단의 전투력을 유지할 목적으로 시행되었다.

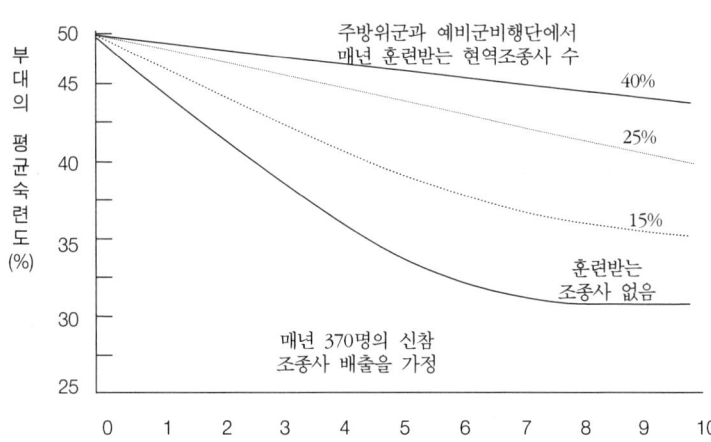

〈그림 13-9〉 주 방위군과 예비군 비행단에서 신참 조종사들의 숙련도

는 <그림 13-9>에 나타나 있다.

위의 라인들은 매년 370명의 신참 조종사들 중 주 방위군과 예비군 비행단에서 매년 훈련받는 현역조종사 수에 따른 비행부대의 평균 숙련도를 나타내고 있다. 즉 이 비행단에서 훈련을 받는 신참 조종사가 많을수록 현역부대의 평균 숙련도는 높아짐을 알 수 있다. 이것은 이 부대들로 조종사가 많이 유입될수록 현역 부대에 남아 있는 신참 조종사의 비행횟수가 증가되어 숙련도가 높아질 수 있음을 의미한다. 이전에 실행하였던 PROJECT SEASON 의 가장 큰 제한점은 이 프로그램에 참가하였던 조종사가 겪었던 복무기간 동안 그들 의식의 변화였다. 즉, 주방위군과 예비군 비행단에서의 생활에 비교적 만족하였던 젊은 조종사들은 부대복귀 후 현역을 떠나기를 희망하였고, 그와 같은 부대에 계속 근무하기를 희망하였다. 따라서 이 상황은 현역 비행부대에 남아 있었던 그룹에서 이 프로그램에 대해 부정적인 인식을 가지게끔 하였다.

또 다른 이 프로그램의 제한점은 참가하고 있는 현역 조종사들은 참가 부대의 연간 요구량만 충족시키면 되었기 때문에 실제 작전부대에 있을 때보다 비행을 훨씬 적게 하였음에 따라 그 기량 발전 속도가 매우 느리게 되었다는 점이다. 결론적으로 이 연구는 만약 공군이 PROJECT SEASON 을 다시 실행하고자 한다면, 위와 같은 제한점들이 심도 있게 고려되어야 하고, 또한 비작전 부대에 업무가 적당하게 배분되어야 함을 강조하고 있다. 그러나 항공기 순환율이나 기타 자원의 배분 문제에 있어서 제한점이 많기 때문에 별로 실용적이지는 않다는 견해를 피력하고 있다.

2) 관련 프로그램

공군이 준비하고 있는 또 다른 프로그램은 초등훈련 비행단 조종교관을 전환 배치하는 것인데, 주 방위군 및 예비군 비행단 비행교관을 초등비행 교육 교관으로 활용하고, 초등훈련 비행단 조종교관을 고등비행 교육 조종교관으로 재배치하여 남는 고등훈련 비행단 조종교관을 전투비행단에 배치하는 것이다. 이러한 대책은 분명히 전투비행단 내 숙련 전투기 조종사 비율을 높여 비행단의 전투력을 제고할 것임은 자명한 일이나, 이럴 경우 또 다른 문제가 발생하게 된다. 우선은 현역 전투비행단의 전투력은 향상되는 반면에 주 방위군이나 예비군 비행단의 전투력은 저하될 것임으로 또 다른 대책이 필요하다. 즉, 이들 부대의 비행훈련 소요가 증가하게 되어 훈련 비행 쏘티 증가 및 조종교관 추가 소요 발생 등으로 인한 새로운 예산소요가 발생하게 된다. 그러나 현역 전투비행단의 훈련부담 과중으로 인한 조기 유출 증대 등에 비하면 큰 문제는 아니라는 것이 미 공군의 판단이다.

이외에 미 공군은 비행 시뮬레이션의 적극 활용을 통해 비숙련 조종의 비행시간 부족을 보완하고 있다.[8] 미 공군은 각 비행부대별로 임무훈련센터 (MTC: Mission Training Center)라는 시뮬레이션 관련 조직을 보유하고 있으며, 이 센터에서는 조종사들에게 실제 임무와 유사한 상황을 부여하여 실전과 같은 훈련을 시키고 있다. 한 달에 미 공군 조종사들의 실제 비행 쏘티

---

[8] 미 공군의 숙련 조종사의 양성을 위해 시뮬레이션 필요성의 강조에 대해서는 다음 보고서를 참조할 것. Richard S. Marken, *Absorbing and Developing Qualified Fighter Pilots: The Role of the Advanced Simulator*(RAND, 2004).

대 시뮬레이션 쏘티는 14 : 4의 비율로 실시되고 있으며, 후자의 경우에도 비행전/후 브리핑이 엄격히 이루어지는 등 그 훈련 강도는 실제 비행과 유사하게 엄격히 관리하고 있다.

IV. 결론 및 한국 공군에 주는 시사점

이 연구에서는 현재 미 공군의 조종사 부족으로 인해 발생하는 비행부대의 전투력 감소에 대해 살펴보았다. 특히 숙련수준이 낮은 부대에서 신참 조종사의 신속한 숙련을 방해하는 숙성률 부족에 관해 알아보았는데, 낮은 숙련수준인 부대에서 항공기 순환의 제한점 때문에 비행을 많이 하지 못하게 되면 숙련수준은 통제가 불가능한 수준으로까지 급락하게 됨을 알 수 있었다. 이러한 숙성률의 급격한 하락은 공군의 전투력 유지에 있어서 가장 큰 제한요인으로 작용할 수 있음을 제시하였다.

3절에서는 이러한 문제점들을 통제하기 위해 가능한 대안들에 대해 논의하였다. 가장 확실한 해결책은 작전부대로 흡수되는 조종사의 수를 감소시키는 것이지만 이것은 비행 요구도를 감소시키거나 장기 보유책을 향상시키지 않는 한 근본적인 해결책이 될 수 없음을 알 수 있었다. 또한 조종사 부족에 의해 생기는 숙련수준의 감소에 대비하기 위한 잠재적인 대안들을 검토하였는데, PROJECT SEASON의 재개, 초등비행 훈련단 조종교관의 전환배치, 비행 시뮬레이션의 적극 활용 등이 그것이다.

본문에서 제기된 이러한 사항들은 비교적 많은 수의 조종사들이 의무복무기간에 남아 있을 때 신속하게 행사되어야만 하고, 만약 그렇지 않을 경우 2010년대 중·후반에는 비행부대의 숙련도 문제가 더욱 심각한 수준으로 나타날 것이다. 랜드 연구소의 위와 같은 고려사항들은 미 공군의 지휘관회의에 전해졌는데, 그에 따른 최종적인 대응책들은 다음과 같다.

가) 전투부대를 위해 최저의 미숙련 수준은 55~60%로 정해졌다.
나) 공식적인 전투기 훈련부대를 통한 조종사 배출은 연간 330명으로 감소시켰고, 이들의 30%는 주 방위군과 예비군 비행단으로 흡수되도록 하였다.
다) 공식 훈련부대에서 교관 활용의 타당성을 검토하기 위해 노력하였다.
라) 비행 시뮬레이션의 활용을 위한 적극적 개선조치가 하달되었다.

위에서 본 미 공군의 사례에서처럼 조종사의 조기 유출로 인한 전투력의 감소는 한국 공군도 당면한 심각한 문제이다. 즉, 국민들의 주5일 근무제로 여가시간의 활용을 위한 항공기 탑승률의 증가 및 지속적인 항공 산업의 발전으로 인해 민간 항공사들은 조종사 수급에 있어 군 조종사들의 유입을 더욱 적극적으로 요구하게 될 것이다. 이러한 상황하에서 위에서 언급된 미 공군의 해결책들이 비록 조직 환경이나 국가의 경제 환경이 차이 나는 한국 공군으로서는 그대로 수용할 수는 없으나, 이러한 문제를 해결하고자 하는 접근방식은 충분히 고려해 볼만한 가치가 있다고 여겨진다.

우선은 미 공군도 빈번한 이사와 과중한 업무, 경제적인 문제 등이 삶의 질에 있어 부정적인 효과로 나타남으로써 조종사들의 조기 유출 원인으로 나타나고 있다. 미 공군은 이를 해결하기 위해 항공수당, 장기비행복무 장려금 지급 등 경제적 보상을 중심으로 대책을 세워왔으나, 조종사들의 조기 유출은 감소되지 않고 있다. 이 점은 한국 공군도 거의 유사하다고 볼 수 있는데, 한국 조종사들의 조기 유출 원인은 24시간 긴장이 계속되는 비행생활, 노후장비로 인한 생명의 위협, 자신의 미래에 대한 명확한 비전의 부족 등으로 볼 수 있다.9) 즉 군을 조기에 떠나려고 하는 이유가 향후 진로에 대한 비전부족과 복무에 대한 부담이라는 점에서는 미국과 같다고 볼 수 있다. 그러므로 조기 유출 원인과 그것으로 인한 숙련률 부족의 해결책에 대한 접근 방식도 미 공군의 접근 방식을 고려할 필요가 있을 것이다. 따라

---

9) 김종탁, "군 조종사 이탈, 직업 안정성 높여야 멈춘다," 『조선일보』, 2011.10.4.

서 위에서 언급된 두 가지의 문제점, 즉 조종사의 조기 유출과 그것으로 인한 비행부대 숙련수준의 저하를 막기 위해서는 다음과 같은 대안이 제시될 수 있을 것이다.

첫째, 현재 공군의 조종사들은 일선과 비일선을 구분하지 않고 막중한 업무에 시달리고 있다. 즉, 일선에서는 24시간 항시 대기해야 하는 심적인 압박감과 함께 과중한 지상업무에 연중 노출되어 있다고 해도 과언은 아닐 것이다. 또한 비일선에 근무하는 참모 조종사들은 그들 나름대로의 업무영역에 따라 항상 긴장하는 생활을 하고 있다. 따라서 이러한 환경조건하에서 조종사들은 자기 직업에 대한 만족도와 자부심은 당연히 감소된다고 볼 수 있다.

이 문제점에 대한 근본적인 대책으로 상시 대기체제는 어쩔 수 없다 치더라도 비행에 있어 연간요구량과 부수요구량에 대한 합리적인 책정, 지상업무에 있어서의 필수적인 업무 외의 부수적인 업무제거 등을 고려해 볼 수 있다.

둘째, 노후 항공기의 과감한 도태 내지는 조기교체이다. 물론 현재 진행 중인 F-X와 KF-X 사업이 완료되면 관련 문제점이 해결될 수 있겠지만, 그 진행기간이 비교적 긴 편이고, 특히 KF-X의 경우 사업 진행여부도 불투명한 상태이다. 그렇다고 해서 노후기종을 계속 유지한다는 것은 조종사들의 심리적 불안감 증대, 잠재적 사고 위험성 증가 등이 잠재되어 있으므로 재고할 필요가 있을 것이다.

셋째, 조종사 각자에게 미래에 대한 명확한 비전을 제시해 줄 수 있는 구체적인 방안이 필요하다. 예를 들면 확실한 진급기회의 보장, 많은 교육기회의 부여, 경제적 보상 등의 처우 개선이 그 구체적인 예가 될 것이다. 물론 위에 열거한 예들이 현재 공군의 환경에서 그대로 수용 될 수는 없겠지만 위의 점들을 개선해 나가려는 정책결정자들의 의지와 관련제도가 안정적으로 정착될 수 있도록 노력해야만 한다.

마지막으로 현재의 조종사 유출이 계속 이어져 비행부대의 숙련수준이 적정수준 이하로 감소되는 상황을 방지하기 위해서 가장 우선적으로 고려되어야 할 점은 신규 조종사 양성 소요를 보다 합리적으로 판단해야 한다는 것이다. 적절하지 못한 신규 조종사의 양성소요 증가는 부족한 조종사를 양적으로 보충하는 효과를 가져 올 수 있으나, 초기 양성비용의 증가는 물론 이에 부수하는 시설, 장비, 인력의 증가가 뒤따르며, 이것들이 제대로 갖추어지지 않을 경우 양성의 질적인 저하를 초래하게 될 것이다. 특히, 비행단 내 신규 조종사의 증가로 인해 미 공군의 경우와 같이 전투력 저하를 가져오게 됨을 예상할 수 있다. 따라서 조종사 조기 유출로 인한 전력 공백을 보충하기 위한 문제는 양과 질을 동시에 충족하는 방안이 고려되어야 할 것이다. 즉, 조종사 양성소요에 대한 면밀한 검토와 현행 조종사 경력관리체계 조정을 통한 일선 활용기간의 확대, 초·중·고등 교관 전환배치 등의 방안들을 검토해 보아야 할 것이다. 물론 이러한 제 방안들은 공군의 총체적 전력관리 차원에서 고려되어야 할 것이다.

결론적으로 필자가 본문에서 랜드 연구소가 제시한 방안들을 기준으로 여러 가지 대안들을 제시해 보았으나, 한국 공군의 현실상 이러한 복무환경을 일시에 개선할 수도 없고 국가의 경제 여건상 민간항공사에 버금가는 보수를 지급할 여건도 되지 못한다는 것은 모두가 공감하는 사실일 것이다. 그렇다면 결국 공군이 우선적으로 노력해야 할 것은 미 공군의 예에서도 보았듯이 주어진 전력의 여건을 적절하게 배합하여 기존의 전력을 향상시키는 일일 것이다. 즉, 우선은 현재의 공군력을 면밀히 검토하여 목표 전력수준을 설정한 다음 합리적인 신규조종사 양성소요 결정, 기존 전투비행단의 효율적인 조종사 구성방안 강구, 조종사 경력관리체계 재설정 및 조종사 처우개선 재검토 등이 공군의 총체적인 노력하에 이루어져야 할 것이다.

부 록

〈부록 1〉 Threats, Alliance, and Military Power Building of Korea: With Focus on the Force Structure of the ROK Military

〈부록 2〉 칼럼 모음

부록 1

Threats, Alliance, and Military Power Building of Korea:
With Focus on the Force Structure of the ROK Military

I. Introduction

The purpose of this research is to study the factors that contributed to Korea's pursuit of a personnel-intensive force structure (PIFS) and technology-intensive force structure (TIFS) in military power building, and to present a desirable future path for military power building.

Since the establishment of the ROK-US alliance, direct threats to Korea have originated from the North Korean regime and its military force. Also, it is a well-known fact that the Korean military and the USFK have been operating under a strategic division of labor. As a result, Korea caught by the idea of "catching up with the North Korean military" and "relying on USFK for navy and air power," has developed its military with primary focus on ground troops.

These factors hindered the development of a technology-intensive force and led to the current personnel-intensive force structure. However, as evidently displayed during the Kim, DaeJung and Rho, Moohyun administrations, the rise of potential threat and the weakening of the

ROK-US alliance accelerated changes in such traditional views and roles. Consequently, the Korea's military power building shifted to a somewhat technology-intensive force structure during this period. In other words, we can see that the threats Korea faced and the characteristics of its alliances helped shape its military power.

While matters such as North Korea nuclear weapons, historical conflicts with neighboring countries, and territorial disputes, cloud over the future security order of East Asia, the transition of operational control authority in wartime set for 2015 requires a reconsideration of Korea's national strategy and national defense policy. While the ROK-US alliance, which has played a significant role in Korean security, heads toward a "21st century comprehensive strategic alliance," it is still difficult to predict the future. Also, following the transition of operational control authority and the relaxations of institutions such as the Combined Forces Command, it is difficult to say whether Korea's security will be particularly promising.

How should Korea approach its military power building if it is to deal with uncertain and complex future threats and changes to the ROK-US alliance? Researches on this subject are not only uncommon but most of the existing works are limited to the process of military power building per se. As a result, overlooking the factors that affected the building made it difficult to learn any lessons from the experience. With this in mind, the key variables in this research are the stability of the asymmetric ROK-US alliance and the critical junctures that affected security conditions. In other words, this research aims to investigate the relationship between these variables and the military power building in Korea.

This research covers the time frame starting from the late 1970s when the ROKS-US alliance faced its significant change to the 'participatory government' and is comprised of five chapters. Chapter two covers the framework for analyzing the changes in Korean military power building. Chapter three discusses how Korea's efforts to build their military power have progressed based on these factors. Chapter four presents a desirable future direction for of military power building in Korea based on the previously mentioned details.

II. Theoretical Review on Military Power Building

1. Definitions

Military power refers to a nation's means and capabilities used to conduct military operations.[1] Also, military power structure is the force organization capable of achieving national policy objectives and the unit structure for carrying out military tasks. Military power structure can be divided into command structure, unit structure, personnel structure, and force structure.[2] Command structure means upper structure such as MND, JCS. Unit structure refers to the unit structure of each military service such as brigade, division, and corps levels for the Army. Force structure refers to the structure of each service's weapons and equipment.

Military power in this research refers to the force structure. Force structure is a part of the military power structure and is commonly used to represent military power. It refers to "the total personnel, weapon systems or equipment, and support facilities."[3] In this paper, force structure is distinguished as either a Personnel-Intensive Force Structure or Technology-Intensive Force Structure (hereafter, PIFS and TIFS respectively). The Army focuses more on personnel than on equipment, whereas the Navy and Air Force focuses more on the weapon systems and technology. Therefore, the terms PIFS and TIFS can be used interchangeably with "Army-centered force structure" and "Navy/Air Force-centered force structure."

2. Previous Literature Review

Past researches on the decisive factors for military power building

---

1) JCS Homepage "military terms explaining"(http://JCS.mil.kr).
2) MND, *National Defense White Paper* (2008), pp.74-75.
3) U.S. JCS, *Department of Defense Dictionary of Military and Associated Terms* (Washington D.C.: JCS, 2002), pp.567-568.

are described below. First, there are researches of the view that military power is built based on threat conditions. In other words, current or potential threats must be the first priority of consideration in constructing military power. Representative of this view is Lewis Richardson. In his theory on arms race, he claims that the most important factor in construction of national military power is the threat to security.[4] He states that a nation increases its military power under the premise of threats posed by opposing nations. Realists who believe that self-help is the only solution for national security also stress threats as the key factor in military power building. Increase in other nations' military power can be perceived as a relative decrease in one's own military power. As a result, this inevitably leads to increasing one's own military power.[5]

The importance of threats in military power building is not limited to just these examples. All of these examples, however, do not show what type of military power is constructed by merely stating that the military power is automatically constructed in response to the threats. Also, while they argue that overall threats influence military power building, there are limitations when it comes to verifying these claims.

Unlike these general claims arguing that threats affect military power building, there are researches that cover the factors in detail. Leslie H. Gelb proposes threat awareness and domestic political dynamics as independent variables that affect military power building.[6] In particular, Gelb stresses the effect of bureaucratic politics and interest groups. Also, in her thesis on military power building of weak states, Stephanie Neumann categorizes the variables into internal and external factors.[7] Internal factors included the nation's characteristics and social-political systems. External

---

[4] Lewis G. Richardson, *Arms and Insecurity* (Chicago: Quadrangle Books, Inc., 1960), p.61.

[5] Kenneth Waltz, *Theory of International Politics* (Mass.: Addison-Wesley, 1979), pp.102-106; John J. Mearsheimer, *The Tragedy of Great Power Politics* (N.Y.: W.W. Norton & Co., 2001), pp.30-31.

[6] Leslie H. Gelb, "General Purpose Force," *The Next Phase in Foreign Policy* (Brookings Institute, 1973), pp.223-224.

[7] Stephanie G. Neumann, *Defense Planning in Less-Industrialized States* (Lexington: Health and Co., 1984), pp.12-27.

factors are mainly focused on the international environment and military technology. She also states that while military power building of strong states is mostly affected by domestic political issues, weak states are affected by the international environment or its relations with stronger states.

In Korea, research by Kang, ByungCheol on middle power states used independent variables such as alliances, bureaucratic politics, and military strategy as having the biggest effect on the military power building of Korea.[8] In a comparison to the traditional views that see threats as the decisive factor in force structure, this study showed that there was no direct relationship between threats and force structure. Rather, it emphasized foreign and domestic variables such as international systems and politics. Also, Kim, JungHyun asserted that the most important factors in constructing military power were threat environment, economic strength, and the strategic decisions of leaders. He used the variables to explain the increase in naval power of Russia and China.[9] These researches, compared to foreign researches, used specific and narrowly defined variables. Both of the examples explain the construction of military power in strong states, but are limited in how they could be applied to weak states.

Based on previous researches on the decisive factors of military power, we can draw the three points. First, external factors of force building are mainly focused on outside threats and characteristics of alliance structures. On the other hand, domestic factors focus on bureaucratic politics, economics, and strategic choices of leaders. Second, a nation's force structure is by no means simply and unilaterally decided by geopolitical factors. Rather, it is determined by a combination of internal and external factors. Thirdly, mid to weak states that have a relationship with strong states build force structure that depends on external

---

8) ByungChul Kang, "Middle powers' security environment and force structures: a comparative study of Israel, Taiwan, and South Korea," PhD thesis, Yonsei University(2001).

9) JungHyun Kim, "Factors of Building Naval Power in the Continental Powered Countries: A Comparative Study between Russia and China," PhD thesis, Yonsei University (2005).

factors such as external threats and alliance relations instead of domestic variables. Therefore, this paper focuses on external factors of outside threats and alliance relationships.

3. Variables

This research employs external threats and the characteristics of alliance structures as the key variables, and provides detailed explanation for effective analysis. First, in terms of external threats, this paper used 'Critical Junctures' relating to security as important factors. While existing theories emphasize that general and comprehensive threats affect military power building, this paper stresses the role of critical junctures or critical events relating to national security.[10] Critical junctures refer to crisis situations or unusual circumstances that significantly affect national security. These crisis situations cause a change in perception of policymakers that are seized by existing methods and traditions. Therefore, critical junctures bring about a change in the method of constructing military power by affecting military strategy or national policies. For example, the sinking of the Cheon-an warship and the recent attack on Yeon Pyeong Do led to Korea's focus on countering the N. Korea's local provocation and asymmetric warfare capabilities.

Second, in regards to the characteristics of alliance structure, the Alliance Coherence Intensity (ACI) was examined as the key variable. The ACI does not refer to the alliance itself becoming stronger or weaker, instead, to whether the functional division of labor within the alliance is strengthened or weakened. The functional division of labor means that in an asymmetric alliance, the patron state provides security to the client state in exchange for provision of military facilities or control over the alliance.[11] Therefore, actions such as the withdrawal of patron

---

10) Giovanni Capoccia and Daniel Kelemen, "The Study of Critical Junctures: Theory, Narrative in historical Institutionalism," *World Politics*, Vol.59, No.3(Apr., 2007), p.341. In fact, Critical Juncture theory is derived from an institutionalism. Representative research related this as follows. Ruth Berins Collier, *Shaping the Political Arena* (N. J.: Princeton University Press, 1991).

state's troops without the client state's consent is not considered as a weakening of the alliance itself, but a weakening of the functional division of labor or alliance coherence intensity.

If the ACI is strong, mid and weak states will have an incentive to "free ride" or "bandwagon" with the strong states and there will be less efforts to improve self-helping capabilities. As a result, they will tend to build military power as a PIFS rather than a TIFS which requires significant time and cost. In contrast, if the ACI is weak, concerns of abandonment by the strong state will lead to increasing its self-help measures and tend to build military power as a TIFS.

The change in the ROK-US alliance, or the change in ACI, is the independent variable in this research and was measured using three indicators. They were personnel and equipment, commitment of leaders, and the alliance's institutionalization. It is sufficient to say that a decrease in personnel and equipment signifies a weakening ACI. For example, the alliance between the United States (U.S) and the Philippines was started in 1951 and is still considered a valid treaty today. However, it can be said that the ACI has severely weakened following the withdrawal of all U.S personnel and equipment in 1992.

The commitment of leaders, which is a confirmation of the reliability of the alliance, is also an indicator of ACI. For example, in 1981 less than a week after his inauguration, President Ronald Reagan selected Korea for his first summit talks, and his invitation of Korean president Chun, DooHwan confirmed U.S intent to provide security assistance to Korea. Therefore this shows that the ACI of the ROK-US alliance was elevated.

The third indicator is the institutionalization of the alliance. This can be seen through the use of integrated military powers between the allies. Allies that possess integrated command and control systems have a higher ACI than those that do not. NATO and ROK-US alliance, for example, maintain a combined system, and thus are considered to have a higher ACI than other alliances.

---

11) Ukhee Shin, "The dynamics of patron-client relationship in East Asia," *International Politics Treatises Collection,* Vol.32, No.2(KAIS, 1992), p.180.

III. Critical Junctures, Changes in ACI, and Military Power Building of Korea

1. Deepening N. Korea Threat, Strengthening of ACI and PIFS Building: 1978-1988

1) Critical Juncture

During this period, the critical junctures that affected military power building of Korea were the establishment of the Chun, DooHwan administration through 12/12 incident, the start of the new-Cold War following the Soviet invasion of Afghanistan in 1979, and the terrorist attacks in Myanmar and on Korean Air Lines in 1983 and 1987 respectively. The Chun's administration, which rose to power unlawfully, needed the assistance of the U.S to obtain legitimacy. In return, there was an abandonment of all nuclear policies, reduction of the Agency for Defense Development, and the purchasing of U.S weapons rather than domestic development.

Also, the Reagan administration openly showed its superiority in strength against the Soviet Union, and in order to do this, it pursued policies that emphasized relations with allies and partners. To achieve this goal, the Reagan administration pursued policies to increase military assistance. The U.S, in order to support the Yul-gok project in Korea, provided modernized equipment including military support and weapons. With the U.S's active weapon transfer policies, the amount of the weapon transfer in the 1980s was 2.8 times greater than the previous years. Also, over 95% of the weapons used by the Korean military were acquired from the U.S and the majority was focused on ground forces. In other words, the increase in weapons transfer following the new-Cold War helped lead to a PIFS.

Meanwhile, N. Korea's terrorist attack in Myanmar was an action not only intended to show the rise of Kim, Jong-Il but also to show its military adventurism against Korea. This time period was when N.Korea was realizing that its system was inferior to that of Korea, and the attacks were an attempt to push the Korea into a political and economic chaos. Bombing of Korean Air Lines in 1987 was performed by N. Korean spies. The purpose was to hinder the opening of the 1988 Seoul Olympic Games and to plant sentiments of anxiety and confusion ahead of the presidential elections in Korea. These critical junctures provided incentives for Korea to reinforce its inferior forces. The result was a military power building focused on the Army forces capable of countering N. Korea's terrorist and special operation forces as well as fighting against large conventional forces from the N. Korea.

2) Strengthening of ROK-US ACI

The ACI of the ROK-US alliance, which had been weakening since the Nixon doctrine and the withdrawal of U.S troops in Korea during the early 1970s, began to improve after the late 1970s. The establishment of the Combined Forces Command in 1978, President Carter's reconsideration of the withdrawal policy, and the prioritization of alliances by Reagan provided an opportunity to strengthen ACI for the ROK-US alliance.

First, despite the Carter administration announcing its plans in 1977 to withdraw troops from Korea, opposition and pressure from the legislature

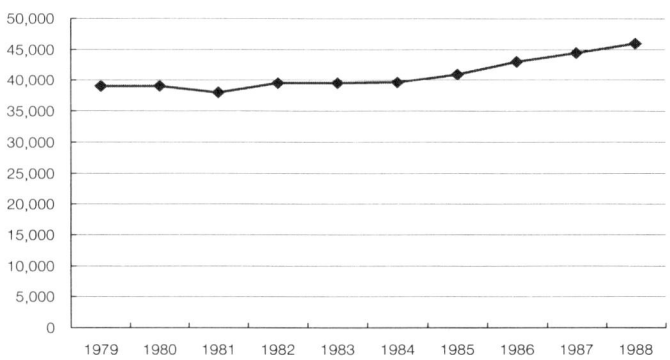

⟨Figure A1-1⟩ USFK Personnel Increase Status(1978~1988)

Source: Ilyoung Kim, *USFK: History, Argument, Prospect* (Seoul: Han-ul, 2003), pp.90-91

led to a temporary stop in carrying out these plans. Since then, U.S forces in Korea have been maintained at a certain level and have even increased during the mid 1980s. In particular, during the Asian Games in 1986 and Seoul Olympics in 1988, USFK personnel increased to over 40,000 and reached a peak of 46,000 by 1988.

The USKF observed great improvements during this time. The USFK 2nd Army adopted the revolutionary air land battle concept to the Korea peninsula and deployed Lance missile with a 120 km range. They also reinforced their multiple launch rocket arsenals, and brought new tank and helicopters. The 7th air force also brought in F-16, A-10s. Thus in the 1980s the USFK showed its resolution to defend ROK with an improvement in both the quality and quantity of weapons deployed.

In terms of the institution, the CFC was created in November of 1978. The CFC was designed to coordinate allied efforts and deter provocation from the N. Korea. The commander of the UN forces also delegated his OPCON to the CFC commander. Two important facts can be inferred from this development, the ROK-US alliance was strengthened systematically by delegating OPCON to the CFC and US could not give up its responsibility to defend ROK without breaking the alliance. Also, allied exercises such as Team Spirit resumed, after being placed on a temporary stand still due to the uprisings in Kwangju. The US president's resolution was strengthened during and after the Reagan administration. In the middle of the new Cold War, Reagan was committed to deterring the Soviet Union, and was thus compelled to strengthen ties with Korea, Japan, and the Philippines. Reagan chose Korea for his first summit talk after his inauguration, and had three summit conferences with Chun during his period in the office.[12] Therefore, the ACI was strong from the late 1970s and on throughout the 1980s.

3) Military Augmentation: Strengthening of the PIFS

During this time the ACI of ROK-US alliance was strong, but the drive for building a TIFS was comparatively weak. President Chun wanted

---

12) Richard T. Dertrio, *Strategic Partner: South Korea and the United States* (Washington D.C.: National Defense University Press, 1989), p.90.

to rely on the U.S for security and focused on economic development. As a result, he gave up Korea's nuclear weapons program that was envisioned by Park JungHee, and he also decreased the personnel and budget for the Agency for Defense Development. Force augmentation during this period mainly involved solidifying the bond with U.S forces and improving allied efforts. The main point was to deter N. Korea, and thus Korea concentrated on its ground forces while air power and naval power was delegated to the U.S.

The priority for the Korea army during this period was to invest in infantry, mechanized divisions and artillery. Thus 19 new infantry and mechanized divisions were created under Chun. Also, Korea developed its own tank (88 tank), fielded the 155mm howitzer and multiple launch rockets. The Navy focused on close range firepower, and thus invested in smaller ships with mobility. Also, in order to improve amphibious operation capabilities, the Marine Corps acquired new amphibious assault vessels (LVT 71). The Air Force also increased its number of fighter wings and deployed its F-5E.[13]

By focusing on the Army, there was no need for the Korea to increase its military spending, and thus the defense budget remained steady throughout these years. Military spending surpassed 6% of the gross national product in 1976, and reached its a peak of 6.6% by 1979, but has remained fairly constant between 5 to 6% of the GNP since 1980. With the exception of increased spending in preparation for the 1988 Olympics, military spending displayed minimal increase during this period. This was mainly the result of President Chun's focus on economic development and his reliance on the US for security. It was also possible due to the military's overall orientation towards focusing primarily on the Army and relatively cheaper defense projects.

During this period, the amount of budget invested in the Army was around 2.6 billion KRW(49.7%), 1 billion KRW for the Navy (20%), 1.3 billion KRW for the Air Force (25%), and the rest for other expenses (5.3%). Clearly, the Army accounted for most of the spending by using 50% of the entire defense budget, and where most of the budget was

---

13) Military History Compilation Institute, *The History of National Defense Policy* (1998), pp.277-278.

⟨Table A1-1⟩ The Change of Military Budget(1980~88)

Year	Force Investment	Operating Expense	Total
1980	6,280	14,584	20,865
1981	7,500	19,279	26,779
1982	8,500	23,278	31,778
1983	9,168	23,573	32,741
1984	9,577	24,484	33,061
1985	11,357	25,535	36,892
1986	13,970	27,610	41,580
1987	15,433	32,021	47,454
1988	19,540	35,662	55,202

Source: MND, National Defense White paper(1998), p.267
* Unit: One hundred million won

⟨Figure A1-2⟩ Force Investment Budget Allocation Status(1980~1988)

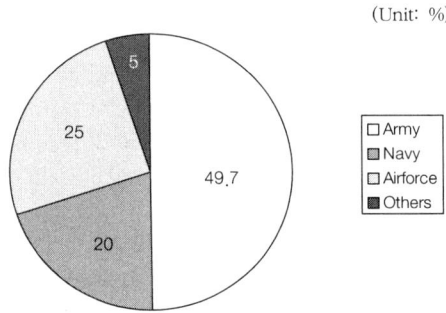

(Unit: %)

Army / Navy / Airforce / Others

Source: Military History Compilation Institute, *The History of National Defense Policy* (1998), p.270

spent on creating 19 new divisions.

In summary, this period was marked by major events such as the terrorist attacks in Myanmar, the new Cold War, and the KAL hijacking incident, and the ACI of the ROK-US alliance was consolidated through the augmentation of the USFK forces, the creation of the CFC, and the commitment of President Reagan. Compared to the previous years, the ACI grew much stronger. As a result of this strengthened ACI Korea concentrated on economic development and relied on the US for its security. Thus, major military investments were minimal, and to deal with the N. Korea threat, the Korea Army took charge of ground operations while receiving air and naval support from the U.S This resulted in the creation of 18 new army divisions while investments in the Korea Navy and Air Force remained at low levels.

2. Rising of the Exterior CJ, Stagnant ACI and Start to the TIFS in Earnest: 1989-1999

After the Cold War, and with the advent of democracy in Korea, voices of social demands grew and anti-U.S sentiments became increasingly vocal. Within this milieu the ACI became stagnant and the Korea began a campaign of self defense after sensing a lack of US commitment to the security of the Korea.

1) Critical Juncture

Compared to the previous period, urgent crisis situations were less commonly observed during this period. The Gulf War in 1991, N. Korea's nuclear weapons crisis in 1993, and the territorial disputes with neighboring states such as the case of Dok-do were the relevant events. During these events, the U.S planned to carry out Flexible Deterrent Options (FDO) which was based on the Win-Win military strategy.[14] Deployment of the U.S Reinforcement forces was planned 3 step consecutive way, such as FDO-FMP(Force Module Package)-TPFDD(Time Phased Force

---

14) MND, *White Paper* (1996), p.56.

Deployment Data) In response, Korea questioned the feasibility of this strategy, and had heated debates concerning whether the U.S could provide swift reinforcements under the strategy. Also, there were concerns that the FDO would hinder the building of a TIFS because then the Korean military would focus on ground forces and become dependent on the U.S for the naval and air forces.[15]

Also, the Gulf War in which the U.S completed its mission goals within 42 days with the help of advanced military technology had an enormous impact on the Korean military leadership. Rather than focusing on mobility through conventional mechanized assets, the Korea military began to consider the possibilities of surgically paralyzing the enemy with advanced precision guided munitions(PGM).[16]

N. Korea in the meanwhile continued its path of developing nuclear weapons, and after encountering fierce opposition from the IAEA and the international community, decided to resign from the NPT and escalate tensions on the peninsula. Furthermore, adding insult to injury, N. Korea after building tension with its nuclear ambitions also raised the bar in terms of its rhetoric, and declared that it would "burn down Seoul to ashes" during the Panmunjom talks in 1994. In response, the ROK felt the need to acquire early warning assets to detect N. Korea attacks in advance as well as the F-16 in order to conduct swift counter attacks.

The main characteristic of the military reinforcement during this period was that Korea military forces wanted to radically revamp and modernize its forces. In other words, while prior to this period the military force had been based on the consideration of the sole threat from N. Korea, from this period and onwards the military began to encompass the potential regional threats. In particular, while Japan had publicly claimed dominium over Dok-do since 1996, in response to Kim, YoungSam administration's installation of docking facilities on the Island, the statement of Hashimoto, then prime minister of Japan, that "Dok-do is Japanese territory"[17] accelerated the consideration of enhancing naval

---

15) National Assembly Secretariat, *MND parliamentary inspection minutes in 1992* (NAS, 1992), p.10.

16) *Ibid.*, p.69.

17) "Japan should take back about Dok-Do absurd remark," *Seoul Shinmun*, 2. 1, 1996.

and air forces to protect the Island. Thus, the Korea military began to recognize neighboring countries' conflict of interest surrounding the Korean peninsula with increasing strategic importance, and resource and territorial disputes as potential threats to its security.[18] In response, the Joint Chiefs of Staff announced that it will focus on military power building in preparation of potential threats, and therefore made it clear to concentrate on future-oriented military power building and depart from the previous strategy of catching up with N. Korean forces.[19]

2) Stalemating in ACI

As shown above, the ROK-US alliance witnessed a major overhaul since the late 80s due to the end of the Cold War. Such changes diminished the ACI in the following ways. In 1989, according to the 'Nun-Warner amendment,' the downsizing of the USFK was made official, and in 1992, 2000 airmen, 500 non-combat personnel left the peninsula. Even though the number of combat personnel didn't decrease significantly,

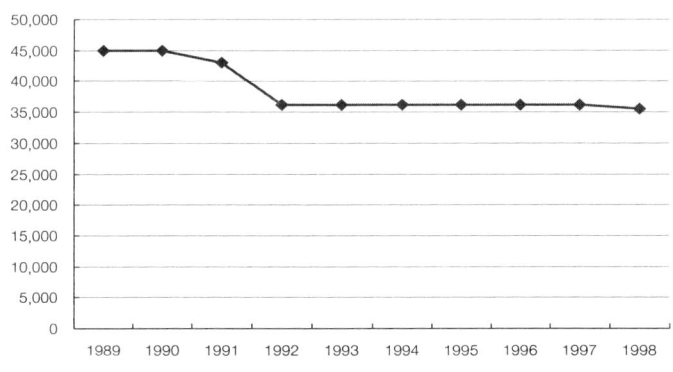

⟨Figure A1-3⟩ USFK Personnel Decrease Status (1989~1999)

Source: Kim, Ilyoung, *USFK: History, Argument, Prospect* (Seoul: Hanul, 2003), pp.90-91

---

18) National Assembly Secretariat, JCS *parliamentary inspection minutes in 1992* (NAS, 1992), p.7.

19) *Ibid.*, p.7.

the fact that the US unilaterally cut back its stationed troops was enough to damage the trust of their Korean allies.

Even in terms of equipment, it is difficult to say that the ACI had become stronger. After a wave of non-proliferation declaration of Korea in the 90s, the U.S withdrew its tactical nuclear arsenal from Korea. What was problematic with the process was that it was done unilaterally by the U.S in order to appease N. Korea's nuclear ambitions. The fact that the U.S withdrew tactical nuclear weapons despite uncertainties over N. Korea's nuclear program signifies that U.S commitment for Korea's nuclear security had weakened.

In terms of the institutions regarding alliance, the Combined Field army (CFA) was dismantled in 1992 and peacetime OPCON was transferred to Korea military in 1994. The peacetime OPCON transition signified that ROK-US relations were shifting from a model based on dependency to one that was based more on partnership and shared responsibilities.

In conclusion, it can be said that the ACI during this period resulted in some partial downsizing in terms of personnel, equipment and institution, but overall, the status quo was maintained. In other words, there were no instances in which both countries were forced to divide roles, and since there were no major changes in their respective defense policies, this period had a minor influence on the ACI.

3) Force Augmentation: Starting with a TIFS

While the ACI in the 90s was mainly stagnant, there were active efforts to build up the military power. Rather than focusing on sheer quantity, there was a new emphasis on quality during this time. The lessons from the Gulf War, changing landscape of modern warfare, and rising of potential threat such as, territorial conflicts with neighboring countries, terrorism, and piracy taught Korea leadership the importance of acquiring deterrence assets as well as developing the ability to carry out independent military operations.

Accordingly, the Korea focused on preexisting force capabilities up until the mid-90s and in the late 90s began to acquire modern weapons systems to augment its deterrence capabilities.[20] In essence, the growth of the military forces during this period can be summarized by an emphasis

⟨Table A1-2⟩ Introduction of Korea Military Force Status(1990~1999)

	Force Introduction
Army	K-1 tank, M-48-A5 Patton, **K-IA1(88 tank)**, LVTP-7A1, S-600, MCV-80 M-1A2 Abrams, M-88A1, T-80U(substitution for loan of Russia)
Navy	**KDX-1(DD), LST, KSS-1(submarine)**, Lerici level mine hunter ship Type-209/1200(submarine), Type-209(submarine), P-3C
Air Force	Harpy, KT-1, BK-117 (Hel), **KF-16C**, UH-60, S-70, B0-105C(Hel), Hawk, C-130, AH-1S, RF-4C, UH-60, **CN-235**, **F-16C**, **RH-800**, T-38, AIM-120

Source: *SIPRI* (1990-1999); MND, *White Paper* (2000) synthesis

on self-sufficiency. The withdrawal of USFK forces without Korea consent provided an impetus for Korea force development. Thus, Korea moved away from its traditional focus on ground forces and attempted to acquire naval and air weapons systems.

Considerable funds were needed in order to acquire naval and air forces. Table 3 shows the allocation of the defense budget in relation to force investment and force maintenance. The level of force investments up until the late 90s was relatively low compared to operating expense, and this is a testament to the fact that the Roh, TaeWoo/Kim, YoungSam administrations were more interested in reconciliation with the N. Korea and promotion of democracy than military defense policy. As a result, there was a notable absence of major force development projects aside from the KF-16 and the KDX (Korean destroyer). Most of the force investments that were made however were directed at naval and air power augmentation.[21]

Force enhancement of the Army was in the minor level during this period besides K-I/K-A1 tank, establishment of air operation command.

---

20) MND, *Korea Military History 50 Years* (MND, 1998), p.218.
21) Military History Compilation Institute (MHCI), *The History of National Defense Policy* (1995), p.309.

⟨Table A1-3⟩ The Change in the Military Budget(1990~1999)

Year	Force Investment	Operating Expense	Total
1990	24,460	41,918	66,378
1991	26,011	48,513	74,524
1992	27,747	56,353	84,100
1993	29,161	62,993	92,154
1994	30,396	70,357	100,753
1995	32,267	78,447	110,744
1996	34,308	88,126	122,434
1997	39,794	98,071	137,865
1998	42,886	103,389	146,275
1999	52,300	85,180	137,490

Source: MND, *White Paper* (2009), p. Appendix 15; *Military defense budget for preparing to future* (2004), p.47
* Unit: One hundred million won

The Asian financial crisis in 1998 also created budgetary constraints that necessitated major slashes in the defense budget. Interestingly though, the amount of force investments increased 8% in 1999 over the previous fiscal year whenthe total budget was cut. This was mainly the result of continuous production of the KF-16, the acquisition of CN-235s, and the production of domestic destroyer ships (DD).

The emphasis on naval and air power can also be observed by the level of force investments among the three services. In 1995, 39.8% of the budget was allocated to the Army while the Navy and Air Force together composed 44.6% of the total share. But, by 1998, the Army constituted 35% of the budget and the Navy and Air Force 46%.[22]

In summary, the U.S military and strategic goals in the Korean peninsula was preventing N. Korea's nuclear development, reinforcing

---

22) National Assembly Secretariat, *MND Parliamentary Inspection Minutes in 1998* (NAS, 1998), p.47.

⟨Figure A1-4⟩ Force Investment Budget Allocation Status(1995, 1998)

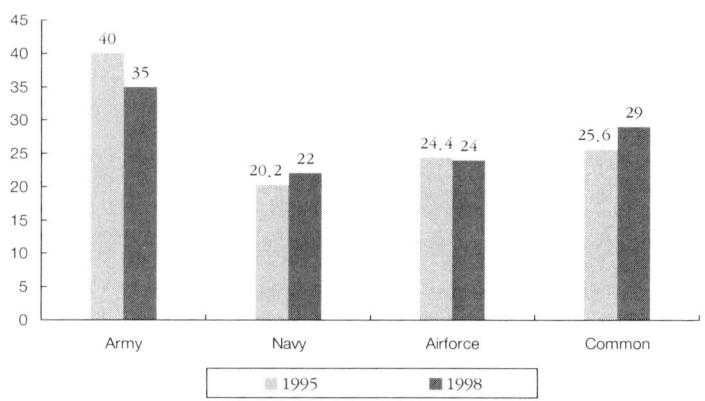

surveillance system on the North, and maintaining the mobilization and deployment readiness. Thus U.S tried to reinforce the previous strategy of "ROK forces on land and U.S force covering the air and sea" by utilizing naval and air force-centered FDO in case of emergency. Contrarily, Korea forces mainly focused on building its strength to take on a more assertive role in its national defense and in response to a rift between the ROK-US alliances. This change occurred amidst the evolving security environment and on the face of potential threats from the surrounding nations. Facing these multifaceted risks, the need for self-sufficiency and the changes in modern warfare, exemplified in the operation Desert Storm, motivated the Korea to revamp and augment its military power.

3. 9.11 Incident, the Fading ACI and the Enforcement of TIFS: 2000~2007

Since the turn of the 21st century, it is evident that the ACI of the ROK-US alliance has been waning. The Kim, DaeJoong administration's "sunshine policy" and Roh, MooHyun administration's policy of "cooperative self-reliance" instigated these changes.

1) Critical Juncture

The 9.11 incident, N. Korea's continuous nuclear threats and territorial conflict with surrounding countries were major critical events which affected military power building of Korea. With the 9.11 incident as a momentum, the U.S pushed ahead drawing up military transformation policy of a worldwide defense posture. The outcome was Global Defense Posture (GPR), which directly led to the withdrawal of U.S forces in Korea. Accordingly, Korea military resumed military strength soon after in order to make up for USFK's vacuum. Main forces include ISR, PGM, and advanced anti-aircraft weapons, all associated with air power.

Also, N. Korea's nuclear threats including its admission of an uranium enrichment program in 2002 and its first nuclear weapons test in 2006 were the second key round of events. The acknowledgement fromJames Kelly, the Assistant Secretary of State for East Asian and Pacific Affairs, of an uranium enriched nuclear weapon development in North Korea sparked wide debate. Responding to the nuclear threat, military strategy to preemptively strike against critical targets came into consideration should it become apparent that N.Korea would use its nuclear weapon or launch a total war. To do so, installation of an early warning system and precision guided weapon systems were considered as priority.

However, at the time, the lack of understanding N. Korea as a major threat was prevalent. For example, National Defense White Papers have listed N. Korea as the "main enemy" since 1995. However, from 2004-2008, the listing was deleted and merely categorized N. Korea as an aggressor and military threat.[23] Therefore, Korea policy makers at the time placed more emphasis on potential threat rather than the long existing N. Korean threat. The following series of events contributed to the military build-up, focusing on uncertain threats in the future: the Dok-do disputes including the rights of the Exclusive Economic Zone (EEZ), China's expanding influence in north-east Asia, and Japan's inclination towards the rightist movement. For example, in 2005, when

---

23) MND, *White Paper* (2004-2008).

Korea-Japan relations turned sour due to disputes over the Dok-do, it was reported that a military comparison of both countries revealed Japan's Navy and Air Force maintain 3.7 times more military superiority than Korea.[24] Therefore, in order to bridge the gap between Japan's military strength, Korea hurried to acquire the F-15K, electronic warfare assets, and the KDX-III.[25]

2) Deterioration of the ACI

After the 9.11 incident, the Bush administration emphasized defending CONUS against asymmetric threats and at the same time strengthening ties and cooperation with friendly nations in the 2001 QDR. Moreover, fundamental changes were made announcing the military buildup to be that of "capability based model" from "threat based model." Therefore, the plan was to establish a fixed military buildup during peace time not only to prepare for imminent threats, but also to prepare for comprehensive and potential threats including terrorism, insurgence, and other unforeseeable threats in the future. The latest national strategy materialized to military transformation. The military transformation emphasized strategic placement of forces on a global scale, so called the GPR.

The withdrawal of USFK which pursued as part of GPR resulted in the rapid deterioration of the ACI. As part of the GPR, a section of forces in the U.S Army 2nd infantry division was to be deployed in Iraq and phased out in stages by 2008. In 2004, 5000 combat units in the U.S Army 2nd infantry division were reduced and 4000 more were reduced in 2007. Furthermore, by the end of 2008, it was decided that 3000 military personnel should be reduced, although continued talks between Korea and U.S eventually nullified the plan. The number of USFK troops in 2001 listed approximately 37,000 personnel. However, after 9/11 incident changes in U.S military strategy and an ongoing

---

[24] Korea Research Institute for Security, *Strategic Balance of North East Asia* (2005), p.56.

[25] National Assembly Secretariat, MND parliamentary inspection minutes in 2005 (NAS, 2005), p.14.

⟨Figure A1-5⟩ USFK Personnel Decrease Status (1999~2007)

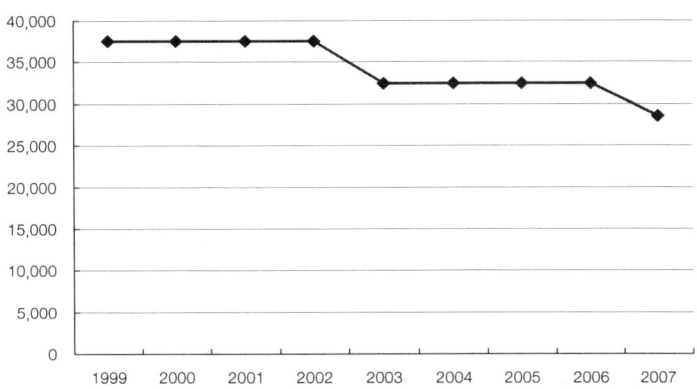

Source: NAS, *MND Parliamentary Inspection Minutes in 2005* (NAS, 2005), p.14

war in Iraq decreased USFK troop levels. As USFK forces and 30 helicopters from the AH-64 squadron were called up for duty, concerns were voiced over Korea's loss of military strength.

With respect to the institutional aspects of the alliance, the 34th ROK-US Security Council Meeting was held in Dec. of 2002. During this meeting, the U.S agreed to transfer 10 mission categories to Korea military,[26] including the transfer of wartime OPCON by 2012 which could means the relaxation of the alliance system. In commitment of leadership, as anti-U.S demonstrations in the Korea people prolonged in 2002, U.S Secretary of Defense Donald Rumsfeld hinted that he could reposition of the USFK forces. During the ROK-US talks at Seoul in 2003, it became a reality as President Bush announced the adjustment of USFK forces. For this reason, during the Independence Day commemoration address, President Roh declared "whenever US strategy shifts, our national security sways and public opinion enters chaos ···. I will establish a basis on which our own national forces will be able

---

[26] It includes JSA security responsibilities in Panmunjom, counter attack against N. Korea's long artillery, prevention of the N. Korea's special forces infiltration, management of the MaeHyang-ri fire range etc.

to maintain self-sufficiency in national defense within the next 10 years."[27] Namely, Korea officially proclaimed that it would not rely solely on the U.S security umbrella.

Compared to the previous years, the ACI deteriorated after the late 1990s and the following events contributed to this movement: differing views the two Korean administrations and U.S on the approach to N. Korea's nuclear program, deployment of Korean military force to Iraq, defense cost sharing, transition of the wartime OPCON, and strategic flexibility of USFK, Korean nationals' demand for equal treatment with the U.S as a result of national development.

3) Intensifying the TIFS

During President Kim, DaeJung's administration, conflicting attitudes on N. Korea's nuclear program has been the main source of tension and rift. Also in Roh administration, the U.S military transformation led to the reduction of USFK forces and reassignment of the U.S Army 2nd Infantry Division. President Roh proposed self-reliance policy in response to such situations. Principle of the policy is increased security stability though alliance and developing a formidable, self-reliant military power.[28] To implement this military power, the Roh administration released the 'Defense Reform 2020'. The key idea of this plan is to transfer from conventional manpower-intensive force structure to a technology intensive force structure. Another focus of the reform is to restructure the military organization by cutting the number of current troops to 500,000 and increasing current officer ratio from 25% to 40% to achieve an officer-centered force structure in the future. Furthermore, technology centered force is crucial. Air Force fighter planes decreased from 500 to 420, however with the introduction of the F-15K class fighter plane the fighting capability will increase by 1.7 fold. Navy ships dwindle from 120 ships to 70 ships, however next generation KD-X destroyer and escort vessels will be reinforced, and increase the fighting

---

27) Bluehouse homepage(www.president.go.kr/cwd/kr/archive).
28) NSC, *Peace, Prosperity and National Security: National Security Policy Initiative of the Participatory Government* (NSC secretariat, 2003), pp.26-27.

capability by 1.8 fold.

In conclusion, military force building of the Roh administration is to get ready for the planned OPCON transition, to prepare for the future potential threats, and finally to accomplish the "Koreanization of Korea defense."

The key to military force buildup during this period is associated with ROKAF and ROKN. For example, the military force investments for 2003 were Army 35%, Air Force 25%, Navy 22%. The common force investments were 19% and the Air Force, Navy allotment were by far more than that of the Army.[29]

⟨Figure A1-6⟩ Force Investment Budget Allocation Status in 2003

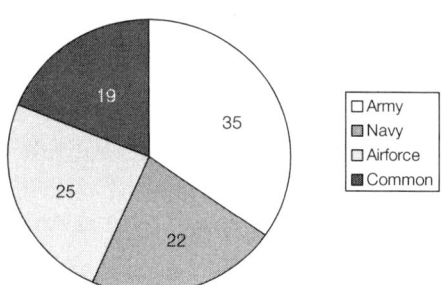

This trend is notable during between 1999 and 2007. The increment for each force has rapidly increased after 2000 and Air Force, Navy have continued to garner higher percentage than that of the Army.

These years marked a milestone for Air Force, Navy augmentation and the results from 1998-2007 are as follows.

---

29) NAS, *MND Parliamentary Inspection Minutes in 2003* (NAS, 2003), p.21.

⟨Figure A1-7⟩ The Increase Rate of Force Investment(1998~2007)

Source: KIDA, *Korea Defense Budget Statistics* (http://kida.re.kr/ja_statistic)

⟨Table A1-4⟩ Force Enhancement Status(1998~2008)

Army		Navy		Air Force	
Tank	40/K1A1 XK-2 K-21	Ship	KDX-1,2,3 PKG-711 LST	Fighter A/C	KF-16 F-15K
Self-propelled artillery	90/K-9	Submarine	KSS-1	Support A/C	CN-235, KA(T)-1 T-50 RC-800
Missile	100/MLRS 40/Singung	A/C	00/LYNC	SAM	Patriot
Common Force: BaekDoo, GumGang ISR Systems					

Source: MND, *National defense policy: 1998-2002* (MND, 2002), pp.41-45; *White Paper 2008* (2009), p. appendix 15

IV. Direction of the ROK Military Power Building

1. Future Security Scenario

It was confirmed in the above discussion that the factor with the biggest impact on military buildup of the Korea is the nature of critical incidents, and the ACI of the ROK-US alliance. In other words, the more critical incidents were related to N. Korea and the stronger the ACI became, the more the military force buildup took place around PIFS or the Army. On the other hand, the more critical incidents were related to potential threat/ exterior events and as the ACI was weakened,

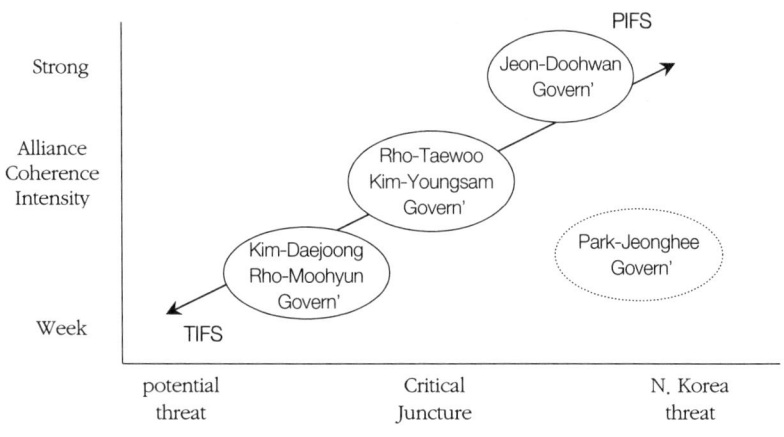

⟨Figure A1-8⟩ The change of Korea's Military Power Building[30]

---

30) Military power building type of the Park, JeongHee government was PIFS. The ACI was weak in this period due to withdrawal of USFK 7 division, Nixon doctrine and USFK withdrawal policy of Carter administration. However, it was required quantitative and Army-focused military power building during that time, because this period was the early stages of military power building and power index compared to N. Korea military was only 57%.

there has been force enhancement around TIFS or the Navy and Air force.

Currently, the primary objective of Korean military force enhancement is the deterrence of N. Korean military. However, neighboring nations may become new threats in the future and ROK-US alliance has a direct impact on the security of Korea. Future security environment based on the above discussion can be summarized as below.

Current status is in 'A' since the ACI of ROK-US alliance is relatively stronger compared to the past and the military threat of N. Korea reached the peak as we can see from the sinking of the Cheon-an warship and the firing attack on Yeonpyeong Island. In the future scenario, it is anticipated that type 'A' will continue for a short period, but coexistence of both types 'B' and 'D' may become the dominant status for a long period.

In terms of threat, N. Korean military and Kim, JungIl regime are the most immediate and critical threat since their armed provocation, including nuclear weapon development continues with the objective of unification under communism. Especially there is a very high possibility of critical event happening in N. Korea in a few years such as the collapse of the regime.

From a long term perspective, competition between rising China and the U.S to achieve regional initiative, the changing security economic dynamics of Northeast Asia, and many conflict factors such as China-Taiwan issue, conflict on different historical perspectives, territorial dispute, and EEZ selection issue will be critical junctures and may ignite key accidents. Especially, as we can see from Somali pirate incident, here is a high possibility of increase in the number of events that occur outside out territory and damage national interest.

⟨Table A1-5⟩ Security Scenario of the Korea in the Future

Classification		Critical Juncture	
		N. Korea Threat	Potential Threat
ROK-US ACI	Strong	A	B
	Weak or Stagnant	C	D

In respect of the ACI, ACI of the ROK-US alliance needs to be strengthened in order to guarantee our security in North East Asia, where 4 military powerhouses are located. It is understood that the alliance is still strategically important to the U.S. However, it is hard to anticipate that ACI of the ROK-US alliance will get much stronger than now. Although it is planned to be developed into a '21st century comprehensive strategic alliance,'[31] it is expected to be relatively stagnant compared to the present. This can be seen from the institutional perspective which is the main indicators to estimate the strength of the union. In other words, we can expect the ACI of the ROK-US alliance to be stagnated relatively in the future under the current developments where USFK base will be reallocated from YongSan to PyoungTaek, wartime OPCON will be transferred to the Korea military in 2015, and thus expect institutional changes such as the disband of CFC.

2. Direction of the ROK Military Power Building

1) Direction of the Military Power Building

Based on the above discussion, the direction of the ROK military buildup is as follows. Firstly, it is necessary to develop the military power based on balanced awareness to threats. As the example shows, a threat is analyzed differently from person to person. Taking the Cheon-an and Yeonpyeong Island Incident as a momentum, the Korean government set N. Korea's local provocation and asymmetric threat as main threats and are building up the military accordingly. In other words, countering capability against N. Korea's 240mm and 120mm LRAs, constructing forces to counteract or deter enemy submarine provocation, establishing a unit exclusively prepared for defending against N. Korean SOF are the priorities of force enhancement.[32]

However the conflict of previous government over Dok-do and China's attempt to distort the history show that potential threats can

---

31) MND, *White Paper* (2010), p.61.
32) MND homepage(http://www.mnd.go.kr/index.jsp).

equally turn out to be Korea's major threat. Therefore, military power building must be considered in all aspects. Especially, considering the fact that TIFS enhancement for facing potential threat mostly takes more than 15 years, the Korea military force can no longer prolong its fielding plan.

Secondly, in a short term perspective, the focus of military force building should be local provocation and asymmetric threat from North Korea as well as any emergency situation in N. Korea. In this case, we should remind ourselves of the lessons from the U.S's ongoing stabilization missions in the Afghanistan War. If the N. Korean regime suddenly collapse, armed operation for conducting missions in N. Korea is likely to take place. Therefore, Korea should make a detailed systematic plan on issues after the collapse of the regime, such as managing millions of active duty and reserve POW, and providing humanitarian assistance for N. Korean residents. Also, in order to successfully conduct stabilization mission we must make a plan that thoroughly calculates the size of the forces required and the equipment needed in the early stages of the operation. Hence, Korea need to establish a detailed OPLAN regarding these missions and find the appropriate size of required forces. Also, the training and education for the forces must take place in advance.

Thirdly, from a long term perspective, TIFS enhancement is imperative in order to respond to increasing potential threats and attain the Korea-led defense capability. For this, 1) securing the surveillance and EW capability to deter enemy's strategic surprise attack, 2) gaining the ability to defeat enemy's initial attack and seize the initiative in contingency, 3) securing the long range strike capability to conduct precision strike on strategic centers including enemy's leadership, and 4) strengthen war enduring abilities are needed.

Fourthly, unit structure as well as the force structure needs to evolve into a technology intensive type structure. Korea forces have constructed its equipment and weapons systems with focus on technology to a certain extent, but personnel concentrated unit structure is yet to be improved. The figure below shows that the size of the army started to decrease from late 1980s and increase after the mid-90s. The Navy displays no change since the late 1980s. The Air force also shows change apart from the addition of 15,000 personnel in 1992 due to the relocation

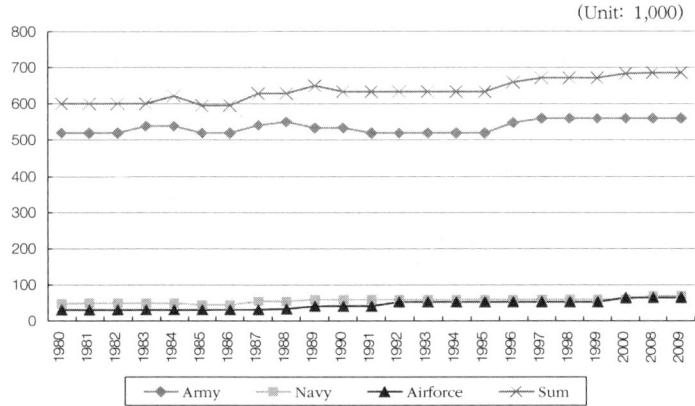

⟨Figure A1-9⟩ Change of the Each Military Service Personnel

Source: IISS, *Military Balance 1990-2009* Synthesis

of the air defense artillery force from the army. In 2010, current military scale is as follows: 560,000 members in the army, 68,000 in the navy including the Marine Corp, and 68,000 in the air force. The ratio is 8:1:1.

2) Preceding Requirement

In order to faithfully implement the fore mentioned military force buildup, the following two conditions must be fulfilled. First condition is the reinforcement of ROK-US alliance. Korea is geopolitically located in the area of intersection between major countries strategic interest, and the neighboring nations are military powerhouses in the world. Also, as the order of North East Asia is uncertain due to many factors including territorial disputes, we can effectively respond to such security issues by reinforcing the ROK-US alliance. Moreover, this is the time we desperately need the U.S's supplementary forces and extensive deterrence of nuclear weapons in order to respond to conventional forces and nuclear weapons of N. Korea, the most direct existing threat. Therefore, ROK-US alliance is an essential factor for the future security of Korea. But future alliance ought to get out of patron-client relationship in the past and

⟨Figure A1-10⟩ Change of the Military Budget

[Chart with legend: per GDP, per govern' finance, military budget increase rate; x-axis 1981–2010]

Source: MND, *White Paper* (2010), p.317

develops to the relationship that enables sharing of strategic interests. To accomplish this, it is necessary to take an advance stance and mutually require enhanced accountability. In addition, through close dialogue and cooperation with each other, ROK-US should in advance settle the problems which can adversely affect the credibility of the alliance.

Second point is the more realistic issue. TIFS is on the premise of securing sufficient amount of defense budget. Up until early '80s the national defense budget accounted for 6% of the GDP. However the proportion of defense budget has gradually decreased since mid-80s and became 4.4% in 1991 and only 2.6% in 2010.

What is even more serious is the structure of the defense budget. The costs for acquisition of weapons systems are included in the force investment budgets. However, the percentage that force investments took up from the entire defense budget between 2000 and 2009 was around 30% (with an increasing rate of mere 10%). On the other hand, the cost for maintenance has steadily been rising at a rate of 12%.

The OPCON transition as well as the goal of transforming the military into a TIFS is unfeasible with the current budget. Thus in order to resolve these problems, the defense budget will have to compose at least 3-3.5%

⟨Figure A1-11⟩ Change of the Military Budget Composition

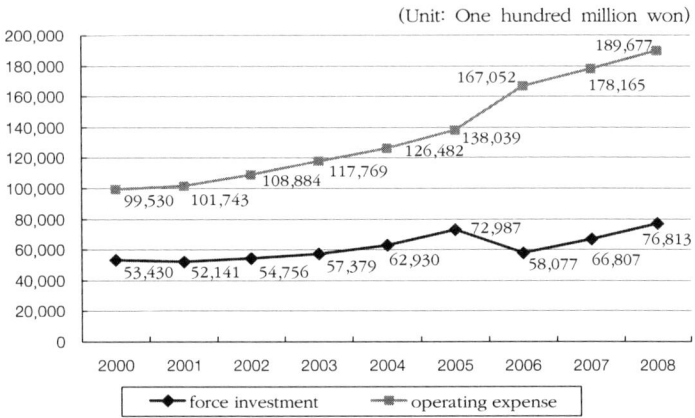

Source: MND, *White Paper* (2009), p. Appendix 15; *Military defense budget for preparing to future* (2004), p.47

of the total GDP and 15-17% of the annual government budget. Also, the rising costs of maintenance will divert budget away from force investments, which will likely hinder the attempts to modernize the force. This trend is mainly due to the fact that Korea military is based on manpower and thus only the rapid transition into a technology driven military will resolve the fundamental problem.

V. Conclusion

Korean military forces have evolved in response to major events affecting its security and in relation to the stability of the ROK-US alliance. Facing a direct security threat from N. Korea and when the ACI was strong, Korea military forces concentrated on its ground forces while delegating naval and air power to the U.S. On the other hand, when the critical incidents are related to exterior events and potential threats and when the ACI was relatively weak, Korea formulated a self-reliance policy and initiated the development of a TIFS. Thus, it is evident that Korea efforts at augmenting its military force were influenced heavily by both the characteristics of the Critical Juncture and the ACI of ROK-US alliance. In terms of future threats, N. Korea will likely remain to be the most direct source of threat for the foreseeable future. In the long run, however, there is a chance that latent risks will materialize due to variety of geopolitical factors. Due to changing circumstances and evolving threats, the character of the ROK-US alliance requires Korea to develop a flexible stance.

While it is certain that the ROK-US alliance will be the bedrock of Korean security for years to come, Korea can no longer completely depend on the US security umbrella. In the calculative milieu of international politics, it would be inadvisable fora nation to completely rely on its ally for security. Thus, it is imperative for Korea to realize that 'Koreanization of the Korea Defense'[33] is not an option but a requirement, and in order to achieve this goal, it is necessary to move away from a personnel based force model to one that is technology driven. Building a technology oriented force will not come cheap, and the process will be long and complicated. Thus, Korea military force can no longer delay its fielding plan.

However, it should also be noted that developing a technology oriented force is not synonymous with introducing cutting-edge weapon systems that are focused on the potential threat (instead of N. Korea) and reducing personnel force without consideration of the security realities that we face today. This paper stresses the fact that TIFS is more efficient and effective means than PIFS in terms of national defense or military operation.

In conclusion, the most important factor in augmenting Korea military forces is a balance of perceptions in each aspect. In other words, we need to have a balanced perception of the threats we face as well as the character of our alliance with the US, and maintain a balance between

---

33) This means the following. Firstly, ROK military can draw up war planning and operation plan in conjunction with the transition of operational control authority in wartime. Secondly, it is understood that ROK military will be able to play a leading role in various military operations regardless of the threat type.

economic growth and military spending.[34] Thus military policy of the Korea must not concentrate on a single element in building up the military but balance them with short term and long term national objectives.

---

[34] The relationship between economic and military building are inseparable. In particular, considering that the military power building of Korea has been affected by the degree of economic development, it is crucial to consider the impact of the economy in future studies.

【Bibliography】

Capoccia, Giovanni, and Daniel Kelemen. "The Study of Critical Junctures: Theory, Narrative in historical Institutionalism." *World Politics,* Vol.59, No.3, 2007.

Collier, B. Ruth. *Shaping the Political Arena.* N. J.: Princeton Uni. Press, 1991.

Dertrio, T. Richard. *Strategic Partner: S. Korea and the US.* Washington D.C.: National Defense University Press, 1989.

Gelb, H. Leslie. "General Purpose Force." *The Next Phase in Foreign Policy.* Brookings Institute, 1973.

International Institute for Strategic Studies, *The Military Balance 1990-2009.* London: Oxford University, Press (Synthesis).

Kang, ByungChul. "Middle powers' security environment and force structures: a comparative study of Israel, Taiwan, S. Korea." PhD. thesis, Yonsei University, 2001.

Kim, Ilyoung. *USFK: History, Argument, Prospect.* Seoul: Han-ul, 2003.

Kim, JungHyun. "Factors of Building Naval Power in the Continental Powered Countries: A Comparative Study between RussiaandChina." PhD thesis, Yonsei University, 2005.

Korea Research Institute for Security. *Strategic balance of the North East Asia.* 2005.

Mearsheimer, J. John. *The Tragedy of Great Power Politics.* N.Y.: W.W. Norton & Co., 2001.

Military History Compilation Institute (MHCI). *The History of National Defense Policy.* 1995.

MND. *Korea Military History 50 Years.* 1998.

_____. *Military Defense Budget for Preparing to Future.* 2004.

_____. *National Defense Policy: 1998-2002.* 2002.

_____. *National Defense White Paper.* 1996, 2004, 2006, 2008, 2010.

National Assembly Secretariat. JCS Parliamentary Inspection Minutes in 1992.

_____. MND Parliamentary Inspection Minutes in 1992.

_____. MND Parliamentary Inspection Minutes in 1998.
_____. MND Parliamentary Inspection Minutes in 2003.
_____. MND Parliamentary Inspection Minutes in 2005.
Neumann, G. Stephanie. *Defense Planning in Less-Industrialized States*. Lexington: Health and Co., 1984.
NSC. *Peace, Prosperity and National Security: National Security Policy Initiative of the Participatory Government.* NSC secretariat, 2003.
Richardson, G. Lewis. *Arms and Insecurity*. Chicago: Quadrangle Books, Inc., 1960.
Stockholm International Peace Research Institute. *SIPRI 1990-1999*. London: Oxford University Press(Synthesis).
U.S. JCS. Department of Defense Dictionary of Military and Associated Terms. Washington D.C.: JCS, 2002.
Ukhee, Shin. "The dynamics of patron-client relationship in EastAsia." *International Politics Treatises Collection,* Vol.32, No.2. KAIS, 1992.
Waltz, Kenneth. *Theory of International Politics*. Mass.: Addison-Wesley, 1979.

Blue House homepage, "president speeches collection"(www.president.go.kr/cwd/kr/archive).
JCS homepage, "military terms explaining"(http://JCS.mil.kr).
KIDA homepage, "Korea Defense Budget Statistics"(http://kida.re.kr/ja_statistic).
MND homepage(http://www.mnd.go.kr).
Seoul Shinmun, 1996/2/12; 2004/8/11.

부록 2

칼럼 모음*

"한반도 안보환경과 新한국책략의 필요성"

지금으로부터 120년 전 황준헌 주일 청국참사관이 '조선책략'을 썼다. 조선과 일본, 중국 3국이 힘을 합치고 미국과 연합해서 러시아를 막아내야 한다는 내용이었다. 고종은 이 책에 감동을 받아 신하들에게 돌리지만 이에 대한 반응은 양이인 일본, 미국과는 힘을 합칠수 없다는 상소문뿐이었다. 구한말 열강의 틈바구니 속에 끼여 있던 조선에게 필요한 것은 쇄국이냐 개항이냐가 아니라 어떻게 개항해야 하느냐의 문제였지만, 결국 조선은 어떤 주도적 선택도 하지 않았다.

구한말의 상황들은 시간이 흘렀지만 현재에도 지속되고 있다. 즉 그 당시 국제정치의 구조와 행위자가 변한 것이 없으며, 한반도 및 주변지역에 대한 강대국들의 이해관계는 오히려 더욱 첨예한 상황으로 치닫고 있다. 중국은 연평균 10% 내외의 국방비를 증가시키고 있으며, 동아시아 전

---

* 여기에 실린 글들은 필자가 『국방일보』 칼럼진으로 활동하면서 기고한 내용들을 수록한 것이다.

역에 걸쳐 정치·군사적 영향력을 확대하고 있다. 일본은 원자력기본법 개정시 국가안보를 연계시킴으로써 핵무장에 대한 우려를 자아내고 있으며, 헌법 9조에 대한 개정 논의를 지속함으로써 보통국가로의 발걸음을 재촉하고 있는 형편이다. 한편 러시아는 올해 재취임한 푸틴 대통령에 의해 '강한 러시아로의 회귀' 정책에 심혈을 쏟고 있는 상황이다.

이와 같이 한반도 주변에는 주변국들 간 영토분쟁, 역사문제 등과 함께 각국의 경쟁적인 군사력 증강에 의한 불안요인들이 잠재되어 있다. 그렇다면 이러한 안보환경에 우리는 어떻게 대응해야 하는가? 구한말, 시대의 흐름을 제대로 파악하지 못한 조선 관리들에 의해 제대로 활용되지 못했던 조선책략을 다시 한번 조명해 보아야 하는 시점에 와 있는 것은 아닐까? 이름 그대로 신한국책략 말이다.

여러 학자들은 강대국에 둘러싸여 있는 중견국 혹은 약소국이 취할 수 있는 책략으로 동맹, 자주국방, 다변화, 중립 등을 들고 있다. 여기서 중요한 점은 이 책략들이 서로 배치되는 것이 아니라 상호보완적이라는 점이다. 예를 들면 우리는 한미동맹을 위주로 안보환경 변화에 대응하는 동시에, 전작권전환을 계기로 자주국방의 강화도 동시에 고려해야 한다. 더불어 주변국들과의 교류 확대 등 다변화도 병행추진해야 한다. 결론적으로 말하자면 어느 책략을 선택하느냐, 아니냐의 문제가 아니라 어느 책략에 우선 순위를 두어 추진하느냐가 중요하다는 것이다.

비단 신한국책략이 외교 분야에만 국한된 것은 아닐 것이다. 즉, 외교와 더불어 국가안보의 핵심수단인 군사 분야에서의 균형적인 군사책략은 더욱 중요하다 할 수 있다. 첫째, 주변국의 군사력 증강, 전작권전환, 국방개혁 등 여러 국방여건의 변화를 고려하여 다각도로 대응방향을 설정할 필요가 있으며, 어느 단일 이슈에만 매몰되어서는 안 될 것이다. 둘째, 주변국들이 향후 몇십 년을 내다보고 군사책략을 구상한 것처럼 우리도 현재의 군사상황에 대한 고려와 더불어 통일 이후까지 고려할 수 있는 장기적인 책략을 수립해야 한다. 셋째, 위의 군사책략을 구현하기 위한 군사력 측면에서 본다면 다양한 미래 위협에 대비한 ISR·무인기·사이버 및 정밀타격 위주의 전력 강화가 절대 필요하다. 특히 주변 잠재적 위험들에 대해 '고슴도치' 책략을 달성하기 위한 억제력은 최우선적으로 필요하며, 이런 점에서 볼 때 향후 억제력의 핵심이 될 수 있는 F-X 사업과 같은 중요한 군사력 건설 계획들은 적기에 추진될 필요가 있다.

구한말 열강들에 의해 우리의 운명이 결정된 역사의 반복을 피하기 위해서는 신 한국책략의 발상이 절대적으로 필요한 시점이며, 작금의 안보 상황들은 그러한 점을 우리에게 일깨워 주는 중요한 계기들이라 할 수 있다.

과거사 문제와 "정의란 무엇인가?"

필자가 미 랜드 연구소 객원연구원으로 있을 당시 연구소에서 주관한 한 세미나에 하버드대를 비롯한 미국 유수의 관련 기관들이 참가하였다. 세미나의 주제는 '과연 동아시아에서 협력공동체가 가능한가, 이를 위해서는 어떻게 해야 하는가'였는데, 결론은 각국 간의 상호이해를 바탕으로 한 신뢰가 전제되어야 한다는 것이었다. 평범한 결론에 실망한 필자가 '그러면 어떻게 신뢰를 구축할 수 있는가'를 참가자들에게 물었는데, 과거 독일이 나치에 대한 범죄사실을 공개 사죄한 것과 마찬가지로 일본의 과거사에 대한 진정한 반성이 전제되어야 가능하지 않겠냐는 어느 한 참가자의 의견이 아직도 생생하다.

종전 67주년을 맞이한 지금, 동아시아 공동체를 지속적으로 구상해 온 일본으로서는 '진실'과 '정의'라는 명제를 자국민 스스로에게 이해시켜야 하는 당위적 상황에 직면해 있다. 그러나 일본의 일부 보수우익론자들은 과거에 대한 반성보다는 위안부나 독도문제, 평화헌법 개정문제 등에 있어 자신들만의 논리에 빠져 진실을 외면하고 있다. 그들은 "앞선

세대가 저지른 잘못을 왜 현 세대가 사죄해야 하는가, 내가 하지 않은 행위에 대해 책임을 인정할 수 없다"는 논리를 앞세워 위안부 소녀상에 말뚝을 설치하는가 하면, 정부차원에서 '독도는 일본 땅'을 공개적으로 외치고 있기도 하다. 과거의 역사는 이전 세대의 역사일 뿐 우리 세대와는 상관없는 일이라는 사고가 그들이 의미하는 진실이고 정의라면 지금 누리고 있는 경제적 번영과 G7에 가입할 정도의 높은 국제적 지위는 어디에서 왔단 말인가. 이전 세대가 행한 잘못에 대해서는 책임이 없다면서도 그 달콤한 과실은 여전히 누리고 있지 않은가. 이런 의미에서 본다면 그들은 정의라는 개념을 다시 재정립할 필요가 있지 않을까.

여기에서 '정의'에 대한 담론이 다시 등장한다. 정의란 무엇일까. 내가 올바르다고 생각해서 다른 사람도 그렇게 느끼는 것은 아니다. 근래 베스트셀러가 되었던 "정의란 무엇인가"의 저자 마이클 샌델 교수는 최대 다수의 최대 행복을 추구하는 공리주의자, 개인 권리를 최우선시하는 자유주의자, 공동선을 최고의 미덕으로 삼는 공화주의자의 입장에서 정의를 조망하고 있으며, 진정한 정의는 마지막 공동선의 관점에서 실현되어야 함을 강조한다. 즉, 자기 조직만의 최대 행복을 추구하거나 개인의 권리만을 최우선시하는 정의는 진정한 정의로 볼 수 없다는 것이다.

일본의 과거사에 대한 올바른 인식 문제는 바로 여기에서 시작해야 하는 것은 아닐까. 즉, 일본이 진정한 동아시아 협력공동체를 구상하기 위해서는 그들만의 최대 행복이나 권리를 추구하기보다는 동아시아 전체의 평화나 우애를 위한 공동선의 관점에서 우선적으로 과거사를 바로잡는 것이 필요하다. 구체적인 실행의 문제에 있어 그 일은 위안부 문제에 대한 진솔한 반성과 함께 독도에 관한 망언을 멈추는 일에서 시작해야 할 것이다.

지킬박사와 하이드, 그리고 썩은 사과

1762년에 설립되어 '80일간의 세계일주'에도 등장할 정도로 유구한 역사를 자랑하던 영국에서 가장 유명한 투자은행인 베어링 은행이 1995년 도산하였다. 이 은행이 도산하기까지 닉 릭슨이라는 사람은 지나친 독선과 부정을 일삼았으며, 이것이 도산의 주요 원인으로 작용한 것이다. 이 사건은 한 사람의 잘못된 행동으로 인해 거대조직이 한순간에 무너질 수 있음을 보여주는 대표적인 사례이다.

요즘 조직의 원활한 소통이나 발전에 대한 관심이 높다. 그러나 이러한 관심들은 대개 긍정적인 사고나 행동을 강조하는 것들이 대부분이며, 조직의 취약한 부분을 진단하고 개선하려는 노력들은 손에 꼽힐 정도다. 유명한 리더십 학자인 미셸 쿠지는 이러한 점을 비판하며 "썩은 사과"라는 비유를 통해 조직의 발전을 위해서는 닉 릭슨과 같은 유형의 인물들을 퇴출시키는 것이 첩경임을 강조한다.

썩은 사과는 사소한 실수나 비리로 조직을 위태롭게 만드는 인물들이라기보다 자신을 노출시키지 않으면서 조직 문화를 곪게 만드는 사람들을 의미한다. 따라서 썩은 사과는 반드시 군 조직의 효율성 저하라는 손실을 가져오게 하며, 그 손실은 얼마나 신속하게 그것을 제거하느냐와 반비례한다.

그리고 썩은 사과는 결코 혼자 썩지 않는다는데 그 심각성을 더한다. 썩은 사과 한 개에 의해 상자속에 있는 사과 전체가 썩어 버리게 되며, 이후 어떤 사과를 담아도 썩게 만드는 부정적 결과를 초래한다. 또한 썩은 사과의 진면목은 쉽게 드러나지 않는다는 데 주목해야 한다. 동료들의 험담을 일삼으며 자기를 내세우려는 모습, 상관의 경험과 지침을 무시하고 자신만이 옳다고 믿으며 고집을 피움으로써 원활한 소통을 저해하는 모습, 상대방의 사소한 실수에 대해 모욕감을 주고 '건설적 비판'이라며 변명하면서도 정작 본인의 실수에는 모른 척 넘어가는 것 등은 겉으로 드러난 썩은 사과의 모습이다. 특히 그들은 지킬박사와 하이드와 같은 양면적 행동을 보이는 특징을 나타낸다. 두 얼굴을 가진 이들은 자신이 무시해도 되는 사람들이 누구이고, 온갖 감언이설로 떠받들어야 할 사람들이 누구인지 파악하는 데 능숙하다. 이들은 대개 윗선에 대해서는 지킬박사로, 동료나 부하들에게는 하이드와 같은 모습을 보인다.

나는 오늘 가만히 생각해 본다. 상대방에게 불만이 있으면 그것을 대놓고 표현함으로써 근무 분위기를 해치고, 동료나 상관이 나를 알아주지 않는다는 단순한 반발심으로 불평불만을 일삼는 나는… 그들을 욕할 자격이 있는가? 썩은 사과를 찾고 있는 내 자신이 썩은 사과는 아닐까. 너무 극단적인 생각일 수 있겠지만, 나 역시 당당할 수 없음을 인정한다. 그러니 결론은 단 한 가지! 이미 고민하는 순간, 답은 그곳에 있다. 내가 조직 내 썩은 사과는 아닌지 되돌아보고, 끊임없는 자기 반성을 통해 조직 발전에 보탬이 되는 '건강한 사과'가 되어야 하지 않겠는가!

관성적 인식

1. 1914년 6월 28일 오스트리아 제국의 황태자인 페르디난트 부처가 세르비아의 수도인 사라예보에서 세르비아계의 한 대학생에게 암살되었다. 오스트리아는 이 사건을 구실로 세르비아와 전쟁을 결심하고 독일에 협조를 요청함으로써 1차 세계대전이 발발하였다.

2. 1938년 9월 30일 독·영·프·이는 뮌헨에서 평화협정을 체결하였다. 그러나 바로 이듬해 히틀러는 폴란드를 무력으로 점령함으로써 2차 세계대전을 촉발시켰다. 영국수상 체임벌린이 세계평화구축의 성과를 뽐낸지 1년도 지나지 않아서였다.

20세기에 발생한 주요 전쟁들은 대부분 타국의 의도와 능력에 대한 잘못된 인식의 결과였다. 인간의 인식은 사고과정의 결과로서 관성이란 게 자주 작동한다. 자신이 진실이라고 믿는 이미지가 어느 시점에 고정되면 고정된 인식은 좀처럼 바뀌지 않는다. 오죽하면 인간을 인식의 구두쇠(miser)라 하겠는가. 이러한 관성적 사고에 의해 형성된 인식은 자칫 합리적 선택을 가로막는 오인이나 오판의 원인이 된다.

현재 북한은 무력에 의한 적화야욕을 버리지 않고 있다. 즉, 기습공격을 통해 단기간에 수도권 등 우리의 주요 거점만 점령하면 승리를 쟁취할 수 있을 것이라는 인식이 관성화되어 있기 때문에 야욕을 쉽게 버리지 못하는 것이다. 우리 군은 적극적이고 능동적인 군사전략의 수립과 우세한 전력 확보를 통해 북한이 어떤 도발을 하더라도 헛수고라는 점을 인지시켜 그들의 인식변화를 유도할 필요가 있다.

이 과정에서 유의할 점은 극단적인 인식적 오류를 경계해야 한다는 점이다. 사라예보 사태처럼 하나의 사건에 대한 과도한 반응으로 말미암아 큰 전쟁을 초래한다든지, '전쟁은 없을 것이다'라는 낙관론에 의해 전쟁 발발 시 속수무책일 수밖에 없었던 뮌헨 사태는 우리에게 안보상황을 객관적으로 파악하려는 노력이 얼마나 중요한지를 말해주고 있다. 이것은 국방정책이나 군사전략 수립 시 안보환경과 국방여건 변화 등을 냉철하게 판단할 수 있는 인식적 능력을 갖추어야 함을 의미한다.

한편, 우리사회에서 나타나고 있는 관성적 인식에도 주의를 기울일 필요가 있다. 특히 제주해군기지 건설이나 공군비행장 소음문제에 대한 민군 간의 인식 차이는 국가안보 대 국민복지라는 이분법적인 관성적 인식에 기인하는 측면이 크다. 그러나 안보와 복지의 관계는 대립보다는 상호보완 관계임을 깨달아야 한다. "안보는 산소와 같다"라고 할 정도로 중차대한 것이며, 국민은 그런 안보의 중요성을 존중해야 한다. 또한 군은 안보를 크게 저해하지 않는 범위 내에서 국민의 요구에 부응할 필요가 있다.

관성적 인식을 신념이라고 생각할 수 있다. 한결같은 의지, 굳건한 신념 등의 표현은 듣기에는 좋다. 그러나 관성적 인식이나 경직된 사고로는 북한의 도발에 효과적으로 대비하지 못함은 물론 국민의 기대에 부응할 수 없다. 잘못된 관성적 인식을 새로운 인식구조로 바꾸기 위한 사고의 유연성이 필요할 때다. 유연성은 담대하고도 여유있는 사고에서 나온다는 점도 기억해야 할 것이다.

당구공과 국제정치

현재, 한반도를 둘러싼 국제정치 기상도는 흐리다 못해 장마가 다시 왔나 싶을 정도이다. 일본이 독도문제로 한·일관계의 뇌관을 건드리는가 하면, 중국 또한 이어도 문제로 우리의 신경을 곤두서게 하고 있다. 또한 중·일 간에는 조어도 문제로 서로에 날을 세우고 있다. 요컨대 최근 주변국들의 우격다짐식 영유권 주장으로 한국이 숨 쉴 수 있는 자율공간이 점차 조여들고 있는 형국이다.

그러나 이러한 상황이 어디 오늘만의 일이겠는가. 구한말 시대를 거쳐 현대사를 거치는 동안 주변국들의 강압에 약소국으로서 느끼는 우리의 비애는 너무나 통렬하였다. 현재 우리는 세계 10위의 경제대국, 올림픽과 월드컵을 성공리에 개최한 문화강국으로 성장하였지만, 세계적 강대국 반열에 있는 주변국들에 비하면 '상대적 약소국'으로 볼 수밖에 없는 상황이다. 약소국은 국제정치적 관점에서 흔히 당구공에 비유된다. 즉, 자신의 의도대로 굴러가는 것이 아니라 강대국이 조종하는 당구공에 부딪혀 이리저리 굴러갈 수밖에 없는 수동적인 운명이라는 것이다. 그러나 최근 40년간 발생한 분쟁자료들을 분석해보면 약소국이 피동적인 운명을 극복하고 강대국에 승리한 경우가 55%에 이른다는 사실은 관심을 끄는 대목이다. 소위 꼬리가 머리를 무는 Wag the Dog 현상이 점증하고 있는데, 이는 국제정치 무대에서 약소국 혹은 중견국의 영향력이 증가하고 있음을 나타내고 있다. 이러한 현상은 주변 강대국들에 둘러싸인 우리에게 다음과 같은 중요한 함의를 주고 있다.

첫째, 동아시아 지역에서 갈등구조가 나타나면 그 일차적 피해자는 한반도가 될 수밖에 없음을 인식해야 한다. 따라서 안정적이고 우호적 환경의 조성을 위해 각국 간 이익의 갈등 시 '중재자'와 같은 건설적 역할을 자임할 필요가 있다. 만약 우리가 원하지 않는 대립적 국면으로 치닫는 경우에 대비한 안전판의 마련도 요구된다. 한·미동맹의 강화가 바로 필요한 이유다.

둘째, 국가의 정책결정 이후에 나타나는 국민들의 무분별한 의견들은 타국가와의 분쟁이나 협상 시 취약점으로 작용할 수 있음을 명심할 필요가 있다. 약소국이 승리한 원인들을 종합해 보면, 전쟁수행 기간 동안, 약소국은 국가에 완전한 정책자율성을 부여함으로써 힘을 집중시킨 반면, 강대국은 자국민들 및 타강대국들과의 의견조율로 힘을 집중하는 데 실패하였다는 점을 깨달아야 한다.

셋째, 외교가 더 이상 작동하지 않을 때를 대비해 우리 스스로를 지킬 수 있는 군사력을 구비해야만 한다. 특히 주변 잠재적 위협에 대비한 군사력 건설에 장기간이 소요된다는 점을 고려한다면 지금 지체할 시간이 없다.

현실적 이익과 민족주의의 인식적 틀 속에 포박되어 싸움닭과 같이 행동하고 있는 주변국들의 주장을 불식시키기 위해서는 우리가 가진 당구공 내의 재질을 보다 튼튼히 할 필요가 있다. 클라우제비츠의 '국가, 국민, 군대의 삼위일체가 전승의 요체'라는 주장은 21세기 우리에게도 적용되어야 하는 명제이다.

현대전의 3축 체제

걸프전 이후 본격적으로 등장한 우주전, 사이버전이 현대전에서 그 중요성을 더해감에 따라 미국을 비롯한 군사 선진국들은 이 분야에 적극적으로 관심을 집중하고 있다. 이러한 사실은 미국의 최대 안보 싱크탱크인 랜드 연구소와 국제전략문제연구소(CSIS)의 최근 국방 프로젝트의 대부분이 이 분야에 집중되어 있는 데서도 알 수 있다. 즉, 우주와 사이버는 이제 지원분야가 아닌 주요 전투영역으로 발전하고 있는 것이다.

이러한 양축체제에 도전장을 내밀고 등장한 것이 바로 무인·로봇전이다. 특히 고위협 환경, 화생방 오염환경, 장기체공과 같은 지루한 임무환경 등 이른바 3D 환경에서 우수한 성능을 발휘하고 있는 무인기는 전쟁수행의 패러다임을 바꿀 정도로 그 중요성을 인정받고 있다. 즉, 우주, 사이버와 더불어 무인기는 이제 현대전의 3축 체제로서 자리매김하고 있는 것이다.

국외에서의 3축 체제에 대한 높은 관심도에 비해 국내에서는 아직까지도 이 영역들에 대해 전통적인 작전수행 분야를 지원하는 분야 정도로만 인식하는 분위기가 역력하다. 그러나 향후 전쟁수행에서 3축 체제에 대한 의존도는 절대적이기 때문에 이 분야들의 발전은 반드시 필요하며, 따라서 다음의 노력들이 요구된다.

첫째, 민·군이 함께 그 수행개념을 사용하고 있는 우주전과 사이버전의 경우 그 범위가 너무 넓기 때문에 실제 군사작전에 제대로 적용되기에는 어려움이 많다. 따라서 민간과 군사부문 간에 사용하는 수행개념의 분리가 필요하다. 예를 들면 포괄적인 우주전이나 사이버전이 아닌 우주작전이나 사이버작전으로 그 경계를 명확히 하여 작전수행개념을 정립하는 것도 한 가지 방법이 될 수 있다.

둘째, 우주전력은 전자기파를 통해 무인기 및 사이버 전력들에 정보를 제공하기 때문에 관련 조직들 간의 상호연계성은 필수적이다. 미군은 전략사령부가 예하의 우주사령부와 사이버사령부를 통해 상호연계성을 책임지고 있으며, 전략사령부는 이 부문들에 실질적인 전력을 제공하는 공군우주사령부와 매우 긴밀한 상호관계를 맺고 있음을 참고할 필요가 있다.

셋째, 주파수 및 공간통제의 문제이다. 3축 체제가 각각의 고유한 전자기 주파수를 운용함에 따라 이에 대한 통제는 반드시 고려되어야 한다. 또한 최근 전쟁에서 유·무인기 간의 충돌로 수많은 인명이 발생됨에 따라 무인기의 효과적인 운영을 위해서는 공간통제 문제 역시 해결하고 넘어가야 할 사항이다. 특히 좁은 한반도 전장환경하에서 각 군이 보유할 무인기가 대폭적으로 증가함을 예상 시, 공간통제의 필요성은 더욱 요구된다.

과거 핵시대, 탄도탄, 폭격기, 잠수함의 舊 3축 체제의 영향력에 비견되는 新 3축 체제에 대한 관심은 이제 선택이 아니라 필수이다. 이러한 시점에서 국방개혁 기본계획에서 이 분야들의 능력 확대를 위한 정책결정은 시의적절하다 할 수 있으며, 앞으로 중단 없는 실천이 요구된다.

출사표와 올림픽 유감

1. 제갈공명이 위나라 토벌을 위해 출전하면서 군주인 유선(유비의 아들)에게 바친 출사표 한 토막,
"신은 몸을 굽히어 돌보지 않고 최선을 다해 노력할 뿐,
일을 이루고 못 이루고는 하늘의 뜻에 맡깁니다."

2. 얼마 전 끝난 런던 올림픽에서 동메달을 획득한 한 축구선수에 대한 기사 한 토막,
"병역의무 걸림돌 제거, 몸값 천정부지로 솟아 내년
수십억 원의 연봉 가능할 듯"

청운의 꿈을 품고 사관학교에 입교하여 임관 후, 올해 진급 심사에 출사표를 던진 후배장교가 있다. 긴 군생활을 주로 험준한 산 정상의 방공포대에서 근무하고 있는 그에게 두 가지 소망이 있단다. 아직 한 번도 서울을 가보지 못한 초등학생 아들 녀석에게 서울에 있는 놀이공원을 구경시켜 주는 것과 다른 하나는 마지막 기회가 될 이번 심사에서 진급의 꿈을 이루는 것이라고 한다.

임관 후 지금까지 몸을 아끼지 않고 최선을 다해 왔지만 진급이라는 현실적인 벽에 부딪힌 것이다. 앞의 바람이야 큰마음만 먹으면 해결될 수 있겠지만 뒤에 것은 자기 힘으로도 어쩔 수 없는 모양이다. 이러한 상황은 직업군인의 길을 택하여 청춘을 국가와 군에 헌신한 수많은 장교, 부사관 등의 중간간부들이 동일하게 겪고 있는 상황일 것이라고 생각된다.

한편 이번 올림픽에서 태극전사들이 세계 5위의 성적을 달성함으로써 국가위상을 드높였다는 것은 주지의 사실이다. 메달리스트들에게는 수억 원의 포상금 및 연금 혜택이 주어진다고 한다. 4년의 땀을 흘려 국위선양을 한 당연한 대가이다. 그러나 병역문제를 마치 자신의 인생에 있어 걸림돌로 여기는 듯한 특정 선수들의 인식은 답답함을 느끼게 한다. 이들은 병역의무의 신성성(神聖性)을 훼손해서는 안 되며, 올림픽에서의 성공이 자신들만의 것이 아니라는 점을 유념해야 한다.

즉, 밤잠을 안 자고 성원하는 국민들과 그들의 안녕을 위해 산간벽지에서 묵묵히 근무하는 장병들의 뒷받침 없이는 힘들었다는 점을 깨달아야 한다. 덧붙여 우리는 올림픽에서의 국위선양도 중요하지만 국민의 생명과 재산을 보호하는 일이 더욱 중요하다는 것을 알 필요가 있다. 그러한 막중한 책임을 맡은 군인들 중의 핵심인 중간간부들이 뜻을 제대로 펴지도, 또한 제대로 된 안전판을 갖추지 못한 채 사회로 나가야 하는 현실은 개선할 필요가 있다.

다른 말을 하려는 게 아니다. 국위선양을 한 선수들의 공적을 깎아내리자는 것도, 진급공석 몇 개를 늘려 달라고 억지를 부리자는 것도 아니다. 제갈공명처럼 청춘의 나이에 국가에 봉사하고자 임관한 후, 야전에서 묵묵히 소임을 다해온 중간간부들에 대한 직업안정성이 더욱 절실히 요구되는 현실에서, 이번 기회에 이에 대해 체계적으로 검토해 보자는 것이다.

이번에 출사표를 던진 모든 당사자들에게 좋은 소식이 있기를 기원하며, 진급자에게는 축하를, 그렇지 못한 이들에게는 "2보 전진을 위한 1보 후퇴"라는 말을 해주고 싶다.

비정규전에서 항공우주력의 역할

지금까지 안정화작전을 비롯한 비정규전 수행은 거의 전적으로 지상 전력의 영역이며, 항공우주력은 기껏해야 지원 전력으로서의 역할만을 수행할 수 있다는 인식이 공유 되어온 것이 사실이다. 그러나 그러한 인식은 현대 비정규전이 포괄하는 활동들의 범위가 대폭적으로 확대됨에 따라 비판적으로 재검토될 수밖에 없다. 즉 항공우주력은 고유의 특성인 속도, 고도, 거리, 융통성, 정밀성을 바탕으로 비정규전을 수행하는 우군 전력에 고수준의 비대칭적 이점을 제공해 줄 수 있는 핵심능력을 보유하고 있다.

우선 항공우주력은 지상 전력보다 국제사회나 상대 국민들에게 거부감이 덜한 전력으로 인식됨으로써 비정규적인 도전들에 대처할 수 있는 융통성 있는 방안들을 제공해 줄 수 있다. 예를 들면, 반군들의 주요 전략이 주민들의 피해와 다수 사상자 등을 무기삼아 철수 강요를 위한 심리전 전략이라는 점은 주지의 사실이다. 이 전략에 효과적으로 대응하기 위해서는 사상자 수의 최소화가 최우선시되어야 하고, 여러 플랫폼과 장비를 이용하여 역으로 심리전을 수행할 수 있어야 하는데 그 역할을 항공우주력이 수행할 수 있다는 것이다. 또한 항공우주력은 신뢰성 있고 지속적인 정보·감시·정찰 활동을 통해 전장상황 판단과 반군 움직임을 포착하여 우군 전력에 제공해 줌으로써 작전 주도권을 확보할 수 있도록 해준다. 더불어 신속기동 및 정밀교전의 능력들을 활용하여 다른 어떤 전력들보다 가장 신속하게 대응할 수 있는 전력으로서의 역할을 수행한다. 예를 들면 항공우주력은 재빠르게 이동하는 반군 부대를 포착시 신속히 출동하여 단 몇 분 만에 무력화할 수 있는 능력을 보유하고 있는 것이다.

위의 이론적 틀을 기준으로 지금까지의 비정규전에서 항공우주력의 역할을 정리해보면, 다음과 같다.

첫째, 정보·감시·정찰(ISR) 작전에서 항공우주력은 위성, 유·무인 정찰기의 중첩 운용을 통해 전장을 가시화함으로써 비정규전을 수행하고 있는 적들의 움직임 포착 및 피아식별 능력을 향상시켜 효과적 작전 수행 기반을 제공할 수 있었다.

둘째, 도시 CAS작전에서는 적아식별의 어려움과 민간인에게 대량피해를 줄 수 있다는 우려 때문에 시가전에서의 전투기 투입을 자제해야 한다는 고정관념을 깨고 도시 CAS 작전을 수행하였다. 즉, 공군은 정밀 유도폭탄을 주로 사용하여 민간인 피해를 최소화함으로써 도시 및 시가 전에서도 항공우주력의 유용성을 확인시켜 줄 수 있었다.

셋째, 對테러작전, 對반란작전에서는 공격용 수송기(AC-130)와 무인 항공기(MQ-4, MQ-9)에 의해 실시간 탐지된 상대에 대한 공격임무가 수행됨으로써 상대의 기동성 및 작전템포를 효과적으로 저하시켰다. 또한 대형수송기(C-17)를 활용한 공수작전을 통해 현지주민에 대한 인도적 지원을 실시하였으며, 반란군에 의한 급조폭발물에 대비하여, 지상차량에 의한 병력이동을 항공수송으로 전환하여 병력의 안전한 이동을 보장하기도 하였다.

넷째, 심리작전에서는 정밀유도무기를 이용, 인명살상을 최소화하는 항공력의 활약상 보도를 통해 반전여론의 확산을 방지하였으며, EC-130 등을 이용한 심리전 수행을 통해서 상대방의 전의(戰意) 저하를 유도하였다. 또한 테러세력을 후원하는 적성국의 방송국 공습, 방송 전파방해 및 프레스 센터 공습 등 물리적, 전자적 공격으로 심리전의 효과를 배가시키기도 하였다.

　최근 전쟁에서의 사례를 살펴볼 때 항공우주력은 비정규전에서의 역할이 제한될 수밖에 없다는 인식은 재고될 필요가 있다. 즉 항공우주력은 비정규전에서 전장상황파악, 정밀유도무기의 사용을 통해 근접지상전투와 소모전에서 오는 인명피해 최소화, 대형 수송기를 이용한 인도적 지원 등 다방면에서 합동작전에 기여함으로써 작전 효율성을 배가시켰음을 명심할 필요가 있다.

색 인

|ㄱ|

각군별 전력투자비 비율 241
갈등적 지역질서 47
강대국의 전력구조 219
강압(의 개념) 299, 300
강압의 메커니즘 307
강압의 수단 310
강압전략 304
강압전략의 구성요소 308
강압전략의 성공조건 306
강압전략의 역사적 수행 사례 314
개입전략 194
걸프전 211, 321, 340
경제침체 124
고르바초프 124
공격적 (신)현실주의 195
공군 우주사령부 336

공군 정보보호체계 운영개념 376
공군의 사이버전 대비 방향 375
공군의 사이버전 발전 373
공군의 우주력 건설 방향 351
공군의 전투력 유지 409
공보·심리작전 291
공생형 다변화 35
'공지전투' 개념 264
관료주의 정책결정 모델 138
'관료주의적-양면게임' 모델 138
광명성 3호 130
구성주의 162
9·11 테러사태 242
국가사이버안전체계 380
국가의 공격 잠재력 197
국가자율성 47, 61

국방 8개년계획 226
국방개혁 2020 246
국방과학연구소(ADD)의 창설 226
국방비 변화 240
국방비의 구조 255
국방예산 228
국제 체제 변수 39
국제전략문제연구소(CSIS) 262
국제질서의 패턴 39
군사력 운용개념 286
군사력의 강압적 사용 316
군사력의 방위적 사용 302
군사력의 사용 유형 210, 302
군사력의 사용목적 206
군사원조 124
기동성 확보전략 26, 37, 41, 46, 48, 53
긴박감의 조성 306
김대중 정부시절 246
김일성 109, 124
김일성 (일인) 독재체제 구축 109, 117
김정은 99
김정은 체제 확립 129
김정일 국방위원장의 사망 99
김정일 권력승계 119, 124
김정일 후계문제 119, 128
김정일로의 권력세습 문제 119
깨끗한 전쟁(clean war) 207

| ㄴ |

남방 삼각관계 68
남북한의 군사력 비교 116
내정불간섭 109
냉전기 북한외교 128
냉전체제의 확립 68
네트워크 중심전(NCW) 289
Net Force 360
노태우 대통령 정부 53, 54, 59
닉슨 독트린 (선언) 122, 230
닉슨 독트린의 실행과정 224
닉슨-사토 공동성명 122

| ㄷ |

다원적 전략동맹 65
다자(Multilateral)형 안보질서 167
다자형 질서 179, 181
대공산권 수교 57
대남 군사적 위협 256
대만의 독립저지 170
WMD 확산금지 129
덜레스(Dulles) 국무장관 79, 81, 87
도시 CAS 291
도시 근접항공지원작전 264
동기의 비대칭성 306
동맹 결합강도(의 변화) 221-223
동맹의 제도화 (측면) 223, 245
동아시아 안보질서 변화 178
동아시아 안보질서의 유형 184
동아시아 안보질서의 현황 167

동적 방위력 구상　169
등거리 외교　118
디도스(DDoS: 분산서비스 거부) 공격　359

| ㄹ |

랜드 연구소　262
러시아의 사이버전　368
럼스펠드 독트린　264
레이건 행정부　127

| ㅁ |

메드베데프 정부　172
모택동 사망　122
무기체계 운용상의 특징　267
무인항공기의 역할　290
무정부(Anarchy)형 (안보)질서　167, 180
문화혁명　114
미 공군우주사령부 조직　348
미 공군의 사이버공간 구성　362
미 공군의 우주력 건설과정　355
미 공군의 우주조직 발전　347
미 사이버사령부(24공군)　366
미 우주사령부(USSPACECOM)　336
미 우주사령부의 교훈　347
미국의 대한(對韓) (무상)원조　72, 74
미국의 우주력 개발과정　338

미국의 우주력 건설과정　331
미군 조종사의 의무복무기간　411
미래 사이버전 환경　373
미숙련 조종사(의 순환)　415, 419
미일동맹　167
민간 항공사의 조종사 수요　413

| ㅂ |

박정희 정부　44, 49, 59
반공포로 석방문제　78, 82, 84
반기문 외교보좌관　143
방어적 (신)현실주의　195
방위계획대강　169
방위비 분담금 문제　174
변영태 외무장관　87
부산 정치파동　82
부시 행정부　244
북·중 상호원조조약　110
북방삼각관계　68, 70
북방정책 (추진과정)　53-56
북진통일　78
북한 도발　223
북한의 경제 지표　115
북한의 국가능력　111
북한의 국지도발　221, 289
북한의 군사력 우선주의　118
북한의 냉전기 외교 행태　100
북한의 비대칭 위협　287
북한의 사이버전 전담 조직　372
북한의 외교정책　104, 110, 130

북한의 전략적 가치　107, 108
북한의 종파사건　109
북한의 핵문제　159
북핵 위기　243
비대칭 동맹(관계)　25, 96, 104
비자발적 이슈연계　150
비적응적 외교정책　105
비정규전 수행 사례　270, 278
비정규전 특성 종합　281
비타협적인 외교　109
비행부대의 전투력 감소　428

세계체제론　30
세력균형 (관념)　69, 194
소련의 아프가니스탄 공격　198
숙련 조종사　415
숙련 조종사들의 유출 원인　412
숙성률의 부족　420
스푸트니크호　332
시진핑　169
신냉전의 도래　229
(신) 자유주의　161
(신) 현실주의　160
심리전　278
12·12 사태　229
C4ISR 체계　321

|ㅅ|

4대 군사혁명노선　113
사이버 사령부　360
사이버공간(의 중요성)　361, 367, 380
사이버공간의 특성　361
사이버안보 담당 대통령 특별보좌관　366
사이버작전(Cyberspace Operation)　365
사이버전(Cyber Warfare) (훈련)　278, 360, 363, 365, 378
사이버전(의) 개념　379
사이버전 기술　379
사이버전 (임무)수행체계　360, 377
사이버전 전문인력 획득　378
상호방위조약 체결과정　65, 67, 94
상황대응능력　40, 41
세계군사재배치검토(GPR)　243

|ㅇ|

아세안 자유무역지대(AFTA)　165
아세안 지역 안보포럼(ARF)　159
ASEAN+3　165
아시아·태평양 경제협력체제(APEC)　159, 164
IED에 대한 대비책　292
ISR 작전　264, 291
아웅산 테러 사건　123, 229
아프간/이라크전　270
아프간전　211, 264, 269, 321, 342
안드로포프　126
안보 딜레마　356
안보 자율성의 확대　96
안보경쟁　194

안보외교의 다변화 전략　177
안보외교정책의 기동성　41
안보위협　222
안보질서 변화 (시나리오)　157, 159, 166
안보질서의 개념　157
알 카에다　270
애치슨 선언　69
약소국 외교정책　28
약소국의 방어적 자율성　102
약소국의 외교적 기동성　60
약소국의 외교정책　101, 105
약소국의 자율성　102
약소국의 횡포　100
양면게임 (이론)　133, 134, 137
에버레디(Everready)　82
역사교과서 왜곡　159
연방보안부(FSB)　368
연방정부통신정보부(FAPSI)　368
연평도 포격사태　292
오바마 대통령　167
오바마 행정부　366
외교적 기동성　25, 26, 28
용산 미군기지 이전　148, 174
우리별 1호의 발사　322
우주 통제권 확보경쟁　329
우주개발 중장기 계획　322
우주력 적용사례　340, 355
우주력 통제　339, 345
우주를 통한 군사작전　356
월남전　211
위계(Hierarchy)형 안보질서　166

위협요인들　219
윈셋(Win-Set)의 개념　135
윈셋의 결정요인　136
유고전　198
유소작위(有所作爲)　171
육군력 강화의 논리　196
육군력 위주의 전쟁형태　202
율곡사업　226, 229
은하 3호　130
이라크 추가파병 정책결정(과정)　133, 138, 139
이라크 추가파병의 규모　147
이라크의 안정화작전　266
이라크전　211, 269, 321, 342
'e-러시아' 프로그램　368
이스라엘-하마스 전쟁　274
이스라엘-헤즈볼라 전쟁　272
이승만 정부　42, 43, 59, 65
이승만 정부의 관료 구성　71
이승만 정부의 관리 기구　72
이승만 정부의 군사적 자원　73
이승만 정부의 자원동원능력　76, 95
이승만 정부의 협상전략　75, 78, 96
이승만의 북진통일론　79
(일본) '시스템 방호대'　371
일본의 독도영유권 주장　159
(일본) '중앙 정보대'　371
1차 걸프전　198

| ㅈ |

자력구제(self-help) 177
자원동원능력 47, 52, 71
저항형 항의(전략) 33, 42
적응적 외교정책 105
전략공군의 한계 198
전략동맹 (2015) 25, 60
전력구조의 결정요인 218, 220
전문 사이버 인력양성 377
전시작전권 전환 245
전작권전환 문제 61
전장공간관리체계의 수립 266
전쟁목적 분류 208
전쟁목적의 변화 206
전쟁목적의 유형 210
전쟁사례 분석 262
전쟁사례에 대한 연구 262
전쟁의 근본적인 동기 205
전쟁의 목적 205
전통적 군사전략 304
정밀교전 능력 264
정밀유도무기체계 292
조절형 항의(전략) 34, 52
조종사 배출 424
조종사 부족 410, 414, 428
조종사의 조기 유출 409, 429
주둔군지위협정(SOFA) 225
주민들에 대한 심리·공보전 264
주은래 117
주체사상 119
주한미군 병력 규모 245
주한미군 철수 230

주한미군(의) 병력 변화 225, 231
중·소 간의 국경분쟁 119
중·소 동맹(체제) 103, 114, 128
중·소 분쟁 111, 117, 122, 129
중·소 우호동맹 상호조약 122
중·소의 내정간섭 109, 128
중·약소국의 생존전략 176
중·인 국경분쟁 117
중·소 우호동맹 상호원조조약 69, 70
중간세력국가 219
중국의 군사력 증강 171
중국의 군사적 영향권 확대 171
중국의 군현대화 172
중국의 동북공정 159
중국의 사이버전 370
중소 갈등 113
지도자의 동맹 공약 225
지역 안보질서 157
지역질서 38, 41
GPS 교란 291, 292

| ㅊ |

참여정부 133
천안함 폭침 292
최근 전쟁수행 자료 비교 268
추가파병 동의안 148
7·7선언 54

| ㅋ |

KAL기 (공중)폭파사건 123, 229
컴퓨터 바이러스 부대 창설 360
코로나 선언 327
코로나(Corona)회의 327
코소보전 204, 211, 321
쿠바 미사일 위기(사태) 113, 117
크라노스 야르스크 선언 124

| ㅌ |

탈냉전 235
트루먼 독트린 69

| ㅍ |

파병 반대 여론 148
파병 정책결정과정 143
파병에 대한 고려요건 144
파월 독트린 264
판문점 도끼 만행 사건 223
8월 종파사건 109
88올림픽 123
패권형 질서 179, 181
퍼트남(R. Putnam) 133
평시 작전통제권의 환수 238
푸에블로호 나포사건 223

| ㅎ |

'하나의 중국' 원칙 170
하마스 274
하이브리드전(Hybrid Warfare) 266
하이테크(hi-tech)적 전쟁형태 192, 202
한·미 간의 마찰 174
한·미 협상 전략 149
한국 공군의 목표 297
한국 대응전략의 유형 178
한국 생존전략 156
한국 안보외교정책 25
한국군 사이버전 개념 364
한국군의 무기체계 획득 현황 239
한국군의 전력구조 형성 221
한국의 국방 사이버전 수행체계 374
한국의 국방비 변화 254
한국의 군사력 건설 223, 249, 251
한국의 기동성 확보전략 59
한국의 안보외교정책 133
한국의 안보환경 286
한국의 외교적 기동성 61
한국적 전장 환경 283
한국전쟁 72, 95, 211
한미 연합야전군사령부(CFA) 해체 238
한미동맹 25, 65, 157
한미동맹의 미래 시나리오 175
한미동맹의 변화 222
한미동맹의 제도화 225
한미동맹의 현황 174
한미상호방위조약 42, 51, 65, 71
한미연례안보협의회(SCM) 225, 245

한미합의의사록의 체결　90, 94
한반도의 전략적 가치　107
한일 국교정상화　44, 46
한-칠레 FTA안　146
'합동우주군사사령부'의 설립　333
합동작전접근개념　169
항공기 순환　418
항공우주 교리　329
항공우주군　322, 329
항공우주력(의 개념)　322, 323, 355
항공우주력에 대한 연구　317
항공우주력의 제한점　313, 317
항공우주력의 효용성　298
핵 개발 정책　49

헤즈볼라　272
헨리 키신저　49
현대 정규전의 경향　263
현대의 전쟁　203
현대전에서의 우주력 적용사례　340
협력적 자주국방　246
협력적 지역질서　52
협상담당자의 협상전략　136
협상력 제고방안　150
협상술　306
화평굴기(和平崛起)　171
'효과중심작전' 개념　263, 264
휴전협정의 체결　84
휴전회담　78

한국 안보외교정책의 이론과 현실:
위협, 동맹, 한국의 군사력 건설 방향

인　쇄: 2012년 12월 18일
발　행: 2012년 12월 26일
지은이: 이성훈
발행인: 부성옥
발행처: 도서출판 오름
등록번호: 제2-1548호 (1993. 5. 11)
서울특별시 서초구 서초동 1420-6
전　화: (02) 585-9122, 9123 / 팩　스: (02) 584-7952
E-mail: oruem9123@naver.com
URL: http://www.oruem.co.kr

ISBN 978-89-7778-386-7　　93340

* 잘못된 책은 교환해 드립니다.
* 값은 뒤표지에 있습니다.